한국의 가람

한국의 가람

홍윤식 지음

민족사

책머리에

　가람이란 처음에는 수행승의 僧房을 뜻하는 것이었으나, 석가 입멸 후 불탑과 불당을 갖춘 사원 자체를 지칭하게 되었다. 그런데 불교가 교단을 형성하고 절을 짓기 시작하면서 불교문화의 발생이 이어진다는 사실에 주목할 필요가 있다. 즉 불교 그 자체는 깨달음의 세계로서 具像化될 수 없는 것이나 그 같은 깨달음의 세계를 더 널리 알리고 그 세계에 이르려고 노력하는 곳에 사원의 성립이 있게 되었다. 이를 다른 말로 바꾸어 말하면 불교 자체는 그 自性으로서는 형상을 갖지 않는 것이나 그것이 사회와의 상관관계를 갖게 될 때 사원의 건립을 필요로 하게 된다는 것이다. 이는 불교교리가 갖는 자비심의 발로에 기인하는 것이며 이렇게 하여 차츰 모양새를 갖춘 불교의 내용을 일컬어 우리는 佛敎文化라 한다.

　불교문화의 근원적 발생은 복잡한 중생계의 인연에 대응하여 나타나는 것이므로 시대적·사회적 변화에 따라 다양하게 전개된다. 그런데 오늘의 우리들은 이들을 현재의 문화개념에 대응하여 불교문학·불교미술·불교음악·불교건축·불교공예 등으로 나누어 인식하고 있다. 이 같은 분류방법이 잘못된 것은 아니다. 그러나 이들이 갖는 종합적 상관관계를 이해하지 못하고 이들 제분야의 불교문화를 각각 따로 이해하려 하는 데서 불교문화에 대한 올바른 인식을 하지 못하고 있다. 즉 불교문화의 성격은 相依相資의 관계를 설정하는 것이기 때문이다.

　여기서 불교문화에 대한 올바른 이해는 시대에 따라, 사회에 따라 변화하는 사원의 모습을 종합적으로 규명하는 일이 필요한 것임을 느끼게 된다. 즉 사원의 존재양식은 신앙형태의 변화와 상호 연관관계를 가지며, 그에 따라 문화양식도 변화하고 있기 때문이다.

 본 연구는 그와 같은 문제의식에 바탕하여 한국불교사원의 가람양식을 규명하는 데 목적을 두고 있다. 우선 역사적으로 또는 현존 가람양식에서 특징을 지닌다고 생각되는 몇몇 사찰들을 선정하여 신앙형태의 상이점이 가람의 양식을 어떻게 변화시키고, 또한 그것의 의미가 무엇인가를 밝히는 데 주력하였다. 그것은 앞에서 말한 불교문화의 종합적 상관관계의 본질적 연구에 길잡이가 된다고 생각하였기 때문이다. 이 일은 계속되어 한국사원의 전체상을 규명하는 데 기초적 연구의 성격을 지니고, 더 나아가서는 가람양식과 신앙형태의 상관관계에서 발생하는 불교의식의 양식까지도 아울러 규명할 수 있는 방법론을 제시하고자 하였다. 따라서 이 《한국의 가람》은 어디까지나 한국불교문화의 본질적인 접근을 위한 서론에 불과한 것임을 밝혀 둔다.

 본인의 불교문화에 대한 연구는 한국의 불교의식연구에서 시작하여 그 각론적인 불교음악의 연구를 거쳐 지금은 불교미술분야에 열중하고 있다. 이들에 대한 일반적인 연구 경향은 양식론의 변천과정을 밝히는 데 중점을 두고 있는데, 이 같은 방법론도 중요한 것임에는 틀림없으나 그 같은 양식론은 불교문화가 종합적 상관관계에서 형성, 발전된 것임을 너무 소홀히 하고 있는 느낌이다. 그리하여 불교문화의 제분야에 대한 연구는 그 자체의 양식연구에만 머물 것이 아니라 그들의 文化現場인 사원 자체에서 비롯되어야 한다고 생각한다.

  사원 자체의 연구도 가람의 존재양식과 그와 같은 가람이 존재하게 하는 모든 신앙의식과 생활양식까지 포함하는 두 가지 양상을 생각할 수 있다. 그러나 본 연구는 우선 전자에 중점을 두고 후자 연구의 길잡이 역할을 하도록 하였다. 이는 금후 후자의 연구를 깃들여 '한국불교문화사론'으로 종합, 정리하고자 하는 데 목표를 두고 있다.

  이 책이 나오기까지에는 동국대학교 강사인 金炯佑 博士, 동국대학교 박물관 韓相吉 硏究員과 金奎源 助敎의 많은 협조가 있었고, 출판에 힘써 주신 민족사 尹載昇 사장님을 잊을 수 없다. 여기 그 감사의 뜻을 표하는 바이다.

1997년 5월
一山 明潤書室에서
저자 씀

한국의 가람 차 례

■ 머리말·4

13 伽藍과 聖地寺院信仰
　1. 성지로서의 가람······································· 13
　2. 가람과 신앙행위······································· 21

29 한국가람의 始源과 그 변천
　1. 머리말·· 29
　2. 불교의 전래와 伽藍의 성립······················· 30
　3. 묘의 구조와 석굴사원과의 관련················ 36
　4. 불교의 사회화와 그 사원문화··················· 43
　5. 국가불교문제와 한일 고대문화교류에 있어서 사원문화와
　　 그 미술·· 53
　6. 맺음말·· 61

63 彌勒寺 창건의 사상적 배경
　1. 머리말·· 63
　2. 미륵사상적 배경······································ 65
　3. 사회사상적 배경······································ 80
　4. 맺음말·· 87

89 直指寺 가람과 현대적 전망
　1. 머리말·· 89
　2. 역사적으로 본 한국사원구조···················· 90
　3. 한국사원구조가 반영하고 있는 불교사상··· 95

4. 직지사 가람의 연원과 발전·· 98
　5. 오늘의 직지사 가람과 새로운 전망································ 103
　6. 직지사 가람의 현대적 의미·· 112
　7. 맺음말·· 114

117　通度寺 가람구조와 그 성격

　1. 通度寺의 창건과 그 전개·· 117
　2. 通度寺의 가람구조·· 121
　3. 通度寺 가람구조의 성격··· 139
　4. 맺음말·· 141

143　義湘의 華嚴宗刹 浮石寺의 가람과 그 사상적 배경

　1. 머리말·· 143
　2. 부석사 가람의 연혁과 현황·· 145
　3. 화엄사상과 정토신앙··· 149
　4. 신라화엄사상의 정토신앙적 전개································ 154
　5. 신라시대의 화엄신앙과 정토교··································· 159
　6. 맺음말·· 168

171　金山寺 가람과 미륵신앙

　1. 머리말·· 171
　2. 금산사 가람의 의미··· 176
　3. 맺음말·· 221

223 乾鳳寺 가람의 성격

1. 머리말 ··· 223
2. 건봉사 가람의 연혁과 현황 ·· 224
3. 맺음말 ··· 237

241 長谷寺 가람의 성격과 종합고찰

1. 장곡사의 연혁 ··· 241
2. 장곡사 가람의 성격 ··· 244
3. 장곡사 가람의 종합적 고찰 ··· 253

257 고려시대 雲住寺 佛蹟의 성격

1. 머리말 ··· 257
2. 雲住寺 佛蹟의 현황 ··· 258
3. 雲住寺 佛蹟의 특징 ··· 264
4. 맺음말 ··· 279

293 麻谷寺 가람의 성격과 그 의미

1. 寺格과 가람의 성격 ··· 293
2. 마곡사 가람의 의미 ··· 295
3. 마곡사 가람의 구조와 그 문화 ··· 298
4. 종합고찰 ·· 318

321 甲寺 가람의 성격

  1. 머리말 ··· 321
  2. 甲寺 伽藍의 개관 ··· 322
  3. 大雄殿地域의 가람 ··· 324
  4. 大寂殿地域의 가람 ··· 340
  5. 八相殿地域의 가람 ··· 345
  6. 表忠院地域의 가람 ··· 346
  7. 맺음말 ··· 347

349 松廣寺의 가람배치와 불교적 세계관

  1. 머리말 ··· 349
  2. 가람의 창건과 중창 ··· 351
  3. 가람의 구성과 성격 ··· 356
  4. 맺음말 ··· 373

375 興天寺 가람의 성격고찰

  1. 머리말 ··· 375
  2. 가람의 구조와 성격 ··· 376
  3. 역사적 위치 ··· 387
  4. 맺음말 ··· 389

391 華溪寺 가람의 변천과 그 성격

  1. 머리말 ··· 391

2. 가람의 변천 ·· 392
   3. 절의 연혁과 신앙 ······································ 396
   4. 맺음말 ·· 400

401 奉元寺 가람과 불화

   1. 가람의 성격 ··· 401
   2. 佛畵 ··· 407

417 안성 雙彌勒寺 佛蹟의 성격

   1. 머리말 ·· 417
   2. 佛蹟의 현황 ··· 418
   3. 佛蹟의 성격 ··· 425
   4. 맺음말 ·· 433

437 圓覺寺 가람구조와 10층석탑

   1. 머리말 ·· 437
   2. 석탑조성의 경위와 연대 ···························· 439
   3. 석탑의 구성과 變相 ·································· 442
   4. 石塔에 있어 變相의 내용 ·························· 447
   5. 石塔에 있어 變相의 구조적 의미 ··············· 488
   6. 맺음말 ·· 498

■ **부록** 朝鮮寺刹 三十一本山 寫眞帖 • 501

伽藍과 聖地寺院信仰

1. 성지로서의 가람

　伽藍이란 범어의 Saṅghārāma를 말하는 것으로 이를 번역하여 승가람마 혹은 다시 이를 약하여 가람이라 하게 된 것이다. 이와 같은 가람 본래의 의미는 衆園이라 번역하고 많은 승려들이 한 장소에서 불도를 수행하는 장소를 일러 말하게 된 것이나 후세에 이르러서는 단순한 건조물로서의 殿堂을 가리키는 명칭이 되고 또한 사찰의 통칭이 되기도 하였다. 그런데 여기서 말하고자 하는 가람이란 건조물로서의 건축양식이나 그 구조 등만이 아니라 불도 수행의 도량으로서의 가람형성의 배경과 그 현재적 의미로서의 기능을 살피는 데 본래의 목적이 있다. 물론 이와 같은 가람의 형성과정을 구명함에 있어서도 여러 가지 방법이 있을 것으로 생각되나 특히 가람의 배치 내지는 그것이 차지하는 내재적 의미도 간과할 수 없을 것이다. 그러나 여기서는 다만 寺蹟記와 緣起說話 등에서 가람형성의 배경을 고찰하고 다시 그 가람에 있어서의 생활양식을 검토함에 의하여 그것이 차지하는 문화적 의미가 무엇인가를 밝혀 볼까 한다.

오늘날의 한국불교는 46개의 종파와 원불교가 문화체육부에 등록되어 있다. 그러나 이들 중 재래의 사원은 대부분이 조계종 사원이며 따라서 여기서 살피고자 하는 사원도 재래의 조계종 사원을 그 대상으로 한다.

현재 조계종의 사원은 1,690여 개로 알려져 있으며 그 중 850여 사찰이 고찰이란 통계가 나와 있다. 이 가운데 비교적 그 사적기가 명기되어 있는 200여 사찰을 대상으로 본 항의 문제를 전개시켜 볼까 한다.

우리나라는 옛부터 금수강산이라 하여 그 국토의 아름다움을 자랑하여 왔다. 그런데 그 아름다운 절경을 다시 되돌아 보니 그곳이 사찰이었다는 것이다. 그렇다면 우리나라의 사원은 아름다운 계곡의 절경의 땅을 택하여 절을 짓게 된 것이라 할 수 있다. 그러면 그 연유는 어디서 찾을 수 있을 것인가.

唐代 불교신앙의 일단으로서 法華經信仰이 종교적 靈地信仰과 결합되어 민간신앙으로서 널리 행해졌다는 것은 잘 알려진 사실이나 이와 같은 영지신앙이 우리나라 불교에도 커다란 영향을 미치게 되었음은 다음과 같은 사실에서 살필 수 있다.

현존하는 재래의 사원 중 慈藏을 개산조로 하는 사원이 상당수 있으나 이 중에도 특히 통도사와 월정사는 그 대표적인 것이라 할 수 있다. 《三國遺事》나 통도사의 사적기에 의하면 자장은 선덕왕 5년(636)에 왕명을 받아 문인승 등 십여 명과 더불어 入唐하여 청량산에 있게 되었는데 여기에 문수대성석상이 있었다고 한다. 전하는 바에 의하면 그 상은 제석천왕이 工匠을 데리고 와서 彫造한 것이라 하고, 자장이 이 문수보살께 발원기도하니 보살이 現加夢思하여 석가여래의 금란가사와 사리를 전수하여 귀국한 뒤 통도사를 개창한 것이라 한다.

그런데 전술한 중국의 淸凉山이란 《華嚴經》에,

  동방에 보살이 머무는 곳이 있는데 이름이 청량산이라. 과거 모든 보살들이 늘 거기에 머물렀고 거기에 나타난 보살이 있는데 이름이 문수사리보살이니 늘 일만 보살을 거느리고 설법하고 계신다.

  東方有菩薩住居 名淸凉山 過去諸菩薩常於中住 彼現有菩薩名文殊師利 有一萬菩薩眷屬 常爲說法(東晉 佛馱跋陀羅(418~420) 譯 大方廣佛華嚴經 菩薩住處品).

라 하여 炎署의 인도에서는 청량한 곳이 理想境으로 생각되어 막연하게 히말라야산을 수미산이라 생각하고 그 오지의 청량한 곳에서 四大河가 발하는 것이라 생각하고 있었다. 그런데 이와 같은 발상이 서역지방에서는 동방의 오대산을 청량산으로 예상하고 漢譯하면서 北魏代로부터 오대산을 청량산이라 믿게 되었다고 한다. 그리하여 이 산은 문수신앙을 중심으로 하는 영산으로서 각지의 순례자가 모여들기 시작하였으며 또한 문수보살에 관한 수많은 영험이나 고승의 異蹟이 행해지게 되었다는 것이다.

 그리고 이와 같은 중국 오대산 불교의 문수신앙이 자장에 의하여 우리나라에 移植되어 개창된 가람이 월정사라는 것이다. 월정사의 사적기에 의하면 자장은 선덕여왕 12년(643)에 당나라에서 귀국하니 강원도의 오대산을 돌아보니 제산이 蜿蟺磚磅하여 당의 오대산과 흡사하였다. 오대산 東臺의 滿月山, 西臺의 長嶺山, 南臺의 麒麟山, 北臺의 象王山, 中臺의 地爐山이라 명명하고 中臺의 地爐山에 석존의 정골을 봉안하여 적멸보궁을 창건하고 동대의 만월산에 월정사를 창건하였다고 한다.

 여기서 자장의 입당 오대산 수학에서 두 계통의 靈山信仰에 의한 가람개창을 보게 된 것이라 볼 수 있다. 그 하나는 오대산의 문수신앙에 의한 문수보살로부터 전수한 석존의 사리로 사리탑을 건조하고 석존사리란 점에서 오대산이 영산이란 의미보다 석존의 생전 설법장의 하나인 영취산의 이름을 칭하여 통도사를 개창하게 된 것이며, 다른

월정사

하나는 중국 오대산의 영산신앙과 문수신앙을 그대로 이식하여 개창한 것이 월정사인 것이다.

그러면 이와 같은 영지신앙은 불교신앙에 있어서는 어떤 의의를 지니며 그 수용의 기반은 무엇이었을까. 《삼국유사》 진덕왕조에 의하면 신라시대에는 국가의 대사를 논할 때에는 반드시 정해진 영지에서 행하였다고 한다. 즉 이는 신라에는 4개소의 영지가 있어 국가적인 대사를 논할 때에는 이곳에서 행하면 반드시 좋은 성과가 얻어진다고 하는 영지신앙의 하나라 하겠으나 이와 같은 영지신앙이 보다 보편화하고 행사화하여 구현된 것이 신라시대에서 고려에 걸쳐 성행한 팔관회라 할 수 있다. 이와 같은 신앙이 생활화하여 정신적인 하나의 支柱를 형성한 것이 화랑의 명산대천 순례가 아니었던가 생각된다. 만약 그렇다면 이와 같은 영지신앙의 본질은 대체 어떤 것일까.

영지신앙의 지역적 조건이 반드시 산악에 한정되는 것은 아니라 하더라도 대체적으로 우리나라의 산악숭배는 영지신앙과 깊은 관계를 맺게 된다.

《삼국사기》권32에 신라에서는 立秋 後 辰日에 大祀라 하여 奈歷, 骨火, 三穴禮의 三山을 奉祭하고, 中祀라 하여 東吐舍山 등의 산악을 봉제하였으며, 또한 小祀라 하여 魚兒岳 등의 24산을 봉제한 일이라든지 고구려에서 3월 3일의 會獵에 祭天과 더불어 산악에 제사하였다고 하는 사실은 산악에 대한 신성관념이 깊었음을 입증하는 것이다. 그런데 이와 같은 영지신앙은 淸淨과 光明崇仰을 그 내용으로 한다는 사실에 불교신앙과의 습합에 의한 새로운 발전과 전개의 소지를 갖게 되는 것이다.

이상에서 살핀 바에 의하면 영지관념의 원초형은 聖的存在의 거주처 혹은 청정한 장소였으며 그 풍토적 조건에 의하여 우리나라의 영지는 산악숭배가 성행한 것이라 할 수 있다. 그리고 이와 같은 산악에 대한 청정관념은 두 계통의 신앙형태를 형성하게 된 것이라 하겠는데 그 하나는 산신신앙이며 다른 하나는 청정신앙에 의한 제형태의 의례행위로 발전한 것이라 할 수 있다. 그렇다면 전술한 영지사원의 문화적 의미는 어디서 찾을 수 있을 것인가가 다시 의문시된다.

자장이 입당하여 오대산의 성지신앙을 신라에 이식할 당시는 신라가 삼국통일의 국론을 불교로써 그 정신적 지주를 삼으려 한 시대였다. 이와 같은 신라의 역사적·사회적 조건은 신라의 모든 명산을 불교의 가람으로 하는 배경을 갖게 한 것이라 할 수 있다.

그런데 이와 같이 신라가 종래의 명산을 불교의 가람화함에 있어서는 밀교적 영향에 기인하게 된다는 사실도 또한 잊어서는 안 될 것이다. 자장에 의한 황룡사의 건립이나 사천왕사 등의 건립은 그 좋은 예의 하나라 하겠으며 자장이 입당하여 꿈 속에 문수보살을 친견했다고 하는 중국의 오대산도 문수신앙의 靈所였음과 아울러 밀교가 성행한 곳이기도 하였다는 데 관심을 가져볼 필요가 있는 것이다.

그리하여 신라의 성지가람은 일단 밀교적 성격의 것이라 할 수 있겠는데 이와 같은 것이 신라의 후기에 와서는 道詵의 출현을 기다려 풍수지리설에 의한 가람건립의 제한을 받게 된다. 이러한 풍수지리설에 의한 사원건립의 제한이 고려 태조의 훈요십조에 의하여 철저하게 지켜지게 되자 신라에서 성지의 가람건립이 고려에서는 제종의 도량설치에 의한 의식불교로의 전향으로 나타난다는 사실을 상기해야 한다. 《高麗史》에 나타난 수많은 제종 법회는 이를 의미하는 것임과 동시에 이러한 법회는 신라에서의 성지의 가람화가 고려에서는 가람 혹은 도량의 영지화의 성격으로 나타나는 것이라 할 수 있어 무척 흥미를 끈다.

태조가 연등회와 더불어 팔관회를 중시하여 훈요에 이를 남긴 것이라든지 神衆道場을 자주 열게 한 것 또한 이를 의미하는 것이다. 왜냐하면 연등회와 팔관회의 신앙적 기능이 광명청정 혹은 명산대천에 대한 신성의 신앙에 있었을 뿐 아니라 특히 신중도량을 자주 열었다는 사실은 신중은 일반적으로는 불법의 수호신으로서 신앙되고 있다고 하겠으나 실제의 신앙행위라 할 수 있는 신중의례에 있어서는 청정도량신으로 나타나고 도량을 신성화하는 기능을 갖는 신으로서 등장하기 때문이다. 현행되고 있는 신중에 대한 의례는 모든 의식도량에 있어 도량을 청정하게 한다는 의미로 행해지는 도량청정의례인 것이다. 한편 불도의 수도에 掃除 勤行學問이라고 하는 일과가 정해져 있음을 간혹 보게 된다. 여기서 우리는 수도에 무슨 소제가 필요하게 되며, 또한 왜 하필 제일이 소제인가 할 수 있게 되는데 근행 세계의 학문이란

영산재 의식

실천의 세계를 보다 심오하게 하기 위해서는 그 수도의 장소를 소제할 필요가 있는 것이다. 여기서의 소제란 더러우니까 깨끗이 한다는 외형적인 기능론을 초월하여 공간을 정신화하기 위한 의식의 한 형태로 볼 수 있다. 즉 이 같은 공간의 정신화에 의하여 성지화된다는 것이다.

신라에 있어서의 이와 같은 공간의 정신화는 재래의 영산 혹은 명산을 가람화하여 자연과의 대화를 통한 융합의 정신을 길렀고 때로는 이와 같은 불교정신이 밀교화하여 국토에 대한 애착심과 더불어 호국불교의 성격을 더욱 강하게 나타내게 하였던 것이다.

한편 여기 영지신앙과 더불어 빠뜨릴 수 없는 것은 산신신앙이라 할 수 있을 것이다. 산악에 대한 숭배는 일찍이 있었고 또한 이 같은 산악숭배사상이 불교의 성지신앙화의 배경이 되었다고 함은 전술한 바이나 산신이 한국사원 내에서 신앙의 대상이 된 것이 언제부터인지는 확실하지 않다. 그러나 다만 재래의 영지신앙이 불교와의 습합과정에서 이 계통의 신앙형태를 형성한 것으로 생각되는데 즉 그 하나는 공간의 정신화라고 하는 신앙적 기능보다는 靈地 자체를 신앙함에 의하여 그 영지의 주재자로서의 山神信仰을 낳게 된 것이 아닌가 한다. 다른 하나는 일본의 修驗道의 極意는 即身成佛이라 밝히고 있는 바와 같이 영지의 정신화 내지 동화를 통한 수행신앙이 아닌가 한다. 그리고 후자의 경우가 의례화하여 神衆作法으로 발전 전개된 것으로 보는 것이다. 또한 여기서 가람형성에 사천왕문, 금강문 등이 차지하는 필수적인 조건도 이와 같은 후자의 의례화에서 그 의미를 찾아볼 수 있다.

　이상에서 살핀 바와 같이 한국불교사원의 가람은 청정도량인 것이다. 이와 같은 청정도량에 불보살을 봉안하거나 혹은 불보살이 계신 곳을 청정화한 것이다. 이와 같은 노력이 명산을 구함에서 비롯하여 공간을 명산화·정신화하게 된 것이다. 공간을 정신화하는 방법은 다양하겠으나 그 전통적인 정신은 어디까지나 청정인 것이다. 이는 오늘날에 있어서도 살아 있는 정신이다. 오늘날의 한국불교는 觀光佛敎로 타락하였다는 소리를 가끔 듣게 되나 이를 실망스럽게 받아들이기에는 아직 이른 것 같다. 왜냐하면 이와 같은 관광객도 어떤 의미에서는 청정을 구하는 자들이기 때문이다. 절에 가면 스님이 되고 싶다는 속담이 있다. 이는 모르긴 해도 사원에 대한 청정관념의 희구가 아닐까 한다.

　그런데 이와 같은 청정관념에 대한 신앙은 신라, 고려시대까지는 국가적으로 행하여졌으나 조선조 이후에는 개인신앙의 형태로 나타난다. 불교신앙의 본질 자체가 청정을 구하는 데 있다고 한다면 이와 같은 영지신앙을 새삼 운운할 필요가 없겠으나 불교와 재래신앙과의 습합과정을 고찰함에 있어서는 하나의 문화현상으로서 그 요인을 구명할 필요가 있는 것이다.

2. 가람과 신앙행위

일반 민중이 불교에 대한 신앙행위를 하고자 할 때에는 사원을 찾기 마련이다. 自修, 自得의 종교가 불교라 할 때 스스로 혼자서 자력적인 신앙행위를 할 수 있으므로 이를 위해 많은 사람들이 절을 찾는다.

불교 正信의 입장에서 보면 불교신앙의 대상은 불·법·승 삼보이다. 그런데 이와 같은 삼보에 접할 수 있는 곳이 사원이다. 불교 본연의 입장에서 보면 삼보의 가상에 의탁함이 신앙의 본질은 아니지만 민중의 종교적 성향은 보다 구체적인 具象性을 희구하기 때문에 절을 찾아 구상적인 삼보에 귀의하고 그에 대한 신앙행위를 행한다. 우선 불보에 대한 관념은 장중한 불상을 접함으로써 비로소 그에 대한 신앙심을 일으키고 법보에 대한 관념은 법의 내용을 담은 경전을 접함으로써 더욱 구체적인 관심사로서 그에 대한 신앙심을 갖게 된다. 뿐만 아니라 절에 가면 반드시 스님을 만나지 않으면 안 된다. 이는 승보신앙에 대한 구상화라 하지 않을 수 없다.

이상과 같은 삼보에 대한 신앙의 경향이 가람형성과 신앙행위에 중요한 조건을 제시하게 된다는 것을 간과할 수 없을 것이다. 초기의 가람은 승려들이 불도를 수행하기에 알맞도록 이룩된 것이었으나 대승불교 이후의 가람은 일반 민중의 신앙심을 보다 효과적으로 고취시키는 경향성을 강하게 지니게 된다. 그리하여 일반 민중이 찾는 사원은 불·법·승 삼보를 접할 수 있는 곳이기도 하지만 그와는 관계없이 그저 청정도량 혹은 성지나 영지로서의 기능을 다하는 곳으로 막연하게 신앙되기도 한다.

그러면 이제 오늘날 한국사원의 가람의 형식과 그에 따른 신앙의 양상이 어떤 것인가를 살펴보기로 하자. 오늘날 한국의 가람이 지니는 신앙적 성격이 어떤 것인가를 알고자 하면 우선 전각과 탱화의 내용을 살펴야 한다. 먼저 전각의 경우를 보면 불전으로서는 대웅전, 극락전, 대적광전, 관음전, 화엄전, 미륵전, 약사전 등이 있는데 이들 불전이 대본산의 경우에는 종합사찰의 성격을 띠고 고루 갖추어져 있기도 하나 대개 본전으로서 대웅전, 극락전, 대적광전이 대종을 이룬다. 여러 불전을 고루 갖추고 있을 때도 그 중 한 불전이 본전으로서의 기능을 갖게 되는데 해인사의 경우는 대적광전, 통도사·범어사 등은 대웅전이 본전의 성격을 띠고 있다.

대본산에 여러 불전이 종합적으로 갖추어져 있다는 것은 한국불교 신앙의 종합적인 양상을 나타내는 것이라 하겠으나 실제 신앙행위는 본전을 중심으로 이루어진다.

다음은 옹호신중각을 들 수 있겠는데 사천왕문, 금강문, 인왕문 등이 그것으로서 이들은 대개 사찰 정문에 위치하여 사찰을 출입하는 이들로 하여금 이들 옹호신들에 의하여 도량 내의 모든 악귀는 물러나고 청정도량이라는 신성관념을 갖게 한다. 다음에는 명부전, 칠성각, 산신각, 독성각 등 한국사원 특유의 전각을 살필 수 있는데 이들은 한국불교의 토착화 과정을 일러주는 좋은 증거로 남아 있는 것이다. 그리고 또 한 가지 간과할 수 없는 것은 승려의 수도도량으로서의 선원, 염불당, 강원 등과 수도의 규범을 숭배하는 의미를 지니는 나한전 등도 빼놓을 수 없다.

이상에서 한국사원에 위치한 전각의 내용을 대충 살펴보았으나 이들 전각들은 모두가 하나같이 불·법·승 삼보에 대한 신앙의 전개라는 것을 잊을 수 없는 것이다.

즉 불보에 대한 신앙이 불전을 짓고 더 나아가 불보를 보호하는 옹호성중각을 짓게 하는 것이다. 법보에 대한 신앙은 경전신앙으로 발전하여 팔만대장경을 판각하여 이를 봉안하는 대장각을 짓는다. 오늘날 해인사에 전하는 고려시대의 팔만대장경이 그 대표적인 것이라 하겠으나 전통적인 고찰이면 어느 정도의 판각은 모두 지니고 있다. 물론 이들 판각은 불법을 이해하기 위한 경전으로 인출되지만 인출된 경전이 반드시 불법의 내용 이해에만 기여하는 것이 아니라 그 자체가 그대로 신앙의 대상이 되는 것이다. 그리하여 장경각은 판각의 보관장소이기도 하지만 그대로가 또한 신앙의 대상이 되는 것이다. 그리고 인출된 경전은 불법의 대중적 이해에 기여하기도 하지만 불전에 놓여진 경전은 신앙의 대상으로 더 큰 의미를 갖게 되는 것이다.
　선원, 염불당 등도 승려의 수도도량임에는 틀림없겠으나 이들을 통하여 승보에 대한 신앙이 일반 대중에게는 더욱 깊어 간다는 것을 잊어서는 안 된다.
　다음에는 한국사원에 전래하는 탱화의 내용과 그에 대한 신앙행위가 어떤 것인가를 살펴보자. 가람을 형성하는 각 전각에는 신앙의 대상으로 탱화를 懸掛하고 있다. 이를 殿閣別로 보도록 하겠다.
　① 佛殿 : 불전에는 후불탱화와 신중탱화를 봉안함을 원칙으로 한다. 그리고 여기 후불탱화는 불전에 봉안된 주불이 무엇이냐에 따라 그 내용이 달라진다. 즉 석가모니불의 경우에는 석가모니불의 설법장으로서의 영산회상을, 아미타불일 때는 아미타불의 서방정토에서의 설법광경을, 비로자나불일 때는 법신불 비로자나불의 연화장세계를 각각 묘사한다. 그러나 모든 후불탱화의 공통점은 설법도라는 데 있다. 그 까닭은 불전은 의식행위를 행하는 장소이기도 하지만 주된 기능은 법회의 장소이기 때문이다.
　신중탱화는 불보살의 옹호성중의 기능을 갖고 불전 정면의 오른쪽에 懸掛된다. 그리고 극락전의 경우에는 이외에 극락구품도가 현괘되기도 한다. 그런데 실상은 이보다 더욱 많은 탱화가 불전에 현괘되고 있는데, 즉 감로탱화, 지장탱화, 칠성탱화, 산신탱화, 독성탱화 등이다. 이들은 원래 명부전, 칠성각, 산신각, 독성각 등에 현괘될 것인데 이같은 전각을 갖지 못하고 있을 때 대웅전 등의 본전에 현괘되고 여기서 이들에 대한 신앙행위를 행하게 된다.

② 冥府殿 : 명부전에는 지장보살상을 본존으로 봉안하고 그 후불탱화로서 지장탱화를 현괘한다. 그리고 그 좌우에 명부시왕탱화와 명부사자탱화를 현괘한다. 한편 감로탱화가 지장탱화 대신 후불탱화로 현괘되기도 한다.
③ 三聖閣 : 산신, 칠성, 독성의 탱화를 봉안하고 이들에 대한 신앙행위를 행한다.
④ 應眞閣 : 십육나한도 혹은 부처님 십대제자상 등의 탱화를 봉안한다.

이 외에도 사천왕, 제석, 인왕 등 더없이 많은 유형의 탱화가 한국사원에 전래하여 마치 탱화로 장식된 듯한 느낌을 갖게 한다. 그러면 이같은 탱화가 지니는 신앙적 의미는 어디서 찾을 수 있을 것인가.

한국사원에 전래하는 탱화는 한국불교신앙의 표상이다. 따라서 탱화의 내용은 곧 신앙의 내용이요, 신앙의 대상이 되는 것이다. 그리고 이와 같은 탱화를 대상으로 일정한 儀軌에 따라 신앙행위를 표출한다. 물론 불교가 그 신앙의 대상을 탱화만으로 하지 않고 불상, 불탑, 경전 등도 주요대상으로 하기는 하나 탱화가 지니는 특성은 경전내용의 가시적인 대상을 보다 구체적으로 표출하고 있는 것이라 하겠다.

불교의 신앙이 경전에 의거함은 두말 할 나위가 없는 것이라 하겠으나 우리가 경전을 읽는다는 것은 하나의 종교적 요구이며, 이를 읽으면 번뇌가 사라지고 심사가 열리는 것이다. 따라서 경전은 이를 읽는 데서 그치는 것이 아니라 중생의 마음을 움직이는 종교체험이 필요한 것이다. 그리고 여기에 귀의하는 신앙행위가 표출됨으로써 비로소 종교적 목적을 달성할 수 있게 된다. 그러나 불교의 경전은 그 내용이 다양한 것이어서 신앙행위의 표출에는 일정한 의례가 필요하게 되며 한편 소의경전에 따라 종파의 분화를 낳게 한다. 여기서 탱화는 이상과 같은 경전상의 다양한 신앙내용을 압축하고 질서 있게 도상화한 것이라 할 수 있다. 즉 경전에 의거하여 달성한 종교체험은 그를 압축하고 질서 있는 일정한 의궤를 필요로 하게 되며 또한 그 의궤를 도상화한 것이 탱화라 할 수 있는 것이다. 그러므로 탱화의 내용을 규명하기 위해서는 대상 탱화의 소의경전과 의궤의 내용을 기본요건으로 하고 또한 탱화를 살핌에 있어서는 다음과 같은 사실을 간과해서는 안 된다.

한국불교는 중국불교를 모태로 전래 발전되었으나 중국불교와는 다른 특징을 지닌다. 즉 중국불교는 인도불교가 한문화권의 불교로 바뀌면서 원시불교와는 다른 중국사상을 바탕으로 한 다양한 대승종파를 발전시키고 이 같은 불교가 한국과 일본에 전래되나 일본에서는 중국과 또 다른 종파불교를 낳게 하고 한국불교는 중국·일본불교와는 달리 다양한 사상이 하나로 유통하는 의미를 지니고 발전된다. 즉 한국불교의 문제 제기는 언제나 제문제를 무엇으로 포용하느냐 하는 데 있다고 하겠다.

신라시대의 원효, 의상이 그러하였고 고려시대의 의천과 지눌이 그러하였다. 그리고 조선시대의 휴정도 여기에 예외일 수는 없다. 그런데 이와 같은 한국불교의 전통사상은 탱화의 내용에서도 찾아볼 수 있어 크게 주목을 끈다. 우선 한국사원에 전하는 탱화내용은 전술한 대로 다양성을 지닌다. 이는 한편에서 보면 불교신앙과 다른 토속신앙적인 요소도 아울러 지니고 있어 얼핏 보면 미신적인 불교 혹은 다신교적인 종교로 오해하기 쉬우나 좀더 자세히 살펴보면 여기에는 하나의 질서가 있고 체계가 있어 전술한 한국불교의 사상적 전통에서 살핀 조화와 회통의 내용을 찾을 수 있다. 즉 조화와 회통의 방법은 다양한 사상이 나오게 하고 또한 다양한 사상을 하나로 돌리는 귀일의 문을 열어 놓고 있는 것이다.

그리고 또 한 가지 문제로 제기될 수 있는 것은 탱화내용을 통하여 한국불교의 신앙의 추이를 살필 수 있다는 것이다. 비록 오늘날에 전하는 탱화는 대부분 상한연대가 조선중기 이상으로 소급될 수 없다고는 하나 200~300년 동안의 탱화내용의 변천과정을 살필 수 있다는 데 주목해야 할 것이다. 그리고 여기에 곁들여 지역에 따른 비교조사, 畵員의 계보조사 등도 아울러 행함으로써 탱화에 대한 내용을 보다 정확하게 알 수 있을 것이다. 이와 같은 방법론에 의하여 탱화의 내용과 양식이 어느 정도 구명되었을 때 다음으로 탱화라는 그림이 지니는 繪畵美에 우리는 접근할 수 있을 것이다. 그런데 여기서는 주로 儀軌內容을 중심으로 탱화가 지니는 신앙적 성격과 그 내용을 살피고자 한다.

앞에서 각 전각에 따른 탱화의 유형을 소개하였으나 이와 같은 한국사원 전래의 탱화는 신앙의 대상과 신앙내용을 도설화한 것이다. 그러므로 불화의 내용은 곧 신앙의 내용과 형태를 의미한다. 그런데 위에서 살핀 바와 같이 한국불교의 신앙의 형태는 다양한 것이어서 다양한 형태를 지니고 나타난다. 그러나 이와 같은 다양한 형태에서 하나의 질서를 찾을 수 있으니 이가 곧 상단·중단·하단의 분단법에 의한 신앙과 각종 관련성에서의 신앙형태인 것이다. 그리고 이와 같은 신앙형태가 바로 상·중·하단의 탱화를 형성하고 있다는 것이다. 즉 상단탱화에서는 불교의 근본진리와 그 근본진리의 설법상을 그리고 그와 같은 근본진리에 귀의한 공덕상을 나타낸다. 중단탱화에서는 상단의 불법과 불신자를 수호하는 호법제신상을, 또한 상·중단의 신앙에 의해서 쌓은 공덕을 조상에게 회향하는 신앙의 표상이 하단의 탱화라 할 수 있다.

그런데 이와 같은 탱화의 내용에 나타난 신앙형태를 살펴보면 상단탱화의 하나로 귀일될 수 있다는 것이다. 즉 상단탱화에는 전술한 대로 불교의 근본상과 그 설법상 그리고 그것을 수호하는 신중상이 도설된다. 그리고 그에 대한 신앙은 자연스럽게 하나의 공덕상을 이루게 되는 것이다. 그러나 그에 만족하지 않고 다양한 탱화가 도설화되는 것은 신앙의 구체화와 민속신앙과의 습합현상이라 할 수 있는 것이다. 전자의 경우는 상단탱화에서의 관음탱화, 약사탱화 등도 들 수 있겠고 중단탱화에서는 삼장탱화에서의 지장이 지장탱화로 전개되고 또한 감로탱화의 극락래영과 接引地藏 등이 다시 극락도와 極樂接引圖로 전개되고 지장탱화로 전개되는 것 등이다. 후자의 경우는 상단탱화에서 신중을 호법신으로 포용하여 일차적인 습합현상을 나타내고 다시 그 신중이 독립하여 신중탱화로 전개되며 또한 신중탱화에서 각기 신중이 독립된 신앙형태로 전개되어 七星, 山神, 十王, 現王 등의 도설화를 보게 됨이 그것이라 하겠다.

그런데 여기에서 간과해서는 안 될 것은 전술한 양자의 경우가 어떤 발전의 단계를 거쳐 분화 전개된 것이 아니라 상호관련성의 관계를 가진다는 점이다. 왜냐하면 중단, 하단 신앙의 경우 그것이 불교신앙이기 위해서는 그것만으로 독립된 신앙이 성립될 수 없기 때문이다. 예를 들면 칠성신앙을 중심으로 신앙행위를 행할 경우 반드시 먼저 상단의식을 행하지 않으면 안 되며 그 상단의식의 신앙의 공덕이 중생의 구체적인 願望인 칠성으로 화현되어 나타난 칠성단에 다시 신앙행위를 행하는 것으로 이어진다. 이와 같은 예는 칠성신앙에서뿐 아니라 중단, 하단신앙의 모든 경우에 마찬가지다. 즉 상단의식의 由致請詞는 '唯願慈悲 憐愍有情 降臨道場 受此供養'에 있는데 중상단에서는 '唯願承三寶力 降臨道場 受此供養'에 그 취지가 있는 것이다. 이와 같은 신앙형태는 서민신앙의 일단이라 할 수 있겠는데, 여기서 보면 일반 서민대중은 이상적인 불보살에 귀의의 형태가 직접적이 아닌 간접적인 형태를 빌리고 있는 것이라 할 수 있다. 즉 우리의 생활상에 보다 구체적인 관심사인 제시을 통하여 보편적인 불교의 진리에 도달하려고 하는 신앙형태인 것이다.

그리하여 중단탱화와 중단에서 분화 전개된 모든 탱화에서 살필 수 있는 도설내용은 消災會相의 성격을 지닌다. 그러면 이와 같은 신앙의 표상인 탱화의 근본성격은 어디서 찾을 수 있을 것인가. 결론부터 말하면 밀교적인 성격이라 할 수 있으며, 또한 탱화의 도설은 밀교의 만다라라 할 수 있다. 왜냐하면 상단탱화는 밀교에서 말하는 能統一의

객체로서의 성격을 지닌다고 볼 수 있기 때문이다. 그리하여 한국사원 전래의 탱화는 각 탱화 하나하나가 만다라일 수 있으나 전 탱화가 모두 하나의 만다라적 구조에서 파악되지 않을 수 없는 성격인 것이다. 그러므로 이와 같은 한국불화의 구조적 성격을 파악하지 않고서는 개개의 탱화내용을 구명하기 어렵게 된다는 것이다.

    결국 한국의 탱화는 다양하게 나타나면서도 하나로 통일되는 만다라를 형성하고 있는 것이라 하겠다. 그리고 이와 같은 만다라로서의 탱화는 한국인의 구체적 신앙의 표상으로 친밀감을 갖게 하는 것임을 또한 잊을 수 없다.

한국가람의 始源과 그 변천

1. 머리말

　지금까지 불교미술의 연구는 그 형식론·양식론에 그치고 있는 것 같다. 이것은 그 나름대로의 의미를 지니고 있지만 정보화 사회를 맞이하는 금후의 연구과제와 그 연구방법론은 보다 종합적이고 學際的인 방향으로 나아가야 할 것이다.
　필자는 그 하나의 계기로써 불교미술의 진정한 자세와 사원의 모습이 어떠한 것이며 그 변화는 어떠한 것인가 하는 사실을 해명함으로써 보다 바람직한 불교미술의 연구 효과를 기대할 수 있으리라 믿는다. 왜냐하면 이 같은 연구야말로 불교미술에 있어 학제적 연구의 자세라고 생각하기 때문이다.
　가람이란 그 어원상에서 보면 범어 Saṅghārāma로 僧院을 뜻하는 것이었으나, 석존입멸 후 墓塔으로서의 탑과 불상의 발생과 더불어 이룩한 佛堂 등을 아울러 말하는 사원 자체를 가리키게 되었다. 따라서 여기서 말하는 가람이란 승원의 좁은 의미가 아니라 堂·塔·伽藍(僧院)을 총칭하는 종합적인 사원 자체를 뜻하는 것임을 밝혀둔다.

2. 불교의 전래와 伽藍의 성립

이상의 과제를 한일 문화교류, 혹은 그 비교라는 범위로 좁혀서 고찰하고자 하나 필요에 따라서는 인도, 중국과의 관계도 관련시켜 논구해가기로 하겠다. 이 문제를 해명하기 위해서는 우선 한일 불교전래 문제와 교류관계의 성격 및 그에 대한 모습부터 해명해 보기로 한다.

일본불교의 시원을 고찰해 보면 백제의 성왕시대에 불교가 처음으로 전해진 사실이《日本書紀》혹은《元興寺伽藍緣起幷流記資財帳》등에 기록되어 있다. 이에 따르면 사원을 건립했다는 기사는 발견할 수 없고, 이 기사는 그 당시에는 아직 불교가 일본문화화되어 있지 않았으며 또한 불교미술의 창작도 없었던 것을 말해 주고 있는 것이라 할 수 있다.[1]

---

1) ①《元興寺伽藍緣起幷流記資財帳》

    a. 大倭國 佛法 創自斯 嶋宮治天下天國案春岐廣庭 天皇 御世蘇我大臣 稻目宿禰仕奉時 治天下七年(538) 歲次戊午十二月渡來 百濟國聖明王時 太子像幷灌佛之器一具及說佛起書卷一篋度而言 當聞佛法旣是世間無上之法 其國亦應修行也.

    b. 故三尼自按幷道場置 可宜供養 時天皇許賜 令住按井寺 而爲 供養 時 三尼等官白 傳聞 出家之人 以戒爲本 然無戒師 故到百濟國欲受戒白然不久之間丁未年百濟客來 官問言 此三尼等欲度百濟國受戒是事應云何耶時蕃客答曰 尼等受戒法者 尼寺之內 先請十尼師受本戒已 卽詣法師寺請十法師 先尼師 十合卄師所受本戒也 然此國者.

    今者以百濟工等作二寺也 然尼寺者如標始故 令作法師寺告 時聰耳皇子 馬古大臣二柱 共起法師寺處以戊申年仮桓仮僧房作六口法師等令住又按 井寺內作屋 工等 令住 爲作二寺令作寺木 以庚戌年自百濟尼等還來.

②《日本書紀》欽明天皇 13年(552, 百濟 聖王 30)

    冬十月 百濟聖明王(更名聖王) 遣西部姬氏達率怒唎斯致契等 獻釋迦佛金

한편 한국측의 자료로는 이 시기에 있어서 일본과의 불교문화교류 문헌사료는 발견되지 않는다. 《三國史記》에는 일본에 불교를 전했다는 백제 성왕시대의 기사에서 중국과의 불교문화교류 기사가 기록되어 있을 뿐이다.[2] 그러므로 《日本書紀》 등에 나타난 한일 불교문화교류관계의 사료에 관해서는 보다 구체적 사료 비판을 해야만 한다는 의견이 있고, 또한 이들 사료를 무시해 버린 것이 일본 고대사의 서술에서 한일 불교문화교류의 인식을 올바르게 이루지 못하게 하고 있다.

예를 들면 奈良 東大寺의 大學僧이었던 凝然이 《三國佛法傳通緣起》 3권을 저술한 가운데 인도·중국·일본의 삼국에 걸친 불교의 東傳을 기술하고 있는 것이 그 좋은 일례이다. 이것을 토대로 한 근대사학의 고대 한일 불교문화교류 역사를 이해하는 데 있어 일본불교는 중국에서 혹은 단순히 한반도를 경유해서 전해졌다는 서술방법을 취하고 있다. 경유라는 용어도 일본에서는 어떤 개념으로 취급하고 있는지 잘 알 수는 없지만 적어도 교류의 의미는 포함되어 있지 않는 것

銅像一軀 幡蓋若干 經論若干卷 別表讚流通禮拜功德云 是法於諸法中爲殊勝難解難入 周公孔子尙不能知 此法能生無量無邊福德果報 及至成弁無上菩提 譬如人隨意寶逐 所須用書依情 此妙法寶亦得然 祈願依情無所乏 且夫遠自天竺 爰泊三韓 依敬奉持 無不尊敬 由是百濟王臣明謹遣陪臣怒唎斯致契奉傳帝國 流通畿内 果佛所記我法東流.

2) ① 《三國史記》 권26 百濟本紀 聖王條
　十九年 王遣使入梁朝貢 兼表請毛詩博士 涅槃等經義 幷工匠·畫師等 從之.
　② 《朝鮮佛教通史》 李能和 編
　四年 百濟沙門謙益 入中印度常伽那寺 學梵文攻律部 與梵僧倍達多三藏 齎梵本律文歸國 譯成七十二卷 是爲百濟律宗之始 曇旭惠仁兩法師 著律疏三十六卷.
　十九年 百濟遣使如梁 表請毛詩博士 涅槃等經義 幷工匠畫師等 從之.
　三十年 百濟王 始以佛像經卷 贈於日本 且史書王 是法於諸法中 最爲殊勝 周公孔子尙不能知 能生無量福德 成就無上菩提 云云 日本佛教始此.

같다.

그러나 1945년 이후가 되어 고고미술사상에서의 조사·연구 성과에 의해 고대 한일 불교문화교류의 새로운 인식이 생겼다. 따라서 지금까지 사료비판상 의문시되었던 《日本書紀》 등에 나타난 한일 불교문화교류의 사료도 새로운 해석을 해야만 하게 되었다.

한편 한국에 있어 불교가 중국으로부터 전해졌다는 기사는 《三國史記》, 《三國遺事》 등에 기록되어 있는데 여기에 서술된 불교전래란 불상·경전·승려가 전해져 이에 따라 사원을 건립했다는 것이다. 고구려의 伊弗蘭寺·肖門寺, 백제의 한산주에 절을 건립했다는 기사, 혹은 신라 흥륜사의 건립 등의 기사가 이에 해당한다.[3]

그러나 이와 같은 사정은 문헌상 사원을 건립했다는 기사뿐인 만큼 이들 사원이 어떠한 모습을 갖추고 있는지 기록하지 않고 고고학적 유적·유물도 지금까지는 발견되고 있지 않다.

이상으로써 고찰해 보면 문헌에 나타난 한일 양국의 불교전래 당시 사원의 모습은 규명할 수 없고 따라서 그 자세한 내용도 해명할 수 없다. 그러나 신라불교가 公傳된 이전의 初傳기사에 의하면 "눌지왕 때 (417~457) 사문 묵호자가 고구려에서 와 一善郡에 불교를 전하고자 하였는데, 그 지역 사람인 毛禮가 자신의 집 내부에 굴을 파고 절의 모양을 갖추었다. 그 후 梁의 使者로부터 香物이 전해졌으나 이름과 사용 방법을 몰랐기 때문에 나라의 입장으로서 묵호자를 찾아 물으니 이것은 '향이라는 것으로 이를 피우면 냄새가 나서 신성에 참마음이 통하는데 신성이란 삼보에 지나지 않는다"고 기록하고 있다. 이 기사에 의하면 초전불교의 사원은 신도의 자택 내부에 굴을 파고 불상 등을 안치하며 불교의례를 행했다는 것을 알 수 있다.[4] 일본 초전불교의 기

---

3) ① 《三國史記》 佛敎傳來關係記事, ② 《三國遺事》 권3 興法.
4) 《三國遺事》 권2 興法 阿道基羅條.

사에서도 蘇我氏가 백제로부터 전해진 불상과 경전을 자기 집 안쪽에 안치하고 불교신앙을 행했다고 하는데[5] 그 안쪽이라는 것이 굴을 판 안쪽과 같이 사료되어 한일 양국의 불교초전 당시 사원은 굴을 파서 그 안에 불상 등을 안치하고 불교의례를 행하는 모습을 지닌 것이라 생각된다. 이와 같은 사원의 모습에 있어서는 굴을 파는 방법, 불상의 양식 등이 문제되는데 이들 유적은 아직 발견되지 않으므로 구체적인 미술사적 논의는 불가능하다. 그런데 여기서 주목되는 것은 상술한 초전불교의 모습에서 한일 양국에 있어 석굴사원의 시원이 밝혀진다는 점이다. 왜냐하면 이외에도 《三國遺事》에 의하면 백제 등 삼국시대에는 석굴사원이 많이 있었다는 것을 기록하고 있기 때문이다.

사원의 모습에는 대별해서 석굴사원과 지상의 평지가람사원이 있다고 생각된다. 그러나 그 시원은 석굴사원에 있고 석굴사원이 지상의 평지가람사원으로 변화해 가는 과정에는 사회 문화적 상관관계에 따라 여러 가지 양식으로 변화해 가는데 그 기본은 석굴사원에서 볼 수 있다고 믿고 있다. 이 문제는 절의 개념을 어떻게 가지느냐에 따라 상위점이 나타난다고 생각한다. 가령 수행자가 모여서 수행하는 곳을 사원이라고 생각하면 인도의 죽림정사, 기원정사 등이 사원의 시원이 된다. 그러나 사원이란 신앙의 대상을 필요로 하며 그 가르침을 얻어 신심을 낸다는 것에서 생각하면 석존이 열반에 드신 후 그 불사리를 안치하는 시설로써 조성된 불탑이 있는 장소가 사원의 시초라고 여겨진다. 만일 그러하다면 사원은 석존의 묘탑에서 시작되었으며, 그 미술은

新羅本記第四云 第十九訥祇王時 沙門墨胡子 自高麗至一善郡 郡人毛禮 於家中作堀室安置 時梁遣使賜衣著香物 君臣不知其香名與其所用 遣人齎香遍問國中 墨胡子見之曰 此之謂香也 焚之則香氣芬馥 所以達誠於神聖 神聖未有過於三寶 若燒此發願 則必靈應 時王女病革 使召墨胡子焚香表誓 王女之病尋愈 王喜厚加賚貺 俄而不知所歸.

5) 田村圓澄, 《古代朝鮮佛敎と日本佛敎》, 吉川弘文館, 1980.

묘와 유사한 양식으로 만들어졌을 것이다.

　대승불교시대가 되어 불상이 조성되자 불상을 모시는 불전이 필요해지는데 이 경우에도 석굴사원이 발전해 간다는 점을 주목해야만 한다. 왜냐하면 돈황 등의 중국 석굴사원, 한국의 석굴암 등에서 보면 석굴의 구조는 前室, 羨道, 玄室로 이루어진 고분의 구조와 유사하다고 생각되기 때문이다. 석굴사원의 경우, 전실은 俗界를, 연도는 속계로부터 聖界로 들어가는 길이며 내부의 현실 부분은 불전으로서 성계를 나타내고 있는데 돈황의 석굴에서 보면 불전으로서 성계를 나타내는 주제가 시대에 따라 다르게 나타나고 있다. 즉 북위 이전의 불전 부분은 사방불 혹은 미륵세계를 묘사하거나 천불, 본생담 등을 벽화의 주제로 하고 있는 것이 많다. 그런데 수당시대로 접어들면 성계를 보다 상세히 표현한 관경변상도 등으로 나타내고 있다.

　이상으로 고찰해보면 석굴사원은 생과 사의 문제, 특히 사후문제를 주제로 해서 조성되었을 것이다. 즉 사원이란 석굴사원에서 생각하면 묘를 조성하는 사고방식과 같은 구조를 가지고 있다는 것은 같은 사후문제와 관련이 있기 때문일 것이다. 단지 죽음의 해석, 받아들이는 방식이 어떻게 다른가에 따라 성계의 표현방법이 달라진다.

　이상에서 일본불교 전래문제와 그 사원문화가 어떠한 것인가를 고찰해 보면 다음과 같다.

　백제의 성왕시대에 백제로부터 불교가 전래되었다고 하나 그것은 불상과 경전을 전했을 뿐이며 사원도 짓지 않고 승려에 의한 불교의례도 행해지지 않았다. 다만 이 불상과 경전을 蘇我稻目의 私家 내부에 모셔 개인적 신앙을 행했을 뿐이다. 이와 같은 불교 私傳의 모습은 신라에 불교가 최초로 전래되었을 때, 毛禮의 집 내부에 굴을 파고 불상을 모셔 신앙을 행한 사례와 같은 형태이다.[6]

---

6) 앞의 주4) 참조.

한편 이처럼 초기불교는 국가사회로부터는 인정받지 못하고 질병과 관계해서 신앙되었다는 특징을 지닌다. 단지 신라의 초기 사가불교는 왕녀의 질병을 고침에 따라 왕실로부터 인정받았으나 蘇我氏에 의한 사가불교는 질병이 발생함에 따라 초기의 불상이 나니와(難波, 오사카시와 그 부근의 옛이름)의 바다로 흘러왔다는 상위점이 있다. 그러나 이처럼 질병, 죽음의 문제에 근거한 개인신앙에 의한 불교는 후에 석굴사원으로 전개되어 간다고 생각되기에 이 점을 주목해야 한다.

이상에서 보면 불교사원은 석존의 묘인 불사리탑에서 시작되어 대승불교시대에 들어와 불보살상이 조성되자 사원이 묘의 기능도 계승하였다. 나아가서는 묘에 대한 죽음의 문제를 보다 자세히 하기 위해서 불보살의 기능을 탑이나 벽화로써 나타내었으며 죽은 후에도 죽지 않는 영원의 생명에 연결되는 세계를 표현하여 이를 믿는 기능을 지닌 곳이 불교의 사원으로 발전해 간 것으로 생각된다.

그런데 이 같은 석굴사원은 개인의 신앙, 개인의 공양으로 조성되었다는 특징이 보인다. 돈황석굴에 있어서 많은 공양자, 한국의 석굴암이 김대성의 발원에 의해 조성되었다는 것이 이를 증명하고 있다.[7]

석굴사원과 지상의 가람사원은 어느 쪽이 먼저인지는 모르나 석굴사원은 개인신앙을 중심으로 하며 가람사원은 불교가 국가·사회와의 관련성에 따라 조성되었을 것이다. 한국 최초의 석굴사원이라고 사료되는 毛禮家의 석굴사원, 일본의 蘇我氏에 의한 불상을 모신 석굴사원의 기능을 지녔으리라 여겨지는 불교신앙은 모두가 개인에 의한 신앙이었다는 것을 알 수 있다. 그러나 이처럼 개인적 신앙의 석굴사원이 지상에 가람사원을 건립하게 된 것은 불교가 국가적으로 공인되거나 혹은 사회적 필요성이 확대되어 간다는 조건을 생각할 수 있다.

---

7) 《三國遺事》권5 孝善 孝二世父母條에 "乃爲現生二親 創佛國寺 爲前世爺孃創石窟寺"라고 기록되어 있는 것이 그것이다.

3. 묘의 구조와 석굴사원과의 관련

 불교사원의 시작이 석존의 묘인 불사리탑이라는 것은 앞서 밝혔는데 이것과 일반적 墓制와의 관련은 어떠한지 규명해 볼 필요가 있다.
 석존은 생로병사라는 四苦의 인생고를 문제의식으로 여겨 깨달음의 길을 향해 수행생활을 하였다. 이 四苦의 최종점은 생에서 老病의 고통을 지나 죽음에 이르는 死의 苦가 보다 강조되어 영원한 생명이란 무엇인가에 대한 해답을 얻으려 한 점에 석존의 올바른 수행목적이 있다고 생각한다. 그리고 이 영원한 생명이라는 것을 연기법이라는 진리를 체득함에 따라 부처가 된다는 것은 주지한 바와 같다.
 그러나 상술한 것처럼 석존에 의한 死의 문제, 영원한 생명의 희구는 불교 이전 혹은 불교 이외의 종교에서도 최대의 인생문제로서 탐구되어 왔을 것이다. 왜냐하면 그것을 가리키는 것이 여러 가지 葬制와 墓制로 추구되기 때문이다.
 묘제의 대표적 유형은 불교도의 주된 장제로 인식되는 화장을 비롯해서 매장, 수장, 풍장 등이 알려져 있으며 현재도 이 같은 유형의 장제는 민족, 종교, 지역에 따라 각각 다른 장제를 행하고 있다. 그러나 과거의 장제와 연결해서 현존하는 묘제는 매장에 의한 묘제가 주류를 이루며 그 이외의 화장에 관해서는 부처의 묘탑인 불사리탑, 혹은 선종의 전래 이후 고승의 사리탑인 부도가 현존하고 있다.[8]
 그런데 어느 시기에는 이 양자의 묘제가 상호 관련성을 지니고 있기에 이것에 주목하면서 매장에 의한 묘제의 전개와 석굴사원과의 관련을 논구해 보기로 하겠다.
 우선 매장에 의한 묘제의 변천과정을 보면 학설에 따라 다소 차이

---

[8] 韓國의 寺院에는 高僧의 墓塔이 禪宗의 수용 후인 10세기부터 조성되고 있다.

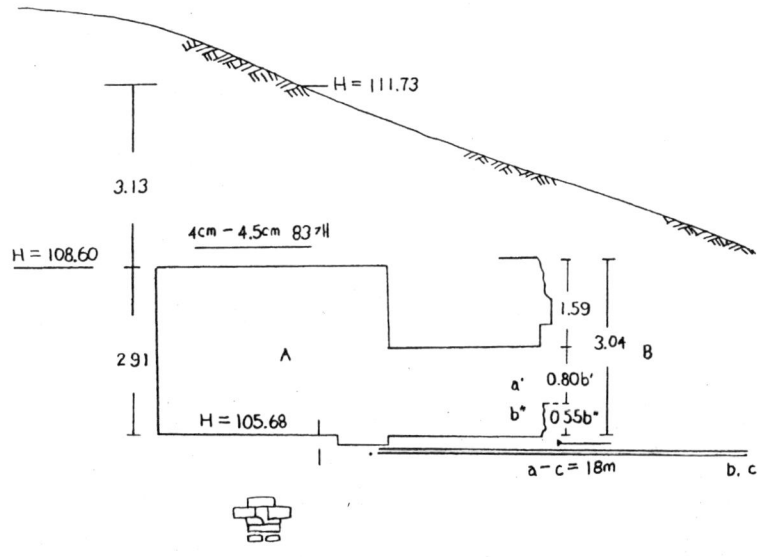

백제 무녕왕릉의 종단면도

는 있으나 대체로 석상묘에서 시작되어 석곽, 혹은 목곽묘로 변화해서 그 후 석실묘로 전개해 간다는 것이다.

그런데 여기서 주목할 것은 석실묘의 구조는 전실이 있으며 연도가 있고 그 내부에 현실이 있는 것이 보통이다. 세부면에 있어서는 다소 다른 점이 있을지 모르지만 중국 수당시대의 석실묘, 한국 삼국시대의 석실묘 등이 그것이며 일본 前方後圓 고분양식도 이와 유사한 것은 아닐까?

따라서 이상과 같은 석실묘의 구조가 지닌 死者에 대한 의미는 전술한 석실묘와 석곽묘는 상당히 다르다는 것을 알 수 있다. 왜냐하면 석실묘는 시체를 안치한 시설이 아니라 사자의 생활의 장으로 만들어졌다고 생각되기 때문이다. 전실이 있고 입구가 있으며 옥실의 구조를 이루고 있다는 것은 사자의 생활에 대한 편리를 고려해서 이상적인 세

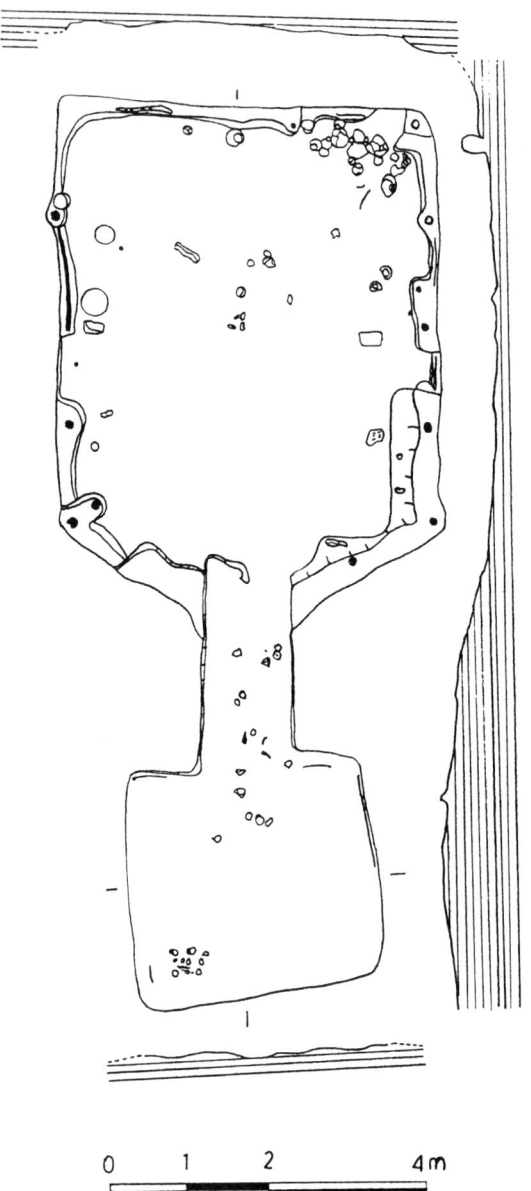

0 1 2   4m

강원도 명주군 주거지

계의 장으로 만들어졌다고 생각할 수 있기 때문이다. 왜냐하면 동시대의 주거지 구조와 석실분 구조의 유사성을 인정할 수 있기 때문이다.[9]

그러나 이처럼 석실묘에 있어서 사자의 생활에 부여하는 의미가 변천해가는 점에 석굴사원과의 관련성이 발생하는 것이 아닌가 한다.

가령 고구려 고분의 예에서 보면 고구려 고분은 초기에는 석총묘가 많았으나 후에는 봉토묘가 성행되고 이와 같은 봉토묘에서 많은 벽화가 잔존되어 있는데 이로써 석실묘에 있어서 사자에게 부여되는 이상세계의 의미가 변천된 점을 알 수 있다.

고구려 고분은 중국의 집안성과 대동강 유역인 평안남도, 황해도 등에 분포되어 있는데 이들 고분은 3세기부터 7세기에 걸쳐 조영되어 현재까지 발굴되고 벽화를 지닌 고분은 80여 기에 이른다.[10]

고구려 고분의 구조는 다양한데 대체로 평면은 전실, 연도, 현실의 구조를 지니며 입면은 중국의 영향에 의한 天圓地方說에 따라 天과 地에 의해 성립하는 세계관을 나타내고 있다. 그러나 벽화에서 보면 또한 사자에 대한 이상세계의 모습에서 상이점이 나타난다. 즉 전기의 벽화는 이 세상과 같은 현실생활을 주제로 하고 있으며 이와 같은 벽화에 의하면 사후에도 현실생활과 같은 생활을 보낼 수 있다고 믿었던 것 같다.

한편, 5세기 이후에 조영되었다고 여겨지는 고분벽화는 비현실적 이상세계를 주제로 한 점에 종교적 의미가 보다 강조된 것으로 주목된다. 이 시기의 고분의 주인공은 전기와 같은 사후의 생활도 생전의 생활과 같은 생활을 보낸다는 믿음이 아니라 용이라든지 천신, 연화 등을 나타내 亡者는 이 세상의 생활과는 다른 천국 혹은 불국토에 태어난다는 종교심이 강조된 것을 잘 표현하고 있어 흥미를 자아낸다.

---

9) 〈溟州郡의 歷史와 文化遺蹟〉, 관동대학교 박물관, 강원도 명주군, 1994.
10) 《高句麗古墳壁畵》, 朝鮮日報社 出版部, 1985.

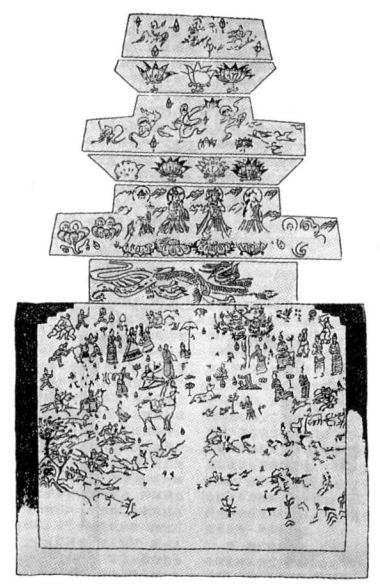

고구려 장천리 고분 내부벽화 부분 1

　이들 벽화 중에는 불교관계의 내용을 표현한 것도 제법 있지만 특히 長川고분 벽화의 내부는 불보살상과 그것을 예배하는 신도의 모습, 연화와 연화화생의 모습 등을 표현한 것은 이 고분이 묘이면서 사원의 기능도 지니고 있어 특히 주목받는다.

　불교에 있어서 사원의 기능이 석존의 불사리탑에서 시작되었다는 것은 상술한 바와 같은데 일반 고분도 고구려의 예에서 보면 초기 벽화에서는 사후세계가 현실세계의 연장이라는 것을 나타내고 있다. 그러나 후기가 되면(4~5세기 이후) 墓란 사자가 이상세계에 왕생한다는 종교적 의미를 부여하게 되며 불교가 수용된 후에는 사원의 기능을 나

고구려 장천리 고분 내부벽화 부분 2

타내고 있는 것이다. 석굴사원의 기원은 묘에서 시작되며 나중에는 사자를 매장하는 시설로서의 묘의 기능은 없어지고 죽음의 문제와 관련지어 사자의 이상세계로 왕생의 의미를 부여하고 이 기능적 의미가 강조되며, 석굴사원으로서 발전해 간 것은 아닌가 한다.

그것은 상술한 바와 같이 고구려 고분벽화 내용의 변천과정에서도 엿볼 수 있는데 석굴사원의 구조와 석실고분의 구조가 너무나도 유사해서 그 상관관계가 있을 수 있다고 생각된다. 이에 더하여 석굴사원은 사회적 교화사원으로서가 아니라 왕실, 귀족 등의 개인적 신앙과 발원에 의한 것에서 상기 양자의 관계를 알 수 있다. 여기서도 한 가지 주목해야 할 것은 《魏書》〈釋老志〉에 의하면 불교도는 황제를 '당금의 여래이다'라고 선양하며 황제를 위해서 불상을 조성한 것은 석굴조영사상 운강석굴에 있어서 획기적인 일이라고 한다.

이 같은 문제를 지금까지는 너무나 정치적 측면에서 접근했으며 그 이전에 있었다고 여겨지는 석굴사원의 묘의 기능과의 관계는 그다지 중시하고 있지 않다. 이처럼 정치적 해석을 하게 될 때까지의 '王卽佛'이란 황제가 사후 佛世界에 왕생한다는 묘 조성의 문화 기반을 근본으로 해서 더욱 발전된 해석의 문제가 아닐까?[11]

한편 석굴사원과 다른 형식을 지닌 마애불의 경우, 이 마애불도 석굴사원의 계보에서 생각해야 한다는 설도 있어서 이 점도 주목해야 할 것이다.[12]

---

11) ① 《魏書》 釋老志,
② 雲岡石窟文物硏究所 編,《中國石窟 雲岡石窟 二》, 平凡社, pp. 187~188.
12) 齊藤忠,〈佛敎石窟と磨崖佛の系譜〉《日韓文化の交流》 제7회 大正大學・東國大學校 國際學術會議 發表要旨.

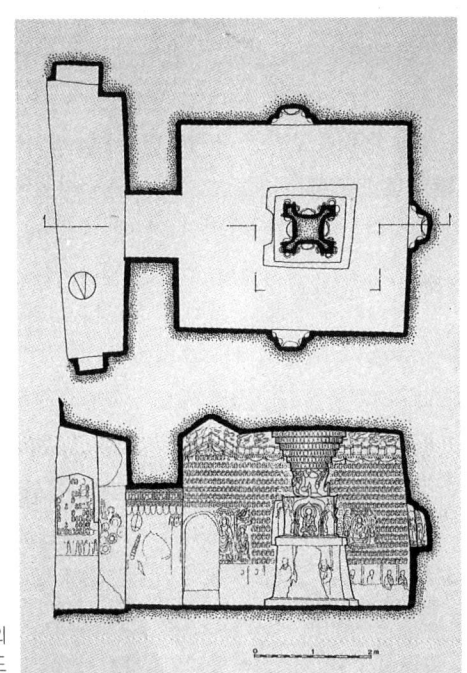

돈황막고굴 제302굴의
평면도와 입면도

4. 불교의 사회화와 그 사원문화

1) 불교의 사회화 과정

한국의 公傳佛敎는 고구려, 백제의 불교에 있어서는 처음부터 국가불교적 성격이었다는 것이 사서 등에 기록되어 있다.[13] 이것은 어디까지나 공전불교이며 그 이전에 私傳佛敎가 이미 전래되었다는 것이 중국의 고승전 등의 기록으로 알 수 있으며 공전불교에서는 가람사원이

---

13) 앞의 주2) 참조.

건립되었다는 것에 주목해야 할 것이다.

　신라불교는 일본불교가 私寺佛敎에서 여러 가지 과정을 거쳐 국가불교에 이르는 사정과 상호 닮은 점이 보이며 이 점을 주목해야 한다.

　우선 신라불교에서 생각하면 처음 신라에 불교가 전래된 것은 신라 19대 눌지왕(417~458) 때이며 사문 묵호자가 고구려로부터 일선군에 와서 지역 사람인 毛禮의 집 안에 굴을 파고 불상을 안치한 것에서 불교의 신앙이 시작되었다고 하는 것은 상술한 바와 같다. 이와 같이 개인적 불교로서 전래된 불교가 왕녀의 병을 낫게 함으로써 왕실에는 인정받았으나[14] 호족에게는 좀처럼 인정받을 수 없었다. 또한 21대 비처왕 때, 아도화상이 시자 3명과 함께 모례의 집에 왔는데 수년간 머물고 있는 동안에 아프지도 않고 죽었다. 시자 3명은 그대로 체류하였는데 경문과 율법을 청독하며 신봉하는 사람들이 있었다.

　이상의 신라불교는 개인에 의한 개인불교이며 아도화상은 질병도 없이 죽었다는 死의 문제와 毛禮 집에 굴을 파서 절의 기능을 했다는 특징이 보인다.[15]

　그러나 이처럼 신라불교가 사회적으로 인정받게 되기까지는 이미 불교를 인정했던 왕실과 그에 반대한 호족과의 대립을 극복하지 않으면 안 되었다.

　즉 법흥왕 14년(527) 국왕은 '臣을 위해서 복을 닦고 죄를 없애는' 장소를 조성하고자 하였다. 그런데 朝臣들은 이 국왕의 심원한 의의를 이해할 수 없었으며 단지 나라를 다스리는 왕의 대의만을 지키고 사원을 창건한다는 神略에는 따르지 않았다. 그래서 왕은 정사를 돌보는 한편 "석씨(불교)에 관심을 가지고 있으나 도대체 누구와 함께 이것을 이룰 수 있을까"라고 했다. 이때 猒髑(異次頓)이라는 신하가 있어 나라

---

14) 앞의 주4) 참조.
15) 《三國遺事》 猒髑滅身條.

를 위해서라면 자신의 목숨까지 버려서 불교의 위대한 힘을 보여주겠다고 하면서 "소신이 저녁에 죽음으로써 아침에 大敎가 행해진다면 佛日이 다시 중천에 뜨며 성왕이 오래오래 평안해질 것입니다"라고 말하고 스스로 사형을 당해 偉績을 일으킨 후에 비로소 불교가 공인되었다고 전한다.[16] 이렇게 해서 사회적 의미를 지니고 건립된 최초의 사원이 흥륜사이다.

일본불교가 사회화하는데 있어서도 이와 유사한 경과를 지녔다고 생각한다. 즉 일본불교의 초전은 蘇我氏에 의한 개인불교로서 전래되었는데 이 같은 불교가 사회화하려면 아래와 같은 일이 있었기 때문에 가능했을 것이다.

초기에 전래된 석가불을 없앤 후 鹿深氏에 의해 백제로부터 미륵석불 1구가 전래되었다. 이 미륵상은 蘇我氏의 자택 내부에 모시지 않고 그 입구에서 개인의 신앙이 아닌 보다 많은 사람들에게 신앙되어 善信尼 등에 의해 예배 공양시켰다는 것은 개인불교의 신앙에서 사회신앙으로 확장되었다는 것을 보여주고 있다.

그런데 여기서 주목되는 것은 불교신앙이 사회화되려면 미륵신앙이 필요하다는 것이다. 왜냐하면 미륵신앙의 특징은 개인차원의 신앙이 아닌 사회문제를 대상으로 한 점에 불교의 사회화가 추진된다고 생각할 수 있기 때문이다.[17] 오늘날 백제로부터 일본으로 전래되었다는 미륵석상은 아직 발견되고 있지 않지만 당시 백제에서는 서산 마애불의 협시에 미륵보살이 조각되어 있는 바와 같이 백제 미륵신앙이 나타난다.

이처럼 불교신앙이 사회화하게 되면 가람의 조영, 승려에 의한 불교의례 혹은 교학의 확장 등이 필요해지는 것은 당연한 일이다. 敏達14년(585) 蘇我氏의 근거지인 豊浦에 사탑의 조영이 시작된 것은 이 시

---

16) 앞의 주4) 참조.

46 한국의 가람

서산 마애삼존불

---

17) 佛敎信仰의 社會化는 彌勒信仰에 의해서 가능했던 것이고, 이 신앙의 기능이 병을 다스린다는 의미를 가지고 있었을 것이다. 이러한 경우는 新羅佛敎 初傳의 기사에서 불교신앙에 의해 王女(公主)의 병을 치료하게 되었던 왕실에서부터 불교가 인정되었다고 기록된 것과 같은 유형으로 생각된다. 그것은 미륵신앙에 의해서 壽命을 연장하고, 보다 좋은 社會環境과 自然環境을 만들어 나간다고 하는 특징을 가지는 것에 의해서 그 社會化를 가능하게 하고 있다고 파악된다. 한편으로 이러한 寺院의 존재양식은 疾病 혹은 死後의 문제에 연결되는 墓의 기능도 가지고 있었을 것이다.

기부터 가람조영이 시작되었기 때문이다. 敏達 6년(577) 백제로부터 僧侶, 造佛工, 造寺工 등을 보냈다고 기록하고 있으므로 백제의 승려, 기술자에 의해 조영되었다고 할 수 있을 것이다.[18]

이상에서 고찰하면 이 시기에 이르면 불상(佛寶), 경전(法寶), 승려(僧寶)의 삼보를 갖춘 사원다운 불교신앙이 호족사회로 확대되어 갔으나 이처럼 호족세력에 의한 불교의 확대는 정치문제와의 관련을 가지며 다시 敏達천황에 의해 배불된다는 것은 신라불교의 수용과정과 같은 형태를 취하고 있음을 알 수 있다.

일본불교의 사회화는 미륵신앙의 수용에서 시작되며 이에 따른 사원조영이 백제의 협력을 얻어 시작되었다는 것은 상술한 바와 같은데, 상기의 자료에 의해 아래에서 보다 구체적으로 고찰해 보기로 하겠다.

2) 불교의 사회화에 있어서 사원문화와 그 미술

이상에서 서술한 문제의식을 중심으로 고대 한일 문화교류에 있어서 사원의 모습과 그 미술은 어떻게 해명해야 하는가를 설명해 보기로 하겠다. 우선 이 문제를 규명하려면 사서에 나타난 한일 불교문화교류의 기사와 이에 관계된 현존 유적·유물 등의 자료를 어떻게 해석하며 나아가서 이들 자료의 구조적 의미를 어떻게 고찰해야 하는가를 주목해야 할 것이다.

인도에서는 불교의 사회화를 가늠하는 보다 중요한 계기는 불사리탑이 아닌 석존을 기념해야 할 장소에 기념탑을 세워 그것을 사회적으로 널리 알리는 것에서 평지가람의 시작이 있었을 것이다. 즉 사리탑이란 다른 탑을 세우고 그 안에 불상을 모시며 중국·한국·일본 등에 있어서의 가람배치 양식을 갖는 평지가람을 조영했던 것은 아닌가라

---

18) 《日本書紀》敏達 6年條.

48 한국의 가람

원각사 10층석탑

는 생각이 든다.

한국에서도 이 같은 석탑을 세우고 그 탑의 각 층 사면에 평지가람에서의 각 불당의 건축양식을 조각하고 또 그 불당에 모신 불보살을 조각하며, 대웅전·아미타전·화엄전·약사전·관음전 등의 불전을 나타낸 예가 보이는데 이들 석탑은 탑이면서 평지가람의 의미를 지니도록 건립된 것은 매우 흥미 있는 자료이다. 왜냐하면 이와 같은 석탑은 고려 후기의 경천사 10층석탑과 조선 초기 원각사 10층석탑의 2기밖에 없지만 이 같은 양식의 석탑은 한국석탑의 계보에서는 명확히 해명할 수 없는 異形塔이다. 그러나 상술한 인도의 기념탑에 기원을 둔 탑과 평지가람사원의 두 의미를 포함한 석탑의 변용이 아닌가 사료되어 주목할 만하다.

그러면 인도의 것은 차치하고 고대 한일 문화교류에 있어서 사원의 모습과 그 미술문화는 어떻게 변용했는가를 6세기와 7세기의 사료를 나누어 고찰해 보겠다.

고대의 한일 문화교류에 관한 자료는 《日本書紀》 등에 6세기부터 7세기에 이르기까지의 기사를 많이 발견할 수 있는데 6세기의 기사는 대부분이 백제와의 교류가 깊고 7세기의 교류는 백제보다는 신라와 고구려의 교류가 빈번해졌다는 것을 알 수 있다. 왜냐하면 여기서 전자는 불교의 사회화 문제와의 관련에서 발생하는 불교미술 문화라고 한다면 후자는 국가불교를 목표로 한 불교미술의 전개였다고 생각하기 때문이다.

그러면 상술한 문제를 해명할 6세기의 자료를 우선 소개하고 또 이에 관련된 유적·유물자료를 소개한 후, 불교미술 문화의 전개를 고찰해 보기로 하겠다.

〈6세기의 자료〉

1. 문헌사료
1) 《元興寺伽藍緣起幷流記資財帳》
① 大倭國 佛法 創自斯 嶋宮治天下天國案春岐廣庭 天皇 御世蘇我大臣稻目宿禰仕奉時 治天下七年(538) 歲次戊午十二月渡來 百濟國 聖明王時 太子像幷灌佛之器一具及說佛起書卷一篋度而言 當聞佛法旣是世間無上之法其國亦應修行也
② 故三尼自接井道場置 可宜供養 時天皇許賜 令住接井寺 而爲 供養 時三尼等宜白 傳聞 出家之人 以戒爲本 然無戒師 故到百濟國

欲受戒白然不久之間丁未年百濟客來 官問言 此三尼等欲度百濟國
受戒是事應云何耶時蕃客答曰 尼等受戒法者 尼寺之內 先請十尼
師受本戒已 卽詣法師寺請十法師 先尼師 十合卄師所受本戒也 然
此國者

今者以百濟工等作二寺也 然尼寺者如標始故 令作法師寺告 時聰
耳皇子 馬古大臣二柱 共起法師寺處以戊申年仮桓仮僧房作六口法
師等令住又按 井寺內作屋 工等 令住 爲作二寺令作寺木 以庚戌年
自百濟尼等還來

2)《日本書紀》

① 欽明天皇 13年(552, 百濟 聖王 30)：冬十月 百濟聖明王(更名聖王)
遣西部姬氏達率怒喇斯致契等 獻釋迦佛金銅像一軀 幡蓋若干 經
論若干卷 別表讚流通禮拜功德云 是法於諸法中爲殊勝難解難入
周公孔子尙不能知 此法能生無量無邊福德果報 及至成弁無上菩提
譬如人隨意寶逐 所須用書依情 此妙法寶亦得然 祈願依情無所乏
且夫遠自天竺 爰泊三韓 依敬奉持 無不尊敬 由是百濟王臣明謹遣
陪臣怒喇斯致契 奉傳帝國 流通畿內 果佛所記我法東流

② 欽明天皇 15年(554, 百濟 威德王 1)：二月 百濟……僧曇慧等九人
代僧道深等七人(卷19)

③ 敏達天皇 6年(577, 百濟 威德王 24)：冬十一月 庚午朔 百濟國王付
還使大別王等 獻經論若干卷 幷律師禪師比丘尼 呪禁師 造佛工造
寺工六人 遂安置於難波大別王寺(卷20)

④ 敏達天皇 8年(579, 新羅 眞平王 1)：冬十月 新羅遣枳政奈末進調幷
送佛像(卷20)

⑤ 敏達天皇 13年(584, 百濟 威德王 31)：蘇我馬子 百濟傳來彌勒石 像
等請 自第佛殿造安置

⑥ 用明天皇 2年(587, 百濟 威德王 34)：六月……甲子善信阿尼等 謂大
臣曰 出家之道 以戒爲本 願向百濟學受戒法 是月百濟調使來朝 大
臣謂使人曰 率此尼等 將渡汝國 令學戒法 了時發遣(卷21)

⑦ 崇峻 元年(588, 百濟 威德王 35)：是歲 百濟國遣使幷僧慧總 令所

慧寔等 獻佛舍利 百濟國遺思率道信德率蓋文那率福富味身等 進
調幷獻佛舍利 僧聆照律師令威慧衆 慧宿 道嚴令開等 寺工太良未
太文買古子 鑪盤博士 將德白昧淳 瓦博士麻奈文奴陽遺文 悛貴
文 昔麻帝彌 畫工白加

⑧ 崇峻 3年(590, 百濟 威德王 37) : 春三月 學問尼善信等自百濟還住
桜井寺(卷21)

⑨ 推古天皇 元年(593, 百濟 威德王 40) : 春正月 壬寅朔丙辰 以佛舍利
置于法興寺刹柱礎中 丁巳建刹柱(卷21)
正月 法興寺建刹日 嶋大臣幷百餘人皆着百濟服(《扶桑略記》)

⑩ 推古天皇 3年(595, 百濟 威德王 42) : 五月戊午朔丁卯 是歲 百濟僧
慧總來之 此僧弘演佛敎 幷爲三寶之棟梁(卷22)

⑪ 推古天皇 3年(595, 高句麗 嬰陽王 6) : 五月戊午朔丁卯 高麗僧慧慈
歸化 則皇子太師之(卷22)

⑫ 推古天皇 4年(596, 百濟 威德王 43) : 冬十一月 法興寺造竟 則以代
身男善德臣拜寺司 是日慧慈 慧聰二僧始住於法興寺(卷22)

2. 사적·유물자료
1) 飛鳥寺址 : 고구려 청암리사지의 一塔三金堂 가람배치와 같은 구
조를 가지며 飛鳥寺址 출토의 와당은 백제 와당과 같은 양식이다.
2) 廣隆寺의 미륵반가사유상 : 한국 삼국시대의 미륵반가사유상과 완
전히 똑같은 양식으로 이 불상은 한국계의 불상으로 알려져 있다.
3) 法隆寺의 백제관음 : 백제불상이라는 확실한 증거는 없지만 그 명
칭과 부드러운 양식 등에 따라 백제와의 관련성을 엿볼 수 있다.
4) 奈良 藥師寺의 가람배치 : 신라시대 감은사지의 雙塔一金堂 가람
양식과 일치한다.
5) 大阪 四天王寺의 가람양식 : 백제시대 가람배치의 一塔一金堂 양
식과 같다.
6) 法隆寺 金堂壁畫
7) 天壽國曼茶羅繡帳

8) 玉蟲廚子
9) 高塚壁畵
10) 雙樹飛天圖
11) 聖德太子及二王子像
12) 白鳳, 天平시대의 불상과 고대 한국불상 양식의 상관관계

 이상 7), 8), 9), 10), 11)의 사료는 안휘준 교수의 연구에 의하면 고대 한국 회화와의 관련이 깊다고 서술하고 있다.[19]
 이상의 자료를 근거로 고대 한일 문화교류에 있어서 사원의 모습과 그 미술은 어떠한 것인가를 고찰해 보기로 하겠다.
 우선, 일본불교가 蘇我氏의 개인적 불교에서 사회적 의미를 지니게 된 것은 敏達天皇 13년(584) 鹿深氏가 백제로부터 미륵석상 1구를 전래하고 이 불상을 蘇我馬子의 私家 입구에 안치하였으며 善信尼 등의 비구니로 하여금 미륵석상을 예배 공양하도록 한 것이 그 시초이다. 그리고 그 다음에 敏達 14년(585)에는 蘇我馬子의 근거지인 豊浦에서 일본 최초의 탑이 조영되는데 이것은 백제의 위덕왕이 敏達天皇 6년 (577)에 승려와 함께 造佛工・造寺工 등을 보냄으로써 비로소 지상의 가람사원이 성립하게 되었다. 이것은 상술한 바와 같은데 이처럼 불상의 사회화에 위기감을 느낀 敏達天皇은 질병의 유행이 蘇我馬子 등의 奉佛에 의한 것이었다고 믿어 다시 불상・불전 등의 사원을 파괴한다.
 그런데 蘇我馬子가 미륵상에 공양함에 따라 질병이 낫게 되자 蘇我馬子는 황족과 여러 호족의 협력을 얻어 飛鳥寺 건립의 입장을 강화하게 된다. 이것은 백제가 보낸 승려・造寺工・露盤工・匠工・繪畵工 등이 있었기에 가능했다는 것을 주목하지 않을 수 없다.
 이상으로서 일본불교의 사회적 전개는 어떻게 추진되었으며 그 사

---

19) 安輝濬,〈三國時代繪畵의 日本傳播〉《國史館論叢》, 國史編纂委員會, 1989.

원의 모습은 어떠한 것이었는가를 정리해 보기로 하겠다.

그와 같은 사원의 모습을 잘 나타내 주고 있는 것이 飛鳥寺址의 가람배치가 아닌가 한다. 1956년부터 1957년에 걸쳐 발굴한 飛鳥寺址의 조사 보고서에 의하면 飛鳥寺는 一塔三金堂의 가람배치를 지니는데 三金堂은 탑을 중심으로 동서와 북으로 배치되어 있다.

게다가 탑지와 금당의 평면비는 탑지 쪽이 훨씬 넓다. 이것은 飛鳥寺가 사회적 의미를 지닌 가람사원으로서 건립되었으나 아직까지 당시의 사원은 묘의 기능으로 통용하는 모습이 강했던 것은 아닌가 추정된다.

5. 국가불교문제와 한일 고대문화교류에 있어서 사원문화와 그 미술

한국과 일본에 있어서 고대불교는 개인불교·사회불교·국가불교라는 전개과정을 마찬가지로 지니고 있어 일본의 국가불교는 신라와의 깊은 관련을 지니고 전개되었다. 이것은 7세기 이후의 일이므로 7세기 이후의 자료를 우선 소개하고 이에 따른 국가불교의 여러 문제를 고찰해 보기로 하겠다.

〈7세기 이후의 자료〉

1. 《日本書紀》
   1) 推古天皇 10年(602, 高句麗 嬰陽王 13) : 乙亥朔己丑 高麗僧僧隆雲聰 共來歸(卷22)
   2) 推古天皇 13年(605, 高句麗 嬰陽王 16) : 是時 高麗國大興王 聞日本國天皇造佛像貢上黃金三百兩(卷22)

3) 推古天皇 17年(609, 百濟 武王 10) : 夏四月丁酉朔庚子 筑紫太宰奏上言 百濟僧道所 惠彌爲首 一十人 欲七十五人 泊于肥後國葦地律(卷22)

4) 推古天皇 18年(610, 高句麗 嬰陽王 21) : 春三月 高麗王貢上曇徵曇徵知五經 且能作彩色及紙墨 幷造碾磑 蓋造碾磑 始于是時歟(卷22)

5) 推古天皇 23年(615, 高句麗 嬰陽王 26) : 十一月癸卯 高麗僧慧慈歸于國(卷22)

6) 推古天皇 24年(616, 新羅 眞平王 38) : 秋七月 新羅遣奈末竹世士貢佛像(卷22) / 新羅王送金佛像 安置峯岡寺(《元亨釋書》)

7) 推古天皇 29年(621, 高句麗 榮留王 4) : 當于是時 高麗僧慧慈 聞上宮皇太子薨 以大悲之 爲皇太子 請僧而設齊(卷22)

8) 推古天皇 31年(623, 新羅 眞平王 45) : 秋七月 新羅遣大使奈末智洗爾 任那遣達率奈末智 幷來朝 仍貢佛像一具及金塔幷舍利 且大觀頂幡一具小幡十二條 卽佛像居於葛野秦寺(卷22)

9) 推古天皇 32年(624, 百濟 武王 25) : 夏四月……壬戌 以觀勒僧爲僧正(卷22)

10) 推古天皇 33年(625, 高句麗 榮留王 8) : 春正月壬申朔戊寅 高麗王貢僧惠灌 仍任僧正(卷22)

11) 舒明天皇 11年(639, 新羅 善德女王 8) : 秋九月 大唐學問僧慧隱慧雲 從新羅送使入京

12) 舒明天皇 12年(640, 新羅 善德女王 9) : 冬十月乙丑朔乙亥 大唐學問僧淸安 學生高向漢人玄理 傳新羅而至之(卷22)

13) 孝德天皇 4年(648, 百濟 義慈王 8) : 二月壬子朔 遣於三韓 學問僧(卷25)

14) 孝德天皇 4年(648, 新羅 眞德女王 2) : 二月壬子朔 遣於三韓 學問僧(卷25)

15) 孝德天皇 4年(648, 高句麗 寶藏王 7) : 二月壬子朔 遣於三韓 學問僧(卷25)

16) 齊明天皇 4年(658, 新羅 武烈王 5) : 是月 (七月) 沙門智道 智達奉勅 僧新羅船往大唐國(卷26)
17) 持統天皇 3年(688, 新羅 神文王 8) : 大宰獻新羅調賦 幷別所獻佛像
18) 持統天皇 9年(688, 新羅 神文王 9) : 新羅獻金銅阿彌陀像 金銅觀世音菩薩像 大勢至菩薩像各一軀

 蘇我氏에 의한 미륵신앙이 사회적 신앙뿐만 아니라 그밖의 호족들에게 영향을 미치게 되자 미륵상을 모시고 미륵신앙을 강조하는 절이 많이 건립되었다. 즉 法隆寺의 미륵신앙, 秦河勝에 의한 廣隆寺의 미륵신앙, 難波吉士에 의한 四天王寺가 그것인데 이들 사원에는 미륵보살을 본존으로 모시고 있다는 사실에 주목할 필요가 있다. 왜냐하면 이들 미륵반가사유상(미륵보살)에 있어서 미륵신앙은 백제로부터가 아닌 신라로부터 수용하게 되었다는 새로운 사실에 주목해야만 하기 때문이다. 그것은 신라의 미륵신앙이 화랑제도와 관련성을 가지며 法隆寺 등 당시 일본의 미륵신앙은 聖德太子신앙과의 관련성을 가짐에 따라, 사회적 불교로 전개되며 한편으로는 묘의 기능으로써 사원의 모습에서 현실적 문제에 연결되는 사원의 모습으로 변모하게 된다.[20]
 한편 이 단계와 동시에 혹은 그 후가 되면 四面佛思想에 의한 사원 조영과 그 미술이 성행하게 된다는 것을 주목해야 한다. 또 이 시대가 되면 사면불 조성과 함께 천불사상에 의한 천불상이 왕성하게 조영된 것을 알 수 있다.
 이 단계의 불교는 사회적 불교에서 국가적 불교로 나아가는 모습이라고 생각한다. 왜냐하면 이 시기의 四方四面佛로써 절을 건립하는 사원의 모습은 불교에 있어서 四方四面佛思想의 국가적 해석에서 시작

---

20) 洪潤植,〈古代日本佛敎에서의 三國佛敎의 役割〉《國史館論叢》24, 국사편찬위원회, 1991.

된다고 추정할 수 있기 때문이다.

사방사면불사상의 국가적 해석이 가능한 사면불사상은 《金光明經》에 의한 東方妙喜國 등의 사방불인데 6세기부터 7세기에 걸쳐 조영된 한국, 중국, 일본에서의 사방사면불은 東方藥師, 西方阿彌陀, 南方釋迦, 北方彌勒의 사방사면불이다. 즉, 중국의 북위 이후 당대에 이르기까지의 사면불이 그렇다.

한국에 있어서 최초의 사면불은 신라 진평왕 9년(587)에 나타난 《三國遺事》에 기록되어 있는데 현존하는 것으로는 大乘寺의 뒤쪽 산꼭대기에 자연석으로 사방불을 사면에 조각한 것이 있으며, 그밖에 백제시대의 사방사면불, 신라 굴불사지의 사방사면불이 지금까지 전해지고 있다. 이들도 모두가 전술한 동방약사불 등의 사방사면이다. 일본에서는 法隆寺 금당의 사방사면불이 이 시대의 사방사면불로서 주목받고

일본 법륭사 금당

충남 예산 사방사면불

있는데 이 사방불을 중국, 한국의 사면불과 마찬가지로 동방약사불 등의 사면불이라 일컫고 있다.

  그러면 이 같은 《金光明經》에 있어서 사방불과 다른 사방불로서 사방사면불로 조합을 한 이유는 어디에서 찾을 수 있을까? 그것은 불교가 국가불교로서 사상적 배경을 가지려면 《金光明經》의 사상을 수용하지 않으면 안 되었던 것이 《金光明經》에 있어서 사방불의 신앙심을 이해할 수 없었으며 그때까지 잘 알려지고 신앙심을 지닌 동방약사 등

굴불사지 사방사면불

의 사방불로써 국가적 입장에서 전국(사방)에 불교를 확산시키려고 한 사정이 추정되는 것이 아닌가 한다.

한편 사방사면불의 조성과 함께 천불이 조영된다는 사실은 돈황 막고굴, 운강석굴 등 북위시대의 석굴사원에 의해 잘 이해할 수 있는데 한국의 고구려에서도 6세기경 천불의 조영이 있었던 것을 延嘉7年 銘의 불상이 발견됨에 따라 알 수 있으며, 백제에서도 癸酉銘 三尊千佛碑像 등이 있어서 이를 말해주고 있다. 신라도 《三國遺事》에 의하면 良志가 천불을 조영했다는 기사가 보인다. 이 시대에 일본에서 천불이 조영된 사실은 玉虫廚子 내부의 3면 천불도에 의해 알 수 있다.

한편 사방사면불의 조영은 중국에서는 당대까지 계속되며 한국에서도 8세기 초기까지 계속되는데(굴불사지 사면불), 중국에서는 唐代가 되면 돈황의 벽화에 천불 대신에 관경변상도가 그려져 있는 것을 알 수 있다. 한국에서는 이 시대의 관경변상도는 발견되지 않는데 8세기경 아미타신앙이 활발해진다는 문헌사료가 이 같은 사정을 말해 주고 있는 것은 아닌가 한다. 석굴암의 본존이 아미타여래라는 설도 이상과 같은 불교신앙의 변화와 무관하지 않을 것이다. 이 시대에 일본에서도 사방불의 조영은 8세기까지 행해졌는데 사면불과 천불사면불, 관경변상도라는 신앙의 변화가 어떠한 것인지는 잘 알려져 있지 않다. 단지 이상과 같은 한·중·일 3국의 6세기부터 7세기까지의 불교문화 교류 관계를 살펴보면 적어도 이 시기의 일본불교가 사원조영과 사원의 기능을 이해할 수 있게 된 것은 모두가 고구려, 백제, 신라의 僧侶, 佛師, 畵師, 工匠 등에 의한 것이며 중국으로부터의 영향은 생각할 수 없다. 왜냐하면 일본이 중국과의 불교문화 교류를 행하려면 사원의 기능과 그 건립을 당시 한국의 도래인에 의해 행해진 후에 추진되었기 때문이다.

이상에서 고대 한·중·일 삼국의 불교문화 교류의 올바른 자세를 탐색한 것은 사원의 모습에 있어서 불교미술의 전개와 그 성격을 규명해 나가는데 중요한 과제가 될 것이다.

蘇我氏 중심의 호족세력에 의해 세워진 飛鳥寺의 불교문화적 기능이 다른 호족세력에 의해 사회발전에 기여한다는 것을 이해할 수 있게 되면 法隆寺, 四天王寺, 廣隆寺 등의 사원이 잇달아 건립되는데 이들 사원은 백제와의 교류가 아닌 신라·고구려와의 교류를 중심으로 행해졌다는 것은 주목해야 한다. 6세기 말부터 7세기 후의 《日本書紀》에 나타난 한국과의 불교문화 교류의 기사는 고구려와 신라가 중심이 되었으며 또 이 시기에 세워졌다고 하는 法隆寺, 廣隆寺, 四天王寺 등은 모두가 신라와, 혹은 고구려와의 교류에 의한 것이기 때문일 것이다.

그런데 이 시기에 신라에서는 불상이 자주 일본으로 보내졌으며 고구려에서는 담징 등에 의한 채색, 지묵 등의 회화관계의 기술과 물건이 건너갔다는 것을 알 수 있다. 왜냐하면 7세기경 신라의 불상은 미륵반가상이 많이 조영되어서 그 유품이 현재 많은 수가 전해지고 있는데 당시 신라와 교류 관계를 추진한 일본의 사천왕사, 광륭사 등의 본존이 미륵반가상이었다는 田村圓澄의 설은 주목받아야 한다.[21] 왜냐하면 개인불교, 사회불교에서 국가불교로 발전하는 과정은 사회불교의 미륵신앙을 근본으로 해서 미륵반가상을 본존으로 한 국가불교라는 형태가 추정되기 때문이다. 그것은 신라의 미륵반가상은 화랑과의 관련성을 지니며[22] 일본에서는 聖德太子와의 관련성을 지닌다는 점에서 상관관계를 엿볼 수 있기 때문이다.[23]

한편 이 시대에는 미륵과 동시에 사면불사상에 의해 사방사면불이 조영되었다는 것에도 주목해야 한다.

신라에서 사면불사상이 최초로 나타난 것은 6세기말이며, 백제 말기에 조영되었다고 추정되는 사면불도 현존하며 신라시대의 사면불도 현존하는데 일본에서는 法隆寺 금당의 벽면에서 볼 수 있어 이 사면불의 조영도 국가불교와의 관련이 있다고 생각된다.

이상에서 고찰해 보면 6세기에서 7세기의 국가불교에 이르기까지 일본불교는 모두가 고구려, 백제, 신라의 교류에 의한 것이라 할 수 있다. 왜냐하면 이때까지 중국과의 교류는 불가능하였으며 만일 중국에 가려고 할 경우라도 신라의 배를 이용한 신라인의 안내 없이는 불가능했기 때문이다.

奈良시대가 되면 당나라와의 교류가 활발해지지만 天武시대의 觀常, 靈觀, 持統시대의 智隆, 觀智, 弁通, 神容 등의 많은 학승이 신라에 유학했다는 것도 주목해야 한다.

---

21) 田村圓澄,《古代朝鮮佛敎と日本佛敎》, 吉川弘文館, 1980.
22) 앞의 주 20) 참조.
23) 앞의 주 21) 참조.

6. 맺음말

6세기부터 7세기에 있어 일본의 입장에서의 한일 문화교류는 고구려, 백제, 신라의 문화를 수용하지 않는 것은 불가능했을 것이다. 따라서 이 시기에 조영된 각종 불상, 法隆寺 金堂壁畵, 千壽國曼茶羅繡帳, 玉虫廚子, 高塚壁畵, 雙樹飛天圖, 聖德太子及二王子像 등의 회화는 고대 한국계의 영향이라고 말할 수 있겠다.

이 같은 영향은 白鳳, 天平의 불상에서도 잘 알 수 있지 않을까 한다. 마지막으로 이상과 같은 교류는 고대 일본문화, 특히 6~7세기에 있어 불교문화가 한국의 영향에 의한 것이 되는데 이들은 일방적으로 행해진 것이 아니라 몇 가지 상관관계에서 고찰하지 않으면 올바른 모습을 알 수가 없을 것이다.

요컨대 이들은 당시 한국, 중국, 일본과의 상관관계에서는 곤란하지 않을까 한다. 왜냐하면 중국에서 전해진 한국불상은 한국화했으며 그 한국화한 불교가 일본으로 전해지고 또 그것이 일본화되어, 일본화된 불교를 기본으로 해서 중국과의 교류를 행한다는 삼국의 상관관계를 규명하지 않으면 안되기 때문이다.

한결같이 현재도 한국·중국·일본과의 상관관계는 상당히 중요하다. 이처럼 현재의 중대한 문제를 효과적으로 추진해 나가기 위해서도 고대에 행해진 한·중·일 삼국의 불교문화에 있어서 정확한 교류 관계를 올바르게 규명해야 하지 않을까? 정보화 사회에 대응해야 할 보다 효과적인 해답은 현재의 한·중·일 삼국의 불교문화의 교류에서 추구해야 하기 때문이다.

세계화를 둘러싼 문화의 중요성은 아무리 강조해도 지나치지 않는다. 왜냐하면 세계화의 궁극적 목표는 결국 각각 나라의 문화적 개성이 세계적 보편성에 연결되는 정신적인 힘이라고 믿기 때문이다.

그러므로 경제력이나 군사력은 경계의 대상이 되지만 세계인에게 존경받는 품위있는 생활은 문화의 힘에 의해서 결정된다고 믿기 때문이기도 하다.

彌勒寺 창건의 사상적 배경

1. 머리말

　백제사회에 미륵사가 창건된 사상적 배경을 한 마디로 말한다면 6세기 후반에서부터 7세기에 걸쳐 동북아시아 일대에 크게 융성하고 있던 미륵사상이었다고 할 수 있다. 즉 이 시기에는 국내적으로는 백제를 비롯한 고구려, 신라의 삼국이 모두 미륵신앙을 크게 숭상하고 있었으며[1] 한편 중국, 일본 등지에서도 미륵신앙이 성행하고 있었는데[2] 이와 같은 미륵신앙 융성의 시대적 배경에서 미륵사가 창건되었다고

---

1) 신라의 미륵사상은 《三國遺事》彌勒仙花 未尸郎條와 南白月二聖努肹夫得怛怛朴朴條 등에서 살필 수 있고, 고구려의 미륵사상은 황해도 谷山郡에서 출토된 平原王 13년(571)銘 一光三尊佛의 銘文에서 彌勒値遇를 발원하고 있는 내용을 살필 수 있다.
　拙稿,〈益山彌勒寺 創建背景을 通해 본 百濟文化의 性格〉《馬韓・百濟文化》6, 원광대학교 마한・백제문화연구소, 1983.
2) 平岡定海,《日本彌勒淨土思想展開の硏究》, 大藏出版社, 東京, 1977.
　塚本善隆,《中國佛敎通史》第一卷, 鈴木學術財團, 東京, 1970.

미륵사지 전경

믿어진다.

그러나 이와 같은 사실을 충분히 이해하면서도 한편으로는 백제사회에 미륵사상이 융성할 수 있었던 계기는 무엇이었을까 하는 의문이 남는다. 뿐만 아니라 미륵사가 단순히 지방의 사찰이거나 개인적인 원당의 성격을 지니는 것이 아니고 온 국력을 투입하여 건립한 국찰이었다고 한다면 그 사회사상적인 배경도 간과할 수 없게 된다.

그리하여 본고에서는 미륵사 창건의 미륵사상적 배경과 사회사상적 배경을 아울러 살펴보고자 한다.

2. 미륵사상적 배경

미륵사가 미륵신앙을 배경으로 창건되었다고 생각되는 것은《삼국유사》기이편에 있는 무왕조의 다음과 같은 창건연기에 의거한다.

> 하루는 王이 부인과 함께 師子寺에 가다가 龍華山 밑의 큰 못가에 이르자 못 가운데서 彌勒三尊佛이 나타나므로 수레를 멈추고 경례하였다. 부인이 왕께 아뢰기를 '나의 소원은 이곳에 큰 절을 세웠으면 하는 것입니다' 하였다. 왕이 허락하고 知命에게 가서 못을 메울 일을 물었더니 신력으로 하룻밤 사이에 산을 무너뜨려 못을 메워 평지를 만들었다. 彌勒三像과 會殿 塔 廊廡를 각각 세 곳에 세우고 額號를 彌勒寺라 하니 眞平王이 여러 工人을 보내어 도와주었다.[3]

이 연기설화에서 미륵삼존불의 출현을 계기로 彌勒寺를 짓게 되었는데 그 절에는 彌勒三像을 모시고 그 가람에는 彌勒三像을 奉安할 會殿을 세 곳에 세웠다. 한편 塔・廊廡도 각각 세 곳에 세우게 되었으며 額號를 彌勒寺라 하였다는 내용을 주목할 필요가 있다. 그런데 이상과 같은 三會殿・三塔・三廊廡의 기록이 발굴조사에서 어김없는 사실로 드러나 더욱 주목의 대상이 되고 있다. 즉 金堂과 塔・廻廊을 각각 갖는 中院・東院・西院의 三院가람의 양식으로 나타나고 있다. 그렇다면 왜 이와 같은 가람양식의 절을 짓고 이곳에 미륵삼존불을 봉안하였을까. 우선 미륵삼존을 봉안할 회전을 각각 세 곳에 짓고 또한 탑과 廊廡도 세 곳을 지어 三院樣式의 가람을 형성하였다는 것은《미륵하생경》에서 설하고 있는 용화삼회의 설법장으로서 미륵사를 창건

---

3)《三國遺事》武王條.

하게 되었던 것이라 믿어진다. 한편《삼국유사》에서 '용화산 밑 큰 못 가에서 미륵삼존불이 출현하였다'고 한 것도《미륵하생경》의 용화삼회의 설법과 무관한 것이 아니라 믿어진다.

그렇다면 龍華三會란 무엇을 말하는 것인가.《미륵하생경》에 의해 이를 살펴보기로 하자.[4] 그 내용을 요약하여 보면,

舍利弗이 佛에게 말하기를 "世尊이시여, 彌勒은 참으로 兜率天에서 내려와 佛이 되는 것입니까. 원하옵건대 彌勒의 功德神力 國土莊嚴의 모습을 듣고 싶습니다. 또한 衆生은 무슨 布施를 하여야 하며 무슨 戒에 의해 彌勒을 親見할 수 있게 되는 것입니까" 하고 물으니 佛은 이에 答하여 말하기를 彌勒下生이 가까워진 때의 세계의 상태부터 說하기 시작한다.

"四大海의 물은 모두가 三千由旬을 멸하고 閻浮提의 땅은 평탄하여 거울과 같고 꽃이 피고 높이 30里의 거목이 무성하다. 인간의 수명도 8만4천 세로서 身長이 16丈이나 되고 智慧, 威德을 갖추고 쾌락 안온하게 지내고 있다. 다만 음식, 배변과 노쇠의 3가지만이 이 세계의 병이다.

여기에 翅頭末이라는 큰 성이 있다. 굉장히 아름답고 福德의 사람들이 그 城中에 가득 차 있다. 성 가까운 곳의 못에 용왕이 살고 밤마다 微雨를 내리게 하여 길바닥에 먼지가 나지 않는다. 地面은 砂金으로 깔려 있다. 이 나라는 轉輪王이라는 왕이 다스리고 있고 그 성중의 妙梵과 梵摩波提라는 婆羅門의 夫婦에게 彌勒은 生을 託하여 태어났다. 성장한 미륵은 세상에는 五欲의 병이 만연해 있음을 느끼고 출가하여 도를 배우고 龍華菩提樹 아래에 정좌하였다. 이때에 諸天龍神은 華香과 비를 내리게 하고 삼천대천세계는 모두 진동하였다. 먼저 전륜왕이 龍華樹下의 미륵불에게 나아가 출가할 것을 발원하고 禮拜하니 아직 그 머리도 들기 전에 두발이 깎여지고 袈裟가 몸에 걸쳐져 사문의 모습으로 변해 있었다. 이리하여 미륵은 왕과 더불어 8만4천의 大臣, 比丘 등

---
4)《大正藏》14, pp. 421~423.

에게 둘러싸여 翅頭末城에 들어갔다. 미륵의 발이 城門의 문틀을 밟으니 사바세계는 6종으로 진동하고 閻浮提는 化하여 金色이 되었다. 미륵은 城 중앙의 금강보좌에서 大慈心으로 대중에게 설하기를 일찍이 석가모니불이 五濁의 세계에 출세하여 너희들을 위하여 설법하였으나 너희들을 모두 제도할 수 없었다. 그러나 너희들은 衣食을 남들에게 베풀고 持戒, 智慧, 기타 많은 공덕을 쌓았으므로 나의 곳에 來生한 것이다. 나는 이들 모든 사람들을 攝取할 것이다. 그리하여 初會의 설법에서 96억인, 제2회에서 94억인, 제3회에서 92억인이 각각 아라한의 位를 얻었다. 이어 미륵이 鷄足山에 이르면 여기에 석가의 제자 가섭이 入定하고 있어 석가로부터 전해진 大衣를 미륵에게 전한다. 大師 석가모니는 열반에 들 때에 이 法衣를 나에게 부촉하며 미륵님께 올리게 하였던 것이라 한다. 그렇게 하며 미륵이 세상에 살기를 6만세 중생에게 法眼을 열게 하여 주었다. 미륵이 沒한 뒤에도 法이 그침이 없었다. 너희들은 잘 精進하여 淸淨心을 일으키고 갖가지 선업을 쌓아야만 한다. 그렇게 하면 세간의 燈明인 미륵을 만나볼 수 있을 것임이 틀림없는 것이다."

결국 미륵하생신앙이란 미륵이 우리가 사는 이 땅에 하생하여 龍華樹 아래에서 세 번 설법[龍華三會]을 하게 되는데 이 세 번의 설법모임에 참가하여 구제받고자 하는 것을 말한다. 그런데 미륵사가 창건될 당시의 백제에서는 앞에서 말한《미륵하생경》의 내용과 같이 백제땅은 미륵이 하생할 수 있는 제반조건이 성숙되어 있다고 믿고 있었던 것이라 생각된다. 왜냐하면《삼국유사》의 緣起說話는《미륵하생경》에서 말하고 있는 미륵의 하생이 가까워졌을 때의 세상의 상태를 설하고 있는 내용과 일맥상통되는 내용을 담고 있기 때문이다.

몇 가지 그 예를 들어보기로 하자.

① 龍에 대하여 :《삼국유사》에서 彌勒寺를 창건한 武王을 낳은 어머니는 서울 남쪽 못가에 집을 짓고 살았는데 그 연못의 龍과 정을 통

하여 武王을 낳았다는 것이다. 그런데《미륵하생경》에는 城 가까운 연못에 용왕이 살고 밤마다 微雨를 내리게 하여 길바닥의 먼지를 일지 않게 한다는 것이다.
② 金이야기 :《삼국유사》의 연기설화에서

　　善花公主는 母后가 준 金을 내어 생계를 도모하려 하니 薯童이 크게 웃으며 "이것이 무엇이오" 하였다. "이것은 황금입니다. 한평생 부자가 될 만합니다" 하니 "내가 어려서부터 마를 캐던 곳에 黃金이 흙과 같이 쌓여 있소." 공주가 듣고 크게 놀라면서 "그것은 천하의 귀한 보배인데 그것이 있는 곳을 알면 부모님 궁전에 보내는 것이 어떻소" 하니 서동이 "좋다" 하고 금을 모아 구름과 같이 쌓아 놓고 龍華山 師子寺의 知命法師에게 가서 수송의 방책을 물어 神力으로 하루 사이에 新羅 宮殿에 수송하였다.

《미륵하생경》에서는 미륵의 하생이 가까워진 세계의 地面은 砂金으로 덮여 있다고 하고 있다. 그런데 益山地域에도《삼국유사》의 기록 이외에도 武王의 출생과 관련한 池龍說話와 무왕과 금과의 관계에 관한 五金山說話가 전한다.[5]

그런데 이와 같은 익산지역의 황금설화가 미륵사의 창건설화로서 관련을 갖는다는 것은《미륵하생경》에서 미륵이 하생할 지역은 금으로 덮여 있다는 인화설화를 전입한 것으로 볼 수 있을 것이다. 그리고 薯童이 금을 다루는 방법을 知命에게 듣고 알았다는 것은《미륵하생경》에 나오는 금이야기일 수 있고[6] 황금이 그토록 많았다는 것은 이 지역이 미륵하생지역으로 이해되어 왔던 것이라 할 수 있다. 따라서 서동이 금을 이해한 이후 인심을 얻어 왕위에 올랐다고 함은 미륵신앙

---

5) 英·正祖 때의 實學者인 黃裔宅에서 발견된 康候晉 著《臥遊錄》의〈遊金馬城記〉가 그것이다.

미륵사지 서탑

에 의하여 민심을 수렴한 것이라고도 할 수 있을 것이다. 그리고 이 같은 백제불교의 새로운 전개는 당시 사회가 요구하는 상황이었는지 모른다.[7]

---

6) 乃至無有 細微土塊 純以金沙覆地處處皆有 金銀之聚,《大正藏》14, p. 424. 〈彌勒下生經〉.
7) 拙稿,〈益山彌勒寺 創建背景을 通해 본 百濟文化의 性格〉《馬韓・百濟文化》6, 원광대학교 마한・백제문화연구소, 1983.

어떻든 龍이야기와 金이야기가 미륵사 창건 연기설화 중에서 미륵삼존불이 출현한다는 설화의 대목 전 단계에 삽입되어 있다는 것은 《미륵하생경》에서 미륵의 하생이 가까워졌을 때의 세계의 상태를 이야기하면서 龍이야기와 金이야기를 하고 있는 것과 같은 동기로 이해되어 주목을 끈다.

이상에서 살핀 《삼국유사》 武王條의 연기설화 내용은 다음과 같이 요약될 수 있을 것이다.

백제가 馬韓의 중심지였던 익산지방으로 진출하려 하였을 때 當地에는 농경문화의 일환으로 龍神에 대한 신앙기반이 있었던 바[8] 武王은 그 신앙기반을 수용함에 의하여 익산지역 진출의 터전을 마련할 수 있었고 그와 같은 신앙의 터전을 미륵하생신앙으로 전개시켜 나감에 의하여 마한의 중심지였던 익산지방을 완전 지배하게 됨은 물론 일시 이 지역에 수도를 옮겨 백제 雄飛의 발전을 기하려 하였던 역사적 사실의 설화적 표현이었다고 할 수 있다.

그런데 익산지역 龍信仰의 기반이 미륵하생신앙으로 전개되는 데에는 師子寺를 중심한 미륵신앙의 전통적 기반을 간과할 수 없게 되며 신라 미륵신앙의 영향도 배제할 수 없었던 것으로 생각된다.

여기서 미륵사의 창건동기가 된 미륵사상이 미륵하생신앙에 의한 것이었다고 함은 의심할 여지가 없다 하겠으나 다만 그와 같은 미륵하생신앙이 미륵경전 중의 어떤 경전을 소의경전으로 하였느냐 하는 의문이 남는다. 왜냐하면 미륵하생신앙이라 하더라도 《미륵하생경》에 의한 하생신앙이 있고 한편 上生經에 의한 下生信仰이 있기 때문이다.

《上生經》의 내용을 요약하여 보면,

彌勒이 兜率天에 往生할 때에 5백만인의 天人이 있어 미륵을 공양하

---

8) 위의 주.

기 위하여 5백만억의 寶宮을 짓는다……. 天女는 歌舞하고 그 歌唱을 들으면 無上의 道心을 일으킨다. 兜率天에 往生하는 者는 누구나 다 이 天女들에 接할 수 있게 된다.

고 하여 먼저 도솔천의 장엄에 대하여 상세히 묘사하고 나서 이어 다음과 같이 도솔천에 왕생할 수 있는 방법을 설한다.

比丘 및 일체의 大衆이 兜率天에 生天을 원하여 미륵의 弟子가 되고자 하는 者는 五戒・八戒・具足戒를 受持하고 十善法을 닦고 하나하나 兜率天上의 快樂을 思惟하라. 이것이 미륵 곁에 이르기 위한 正觀이며 이외의 다른 방법은 邪觀이다.

고 설한다. 이어 優波離가 佛에 일러 말하기를 그러면 미륵은 언제쯤 우리들이 사는 閻浮提에서 沒하며 生天하는 것이냐고 하니

미륵은 波羅捺國 劫波利村의 波婆利大婆羅門의 집에서 태어나 12년 뒤의 2월 15일에 沒하여 兜率天에 生天한다. 미륵은 도솔천에서 주야로 언제나 법을 설하여 많은 天人을 제도하고 閻浮提(우리 凡夫가 사는 세상)의 歲壽 56億萬歲時에 閻浮提에 하생한다고 함은 이미 미륵하생경에 설하고 있는 대로이다.

하고 나서 다시 말하기를

佛滅後 佛弟子들은 精勤하여 많은 공덕을 닦아 塔을 쌓고 경전을 讀誦하고 미륵을 칭하면 命終時에 兜率天에 往生하여 미륵에 値遇하고 또한 미륵을 따라 閻浮提에 下生하여 제일 먼저 龍華三會의 설법을 들을 수 있게 된다. ……만약 도솔천에 왕생하고자 한다면 도솔천을 念하여 佛의 禁戒를 受持하고 다음과 같은 觀을 하여야 한다. 만약 일념으로 미륵의 이름을 稱하면 천이백겁의 생사의 죄를 除하고 미륵의 이름

을 듣고 합장하는 것만으로도 그 사람은 50겁의 생사의 죄를 除하게 된다. 예컨대 도솔천에 왕생하지 않고도 미래세에 있어 龍華樹下에서 미륵에 値遇할 수 있게 된다.[9]

이상에서 살핀 上生經의 내용을 전술한 하생경의 내용과 비교해 보면 상당한 차이점을 나타내고 있다. 즉 상생경에서는 우리 범부의 사후 도솔천 왕생으로부터 56억년 이후의 미륵의 도솔천에서 염부제에의 하생 그리고 三會値遇의 내용을 모두 설하고 있으나 《하생경》 또는 《成佛經》[10]에서는 우리들의 龍華樹 아래에서의 삼회치우만 설하고 사후 도솔천 왕생에 대해서는 전연 설하지 않고 있다. 그러므로 上生經에 의한 미륵상생신앙은 兜率上生의 귀결로써 三會値遇를 상정하게 되나, 하생경이나 성불경에 의한 순수 미륵하생신앙에서는 미래세의 삼회치우만을 발원하는 것으로써 사후의 兜率上生의 신앙을 포함하지 않는다. 한편 하생신앙에서 미륵하생의 시기를 56억 년 이후라고 하고 있으나 그 시기를 바로 지금이라 생각하면 미래신앙으로서의 미륵신앙은 현세의 정토를 실현하는 지극히 현세적인 신앙이 된다. 백제의 미륵신앙은 그와 같은 것이 아니었던가 생각된다. 말하자면 백제에는 곧 미륵의 淨土가 실현될 것이라는 미래신앙이 아닌 현세신앙이 유행하고 있었기 때문에 彌勒寺를 창건하게 되었다는 것이다.[11]

그런데 다만 이 당시의 백제의 미륵하생신앙이 도솔천에 상생하였다가 미륵이 하생할 때에 같이 하생하여 미륵에게 삼회치우한다는 상생신앙에 부수된 하생신앙인지, 아니면 兜率上生과는 아무 관계 없이

---

9) 《大正藏》14, 《佛說觀彌勒菩薩上生兜率天經》.
10) 彌勒下生信仰에 대한 經典은 《佛說彌勒下生經》《佛說彌勒下生成佛經》 《佛說彌勒大成佛經》 등이 있다. 《大正藏》14 所收.
11) 拙稿, 〈益山彌勒寺 創建背景을 通해 본 百濟文化의 性格〉《馬韓·百濟文化》6, 원광대학교 마한·백제문화연구소, 1983.

미륵의 下生時에 삼회치우한다는 순수 하생신앙의 형태였는지가 궁금하다.

상생신앙과 하생신앙의 특징을 잠시 살펴보면 상생신앙이 戒律을 강조하는 반면[12] 하생신앙은 미륵을 稱名하고 禮敬하기만 하면 천상에 왕생하지 않고도 용화수 아래에서 미륵에 삼회치우할 수 있게 된다는 것이다.[13]

여기서 보면 상생신앙은 어렵고 자력적인 성격을 지니며 따라서 상류층에 유행하는 것이라면 하생신앙은 쉽고 타력적인 대중신앙으로서의 성격을 지니는 것이라 하겠다. 元曉가 상생경은 中品人을 위한 것이고 하생경은 下品人을 위한 것이라고 말함도 바로 이를 가리키는 것이라 생각된다.

백제에 하생신앙이 언제부터 있었는지 확실하지 않다. 그리고 前述한 두 형태의 하생신앙 중 어떤 형태의 하생신앙을 수용하고 있었는지도 분명하지 않다. 하생신앙의 수용은 東晋 혹은 梁으로부터의 전래도 생각할 수 있겠으나[14] 이에 대한 구체적인 사실은 알 수 없다. 다만 《삼국유사》武王條에서 살필 수 있는 것은 지금까지 상생신앙이 있어 왔는데 池中에서의 미륵삼존불 출현의 계기로 하생신앙이 전개되

---

12) 若有比丘及一切大衆 不厭生死樂生天者 受敬無上菩提心者 欲爲彌勒作弟子者 當作是觀 是觀者 應持五戒 八齋 具足戒 心身精進不求斷結修十善法 一一思惟兜率天上妙快樂,《대정장》14.

13) 若有敬禮彌勒者 除却百億生死之罪 設不生天未來世中 龍花菩提樹下亦得值遇發無上心,《대정장》14.

14) 梁武帝의 佛敎信仰이 倫理的인 종교에서 實踐的인 혹은 現世利益的인 宗敎儀禮의 방향으로 전환되면서 龍華會 등을 개설하고 있음이 그것이다. 《衆經擁護國土諸龍王名錄》三卷,《衆經懺悔滅罪方》三卷,《衆經護國鬼神名錄》.
   牧田諦亮,《中國佛敎史硏究》第一, 大東出版社, 1981.

어진 것이라 할 수 있다. 그렇다면 여기 '池中彌勒三尊佛出現'을 어떻게 해석하느냐 하는 것이 중요한 문제로서 다음과 같은 몇 가지 추정이 가능하리라 본다.
  ① 上生經信仰에 입각한 필연적인 귀결로서의 彌勒下生
  ② 益山地域이 彌勒下生地로 신앙되어 온 것에 대한 재확인
  ③ 在來龍信仰의 彌勒下生信仰의 전개

여기 ①의 경우는 禮·戒一致思想[15]에 의한 律令社會의 理想國土가 곧 彌勒國土라고 하는 律令社會, 곧 미륵국토라고 하는 정치적 의미를 생각할 수 있고 다른 한편에서는 백제의 하생신앙은 상생신앙에 부수된 하생신앙의 형태를 지니는 것이라 할 수 있다. 즉 武王條의 설화에서 상생신앙형태를 갖는 사찰로 추정되는 師子寺로 가다가 미륵삼존불을 만나는 것은 上生經에 의한 下生信仰의 전개양상과 같은 구조를 지닌다고 생각되기 때문이다.[16] 또한 法王禁殺條에 의한 신앙형태도 미륵상생신앙으로 생각되어[17] 미륵사 창건 이전에 백제에는 상생신앙이 상당히 유행하고 있었던 것이고 따라서 상생경에 의한 하생신앙의 전개는 상당한 설득력을 지닌다. 뿐만 아니라 이 같은 하생신앙의 패턴은 통일신라시대의 眞表律師에 의해 彌勒道場으로 구 백제지역에 세웠다고 하는 金山寺의 미륵신앙의 경우에서도 살필 수 있다. 즉 오늘날의 전북 부안의 來蘇寺와 開岩寺 지역에는 師子寺 혹은 兜率寺에 대한 전설이 많이 전하고 있는데[18] 이들 寺址는 백제시대 것이

---

15) 大屋德城, 《寧樂佛教史論》, p. 291.
16) 師子寺의 寺名은 上生經의 '兜率天七寶臺內摩尼殿上師子床座'의 師子에서 유래된 것으로 생각된다. 앞의 주11) 참조.
17) 《三國遺事》의 法王禁殺條에서 撰者인 一然이 禁殺의 法令을 讚하여 兜率天을 찬양하고 있음은 《彌勒上生經》의 사상에서 나온 것으로 이해된다.
18) 《扶安志》崇禎紀元後五丁亥二月開板(1887) 卷二 寺刹條의 다음과 같은 記事가 그것이다.

라 하고 한편 眞表律師와 관계를 갖고 있는 것이라는 데서 더욱 주목을 끌게 한다.[19] 즉 이를 金山寺와 연결시켜 보면 오늘날의 전북 부안지역에는 일찍이 백제시대부터 미륵상생신앙이 있어 왔는데 그의 미륵하생신앙적 전개가 金山寺의 경영이라 할 수 있다는 것이다.

이상과 같은 미륵신앙 전개의 패턴을 통하여 백제의 미륵하생신앙은 상생경에 부수된 미륵신앙을 수용하고 있었던 것으로 생각할 수 있다.

다음 ②의 경우는 武王條의 설화에 薯童이 마를 캐던 곳에 황금을 흙과 같이 쌓아 놓았다고 하여 황금을 등장시키고 있음에 주목할 필요가 있다. 왜냐하면 이 설화에서의 황금은 《미륵하생경》에서 말하고 있는 미륵의 하생이 가까워진 세계는 地面이 금으로 덮여 있다고 한 내용과 같은 구조적 의미를 지니는 것이라 생각되기 때문이다.[20] 만약 武王條의 황금에 대한 이 같은 해석이 가능한 것이라면 이는 益山地域을 미륵이 하생할 지역으로 신앙하고 있었음을 나타내고 있는 것이라 할 수 있다. 이를 오늘의 익산지역에 전하는 五金山 설화와 결부시켜 생각하면 더욱 그런 생각이 굳어진다.[21] 이 같은 예는 일본에서도 찾아 볼 수 있다. 즉 《扶桑略記》에 의하면 東大寺 大佛에 塗金할 금을 구하기 위하여 聖武天皇이 金峰山에 使臣을 파견하였는데 이 산의 금은 彌勒出世 때 쓸 금이라 하여 못 구하고 돌아왔다는 것이다.[22] 이것은

---

① 兜率寺條에 '有二兜率今無 孝穀詩 尋山不爲 尋仙千里遊觀豈偶然浩却因緣.'

② 來蘇寺條에 '上師子庵 下師子庵俱在邊山.'

19) 然志存慈氏(彌勒) 故不敢中止 乃移靈山寺(一名邊山 又楞伽山)又懃勇如初 果感彌力 現授占察經兩卷 …… 汝以此傳法於世 作濟人津筏 表旣聖莂 來往金山 每歲開壇 恢張法施, 《三國遺事》義解第五 眞表傳簡條.

20) 《大正藏》 14, pp. 423~424.

21) 康候晉, 《臥遊錄》에 수록된 〈遊金馬城記〉 및 今西龍, 《益山郡古蹟案內》의 〈五金山傳說〉, pp. 28~29.

金峰山이 미륵하생의 터로 신앙되고 있음을 의미한다.

　여기에서 어떤 지역을 황금세계로 연상시킨다는 것은 미륵하생시에 閻浮提가 황금으로 化한다고 하는 하생신앙과 결합하고 있는 것이 아닌가 생각된다.

　③의 문제는 池龍과 交通하여 서동을 낳았고 서동이 금이 무엇인지 몰랐다가 금을 알았다는 것은 龍信仰의 미륵신앙적 전개가 아니었던가 생각된다. 왜냐하면 池龍과 교통하여 서동을 낳았다는 이야기나 池中에서 미륵삼존불이 출현하였다고 하는 설화의 내용은 같은 패턴의 것으로 생각되며 그 구조적 의미는 재래의 龍信仰과 미륵하생신앙의 결합으로 볼 수 있기 때문이다.

　여기 龍信仰은 재래신앙으로서의 龍과 불교경전상의 護法龍을 생각할 수 있다. 재래의 용신앙은 농경사회에서 비를 내리게 하는 水神으로서의 기능을 갖고 있었으며 때로는 이 같은 기능이 고대사회에선 국왕의 권위를 상징하기도 하였다. 불교경전상의 용도 여러 의미를 지니고 있으나[23] 궁극적인 용신앙의 불교적 의미는 호법에 있으며 다른 기능은 진정한 의미에서는 재래신앙적 의미밖에 갖지 못한다.[24] 다음에는 미륵신앙과 관계가 있는 미륵경전상의 龍을 살펴보기로 하자. 《미륵하생경》에서는 미륵하생이 가까워진 세상에는 城 가까이 池中의 용왕이 있어 微雨를 내리게 하여 길바닥의 먼지를 없앤다[25]고 했고, 또한《彌勒來時經》에서는 龍이 금·은 등의 四寶를 지킨다. 그 이외

---

22)《彌勒上生經》의 사상에서 나온 것으로 이해된다. 앞의 주11) 참조.
23) ① 造化相(華嚴經 入法界品). ② 信佛龍(阿耨達龍王經). ③ 化作人(佛說彌勒大成佛經). ④ 護法 護國(孔雀明王經 大雲經 등).
24) 불교에 있어 龍 및 기타 재래신앙적 요소는 대승불교의 발달과 더불어 護法神의 성격으로 불교에 수용되고 있음이 그것이다. 拙著,《韓國佛敎儀禮の硏究》神衆信仰篇, 隆文館, 1976.
25)《大正藏》14, p. 423c.

《彌勒大成佛經》에서도 용이 설해지는데 이때의 용은 龍華樹下에 앉은 미륵을 공양한다.[26]

이상 미륵경전상의 용은 미륵하생이 가까워진 때의 상황을 설명함에 있어 중요한 역할을 담당하고 있는 것으로 나타난다. 이 같은 미륵경전상의 용의 기능과 무왕조의 설화에 나타난 용의 기능은 결국 같은 동기를 지니고 있는 것이 아닌가 한다. 즉 무왕조의 미륵사 창건연기 설화도 미륵하생이 가까워진 때의 세계의 상태를 말하여 주고 있는 것이라 생각된다. 만약 이 같은 추리가 옳다고 한다면 익산지역이야말로 미륵이 하생할 지역이라는 강한 하생신앙이 있어 왔고, 이 같은 하생신앙을 수용하여 미륵사를 창건하게 된다는 사실은 너무나 자연스러운 일이라 생각된다. 다만 남은 문제는 백제에 있어 미륵하생신앙이 특히 익산지역에만 성행하였던 것인가 하는 점이다.

위에서 미륵사 창건의 직접적인 동기를 미륵하생신앙에 의하여 미륵이 하생할 장소가 익산지방이라 믿은 데 연유된 것이라 하였다. 그렇다면 당시 익산지역문화의 특수성을 살필 수 있는 어떤 실마리를 찾지 않으면 안 된다. 여기서 익산지역의 특수성이란 馬韓文化圈의 중심지적 위치에 있었고 또한 이 지역은 외래문화가 토착화하는 양상을 보여주는 지역이기도 하다는 것이다.[27] 이 같은 익산지역의 특수성을 고려해 놓고 보면 다음과 같은 몇 가지 추정이 가능해진다.

① 귀족문화를 지닌 백제의 지배층이 익산지역으로 진출하려 할 때에 귀족문화의 대중화의 계기가 마련된다. 바꾸어 말하면 익산지역에서 수용된 백제의 귀족문화는 토착민들에 의하여 토착화되었던 것이

---

26)《大正藏》14, p. 434c.
27) 金元龍,〈盆山文化圈硏究의 考古學的 課題〉《百濟文化硏究의 綜合的 檢討》, 제7회 마한·백제문화 국제학술회의 원광대학교 마한·백제문화연구소, 1983.

라 할 수 있다.

② 백제에 있어 미륵상생신앙이 하생신앙화하는 전기도 여기서 찾을 수 있다는 것이다. 즉 백제귀족사회 혹은 율령사회가 필요로 하는 미륵신앙은 상생신앙이었고 백제가 익산으로 진출하려 하였을 때 상생신앙이 먼저 있어 왔음은 師子寺의 존재에서 알 수 있다. 그 후 미륵사를 익산지역에 창건한다는 것은 이상의 상생신앙이 어떤 계기를 만나 귀족적인 성격에서 대중적인 성격으로의 전환을 필요로 하였고, 그것이 하생신앙의 전개라 하겠는데 그 계기는 당시 익산지역에 강하게 유포되어 있던 재래 용신앙이 아니었던가 생각된다.[28]

이상을 다시 정리해 보면 백제는 율령사회하에서 儒佛一致思想에 의한 미륵상생신앙이 상류층에 일찍이 유행하고 있었다. 그리고 이 같은 상생신앙에 의해 백제에는 미륵하생신앙이 있을 것이라는 상생경에 부수된 미륵의 하생을 기대하여 왔다.

그런데 백제가 익산지역으로 진출하려 할 때에 이 지역에는 재래 용신앙이 강한 신앙적 기반으로 자리잡고 있었던바, 귀족적인 상생신앙이 이곳으로 진출하면서 하생신앙적 전개를 가져오게 하였다.

이상과 같은 두 가지 요건에 의하여 익산지역을 중심으로 미륵하생신앙이 전개된 것이다. 다른 말로 바꾸어 말하면 미륵사 창건에 의한 하생신앙의 홍포는 지배층의 입장에서 보면 강한 목적성과 의도성을 지니는 것이라 할 수 있고 익산지역민 혹은 피지배층에서 보면 재래 용신앙의 미륵하생신앙적 전개 혹은 미륵하생신앙의 보다 대중적 전개로써 문화의 추진성이란 성격을 지는 것이라 할 수 있다. 다시 말하

---

28) 미륵신앙의 대중화 또는 민중화는 龍 → 미리 → 미륵신앙의 패턴을 갖고 전개되고 있기 때문이다.
權相老, 〈韓國의 龍(미리)信仰考〉《佛敎學報》1, 동국대학교 불교문화연구소, 1964.

미륵사 창건의 사상적 배경 79

건물지

면 미륵하생신앙의 목적성과 추진성의 만남, 이것이 미륵사의 창건인 것이며 여기서 미륵사에 대한 문화적 의미를 살필 수 있게 된다. 한편 이 같은 문화운동은 백제 귀족문화의 발전방향이 기층사회 문화와의 연결성이 적어 그 전통적 맥락이 약한 면을 면치 못하고 있었는데 이를 보완하는 의미를 지니게 되었다는 데서 미륵사 창건의 역사적 의의를 찾을 수 있게 되는 것이다. 그리고 다른 한편 미륵사의 창건을 통하여 백제야말로 미륵이 출현할 인연이 있는 국토라는 신앙적 자신감을 갖도록 하였다는 것은 기울어져 가는 백제사회의 중흥을 위한 국민적 화합과 국세 신장을 위한 기저를 다지는 데에도 크게 기여할 수 있었던 것으로 생각된다.

3. 사회사상적 배경

백제문화는 귀족적 세련성이 지적되고 있으며 정치제도면에 있어서는 律令制度의 정비가 일찍이 이루어졌다고 한다.[29] 그리고 이와 더불어 빠뜨릴 수 없는 것은 백제불교의 戒律主義的 성격이라 할 수 있다. 그런데 이와 같은 백제불교의 계율주의적 성격은 한편으로는 율령제도와 연결되고 다른 한편으로는 미륵사상과 연결되어 있다.

즉 '律令制度 → 戒律主義的 佛敎 → 彌勒思想의 발달' 이 세 가지는 백제문화가 전개되는 과정에 있어 중대한 삼대 요소가 되었던 것이 아닌가 한다. 이런 측면에서 보면 미륵사의 창건은 미륵사상적 배경을 가짐과 동시에 이상과 같은 사회사상적 배경도 동시에 지니고 있었던 것이라 하겠다.

백제불교가 계율주의적 성격을 지닌다고 함은 이미 널리 알려진 사실이나[30] 백제사회가 필요로 하는 불교의 계율은 대체 어떤 성격의 것이었을까 하는 것이 궁금하다.

우선 謙益이 인도에서 계율을 배워 귀국하자 聖王은 郊外에까지 나아가 그를 크게 환영하였다고 하니[31] 이는 국왕에게 크게 기대되는 계율이었을 것이다.

聖王代의 백제는 蓋鹵王의 사후 강화된 羅濟의 동맹관계에 의하여 고구려의 남침을 일시 방지할 수 있었으나[32] 한 시기가 지나고 오히려 신라의 공격을 받는 등 밖으로 향한 진출이 불가능하게 되고 따라서

---

29) 金哲埈, 〈百濟社會와 그 文化〉《韓國古代社會硏究》, 1974.
30) 安啓賢, 〈百濟佛敎〉《韓國文化史大系》Ⅵ. 고려대학교 민족문화연구소.
31) 李能和, 《朝鮮佛敎通史》, 상·중편, p. 33.
32) 《三國史記》百濟本紀 聖王條.

미륵사 창건의 사상적 배경   81

안으로 귀족지배체제를 굳혀나갈 필요를 강하게 느끼는 시기를 맞이하게 된다.

　聖王이 謙益으로 하여금 인도에 가서 계율을 배워 오게 하고 한편 梁에 使臣을 보내 毛詩博士와 涅槃經 등의 經義와 工匠·畵師 등을 梁에 請하여 이를 수용한다.[33] 그런가 하면 한편 聖王은 일본에 불교를 전하는 등 외교관계를 수립한다.[34] 그리고 그 이후 얼마 안 있어 威德王 때에는 미륵불상을 일본에 보내고 뒤이어 일본에서는 善信尼 등 數人이 백제유학을 자청하여 3년 간 계율을 배워 간다.[35]

　이상의 백제 계율 관계기사에서 그 계율의 성격이 어떤 것이었던가를 살펴보자.

　우선 梁에서 涅槃經 등을 수용한 입장에서 보면 '肉食을 하면 大慈悲의 種子를 끊게 된다'는 윤리적 성격을 지닌 것이었음을 짐작하게 되며[36] 불교에 돈독한 신심을 가지고 있던 열반경 등을 보낸 梁武帝의 불교신앙에서 보면 열반경을 중심한 불교교의의 이해에 따른 계율의 중시 등도 생각할 수 있으나 한편에서 보면 유교정신에 바탕을 둔 일상윤리의 실천장려와 불교의 계행을 아울러 중시하여 실천적인 奉佛의 의례를 중시하게 되었다는 것이다.[37] 요컨대 梁의 武帝는 열반경의 교의해석에 따른 불교의 戒行을 이해하고 있었지만 이도 유교정신에 바탕을 둔 일상윤리의 실천과의 一體思想에서 나온 것임을 간과할 수 없게 됨에 주목할 필요가 있을 것이다.

---

33) 앞의 주.
34) 《日本書紀》 권20 欽明天皇 13年條.
35) 《元亨釋書》 善信尼條.
　　李能和, 《朝鮮佛敎通史》 상·중편, p. 39.
36) 牧田諦亮, 《中國佛敎史》 第一, 大東出版社, 東京, 1980, p. 229.
37) 앞의 주, p. 220.

백제가 양으로부터 열반경 등을 수용할 때에 이상의 유불일치사상에 의한 계율을 수용하였을 것임은 짐작이 가나 불교계율의 내용이 열반경에 설한 내용이었는지는 분명하지 않다. 왜냐하면 같은 聖王代에 謙益이 인도에서 직접 계율을 받아들여오고 있고 국왕이 이를 크게 환영하고 있으므로 謙益의 戒律內容에 더 주목할 필요가 있기 때문이다. 謙益이 전래한 五部律이란 것도 어떤 것인지 분명하지 않지만 이에 대한 事蹟이 《彌勒佛光寺蹟》에 실려 전한다는 사실을 주목할 필요가 있다. 왜냐하면 《彌勒佛光寺蹟》이란 그 典據가 불확실하지만 그 사실내용이 미륵불광사에 관계되는 謙益의 계율이었다고 생각해 볼 수 있기 때문이다. 그리고 이를 뒷받침하고 있는 것이 백제가 威德王 때에 미륵불상을 보내니 곧이어 善信尼 등의 일본승이 백제에 와서 계율을 배워 갔다고 하는 것과 어떤 상관 관계가 있는 것이라 생각되기 때문이다.[38]

　이상을 요약·정리해 보면 聖王 때에 수용된 불교계율은 중국에서는 儒佛一致思想에 의한 불교계율정신을 수용하게 되었고 謙益을 통하여 인도에서 직접 수용한 계율은 미륵신앙과 관계되는 계율을 수용하였던 것이 아닌가 한다. 어떻든 미륵신앙에 의한 계율 또는 儒佛一體思想에 의한 불교계율의 발달이라는 양자가 상호 깊은 관련성이 있는 것이며 이 양자는 어떤 관계성에서 일찍부터 백제사회에 유행하고 있었다고 봄이 옳을 것이다. 왜냐하면 그렇지 않고서는 法王代의 미륵상생신앙에 의한 戒律重視, 武王代의 미륵사 창건이라고 하는 百濟史에 있어 획기적인 사실을 이해할 수 없기 때문이다. 즉 다시 말하면 백제에 있어 계율주의적 불교의 발달은 미륵사상의 전개와 상호 깊은 관련을 갖는 것이라 생각할 수 있다. 왜냐하면 미륵사상에서는 계율을

---

38) 백제가 일본에 彌勒像을 보내자 곧 이어 善信尼 등이 백제에 와서 계율을 배워 간다고 하는 것은 미륵신앙과 계율과의 관계를 상기시키고 있다.

중시하고 있기 때문이다.[39]

한편 백제사회에 있어 율령제도의 정비와 계율주의적 불교의 발달이 깊은 관련을 갖는다는 사실을 주목하지 않으면 안 된다. 고대율령사회에 있어 불교의 戒와 유교의 禮는 도덕적 규범으로 유사성을 지니는 것으로 보아 그 사상적 귀일을 일찍부터 도모하여 왔기 때문이다.[40]

중국에서는 동진시대(317~420)에 있었던 慧遠의 〈沙門不應敬王者論〉은 유명한 사실이지만 결국 '沙門의 禮란 戒인 것이다' 하여 유교의 禮와 불교의 戒의 조화에 대한 선구적 사상이 되어 왔다.[41] 이와 같은 유교의 禮와 불교의 戒의 귀일을 기하려는 동진시대의 선구적 사상은 결국 불교와 유교는 같은 것이란 儒佛一體論에까지 이르게 한다. 즉 北齊·北周에서 隋代에 걸쳐 생존하였던 顔之推(531~602?)가 유교와 불교는 원래부터 一體라 하고 있음이 그를 잘 알려주고 있다.[42] 그러나 唐時代에 이르러서야 유교는 불교에 의하여 無因雅因의 외도라고 하여 비로소 비난받게 된다.[43]

율령국가의 유교적 측면을 상술할 여유가 없으나 율령사회의 사상적 기조가 유교였음은 누구도 부인힐 수 없는 사실이고 고대율령국가와 그 관료인 율령귀족은 당초부터 유교와 깊은 관계에 있었을 것이다. 이 같은 율령사회에서 유교와 불교의 사상적 귀일이 서슴없이 이루어져 왔음은 전술한 바이니 율령체제하의 백제에서도 이 같은 경향

---

39) 앞의 주 12) 참조.
40) 앞의 주 15) 참조.
41) 常盤大定,《支那における佛敎と儒敎道敎》, 財團法人 東洋文庫, 東京, p. 58.《大正藏》52, p. 85.
42)《顔氏家訓》歸心篇 참조.
43) 大屋德城,《寧樂佛敎史論》, pp. 276~290.

은 충분히 살필 수 있게 될 것이다.

儒佛歸一思想의 풍조를 어떤 성격의 것으로 이해하여야 될지 잘 모를 일이나 우선 다음과 같은 것을 생각할 수 있을 것이다.

첫째 불교적 입장에서 보면 율령국가사회에 있어 불교세력 확장을 위한 방편이었다고 할 수 있으며, 둘째 유교적 입장에서 보면 불교를 규제하는, 즉 율령국가의 불교통제라 할 수 있을 것이다.

그러면서도 이들 양자는 서로 보완적인 역할을 담당하는 문화적 작용을 할 수 있었다는 데서 율령사회하에서의 儒佛歸一思想의 문화적 의미를 살필 수 있을 것이다.

백제불교에 있어 계율의 중심사상이 미륵사상과 깊은 관련이 있는 것이라 함은 앞에서도 살폈거니와 만약 그렇다고 한다면 백제의 미륵신앙은 율령사회와 깊은 관계가 있는 것이라 할 수 있다. 즉 백제의 미륵신앙은 율령사회가 요구하는 바였다고 할 수 있을 것이다.

미륵신앙의 기본이 계율을 지키는 데 있으며 이와 같은 持戒爲本의 미륵사상은 율령사회가 요구하는 禮와 일치하는 것이란 사상적 전개는 전술한 바와 같다. 그런데 여기서 말하는 미륵신앙이란 미륵상생신앙을 말하고 있음을 잊어서는 안 된다. 그리고 율령사회에 미륵상생신앙이 강한 지지를 받게 되는 이유는 상생신앙이 율령사회의 유교적 측면에 합치되는 것이 있었고 그것은 다름 아닌 유교의 예와 미륵상생신앙에서 강조하는 十善法 등의 戒가 일치를 이룬다고 믿었던 것이라 하겠다.

미륵상생경에서 말하는 계율의 중시는 五戒・八齋戒・具足戒・十善法 등의 계율을 지킴이 도솔천 왕생의 요건이 된다는 것이다. 一然이 《삼국유사》法王禁殺條에서 "兜率天에는 지금 봄이 오고 있도다" 하고 있음은 法王禁殺條에 있어 계율이 미륵상생신앙에 의한 계율임을 설명하고 있는 것이라 하겠다.

한편 이와 같이 상생신앙은 엄격한 계율을 지킴을 신앙의 요지로 삼고 있으나 하생신앙은 반드시 그렇지만은 않다. 미륵의 이름을 듣고 합장하는 것만으로도 50겁의 생사의 죄를 면할 수 있으며 만약 미륵을 예경하게 되면 백억겁의 생사의 죄를 멸하여 도솔천에 上昇하지 않고도 미래세에 龍華菩提樹下에서 미륵에 値遇할 수 있게 된다는 것이다. 그리하여 상생신앙은 귀족층에 유행하고 하생신앙은 대중신앙으로 환영을 받게 된다. 즉 상생신앙은 귀족적 성격을 지니며 하생신앙은 대중적 성격을 지니게 된다는 것이다.

앞에서 백제문화는 세련된 귀족문화의 성격을 지닌다고 지적한 바 있으나 백제사회에 미륵상생신앙이 유행하였다면 이 양자의 관계도 간과할 수 없게 된다. 즉 귀족층에 의한 미륵상생신앙은 백제문화의 세련된 귀족적 성격을 지니게 하였다는 것이다. 이를 다시 말하면 상생신앙의 문화적 전개는 귀족적이고 持戒爲本이라고 하는 점에서 세련미를 지니게 되었다는 것이다.

이상에서 백제불교는 계율주의적 성격을 강하게 지니는 것이라 하겠으며 그 계율은 미륵신앙과 관련이 있는 것이다. 즉 미륵신앙은 계율을 중시하며 6~7세기에 있어 불교의 戒와 유교의 禮가 같은 것으로 이해되는 사상적 경향에 의해서 율령제도를 정비함에 따라 미륵상생신앙이 귀족층

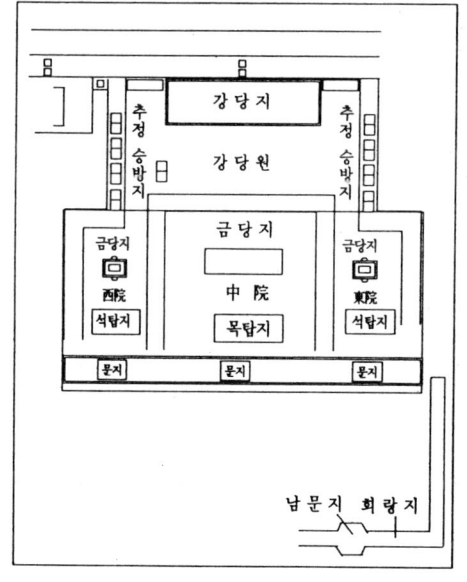

가람배치도

에 유행하게 되고 또한 그를 장려하게 됨은 자연스러운 추세라 할 수 있을 것이다. 《삼국유사》의 法王禁殺條는 이 같은 백제사회의 사정을 압축해서 전해 주고 있는 기사라 하겠다. 요컨대 백제의 미륵상생신앙의 유행은 이상과 같은 이유에서 율령제도의 정비와도 상호 관련성을 지니는 것이라 할 수 있다.

그런데 미륵사의 창건은 한 마디로 말하여 이상에서 살핀 백제문화의 귀족주의적 성향을 대중화하려는 데 있는 것이라 생각된다. 즉 미륵사의 창건은 미륵상생신앙의 미륵하생신앙화이며 신앙적 측면에서 대중적 신앙에의 전개라 할 수 있다. 그리고 백제사회에서의 이와 같은 문화운동은 백제귀족문화의 발전방향이 기층사회 문화와의 연결성이 약함에서 오는 문화의 전통적 맥락의 약점을 늦게나마 보완하려 하였던 것이라 할 수 있다. 그리하여 百濟史에 있어 미륵사의 창건과 그 운영은 적어도 위에서 살핀 백제문화의 여러 특성에서 살필 때 단순히 불교사상으로써 뿐 아니라 백제문화의 새로운 전개의 한 양상으로 파악하지 않으면 안 되는 것이라 생각된다.

《삼국유사》에서의 法王禁殺條는 이상에서 살핀 백제의 문화적 상황에서 취해진 필연적인 조치였다고 할 수 있다. 즉, 율령사회에 필요한 계율주의적 불교 혹은 더 나아가 그의 보다 적극적인 방법으로 미륵상생신앙의 홍포를 위한 조치였다는 것이다. 그리고 武王條의 미륵사 창건에 대한 연기는 백제문화가 전개되는 귀결로서의 양상을 나타낸 것이라 할 수 있다. 이를 미륵사상의 입장에서 보면 상생신앙의 하생화이며 문화적 입장에서 보면 미륵신앙의 대중화이며, 정치적 입장에서 보면 聖王 이후 계속된 불안한 국내외의 정세 속에서 주체적 지배세력을 확립하려 함에서 오는 사회적 모순을 조절하고 극복할 수 있는 능력을 강화하려 하였던 것이라 할 수 있다.

4. 맺음말

　백제불교는 미륵사상뿐 아니라 天台・涅槃・三論 등의 교학연구에도 힘쓰고 있었으며 法華思想도 유행하고 있었다. 그 외에 百濟僧 道證은 成實論을 연구하고 그것을 일본에 전하기도 하였다. 그렇다고 한다면 聖王 이후의 백제불교는 계율을 중시하는 경향을 지니면서도 한편에서는 각 방향의 敎義學의 연구도 성행하고 있었으며 이 같은 불교를 일본에 전하는 등 높은 수준의 불교문화를 갖고 있었다고 보아야 할 것이다. 그러나 본고에서 특히 미륵사상에 깊은 관심을 보이게 됨은 백제미륵사상이 차지하는 역사적 위치가 큰 것이라 생각되었기 때문이다. 다시 말하면 백제에 있어 다른 여타의 불교사상은 귀족불교로서의 성격이 강한 반면 미륵사상은 백제사회에 있어 기층문화와의 조절 내지 그 극복을 통하여 백제문화의 전통적 맥락을 보다 강하게 확립할 수 있었던 것이라 믿어지며 미륵사의 창건은 그것을 말해 주고 있는 것이라 생각된다.

　요컨대 미륵사는 율령사회하의 백제가 禮와 戒의 儒佛一致思想에 의거 일찍이 미륵상생신앙을 발전시키고 나아가 익산지역으로 진출하려 할 때에 일어난 문화운동으로 미륵하생신앙을 전개시켜 나감에 의하여 창건된 것이라 할 수 있다.

　그런데 이와 같은 백제에 있어 미륵사의 경영은 신라에 있어 皇龍寺의 경영과 비교할 수 있을 것이다. 즉 皇龍寺의 경영이 사회질서의 확립과 교단질서의 확립이라는 의미를 지닌다고 함은 누구나 다 아는 사실이다. 백제의 미륵사도 율령사회가 요구하는 원리로서 戒와 禮를 중시하는 백제문화 전통의 미륵신앙적 전개로 경영된 것이라면 황룡사의 경영과 같은 의미를 지닌 것이라 할 수 있다. 다만 백제사회가 사회운영의 불교사상적 원리를 보다 다원화하여 이를 조절하는 지혜를 찾지 못하고 律令社會 → 戒律重視의 佛敎 → 彌勒信仰의 전개 등에서 살필 수 있는 바와 같이 미륵사상 위주로 미륵사를 경영하는 대신 신라의 皇龍寺는 사회운영의 불교사상적 원리를 화엄・밀교・미륵 등으로 보다 다원화하여 다시 이를 조화・극복해 나가는 것이 다른 것이라 하겠다. 이 같은 차이를 지배층의 입장에서 보면 문화의 목적성이란 점에서는 같은 성격의 것으로 이해되나 문화의 추진성이란 면에서 보면 큰 차이를 나타내고 있는 것이라 할 수 있다.

그러나 미륵사의 창건은 귀족불교에 머물고 있던 백제불교를 기층문화와 연결하여 이를 대중화하고 그렇게 함으로써 백제문화의 전통적 맥락을 보다 강하게 하였다는 데 역사적 의의를 살필 수 있게 된다. 그리고 미륵사의 창건은 백제야말로 미륵이 출현할 인연 있는 국토라는 신앙적 자신감을 갖게 함으로써 기울어져 가는 백제사회의 중흥을 위한 국민적 화합과 국세신장을 기하는 데 사상적 터전을 굳건히 할 수 있었던 것으로 믿어진다.

直指寺 가람과 현대적 전망

1. 머리말

　오늘에 이르기까지 사원역사의 연구는 사적기를 중심한 문헌학적 연구나 유물·유적들을 통한 고고미술사적 연구가 주류를 이루어 왔다. 이 같은 연구방법이 잘못된 것은 아니지만 같은 사료에 의하더라도 문제의식의 핵심을 어디에 두고 접근해 나가느냐에 따라 역사적 실상을 정확히 파악하는 데는 차이가 있을 것으로 생각한다. 이 같은 고민은 오늘의 한국사원이 무엇을 지향해 나가야 하고 또한 어떤 가능성을 지니고 있느냐 함을 추구하는 데도 의미 있는 일이라 믿는다. 왜냐하면 이상과 같은 사원연구에 대한 관심은 필자가 기회있을 때마다 사원을 돌아보고 사원이 오늘의 한국사회에 어떻게 기능하고 있느냐 하는데 깊은 주의를 기울여 온데 연유하고, 그것은 오늘의 사원을 올바른 역사의식으로 파악하기 위해서는 다음과 같은 문제의식을 전제로 하지 않아서는 안된다고 생각하게 되었기 때문이다.
　즉 불교에 있어서의 사원은 사회에 봉사하고 무엇인가의 사회적 기여를 하기 위하여 존재한다. 따라서 불교사원의 구조는 불교가 사회에 대하여 어떻게 기여하느냐 하는 구체적 모습을 밝히고 있는 것이라 할 수 있다. 그리하여 이와 같은 불교사원의 이해방법에서 보면 실제 사회 속에서 살아서 움직이고 있는 불교사상을 살펴볼 수 있게 되어 주목된다. 한편 그것은 금후의 세계는 반드시 相容되지 않는 사상·신조 등이 상호 조화하여 공생해 가는 곳에 삶의 길이 있는 것이라 믿어지는데, 불교사원의 구조는 그 原點을 나타내고 있는 것이라 믿어져 이에 주목되는 바가 큰 것이라 하겠다.[1]

본고는 이 같은 입지에서 직지사의 역사와 오늘날의 사회적 기능을 살피고 나아가 이 같은 직지사의 현황이 미래를 향하여 어떤 방향을 제시하고 있는가를 밝혀 보고자 한다.

2. 역사적으로 본 한국사원구조

한국불교의 역사를 교의 신앙사의 입장에서 보면 불교수용 후 초기에는 미륵신앙이 성행하고 있었으나[2] 삼국시대의 말기가 되면 신라와 당나라와의 문화교류가 확대되면서 화엄사상에 의한 화엄신앙이 널리

---

1) ① 前田惠學,〈佛敎における寺院の思想〉《韓國思想史》第7集, 韓國思想史學會, 1995.
   ② 洪潤植,〈韓國寺院の構造的特徵とその文化〉《印度學·佛敎學》卷44, 印度學·佛敎學會, 1996.
2) ① 《三國遺事》塔像篇 彌勒仙花 未尸郞 眞慈師條.
   ② 《彌勒寺址發掘調査報告書》, 國立文化財硏究所, 1985.
   ③ 韓國美術史에 있어서 佛像의 造像은 초기에는 彌勒菩薩 등 彌勒關係가 많았음이 그를 일러주고 있다.
   《三國時代佛敎彫刻》, 國立中央博物館. 1990.
   《東アジアの佛たち》, 奈良國立博物館. 1996.

성행하게 된다.³⁾ 한편 8세기 통일신라시대 중기에는 아미타의 정토신앙이 민중층에까지 널리 유행하게 되었다는 사실이 주목되고 있다.⁴⁾ 그런가 하면 통일신라의 말기에는 지방 호족세력과 결합한 禪宗이 유행하고 있었다는 사실도 역사상 큰 획을 긋게 되는 것이라 하겠다.⁵⁾ 다른 한편 이 시기에 약사신앙·밀교신앙 등도 성행하고 있었음을 현존하는 유물사료나 문헌사료 등이 잘 전해주고 있다.⁶⁾ 그 이외에 관음신앙 등도 통일신라시대에 이르면 일반에게 널리 유포되고 있었음을 《三國遺事》 등의 기록이 잘 전해주고 있다.

이상과 같이 통일신라 말기까지 역사적·사회적 사항에 의하여 다양하게 전개 되어온 한국불교의 사원은 고려시대를 맞이하게 되면 다시 다양한 신앙형태를 융합해 간다고 하는 사회적 분위기가 고조되고 있었으나, 崇儒排佛政策이 행해진 조선시대가 되면 각 사원에 다양한 신앙형태를 수용한 종합불교적 사원구조가 성립된다.⁷⁾ 오늘에 전하는 전통적 한국사원의 구조적 형태는 불교수용 이래 축적하여 온 여러 가지 신앙의 형태를 역사적 상황에 의하여 서서히 융합하여 온 결과로서 존재하고 있는 것이라 생각되나 여기에는 산신신앙·칠성신앙·독성신앙·제석신앙·명부시왕신앙 등 원래에는 불교신앙과는 무관하였던 제종의 신앙형태가 아무런 저항없이 잘 융합되고 있다는데 주목하게 된다.

오늘에 전하는 직지사의 사원구조도 예외가 아닌 것으로 믿으나 이상과 같은 역사적 과정을 거쳐 오늘에 전해지고 있는 한국사원구조의

---

3) ①《韓佛全》, 古代篇 資料의 華嚴圖像資料가 많다는 것이 그를 일러준다.
    ②《三國遺事》義解篇 華嚴關係資料.
4)《三國遺事》에 보이는 淨土關係資料는 이 시기에 집중적으로 나타나고 있다.
5)《校勘譯註 歷代高僧碑文》, 新羅篇, 伽山佛敎文化硏究院. 1994.
6)《三國遺事》藥師信仰 관계자료.
7) 洪潤植,《韓國佛敎儀禮の硏究》, 隆文館, 東京, 1976.

특징은 어떠한 문화의 소산인가를 규명해 나가지 않으면 안되리라 생각한다. 그것은 평소 불교문화란 불교와 사회와의 상관관계 혹은 불교가 일반생활에 어떻게 결합되고 또한 불교가 생활능력으로서 어떤 힘을 미쳐 왔는가라고 하는 문제의식을 지녀 왔기 때문이다. 즉 한국사에 미친 불교의 문화력은 융합의 문화력이었다고 믿고 있음이 그와 같은 것이다. 그리하여 우선 아래에서 전통적인 한국사원에 있어서의 신앙형태의 구조양상은 어떠한 것인가를 살펴보기로 하겠다.

대본산격인 큰 사원에서는 석가모니불을 봉안한 대웅전, 비로자나불의 비로전 혹은 대적광전, 아미타불의 아미타전 혹은 극락전, 미륵불의 미륵전 혹은 용화전, 약사불의 약사전, 석가의 일대기와 연관된 靈山殿 등 대승불교의 佛陀觀에 의한 다양한 여래신앙이 서로 相融되어 있음이 그 특징적 요소로 지적 되어진다. 한편 관음전·지장전 등의 佛殿도 반드시 갖추고 있어 한국불교의 보살신앙은 관음·지장 혹은 문수보살이 대표하고 있는 듯하다.

관음신앙은 法華經 普門品에 의한 관음신앙이 일반화되어 있으나 천수관음 등 밀교적 관음신앙 및 보타락가산 신앙형태도 성행하고 있다.[8] 지장신앙도 신라시대에는 미륵신앙과 결합하여 있었지만 고려시대 이후가 되면 명부시왕신앙과 결합되게 되었음을 알 수 있다.[9] 문수보살신앙은 화엄경에 의한 문수동자신앙의 형태가 특징적이다.

한편 羅漢信仰도 성행하고 있다. 16나한전 500나한전 등을 갖추고 있음이 그와 같은 것이라 할 수 있으며, 또한 祖師信仰의 형태를 취한 眞影閣 혹은 應眞殿이 있다. 이는 일본 종파불교의 御影堂에 비교가 되는 것이나 신앙적 영향력은 그렇게 대단한 것이 아니다. 그저 역대 고승의 진영을 봉안하고 있을 따름이고 오히려 高僧信仰은 사리신앙

---

8) 《三國遺事》感通篇 觀音信仰 關係資料.
9) 《三國遺事》義解篇 眞表傳簡條.

과 결합된 浮屠殿을 조성하여 선종의 신앙형태를 형성하고 있어 주목된다.[10]

이상에서 살펴본 바와 같이 한국사원의 구조는 여래신앙·보살신앙·고승신앙의 형태가 상호 각 전각을 중심으로 융합하고 있음을 알 수 있다. 그뿐 아니라 山門을 형성하고 있는 바를 보면 一柱門을 비롯하여 不二門·解脫門·四天王門·金剛門 등이 있고 한편 중심가람의 뒤편이나 가장자리에 산신각·칠성각·독성각·삼성각 등이 있어서 불교와 불교 이외의 신앙형태가 잘 융합되고 있음을 살필 수 있게 된다. 이상과 같은 신앙형태를 一神敎徒들은 多神敎 혹은 미신에 지나지 않는다는 오해를 낳기도 한다.

지금까지는 대본산격의 사원을 대상으로 한국사원구조의 특징을 살펴본 것이나 법당 하나밖에 없는 말사의 작은 사원에서도 위에서 살핀 바와 같은 신앙형태의 구조를 볼 수 있게 된다. 그것은 먼저 한국의 전통적인 사원은 각 전각에 단청이란 양식으로 채색을 하고 벽화 혹은 탱화란 형식으로 각 전각에 불화가 그려져 있다는데 주목할 필요가 있다. 왜냐하면 그와 같은 다양한 불화는 대본산격의 사원과 같이 다양한 전각을 갖추고 있지 않는 경우 이들 전각이 수용하고 있는 신앙의 대상을 모두 불화에서 수용하고 이를 한 법당에서 융합하고 있음을 살필 수 있게 되기 때문이다.

이상과 같은 한국사원의 사원구조를 通佛敎 혹은 종합불교라고도 하고 있으나 여기에는 긍정적·부정적 의미가 동시에 부여되고 있다. 여기 긍정적 의미란 오늘에 이르기까지 그대로의 사원구조가 아무 모순없이 현존하고 있다는 것이며 부정적 의미란 일제시대에 韓龍雲禪師 등에 의하여 한국불교가 주체성을 회복하고 그 문화력으로써 한국불교의 발전을 기하고자 한다면 다신교적 신앙형태로 오해 될 수 있는

---

10) 鄭永鎬, 《新羅石造浮屠研究》, 단국대 박사학위논문, 1974.

직지사 전경

모든 불화와 석가모니불을 제외한 모든 불상은 모두 불태워 없애버려야 한다고 주장하고 있음이 그와 같은 것이다.[11] 한편 8·15해방 이후가 되면 한국불교는 비구승에 의한 비구종단이 중심적 역할을 다해나가지 않으면 안 된다는 한국불교정화운동을 선도해 나간 靑潭禪師에 의하여 산신각·칠성각 등을 일시 폐지한 적이 있었던 것이 그와 같은 것이라 할 수 있다.[12] 그러나 이와 같은 한국불교의 새로운 발전을 기하고자 하였던 선구자들의 역할도 별다른 변혁을 일으키지 못하고 오늘에 이르기까지 전통적인 한국사원은 다양한 신앙형태를 모두 수용한 사원구조가 그대로 존속되고 있다는데 주목할 필요가 있다. 왜냐하면 그것은 그대로 역사적·사회적 배경 혹은 그에 따른 교의적 배경이

---

11) 韓龍雲, 《朝鮮佛敎維新論》, 民族社, 複製版.
12) ① 《道詵寺事蹟記》.
　　② 《靑潭禪師說法集》, 道詵寺.

있어 한국불교사원의 특징을 이루고 그것이 또한 한국불교의 문화적 역량으로서 오늘에도 영향을 미치고 있는 것이라 생각하기 때문이다.

3. 한국사원구조가 반영하고 있는 불교사상

이상에서 살핀 바와 같은 전통적인 한국사원구조는 복잡하고 다양한 신앙형태가 혼합되고 있는 것처럼 보이나 여기에는 정연한 체계가 엿보여 관심의 대상이 된다. 즉 三壇分壇法에 의한 신앙체계가 그를 일러주고 있기 때문이다.[13]

한편 이와 같은 신앙형태의 체계를 일찍이 신라의 원효성사는 開合의 논리로서 파악하면서 '분화하여도 번잡하지 않고 또한 종합하여도 단조롭지 않다' 고 강조하고 있다.[14] 이와 같은 원효의 안목은 광대한 불교사상을 종합적·총체적으로 이해하려 한데 그 의도가 있었음을 살필 수 있어 주목되는 바이나 이와 같은 원효의 불교사상에 대한 인식체계의 배경에는 시대적·사회적 상황을 깊이 인식하고 있었다는데 깊은 감명을 받게된다. 그것은 불교를 귀족계층의 전유물로서가 아니라 일반 민중층에 이르기까지 넓혀 나가지 않으면 안된다고 하는 사회인식을 읽을 수 있고, 한편 신라가 삼국을 통일한 이후 상호 다른 문화의 융합에 불교사상 및 그 신앙이 기여해 나가지 않으면 안된다고 하는 역사인식을 읽을 수 있게 되기 때문이다.

이상에서 복잡하고 혼란스럽게 생각되는 한국의 사원구조에서 정연한 체계가 있는 것임을 알게 되었으나, 이와 같은 사원구조의 教義的

---

13) 洪潤植,〈韓國佛敎儀禮에 있어서의 三壇分壇法〉《韓國佛畵의 研究》, 圓光大學校 出版局, 1980.
14) 〈元曉十門和淨論〉《韓佛全》, 新羅時代篇, 東國大學校 出版部.

기본을 이루고 있는 것은 무엇이며 또한 그 역사적 배경은 어디서 찾을 수 있을 것인가를 주목해 보지 않을 수 없다.

여기서 먼저 그 교의적 기본을 이루고 있는 불교사상은 화엄사상임을 알 수 있다. 그것은 원효가 불교를 널리 종합적으로 이해하려 하였을 때 화엄사상을 근본으로 하고 있었음에서도 알 수 있으나 한국불교사를 일관하여 흐르고 있는 불교사상이 화엄사상이란 점에서도 알 수 있게 되기 때문이다.[15] 즉 삼단분단법에 있어서의 한국사원구조의 신앙체계는 一卽多 多卽一을 설한 화엄경에 바탕하고 있으며 또한 삼단분단법에 있어 중단의 신앙대상인 護法善神도 화엄경에 의한 華嚴神衆이 근본을 이루고 있는 신앙형태를 華嚴密敎라 하고 이와 관련하여 삼단분단법에 의한 신앙형태가 만다라형식을 취하고 있어 화엄만다라라 칭해지고 있는 것 등이 그와 같은 것이라 할 수 있다.[16]

신라시대에 화엄사상의 연구가 성행하고 있었음은 널리 알려진 사실이나 그 역사적 배경에 대해서는 학설이 대립되고 있다. 즉 그 하나는 정치적 접근방법으로 화엄사상은 신라가 삼국을 통일하는데 필요한 이데올로기로 통용되고 있었음이 그것이요, 한편 문화사적 접근방법으로 그것은 화엄사상이 정치에 통용되어진 것이 아니라 화엄사상 및 화엄신앙의 사회적 확산이 화엄문화로 신라사회에 뿌리 내리고 있어 그 같은 문화가 신라의 정치와 사회를 낳게 되었다는 說이 그와 같은 것이다. 필자는 후자의 설을 취하고 있으나 그것은 원효 등에 의한 화엄사상을 바탕으로 한 불교의 대중화운동이 화엄문화로서 신라사회에 일찍부터 뿌리 내리고 있었던 것이라 믿기 때문이다.[17]

---

15) 《韓佛全》 및 《三國遺事》의 資料 中 華嚴關係資料가 가장 많다는 것이 그를 일러주고 있으며, 또한 오늘에 이르기까지 韓國佛敎硏究論著의 내용 중 華嚴關係論著가 가장 많다는 것이 그를 일러주고 있기 때문이다.
16) 앞의 주 13).
17) 洪潤植, 〈華嚴密敎篇〉 《三國遺事와 韓國古代文化》, 圓光大學校 出版局,

이와 같은 화엄문화적 사회기반은 한국전통문화의 기반을 이루게 되어 그로부터 문화·사회적인 특징을 형성해 나갔던 것이 아닌가 한다. 이를 먼저 문화적인 면에서 보면 부분보다는 전체를 우선적으로 생각한다고 하는 演繹的 사고양식에 의한 문화를 생각할 수 있다. 예컨대 미술사의 측면에서 보면 세부묘사보다는 전체적 구성을 중요시 하는 경향이 강하다는 사실이 그를 일러주고 있으며, 한편 사회적인 면에서 살펴보면 한국사에 있어서의 사회제도는 먼저 중앙집권적 사회를 추구하여 왔다는 사실이 지적된다. 그리하여 이와 같은 경향은 한국의 불교교단에 있어서도 종파불교를 발전시키지 못하고 통불교 혹은 종합불교로서의 전통이 오늘날에도 계승되고 있는 것으로 생각된다. 이 같은 사정은 일본불교와 잘 비교가 되어 주목을 끌게 한다. 즉 그것은 일본불교의 역사와 그 특징을 생각할 경우 聖德太子 이후 平安時代에 이르기까지의 일본불교는 무엇보다도 법화사상이 중심이 되어 왔으며 그 문화력이 사회적으로 뿌리내려 일반원리(전체)보다는 특수성(부분)을 중시하는 문화역량이 축적되어, 오늘날의 일본문화는 전체보다는 세부를 중요시 하는 문화활동이 계속되고 있는 것으로 생각되고, 한편 이 같은 문화력의 기빈이 있어 鎌倉時代 이후의 봉건사회 혹은 서민불교로서의 신흥종파불교를 출현시킬 수 있었던 것이 아닌가 생각되기 때문이다.[18]

---

pp. 346~371.
18) 洪潤植, 〈韓日文化의 相異點比較와 그 展望〉《日本學》15輯, 韓日文化交流 심포지엄, 東國大學校 日本學硏究所.

4. 직지사 가람의 연원과 발전

직지사의 창건은 그 사적기에 의하면 신라 눌지왕 때에 墨胡子와 阿度和尙이 桃李寺를 창건할 때에 동시에 창건된 것으로 되어 있다. 만약 그렇다고 한다면 직지사는 신라 始源의 사찰로서 자리매김 되어야 할 것으로 생각되나, 이 문제는 다음으로 미루고 실제 오늘의 직지사와 유물·유적 등을 통하여 실증적으로 구체적 연관성을 지니는 직지사의 연혁을 살펴보기로 하겠다.

전술한 바와 같이 직지사는 일찍이 신라시대에 창건된 이래 고려를 거쳐 조선시대에 이르면 定宗 원년(1399)에 왕손의 胎를 봉안하는 御胎于寺로 정하고 한편 靖嬪宮의 願堂을 둠으로써 일약 그 사격이 격상되고 가람의 규모도 대가람으로 확산되었던 것임을 알 수 있다. 즉 定宗은 傳敎를 내려 內帑金으로 다음과 같은 가람의 확장불사가 있었다.[19]

傳 敎
恩旨繹如廣建形宇營締之貫皆出內帑

大雄大光明殿二層五間, 凝香閣三間, 大毘盧舍堂五間, 燃燈閣三間, 極樂殿五間, 圓通殿五間, 地藏十王殿五間, 應眞殿三間, 說法殿三間, 禪燃閣五間, 海藏殿二層五間, 庭中石塔十三層, 金字大藏經五百九十函, 東爐堂三間, 輪藏殿三間, 東上室五間, 西上室五間, 設堂燕寄堂三間, 禪堂振海堂三間, 大陽門萬歲樓七間, 梵鐘閣三層三間, 天王門三間, 解脫門三間, 曹溪門三間, 香積殿七間, 方丈三間, 御室三間, 望月堂三間, 中房三間, 能如如願堂三間, 新房三間, 東雲集五間, 西雲集五間, 東板三間, 西

---

19) 《金山直指寺事蹟記》, 乾隆41年刊.

板三間, 東隅房三間, 西隅房三間, 養志堂三間, 海雲堂五間, 南月寮五間, 福室三間, 緣化房三間, 肯門堂三間, 西殿

그리고 산내암자로 禁伐標 주위 30리 거리에 靈泉庵, 明寂庵, 隱仙庵, 能如庵, 見佛庵, 內院庵, 深寂庵, 圓寂庵, 兜率庵, 上院庵, 白雲庵, 靈台庵, 圓通庵, 虎溪庵, 金剛庵, 寂照庵 등을 갖추어 당시의 직지사는 엄청난 대규모의 가람을 형성하고 있음을 알 수 있다. 그러나 이 같은 대규모의 가람이 壬亂을 만나 소실되는 불행을 맞이하고 말았다. 그런데 여기서 주목을 끄는 것은 왜적이 당시 직지사를 방화할적에 胎室도 파손하려 하였으나 하늘과 땅이 울리면서 경종을 가하자 왜적은 이에 놀라 태실을 파손하지 못하고 敬拜하고 돌아갔다고 한다.[20] 이렇게 하여 임란중에도 태실은 무사히 보존되어 正祖조에 이르기까지 직지사는 왕실의 원찰로서의 사격이 부여되어, 한편으로는 태실을 보호하고 다른 한편으로는 조선왕실 祖宗의 忌祭를 담당하는 의무를 다하여 왔다.[21] 이 같은 일은 유교를 통치이념으로 하는 조선사회에서는 명분에 맞지 않는다고 하여 한때 司諫院에서 禮曹로 하여금 이를 금하도록 하였으나 그내로 존속되었으며 오히려 英祖의 국상을 당하였을 때 8도의 僧軍이 모두 부역을 담당하여야 되었음에도 불구하고 직지사는 국가의 특명에 의하여 그 부역을 면제받는 특혜를 입게 되었다.[22]

그것은 배불의 사회에서도 왕실에 종교로서의 불교는 그대로 숭상되고 있었으며 종교로서의 명분이 분명하기만 하다면 그를 尊崇하는 행정조치까지 취하고 있어 주목된다. 즉 조선초기 직지사에 왕실의 태실과 원당을 두게 됨으로써 당시의 직지사가 소재한 金山縣을 金山郡

---

20) 앞의 주 19).
21) 앞의 주 19).
22) 앞의 주 19).

대웅전

으로 승격시키고 있음이 그 좋은 예의 하나로 볼 수 있기 때문이다.[23]

이상과 같은 사실은 유교를 통치이념으로 하는 조선사회에 종교로서의 불교가 어떤 의미를 갖고 존재하고 있었던가를 다시 생각하게 하여 주목을 끈다. 왜냐하면 오늘에 이르기까지 조선시대 불교에 대한 평가는 주로 숭유배불 정책이라고 하는 정치적 논리로만 해명되고 있었을 뿐, 문화적 원리에 의한 순수한 종교로서의 조선불교에 대한 올바른 평가가 너무 미진하였던 것이라 믿기 때문이다.

한편 그것은 유교사회에서의 조선시대 불교가 어떤 문화적 작용력을 행사하여 왔는가 함을 규명하는 일이 되기도 하여 더욱 그런 생각이 든다. 예컨대 직지사 사적기에 의하면 직지사에 왕실의 御胎室과 願堂을 두게 된 내력을 피력하면서 직지사의 위치가 풍수지리상 으뜸가는 자리이며 한국사의 전통에서도 정당할 뿐 아니라 중국의 역사에

---

23) 앞의 주 19).

서도 어긋나지 아니하고 유교의 예법에도 어긋나지 아니한다고 하는 등 시간적·공간적으로 현실을 보다 폭넓은 연원에서 찾으려하고 있다는데서 조선불교의 한 특징적 요소가 발견됨이 그와 같은 것이다.[24]
즉 조선시대 불교의 급박한 현실은 보다 폭넓은 융합의 정신을 찾으려 하였고 따라서 그것은 왕실을 비롯한 상류층에는 불교가 보다 심오한 종교심으로 다가서게 하고 다른 한편 그와 같은 불교는 하층의 일반민 중층에까지 깊이 숨어들게 하는 결과를 가져오게 하였던 것으로 믿어진다.

임란을 겪은 후 한국사회는 西山 泗溟과 같은 高僧이 발휘한 국난극복의 탁월한 지도력에 의하여 불교계를 재평가하는 문화의식이 일어나고 있었는데 泗溟大師가 직지사에 住席한 인연에 의하여 영남유생들이 불교와 고승을 찬양하는 다음과 같은 詩文을 남기고 있어 주목된다.[25]

寄題松雲大師遺廂詩卷

嶺人猶說討倭年	영남사람들 아직도 왜를 토벌하던 해
裝送袈裟萬里船	가사해장 갖추어 만리의 배를 보낸 일 말한다
久信名聲傾左海	오래도록 명성이 동해를 기울던 일 믿겠고
卽看風雨掃南天	곧, 비바람 남녘 하늘 쓸었음 보겠다
平時按劍非奇士	평시에 칼 만짐이 기사가 아니고
當日止戈賴老禪	당일 전쟁 멈춤은 노선사에게 의지하다
一體西山芬苾享	서산과 한 몸으로 향기 누리시니
千秋猿鶴更前緣	천추에 장군으로의 출정은 전생인연 다함인가

---

24) 앞의 주 19).
25) 直指寺博物館 所藏 詩文集.

金陵南公轍

朝辭行殿夕重溟	아침에 행전을 사별하고 저녁은 점점 어두워지는데
普渡東俘免飼鱷	널리 동해를 건너 고래 먹이 면하다
蠻貨笑麾仇首寶	오랑캐 보화 웃어 뿌리치고 원수목이 보배라 했다
炎氛立寐佛威靈	무더운 재안 침상에 드나 부처 위엄 영특하다
西山傳法惟師獨	서산이 전한 법 오직 대사만이 유독하고
南郡旋忠與郭幷	남쪽 군현에서의 정충은 곽씨와 나란하다
見說寺門遙鎭海	절 문이 멀리 바다 진압함을 보게 되니
未憂魚爛未波腥	물고기 어토됨 걱정없고 비린내 일지 않다.

任 珽

笑携甁鉢沙南溟	웃으며 제호병 의발 가지고 남해를 건너려
楊柳枝頭係駭鯨	양유가지 머리에 놀란 고래 매어두다
血浪慈航憑爾力	핏물결의 자비항해 그대 힘에 의지했고
火坑□雨賴誰靈	불 구덩이……비 누구 영험빌리나
忠於白衲徒中得	유생보다 더한 충성 다만 중도에서 얻고
名可紅衣傳上幷	이름은 장군에 합당하여 임금께 전해지다
祗恨忽忽薦嶺屨	다만 한스럽다. 총총히 총형으로 가는 걸음
至今江左有餘腥	지금껏 바다 건너에 비린내 남았는데.

이상의 詩文資料는 조선사회에서의 儒生이 불교계를 찬양하고 있다는 데서도 주목되지만 이는 당시 직지사가 조선사회에서 차지하는 位相이 어떤 것이었던가를 이해하는 데도 도움이 되는 것이라 하겠다.

요컨대 직지사는 신라에 불교가 전래될 당시에 창건되었다는 오랜 역사를 지닐 뿐 아니라 고려시대의 융성은 말할 것도 없고 배불의 시대인 조선사회에서도 대가람을 자랑하는 명찰로서의 위상을 그대로 계승하고 있었다는 데 주목할 필요가 있다. 왜냐하면 그 같은 사실은 결코 우연한 일이 아니라고 생각하기 때문이다. 즉 직지사의 발전은 어떤 시대를 만나든지 그 시대 상황에 알맞는 문화적 작용력을 행사하여 왔다는데서 의미를 찾을 수 있게 되기 때문이다. 지리적 상황, 사상적 경향, 사회적 상황 등에 대응해 온 직지사의 면모가 그를 잘 일러주고 있기 때문이다.

5. 오늘의 직지사 가람과 새로운 전망

먼저 오늘의 직지사를 조명해 보기 위해서는 오늘의 직지사가 어떤 형태의 가람을 어떤 규모로 형성하고 있느냐 함을 자세히 살펴볼 필요가 있다고 생각한다. 왜냐하면 그것은 전술한 바와 같이 불교의 사원구조는 불교가 사회에 대하여 어떤 사회적 기능을 다하고 있느냐 하는데 대한 구체적 모습을 나타내고 있는 것이라 믿기 때문이다.
직지사의 가람구조를 우선 그 전각의 유형별로 살펴보면

1) 寺門

① 山門 : 직지사에 들어오는 첫문으로 '東國第一伽藍黃岳山門'이란 편액이 여초선생의 글씨로 걸려 있다. 이 문은 직지사에 들어오는 첫 관문이고 모든 직지사의 寺門을 대표하고 있는 것이라 하겠다. 복원불사 때 새로 건립한 문이다.
② 一柱門 : 임진왜란 때 병화를 면한 직지사에서 제일 오래된 사문이다. 一柱門은 不二門을 뜻하고 문 안은 차별이 없는 세계임을 뜻한다.
③ 四天王門 : 이 문도 임진왜란 때 병화를 면한 건조물이라 한다. 사방에 사천왕상을 봉안하여 청정도량임을 상징하고 있다.
④ 金剛門 : 金剛力士를 봉안하고 청정도량을 위해서는 금강과 같

은 철통 같은 수호의 힘이 발휘되고 있음을 상징하고 있다.

⑤ 大陽門 : 이 문을 지나면 곧 부처님의 큰 광명을 받게 된다는 희망을 상징하는 문이 직지사 사문 중에서는 제일 안쪽에 위치한다. 이 寺門은 만세루의 기능을 함께하는 건조물이기도 하다.

이상에서 보면 직지사에는 5개의 사문이 있음을 알 수 있는데 그같이 많은 사문을 필요로 하고 있음은 직지사가 어떤 혼탁한 세상에서도 청정도량으로서의 기능을 다하고 있음을 상징하고 있는 것이라 하겠다. 한편 그 같은 직지사의 기능이 오늘의 중생에게 희망을 안겨줄 수 있는 것임을 잘 나타내고 있어 주목된다. 우람하게 건조된 '東國第一伽藍黃岳山門'에서 그 같은 의지를 잘 읽을 수 있기 때문이다.

2) 殿閣

① 大雄殿 : 대양문을 지나 만세루를 거치면 직지사에서 제일 먼저

직지사 산문

접하게 되는 佛殿이 대웅전이다. 이 대웅전에는 석가, 아미타, 약사여래의 3여래상이 봉안되어 있고 그 후불탱화는 18세기에 제작된 명품이어서 보물 670호로 지정되어 있다.

② 毘盧殿 : 이 비로전에는 주존인 비로자나불 이외에 千佛을 봉안하고 있어 천불전이라고도 한다. 이 천불은 고려 태조 때 겸장스님이 16년 간에 걸쳐 조성한 것이라 한다. 대웅전이 寺門을 들어서면 바로 접하게 되는 佛殿이라면 비로전은 가람의 深處에 자리하여 직지사의 근원이 되는 곳임을 상징하고 있어 주목된다.

③ 極樂殿 : 綠園大禪師에 의한 대복원 불사 때에 재건된 불전이다. 到彼岸橋를 건너면 극락전의 가람이 별도로 조성되고 있는데 이는 극락세계를 상징하는 문화역량을 한껏 발휘하고 있어 주목된다. 먼저 安養樓에 접하게 되는데 이는 극락세계에 들어서는 문을 상징하고 바로 그 안쪽에 극락전이 위치한다. 극락전과 안양루 사이에는 넓은 녹지공간을 마련하고 좌우에 東上堂・西上堂의 寺宇를 건립하여 극락전 지역의 별도가람을 안정감 있게 형성하고 있어 주목된다.

④ 藥師殿 : 비로전 맞은 편에 위치한다. 이 약사전도 녹원대선사에 의하여 복원 내불사시에 재긴된 불전이다.

⑤ 觀音殿 : 대웅전과 비로전 중간지점에 위치하고 관세음보살상을 봉안한 관음신앙의 도량이다.

⑥ 冥府殿 : 대웅전과 비로전 중간지점에 위치한다. 지장보살을 본존으로 봉안하고 있으나 명부시왕도 같이 봉안되고 있어 명부전이라 하고 있는데 地藏殿이라 칭하기도 한다.

⑦ 應眞殿 : 관음전 가까이 위치한다. 고려 때에 창건하여 임진왜란 때에 전소된 것을 조선초 효종 7년(1656)에 관음전으로 중건하였다가 나중에 오늘의 응진전으로 바뀌었다고 한다. 16나한을 봉안한 나한신앙의 도량이다.

⑧ 三聖閣 : 직지사 가람의 후방에 위치하고 산신・칠성・독성의 三

聖을 봉안하였다고 하여 삼성각이라 칭한다. 재래신앙의 불교적 수용을 의미한다.

⑨ 泗溟閣 : 사명대사를 모신 전각이다. 사명대사는 직지사에서 출가하였고 30세에 직지사 주지가 되었을 뿐 아니라 배불의 조선사회에서도 숭앙받던 당대의 고승이었다는 점에서 별도로 전각을 마련하여 신앙의 대상으로 삼고 있다.

이상의 전각은 오늘의 직지사가 그 신앙의 체계를 어떻게 형성하고 있는가를 잘 일러주고 있는 것이라 생각되어 주목된다.

여래상을 모신 불전으로 비로전·대웅전·극락전·약사전을 두고 있다는 것은 법신불로서의 비로전, 보신불로서의 극락전과 약사전, 화신불로서의 대웅전을 두어 법·보·화의 삼신불체계를 형성하고 있는 것임을 알게 된다. 그런데 이들 불전을 배치함에 있어서 비로전은 가람의 깊은 중심부에 있어 직지사 가람의 중심사상을 이루고 있는 것임

비로전

을 나타내고, 대웅전은 山門 가까운데 위치하게 하여 화신불의 교화적 기능을 다하게 하고 있는 것임을 나타내고 있는 것으로 믿어진다. 한편 극락전과 약사전을 그 사이에 두게 하여 보신불이 대승불교신앙의 구체적 전개를 하고 있는 것임을 알 수 있게 하고 있어 주목된다.

그 이외에 관음전과 명부전은 한국불교에 있어 보살신앙의 양상을 잘 일러주고 있으며 응진전은 나한신앙의 한 특징을 일러주고 있을 뿐 아니라 삼성각은 한국불교의 토속적·민중적 전개양상이 어떠한 것인가를 잘 일러주고 있는 것이라 하겠으나, 이상과 같은 직지사 가람에 있어서 불교의 구성은 비로전·대웅전·극락전·약사전 등에 의하여 구성되는 법신·보신·화신의 삼신불 신앙체계에 연원을 두고 있는 것임을 명심할 필요가 있다. 왜냐하면 綠園大禪師에 의한 60년대부터 90년대에 이르는 30여 년에 걸친 직지사의 복원불사는 오랜 한국불교의 전통을 재확립하고 그에 바탕한 새로운 발전을 기하고자 한 것임을 알 수 있게 되기 때문이다.[26]

3) 佛塔

대웅전 3층석탑(보물 606호)과 비로전 3층석탑(보물 607호), 청풍료 3층석탑(보물 1186호) 등의 3기의 석탑이 직지사에 전한다. 3기 모두가 2층기단에 3층의 탑신을 지니는 전형적인 신라양식의 석탑이나 이들은 원래 善山과 聞慶 등지의 말사에 파손되어 있던 것을 녹원대선사

---

26) 전통적 한국불교신앙체계는 法·報·化의 三身佛體系에 바탕하고 있으며 직지사의 임란 때에 소실된 극락전과 약사전 등을 복원불사에서 다시 복원하게 됨도 그와 같은 전통의 계승의식에 의한 것이라 할 수 있기 때문이다. 따라서 綠園大禪師에 의한 1960년대에서 1990년대에 걸친 30년에 이르는 대불사는 직지사를 통하여 한국불교의 전통을 재정립하고 그로써 세계화를 지향하는 현대적 가람을 설립하고자 하였던 것임을 알 수 있다.

청풍료 3층석탑

에 의한 복원불사시에 직지사로 옮겨 온 것들이다. 직지사의 사적기에 의하면 원래 대웅전 앞에 3층의 석탑이 있었음을 알 수 있지만, 오늘의 직지사에서 이를 찾아 볼 수 없어 복원불사시 말사의 파손된 불탑을 옮겨온 것은 없어진 불탑을 재건하려는 강한 의지가 담겨 있는 것임을 알 수 있다. 왜냐하면 극락전과 약사전 등을 복원하여 삼신불 신앙체계의 전통을 되찾은 직지사에 불탑이 없다는 것은 불교신앙의 근원을 망각할 수 있게 되기 때문이다.[27]

---

27) 불교신앙의 근원은 역사적 존재로서의 석가모니불의 출현이 있었기에 가능하였는데, 그 증표로서 신앙되고 있는 것이 불탑이라 믿기 때문이다.

4) 法寶殿類

① 說法殿 : 불법의 선양과 불제자들의 수련을 위하여 마련한 전각으로 일명 法華宮이라고도 하고 있다. 사적기에 의하면 說法殿 三間이라하여 소규모의 설법전이 원래 전하고 있었으나 이를 확대하여 대규모의 설법전으로 재건한 것이 오늘의 설법전이다.

② 萬德殿 : 설법전의 규모를 국제불교회의까지를 개최할 수 있는 대규모의 건물로 확대한 것이 萬德殿이다. 이 건물은 1995년에 완공되었으며 총 361평의 거대한 건물로 일명 불교국제회관으로도 불리운다. 한번에 2천여 명을 수용할 수 있는 만덕전에는 각종 현대식 편의시설이 갖추어 있어 국내에선 물론 세계적으로도 이름 높은 불교회관으로서의 기능을 다하게 되리라 기대되는 건물이다. 이곳 만덕전의 편액은 中國佛敎會 회장이며 당대 중국의 3대 명필가의 한 사람인 趙僕初선생의 글씨가 걸려 있어 국제회관으로서의 면모를 한층 더 돋보이게 하고 있다.

이상 설법전·만덕전 등의 전각은 고대 가람배치상에서 보면 講堂에 해당되는 것으로 그 문화적 기능은 경전을 講說하는 장소라 할 수 있으나 신앙적 기능은 法寶信仰의 소산이라 할 수 있다. 이와 같은 설법전이 직지사에 일찍부터 있어 왔으나 임진왜란 당시에 소실된 것을 20세기 후반의 30년에 걸친 대작불사시에 그 규모를 더욱 확대하여 복원한 것이라 할 수 있다. 그것은 오래전부터 있어 왔던 설법전을 재현한다는 전통의식에 바탕하면서, 한편 오늘의 한국불교는 불교사상에 대한 보다 깊고 폭넓은 이해를 필요로 하고 있다는 사회적 요구에 잘 대응하고 있는 것이라 믿어진다. 또한 그것은 설법전의 연장선 상에서 만덕전을 건립하여 한국불교가 당면하고 있는 사회적 상황은 국제화시대를 맞이하여 국제사회에 대응할 수 있는 기능을 다하지 않고서는

만덕전

불교 본연의 사명을 다할 수 없게 된다는 大願力을 표방하고 있는 것으로 믿어져 더욱 주목을 끌게 하는 것이라 하겠다.

5) 僧園

승원은 사원에 있어 출가자의 수행생활을 영위하는 공간으로서 불교발생 이후 줄곧 중요시 되어 온 가람구성요소의 하나이다.[28] 직지사에는 다음과 같은 건조물이 승원에 해당하는 것이라 생각된다.

---

28) 전통적인 가람의 구성은 당·탑·가람(승원)의 3대요소에 의하지만 그 시원에서 보면 승원이 제일 먼저 성립되고 있음이 그를 일러주고 있다.
洪潤植,〈伽藍의 形成〉《한국의 불교미술》, 개정증보판, 대원사, 1997.

① 壁眼堂 : 조실스님이 거처하는 처소
② 明月寮 : 주지스님이 거처하는 처소
③ 西別堂 : 대중스님들이 거처하면서 수행정진하는 처소
④ 南月寮 : 불교경전을 공부하는 전문강원
⑤ 淸風寮 : 원래는 전문강원으로 사용되어 오다가 지금은 박물관으로 개조되었다.

그 외에 제하당도 이전에는 대중의 처소로 사용되어 왔으나 지금은 대중살림을 통제하는 사무실로 사용되고 있다.

이상과 같이 직지사에는 갖가지 승원을 격에 맞게 잘 건립해 놓고 있어 주목을 끌게 한다. 그것은 불교에 있어 신앙의 대상은 불·법·승 삼보라고 하는 승보에 대한 신앙적 기능을 다하고자 한데서 그 의미를 찾아 볼 수 있게 된다. 불교의 신앙대상이 불·법·승의 삼보임에는 틀림없으나 승보로서의 출가승의 역할은 불보와 법보의 기능을 발휘할 수 있도록 매개적 역할을 다하게 된다는데서 주목되는 것이다. 凝香閣이나 香積閣·범종각 등의 불교의식과 관계되는 佛堂이 사원내에 있게 됨은 불보나 법보의 기능을 충분히 발휘할 수 있도록 스님들이 매개적 역할을 담당히 전각을 필요로 하게 되었던 것임을 의미한다.

지금까지 오늘의 직지사를 가람의 구조와 그 의미라는 측면에서 조망해 보았다. 그 결과 오늘의 직지사는 한편으로는 조선시대 왕실의 내탕금에 의하여 확장불사를 하게 되었던 대가람의 모습을 복원하고 다른 한편으로는 오늘의 사회에 기여할 수 있는 현대적 가람을 구성하고자 하였던 것임을 알 수 있다.

복원불사란 측면에서 보면 극락전·약사전·설법전 등이 복원되고, 또한 13층 석탑 대신 3기의 3층석탑을 신라석탑으로 옮겨 놓은 것이라 할 수 있다. 건물의 棟數에서 보면 임진왜란에 의하여 소실 되기 이전의 직지사는 40여 동의 건물을 지니고 있었으나, 30년에 걸쳐 복원불사를 마친 오늘의 직지사는 35개 동의 건조물로 그 위용을 떨치고 있

다. 비록 임란전에 있었던 海藏殿 2층 5칸과 燃燈閣 3칸 등이 복원되지 못하고 金字大藏 五百九十函을 되찾지 못하고 있으나 그 대신 說法殿의 규모를 크게 확대하고 萬德殿을 새로 건립하는 등 전체적 가람의 규모는 더욱 확대되고 있는 것임을 알 수 있다.

6. 직지사 가람의 현대적 의미

오늘의 직지사는 한마디로 말하면 전통적인 한국사원구조의 특징을 그대로 전승하면서 새로운 발전으로 발돋움하는 데 필요한 비전을 제시하고 있다는데서 커다란 의의를 살필 수 있는 것이라 할 수 있다. 즉 대웅전을 비롯하여 비로전·극락전·약사전 등의 많은 불전을 지닌 대가람을 형성하고 있다는 것은 직지사가 다양한 신앙형태를 모두 수용하고 있는 通佛敎의 綜合寺院의 성격을 지닌다고 함이 그와 같은 것이라 할 수 있다. 한편 萬德殿과 같은 현대시설을 갖춘 국제회관의 건립운영 등은 전통적인 한국불교의 세계화를 지향하는 것이란 점에서 높이 평가될 수 있는 것이라 하겠다. 그것은 조선시대 왕실의 발원에 의하여 이룩된 임란전 직지사의 가람이 한국불교의 전통을 왕실불교라는 사회적 요구에 응하여 형성해 나간 것이라면 오늘의 직지사는 한국불교의 전통을 세계화한다는 사회적 요구에 응하여 그 가람을 형성하고 있는 것이라 할 수 있기 때문이다.

그리하여 임란전 조선시대 직지사 가람의 大作佛事는 왕실의 御胎室과 願堂의 건립운영을 필수 조건으로 하고 있었던 것임에 비하여 20세기 후반에 이룩된 직지사의 대작불사는 왕실의 胎室과 願堂의 복원을 필요로 하지 않고 그 대신 萬德殿과 같은 국제화시대에 걸맞는 불교회관을 건립하게 되었던 것이라 생각된다. 그것은 불교의 사원구조는 전통을 계승하면서도 시대적 요구에 따라 변하고 있는 것임을 일

직지사 가람과 현대적 전망 113

대웅전 삼존불

러주고 있는 것이라 믿어져 금후의 사원연구는 불교의 관념만이 아닌 생활의 현장이며 불교로서 생활능력을 높여 나가는 문화의 현장임을 주목할 필요가 있다. 직지사 가람의 변천은 그것을 역력히 일러주고 있기 때문이다.

　직지사는 이 같은 한국사원의 변천과정을 구체적 유물자료를 통하여 체계적 인식을 할 수 있도록 聖寶博物館을 건립하여 더욱 그 사격이 돋보인다. 한편 이 박물관은 오늘의 직지사 가람을 더 구체적으로 살펴볼 수 있도록 하여 현대적 기능을 발휘하는 데 크게 기여하고 있는 것이라 하겠다.

7. 맺음말

직지사는 다른 전통적인 한국사원의 가람구조와 같이 다양한 신앙형태를 모두 수용한 通佛敎的 사원구조를 지닌다. 이 같은 사원구조는 화엄사상이 모태를 이루고 있으며 그 응용은 화엄만다라적 원리에 의하여 가람을 구성한다. 임진왜란 이전의 직지사 가람은 그 대표적 표본을 이루고 있었는데, 그 문화력은 한국불교의 전통이 왕실불교란 시대적 요구에 잘 부합됨에서 발휘될 수 있었던 것이다. 그에 비하여 60년대에서 90년대에 걸친 20세기의 대작불사는 한편으로는 전통적 사원구조의 복원에 있었고, 다른 한편 오늘의 사회적 요구에 걸맞는 사원구조를 형성해 나가는 데 있었다. 그것은 가람을 복원하되 단순한 건물의 복원에 그치는 것이 아니라 가람이 갖는 사상적·신앙적 체계를 법·보·화 삼신불체계로 또는 불·법·승의 삼보신앙형태로 체계화하는 일이었다.

이와 같은 일이 한국불교의 전통확립이었다고 한다면, 그것을 바탕으로 만덕전을 건립해 나간 것은 직지사가 현대라고 하는 시대적 상황에 잘 부응해 나가고 있는 것이라 할 수 있다. 예컨대 오늘의 사회는 정보화·국제화를 추구하고 있고 구미사회는 동양사회에 무엇인가를 요구하고 있는바 ASEM·APEC·ARF와 같은 국제기구는 정치·경제·안보 등의 면에서 아세아가 무시할 수 없는 지위를 확보하고 있음을 일러주고 있는 것이다. 그러나 그에 대응할 수 있는 아세아의 힘은 정치나 경제적 힘이 아니라 文化力이라 하겠는데, 그것은 불교정신을 바탕으로 한 문화력이란 다른 문화를 相容하고 서로 조화하면서 共生

해 가는 길을 열어 갈 기능을 갖고 있는 것임을 뜻한다. 한국불교의 전통적 기반위에 현대적 복원불사를 마친 오늘의 직지사는 바야흐로 그 역사적 원점에 서 있는 것이라 생각된다. 淸淨性·多樣性·傳統性·包容性을 조화롭게 갖춘 직지사의 가람이 그것을 잘 일러주고 있기 때문이다.

通度寺 가람구조와 그 성격

1. 通度寺의 창건과 그 전개

 경상남도 양산시 하북면 지산리 해발 1,050m의 靈鷲山 산록에 위치한 通度寺는 신라 善德女王 15년(646)에 戒律을 구하기 위하여 입당한 慈藏이 文殊菩薩의 신앙체험을 체득하고 귀국하여 처음으로 開山하였다고 한다.[1] 그리하여 통도사는 入唐한 사상율사가 海東에 계율을 전하기 위하여 지은 절답게 金剛戒壇을 쌓고 佛舍利를 安置함으로써 비롯된다.[2]
 《三國遺事》에 의하면 자장율사는 眞骨신분의 가문에서 태어나 일찍이 신라조정의 부름을 수차례 받았으나 "내 차라리 하루라도 戒를 지키다 죽을지언정 파계하고 백년을 살기를 원하지 않는다"고 말하여 강한 出家意志를 보이자 신라 국왕이 이를 허락함으로써 출가하게 되었는데 출가한 律師는 산속 깊이 隱居하여 아무도 도와주는 이가 없

---

1) 《三國遺事》 慈藏定律條.
2) 〈通度寺事蹟記〉《朝鮮寺刹史料》.

었으나, 이상한 새가 과일을 물어다 바치니 이를 먹고 지냈다. 그런데 그 때에 홀연히 꿈에 天人이 와서 五戒를 줌으로 그 때에야 비로소 산골에서 나왔고 시골과 도시의 남녀가 다투어 와서 戒를 받았다고 한다. 그러나 율사는 이에 만족하지 않고 선덕여왕 5년(636)에 詔勅을 받아 入唐求法의 길에 올라 중국의 淸涼山(五台山)에서 일념으로 문수보살에게 求道기도 하던 중 마침내 꿈속에서 문수보살로부터 梵語로 된 偈頌을 받았지만 이를 해독하지 못하고 있었는데 그 다음날 아침에 이상한 스님이 와서 해석하기를 "일체법을 다 알면 自性이 있는바 이와 같이 法性을 알면 곧 노사나부처님을 보리라" 하고 또 말하기를 "비록 萬敎를 배운다 할지라도 아직 이보다 나은 글이 없다" 하며 袈裟와 舍利 등을 주며 사라졌다고 전한다. 이를 율사는 문수보살로부터 聖莿을 받은 것으로 알고, 당 태종으로부터 온갖 극진한 대우를 받았으나 번잡한 것을 싫어하여 終南山 雲際寺의 동쪽 뫼뿌리에 들어가 바위에 의지하여 집을 짓고 3년 간 살았다. 이때에 人神이 戒를 받아 영험이 대단하였다고 한다. 이때는 선덕여왕 12년(643)이었고, 신라에서는 율사의 귀국을 정식으로 요청하여 귀국하게 되었는데, 율사는 귀국시에 佛舍利와 함께 대장경 일부와 幡幢·華蓋 등도 같이 가져와 통도사에 봉안하였다고 한다. 귀국한 율사는 궁중에서 大乘論을 강설하고 황룡사에서 7일 동안 보살계본을 강연하니 하늘에서 단비가 내렸다고 한다.[3]

한편 신라조정은 율사를 신라 最高僧職인 大國統에 임명하여 승니의 규범을 통제하고 한달에 두 번씩 계를 설하니 이에 계를 받고 불교를 받드는 이가 늘어나 선덕여왕 15년(646)에 통도사를 창건하게 되었다는 것이다.

이상《三國遺事》에 전하는 慈藏律師의 행장은 그에 의해 창건된

---

3)《三國遺事》慈藏定律條.

통도사가 계율의 根本道場임을 뜻하는 좋은 자료가 되고 있다. 한편 삼국통일을 눈앞에 둔 신라가 불교를 국가적 차원에서 육성 발전시키기 위해서는 계율중시의 풍조를 필요로 하고 있었음을 잘 반영하고 있는 것이라 믿어져 주목된다.[4]

따라서 통도사의 창건은 金剛戒壇을 쌓고 佛舍利를 안치함에 의하여 비롯되는 것이라 할 수 있다. 한편 통도사는 海印寺가 法寶寺刹, 松廣寺가 僧寶寺刹임을 표방하고 있음에 대하여 佛寶寺刹을 표방하여 이를 3대사찰로서 佛・法・僧 三寶寺刹로 삼고 있다는 것도 통도사를 성격짓는 중요한 요소가 되고 있다. 그리하여 통도사 가람의 중심을 이루고 있는 것은 무엇보다도 일련의 연관성을 갖는 금강계단・대웅전과 불사리탑이라 할 수 있다. 왜냐하면 이들 건조물들은 통도사의 본존이 석가모니불이라는 사실과 계율중시의 사찰임을 잘 표방하고 있기 때문이다.

그러나 이상과 같이 석가모니불을 본존으로 하여 계율의 근본도량으로 비롯된 통도사의 가람도 후대가 되면 사회적 요구에 의하여 많은 변화와 복잡한 전개양상을 보이게 되는데 현존 통도사의 가람은 그를 너무나 잘 일러주고 있어 주목된다.[5]

오늘의 통도사 가람구조는 대체로 조선시대에 이르러 형성된 것으로 믿으나 신라시대 이래의 오랜 전통을 잘 계승하면서 시대에 따른 사회적 적응력을 효과적으로 발휘해 온 한국사찰을 대표하는 가람구조를 지니고 있는 것이라 믿어져 주목된다.

우선 오늘의 통도사 가람구조의 특징을 살펴보면 上爐殿・中爐殿・

---

4) 洪潤植,〈新羅國家佛敎의 形態와 構造〉《韓國佛敎文化思想史》伽山李智冠 스님華甲記念論叢, 1992.

5) 通度寺의 創建은 新羅時代이나, 오늘의 伽藍構造는〈通度寺事蹟記〉에 의하면 조선시대에 많은 중창과 초창을 하고 있음이 그와 같은 것이다.

통도사 전경

下爐殿의 三爐殿지역과 普光殿지역의 4개지역으로 구분된다는 특징을 지닌다. 3로전지역은 각각 다른 신앙구역을 형성하고 있으며 보광전지역은 禪院구역으로서 修行道場으로 존재하고 있다는 특징을 지닌다. 이상을 다시 爐殿지역과 禪院지역으로 나누어 그 기능을 살펴보면 노전지역은 각종 불교신앙의례를 행하는 곳이므로 下化衆生의 기능을 다하는 곳이라 할 수 있으며,[6] 한편 보광전지역은 禪院으로서의 수행도량이므로 이는 上求菩提의 기능을 다하는 곳이라 할 수 있다. 이와 같은 상구보리·하화중생의 두 기능은 大乘佛敎의 菩薩道精神을 표방하고 있어 통도사 가람의 기본구조는 대승불교의 정신을 잘 실천하도록 되어 있는 것이라 할 수 있다.[7]

다른 한편 노전지역이 上·中·下 3지역으로 되어 있다는 것도 홍

---

[6] 爐殿에서는 修行者가 上求菩提를 목적으로 한 朝夕禮佛을 주관하기도 하지만 在家者의 의뢰를 받아 佛供·施食 등을 주로 행하게 되는데, 그는 下化衆生의 성격을 지니는 것이라 할 수 있다.
洪潤植,《韓國佛敎儀禮の硏究》總論編, 隆文館, 東京, 1976.

[7] 앞의 주.

미롭다. 그것은 비록 신앙체제의 관리상 필요한 방편체제였다고 하지만,[8] 그보다 통도사는 신앙의 형태를 달리하는 보다 많은 불교를 필요로 하고 있었다는데 주목할 필요가 있다. 즉, 달리 말하면 위에서 살핀 하화중생의 기능을 더욱 철저히 하고자 한데 상·중·하 三爐殿의 가람구조를 필요로 하게 되었던 것이라 믿어지기 때문이다. 그러기 위해선 상구보리의 기능도 더 확충되지 않을 수 없었을 것이니 각 爐殿에서의 상구보리의 기능을 필요로 하게 되고,[9] 다른 한편 專門講院의 개설과 염불당의 설치 등도 빼놓을 수 없는 중요한 기능을 갖게 되는 것이 아닌가 한다.

어떻든 통도사의 가람구조는 그 어떤 대사찰에서도 찾아 볼 수 없는 많은 佛殿을 고루 갖추고 있다는데 주목을 끌게 하는 것이라 하겠으나 그것이 아무렇게나 이루어진 것이 아니라 정연한 체계에 의하여 이룩되고 있다는 사실을 중시하지 않을 수 없다. 아래에서 그 구체적 모습을 살펴보기로 하겠다.

2. 通度寺의 가람구조

위에서 살핀대로 통도사의 가람구조는 4개지역으로 나누어 고찰할 수 있는 바 이들에 대한 보다 구체적인 사실을 아래에서 밝혀 볼까 한다.

---

8) 寺傳에 의하면 爐殿을 3곳으로 나누어 각각 관리하였다는 것이 그와 같은 것이다.
9) 通度寺 가람구조를 대별하면 修行가람과 敎化가람으로 구분되지만 다시 이들은 제각기 修行과 敎化란 두 기능을 모두 갖고 있음이 그와 같은 것이다. 이는 華嚴思想에 의한 一卽多 多卽一 체제의 반영이기도 하여 주목된다.

1) 上爐殿地域

상노전지역은 무엇보다도 통도사 가람의 중심구조를 이루고 있다는 데서 주목된다. 그것은 이 지역이 통도사의 창건정신을 계승하고 있는 것이라 믿기 때문이다. 상노전지역은 대웅전과 금강계단을 비롯하여 應眞殿・冥府殿・三聖閣・山神閣・一爐香閣으로 구성되어 있다. 먼저 이들 상노전지역을 구성하는 각 전각의 가람구조상의 기능을 각각 살핀 다음 이들 전각의 상호 연관성은 어떤 것인가를 고찰해 보고자 한다.

(1) 大雄殿과 金剛戒壇

대웅전과 금강계단은 별개의 건조물로 구성되어 있는 것처럼 보이지만 이는 한 기능을 같이 수행하는 동일의 독특한 구조물로 보지 않으면 안된다. 그리하여 지난번 國家指定文化財 等級 재조정시 이를 하나로 묶어 國寶로 승격시키게 되었던 것이다.[10]

이상과 같은 통도사 대웅전과 금강계단의 상관관계는 대웅전에 불상을 모시지 않고 불단 뒷면에 금강계단을 설치하고 금강계단 쪽 대웅전 벽면을 트게하고 있음은 금강계단으로서의 舍利塔이 예배의 대상이고 대웅전은 금강계단에 대한 예배장소임을 누구나 쉽게 알 수 있게 한다.

금강계단의 양식은 2중기단의 석조물 중앙에 石鐘形의 석조물을 시설하고 있다. 1층 기단 면석에는 天人像을 조각하고 그 외방에 帝釋像

---

10) 通度寺 大雄殿은 그동안 寶物로 지정되어 있었으나 이는 舍利塔・金剛戒壇과 함께 그 기능을 종합적으로 파악하여야 된다는데서 이들을 單一文化財로 생각함에 따라 그 중요도에서 높은 가치가 있는 것으로 인식되어 國寶로 지정하였다.

금강계단

을 배열하는 형식을 취하고 있다. 이 같은 계단양식을 필자는 兜率天宮이라 고찰한 바 있다. 그것은 석가의 또는 미륵의 전생 수행처를 뜻한다는 것이다.[11] 한편, 통도사의 寺名도 금강계단을 통하여 得度한다는 의미에서 通度라 하고 진리를 회통하여 일체중생을 濟度한다는 의미에서 通度라 하였다는 것이다.[12] 여기서 보면 통도사의 정신은 불교의 근원적인데 목표를 두고 있는 것임을 알 수 있고 그 근원을 금강계단에 두고 있는 것이라 하겠다. 대웅전에는 편액이 4방에 걸려 있는데

---

11) 洪潤植,〈金山寺의 伽藍構造와 그 意味〉《韓國佛敎史의 硏究》, 敎文社, 1988.
12) 韓國의 名刹《通度寺》, 通度寺聖寶博物館, 1987.

동쪽에는 대웅전, 서쪽에는 大方廣殿, 남쪽은 金剛戒壇, 북쪽은 寂滅寶宮이라 하고 있는 바 이 같은 형식은 海印寺의 大寂光殿에서도 살필 수 있다. 해인사는 뒤편에 法寶인 大藏經을 봉안하고, 통도사에서는 佛寶로서의 佛舍利를 봉안한 구조적 의미가 다르지만 이들 전각들은 근원을 향한 종합적 의미를 나타내고 있다는데 주목되는 것이라 하겠다. 僧寶사찰로서의 松廣寺의 가람구조도 이 같은 의미에서 고찰해 볼만한 일이라 하겠다.

 대웅전의 건물은 창건 이래 중수를 거듭해온 것이라 믿으나, 임란당시 완전히 소실된 것을 仁祖 22년(1644)에 중건된 것임을 1961년 보수 당시 동쪽 合閣머리의 서까래에서 발견된 墨書名에 의하여 알 수 있다.[13] 건물의 특징은 丁字形 지붕을 지니게 하였다는 데서 찾을 수 있으나, 이 같은 형식은 어떤 특수한 의미를 지니는 것 같다. 한편 통도사 대웅전의 단청문양도 특수성을 지니고 있는 것 같아 주목된다. 즉 통도사 대웅전 단청은 시기적으로도 비교적 오래된 중창 이래의 문양을 지니고 있는 것으로 생각되는데 그 특징은 개풍의 문양이 용무늬 등의 다양성을 지니고 있는 것이라 하겠다. 그것은 이 건물의 신성성과 존엄성을 나타내려한 충분한 내력에서 유래되고 있는 것이라 생각된다.[14]

 (2) 應眞殿

 응진전은 일명 羅漢殿이라고도 하는데 대웅전 서쪽에 인접해 있다. 이 응진전의 초창은 숙종 3년(1677) 智聖大師가 初創하였다고 하는

---

13) 順治二年 甲申 五月 十一日 立柱.
 同年 八月初 十日 上樑.
 同年 八月 十八日 椽.
 匠工二十餘名 上樑後 十四名 造練者.
14) 洪潤植,〈丹靑文樣의 莊嚴美〉《月刊美術》2月號, 中央日報, 1997.

대웅전

데,[15] 만약 그렇다고 한다면 오늘의 대웅전을 1644년에 중창한 다음 대웅전 신앙의 확장형태에 의하여 응진전이 새로 창건되어진 것으로 믿어진다. 대웅전 신앙이란 석가모니불을 본존으로 한 신앙형태를 말하지만 그것이 확대되면 석존을 항상 따르던 常隨弟子까지 신앙의 대상으로 삼게 되는데 이 같은 신앙형태는 조선시대 불교의 한 특징으로 이해 되어져 주목을 받고 있다.[16]

건물의 구조는 정면 3칸, 측면 3칸 맞배지붕으로 되어 있고 내부에

---

15) 앞의 주 12).
16) 洪潤植, 〈朝鮮後期佛敎의 信仰形態와 그 意味〉《韓國佛敎史의 硏究》, 敎文社, 1988.

는 중앙에 석가모니불을 봉안하고 그 협시로 미륵보살과 提華羯羅菩薩을 좌우에 봉안하고 그 주변에 16나한상과 大梵像・帝釋像을 봉안하고 있다. 응진전 본존인 석가의 협시로 미륵보살과 제화갈라보살상(과거불로서의 定光如來의 보살신)을 모시고 있다는 것은 석가의 제자인 나한상만이 아닌 과거・현재・미래에 걸친 수행자상을 모두 신앙의 대상을 삼는다는 의미를 내포하고 있어 주목된다. 석가의 중요한 제자는 10대제자를 손꼽지만 응진전에서는 16제자로서의 16나한을 봉안한다는 특징을 지닌다.

(3) 冥府殿

명부전은 응진전의 맞은편에 위치하여 금강계단을 포함한 대웅전에서 보면 전방 좌우에 응진전과 명부전이 위치하고 있다. 명부전의 초창은 고려 공민왕 18년(1369)이라 하고 영조 36년(1760) 春波大師가 개축하였는데, 현 건물은 1888년 虎惺大師에 의하여 중건된 것이 오늘까지 이어지고 있다.

이상에서 보면 명부전은 숱한 변화를 극복해 온 것임을 추찰할 수 있어 흥미를 끌게 한다. 그것은 명부전 신앙형태의 변화와도 상관관계를 갖는 것이라 믿기 때문이다. 명부전에는 지장보살상을 본존으로 봉안하고 그 좌우에 명부시왕상을 봉안하고 있다. 따라서 원래대로라면 본존의 명칭을 따라 지장전이라 하여야 마땅한데 그 좌우에 봉안한 명부시왕에 대한 신앙형태가 강조되어 명부전이라 하고 있음이 오늘의 현실이다. 그것은 지장신앙 형태의 변화와도 깊은 관련을 갖는다. 즉 신라시대의 지장신앙은 미륵신앙과 관련을 갖는 신앙형태였으나,[17] 고려시대 이후 명부시왕신앙과 관련을 갖는 신앙형태로 변화하고 있는 것임을 알 수 있다.[18] 명부전의 창건이 고려 공민왕 18년이었다고 한다

---

17)《三國遺事》眞表傳簡條.

면 지장신앙이 명부시왕신앙과 결부되고 있던 고려 후기 신앙형태를 수용하여 창건한 것이라 할 수 있으나, 대웅전을 중심으로 그 전방 좌우에 응진전을 마주하여 명부전을 배치하고 있다는 것은 수행자상의 신앙적 기능을 강조하는 미륵신앙과 관련을 갖는 지장전에서의 지장신앙의 전통 위에 명부전이 다시 개축된 것으로 보인다.

(4) 三聖閣과 山神閣

삼성각과 산신각은 대웅전 서쪽 모서리 九龍池 옆에 위치하고 그 규모도 매우 작다. 삼성각에는 山神·七星·獨聖의 三聖을 봉안하는 전각의 명칭으로도 사용되는 것이 보편적인 것이나, 통도사에서는 고려말의 高僧 指空·懶翁·無學의 三和尙의 영정을 봉안하고 있다는 특징을 지닌다. 이는 대웅전 신앙형태의 확장이 응진전이나 명부전에서 보는 것처럼 불제자신앙 또는 수행자에 대한 尊崇신앙으로 확대하는 것과 무관한 것이 아니라 생각된다.

산신각은 영조 37년(1761)에 초창되었고, 哲宗조에 중수된 건물이라면,[19] 제1노전지역에서 대웅전 신앙형태가 불교신앙의 민중화 형태로 확산되고 있는 것과 궤를 같이 하면서 우리 토속신앙인 산신신앙이 불교와 습합된 현상으로 오늘에 전하고 있는 것이라 할 것이다.

(5) 一爐香閣

上爐殿의 신앙형태를 유지관리하는 爐殿을 말한다. 상노전지역과 외방에 위치한다. 현 건물은 영조 33년(1757) 梵音大師가 창건하였다고 하고, 1968년 淸霞和尙이 중건하였다고 한다. 이곳에서는 佛前에 供養

---

18) 고려불화에 의하면 지장신앙과 명부시왕이 같이 도설되고 있음을 알게 되기 때문이다.

19) ① 〈通度寺事蹟記〉.
② 韓國의 名刹《通度寺》, 通度寺 聖寶博物館, 1983.

을 올리기 위한 모든 준비를 하고 상노전지역의 모든 신앙의례를 여기서 관장한다. 즉 위에서 살핀 모든 전각에서의 신앙행위를 모두 이곳에서 관장하게 된다는 것이다. 여기서는 상구보리 하화중생의 신앙의례를 모두 주관한다는 특징을 지닌다.

2) 中爐殿地域

중노전지역에는 大光明殿을 비롯하여 龍華殿・觀音殿・開山祖堂・篆香閣・藏經閣・世尊碑閣・不二門・寮舍 등으로 구성되어 있다.

중노전지역은 하노전지역과는 不二門을 경계로 확연히 구분되나 상노전지역과는 개산조당을 경계로 구분되는 것 같다. 그러나 확실한 구분이 불분명하여 부득이 관리상 중노전으로 지칭하고 있는 전각들에 대한 신앙형태와 가람구조상의 의미를 아래에서 살펴보기로 하겠다.

(1) 大光明殿

중노전지역에서는 대표적 전각이다. 따라서 중노전을 구성하는 가람구조상에서 보면 제일 안쪽에 위치한다. 현 건조물은 영조 원년(1725)에 竺環大師가 중수하였다고 하나, 寺中에서는 그보다 더 오래된 것으로 믿고 있다. 법신비로자나불을 본존으로 모시고 보물로 지정된 三身佛後佛幀畵를 봉안하고 있었으나 현재에 이들 불화는 박물관에 소장하고 있다. 그 이외에 대광명전에는 현존 불화로는 유일한 4보살 8금강신중탱화를 비롯한 제석천룡탱화・위태천신상 등 華嚴神衆을 바탕으로한 신중탱화가 많다는 데 주목을 끌게 한다. 그것은 대광명전신앙이 《화엄경》에 바탕하고 있으며 《화엄경》에 바탕한 화엄신중신앙에 의하여 제석신앙・사천왕신앙이 전개되고, 아울러 그외의 모든 토속신앙을 불교가 수용하는 체계를 여기서 발견할 수 있게 되기 때문이다.[20]
대광명전의 단청문양 또한 대웅전에 이어 중요한 문양들을 발견할 수

팔금강탱화

있게 되는데 그것은 통도사에 있어 대광명전은 대웅전에 이어 중요한 불전임을 니타내고 있는 것으로 추찰된다.

(2) 龍華殿

용화전은 대광명전 바로 앞의 중노전지역에서는 대광명전과 같이 중요한 불전으로 생각된다. 고려 공민왕 18년에 창건되었다고 하고, 현존 건물은 영조 원년에 淸性大師에 의하여 중건되었다고 한다.[21] 용화전이란 명칭은 龍華會上에서 따온 말이며, 용화회상이 미륵불의 세계를 말한다면 용화전에 봉안한 본존은 미륵불임에 틀림없는 것이라 할 것

---

20) 洪潤植, 〈佛敎儀式에 나타난 諸神의 性格〉《韓國民俗學》創刊號.
21) 앞의 주 19).

이다. 이 용화전에는 약 2m에 달하는 거대한 미륵좌상을 봉안하고 있다는 것은 미래불로서의 미륵불에 대한 신앙형태가 강조되고 있었음을 일러주고 있는 것이라 생각된다. 한편 용화전 앞에는 地臺石·下臺石·竿石·上臺石으로 구성되는 臺石 위에 石造鉢을 올려놓은 대형의 石造奉鉢塔이 현존하고 있어 주목된다. 이 같은 조형물은 유일한 것일 뿐 아니라 미륵불은 석조로 많이 조성한다는 것과 관련하여 그에 공양하는 鉢도 石鉢로 하고 있다는 것은 미래세를 기다린다는 상징적 의미를 내구성 있는 석재를 통하여 나타내고 있는 것이 아닌가 생각된다.

(3) 觀音殿

관음전은 용화전 바로 앞에 위치한다. 여기서 보면 중노전을 구성하는 중요 불전의 세 법당이 관음전을 제일 앞에 두고 그 뒤에 용화전, 그 뒤에 대광명전이 일직선상에 배치되고 있어 흥미롭다. 그 같은 배치가 어떤 의미를 지니는가는 당장 알아낼 수 없지만 선조들의 어떤 지혜가 담겨 있음에 틀림없는 것이 아닌가 생각된다.

관음전은 영조 원년에 龍岩大師에 의하여 초창되었다고 하니 그렇게 오래지 않음을 알 수 있다.[22] 관음전 앞에는 석등 1기가 현존하고 있는데 그 양식적 수법이 용화전 앞 봉발탑과 비슷하여 용화전 앞에 봉발탑과 같이 있던 것을 관음전 건립과 함께 이곳으로 옮겨 놓은 것이 아닌가 한다.

관음전에는 관세음보살상을 봉안하였으며 그 뒤에는 보타락가산을 표현한 불화가 후불탱화로 걸려 있다.

(4) 開山祖堂과 海藏寶閣

개산조당은 용화전 옆 서쪽에 위치하고 자장율사의 영정을 봉안한

---

22) 앞의 주 19).

개산조당

전각이다. 정면에 독립된 3칸의 조사문을 설치하고 그 뒤에 '해장보각'이란 편액을 건 건물 내부에 개산조의 영정을 봉안하였다.

이 건물은 영조 3년(1727)에 창건되었고, 고종 4년(1900)에 古山大師가 중수하였다고 한다.[23] 해장보각이란 자장율사가 중국에서 귀국할 때에 가지고 온 경전들을 통도사에 봉안한 사실을 상징하여 그 사실을 추모하는 신앙형태에 의한 전각이 건립되고 있는 것이라 하겠다.[24] 따라서 해장보각에는 자장율사의 영정과 더불어 고려대장경 1,234권을

---

23) 앞의 주 19).
24) 앞의 주 19).

봉안해 놓고 있다.

(5) 藏經閣과 世尊碑閣

장격각은 해장보각 바로 뒤편에 위치하고 있고, 木板藏經을 봉안하고 있는데 이들 경판들은 講院의 교재로 쓰이는 楞嚴經・起信論・金剛五家解・法數・四集 등 15종이며, 원래 雲水寺에 있던 것을 운수사가 폐사되어 이곳으로 옮겨온 것이라 한다.[25]

세존비각은 금강계단 앞에 위치한다. 숙종 32년(1706) 桂坡大師가 사리계단을 중수하고 석가여래의 靈骨舍利塔을 세우면서 이 비각을 건립하였다고 한다.[26]

비각내에 보존된 舍利碑에는 자장율사가 중국에서 사리를 모셔온 일에서부터 사명대사가 불사리를 적으로부터 보호하기 위하여 불사리를 금강산의 西山大師에게 보냈으니, 통도사가 문수보살께서 자장율사에게 부촉한 勝地이므로 이곳에 다시 봉안토록 하는 등 불사리의 行蹟을 담고 있어 주목된다.

(6) 篆香閣

중노전의 대광명전・용화전・관음전・개산조당 등에 행해지는 신앙의례를 관리하는 爐殿이다. 이곳에서 佛前에 올리는 공양물을 준비할 뿐 아니라 시간에 맞추어 각종 신앙행사를 하도록 하는 일을 맡아 보는 전각이다. 건물의 초창은 영조 33년(1757) 梵音大師가 창건하였고 1930년 雪岩大師가 중수하였다.[27]

이상에서 중노전의 가람구조가 어떻게 이룩되고 있으며 그 신앙적

---

25) 앞의 주 19).
26) 앞의 주 19).
27) 앞의 주 19).

기능은 어떠한 것인가를 대략 살펴본 셈이다. 이제 이 같은 중노전가람을 상노전가람과 비교하여 보면 다음과 같은 사실이 주목된다.

　상노전가람은 역사적 존재로서의 석가모니불에 대한 신앙형태가 중심이 되고 그를 점차 확대시켜 나갔다고 하는 성격을 지니는데 반하여 중노전가람은 석존이 열반하면서 남긴 法身常住사상에 의하여 형성된 法身佛信仰이 바탕이 된 신앙형태를 지닌 가람이라 할 수 있다. 즉 대광명전에서는 법·보·화의 三身佛信仰體系에 의한 신앙형태를 살필 수 있고, 龍華殿에서는 과거·현재·미래의 三世佛信仰體系에 의한 신앙형태를 살필 수 있게 됨이 그와 같은 것이다. 한편 개산조당이나 장경각을 중노전에 두고 있음은 이상과 같은 체계에 의한 신앙형태는 한편으로는 자장율사에 의하여 불교경전이 통도사에 전해짐에 의하여 가능하였고, 다른 한편에서 보면 장경각의 여러 경장들에 의하지 않고서는 중노전의 신앙형태가 구성될 수 없다는데서 이들 전각에 대한 신앙형태로 확산되고 있는 것임을 알게 되어 주목된다. 그것은 해인사를 법보사찰이라하고 있는 것과 관련하여 불보사찰 통도사의 가람구조내에 차지하는 법보가람구조라 할 수 있기 때문이다.

　한편 중노전에는 출가승의 일상생활을 영위하는 요사가 위치한다. 요사는 大房을 중심으로 주변의 작은 判道房들로 구성되는데 대방으로는 甘露堂·圓通房·華嚴殿·皇華閣 등이 있으며, 감로당은 寺中 대중스님들이 일상생활을 영위하는 곳이며, 원통방과 화엄전은 법회시 大衆受用으로 사용된다. 한편 황화각은 專門講院으로 이용되고 있다. 이들 요사 중 감로당은 고려 충혜왕 복위원년(1340)에 초창되었다고 하니 가장 오래된 僧院으로서의 성격을 지니는 건물임을 알 수 있다.[28] 원통방·황화각 등의 요사도 모두 고려시대 창건으로 알려져 있으니 이들 요사들은 일찍부터 승원으로서 승보신앙의 기능을 다하여 오고

---

28) 앞의 주 19).

팔상탱화 중의 도솔래의상

있었던 것으로 이해된다. 원통방과 화엄전은 오늘날에는 법회시 대중 수용으로 사용하고 있다고 하는데 이는 모르기는 하지만 승보신앙에 의한 승원가람구조의 확대에 기인하고 있는 것이 아닌가 생각된다.

    요컨대 중노전지역은 법보・승보의 두 신앙형태를 엿볼 수 있어 주목되는 것이라 하겠다.

극락전 삼존불

3) 下爐殿地域

하노전지역은 一柱門과 四天王門을 들어서 통도사 입구에 위치한 가람구조이다. 중요 불전으로는 靈山殿·極樂殿·藥師殿이 있고, 한편 伽藍閣·凝香閣·萬歲樓와 梵鐘樓, 일주문과 사천왕문으로 구성되어 있다.

(1) 佛殿

하노전 중심에는 영산전을 중앙에 배치하고 그 전방 좌우에 극락전과 약사전을 배치하고 있다. 이들 3불전의 中庭에는 신라양식의 석탑 1기가 위치하고 있어 이것으로서 하나의 아담한 가람구조를 형성하고 있다. 영산전에는 본존으로 석가모니불을 봉안하고 그 주위에 보물로 지정된 八相圖 8폭을 그 주변에 둘러 놓고 있다. 이 영산전의 창건연대는 알 수 없으나 숙종 30년(1704)에 松谷大師에 의하여 중건된 것임을 알 수 있다.[29] 한편 이 영산전에서 주목을 끄는 것은 벽면에 그려진 대형의 多寶塔 벽화이다. 석가여래와 다보여래가 병렬로 3층탑신 내부에 묘사되고 탑주변에는 보살상과 제자상이 시립하고 있다. 이는《법화경》의 내용을 상징적으로 표현하고 있는 것이라 할 것이며 따라서 이 영산전은 석가모니불신앙의 한 형태를 나타내고 있는 것이라 할 수 있다. 한편 극락전은 고려 공민왕 18년(1369) 星谷大師에 의하여 초창되었다고 하여 그 중창은 알 수 없다. 극락전 내부에는 아미타삼존과 그 후불탱화를 봉안하고 있어 이 불전은 극락왕생을 위한 아미타신앙에 의하여 형성된 것임을 알 수 있다.

또한 그 맞은편에 자리한 약사전은 극락전과 같은 시기, 같은 사람에 의하여 창건되었다고 하며,[30] 내부에는 약사여래상과 그 후불탱화를 걸어 놓고 있어 이 불전은 중생의 病苦를 구제한다는 약사신앙에 의하여 형성된 것이라 할 것이다.

이상에서 보면 하노전지역의 세 불전은 석가, 아미타, 약사의 삼여래에 의한 신앙을 각각 불전을 달리하여 분화해 나간 형식을 취하고 있어 주목된다. 즉 우리나라 전통적인 사원의 대웅전에는 이들 삼여래를 같이 봉안하고 그 후불탱화를 걸고 있으나 통도사는 그 같은 대웅전에서의 삼여래에 대한 신앙형태를 각각 독립하여 분화하고 있는 형식을 지니고 있음이 그와 같은 것이다. 이는 중노전지역이 상노전지역에서의 석가신앙에서 법신불신앙을 전개시켜 나간 것이라면, 하노전지역은 석가신앙에서 보신불신앙을 전개시키고 있는 것으로 믿어진다.

한편 하노전지역에는 伽藍神을 봉안하여 가람을 수호하게 한다는 신앙형태에 의한 伽藍閣이 현존한다. 이는 통도사 가람이 거대하다는 데서 오는 가람신앙형태라 하겠으며 해인사의 국사당과 같은 기능을 지니는 전각으로 이해되며, 松廣寺에도 있어 가람각은 이 같은 거대한

---

29) 앞의 주 19).
30) 앞의 주 19).

가람을 형성하고 있는 사원에만 가람각이 존재하고 있는 것임을 알게 한다. 창건연대는 숙종 32년으로 전한다.[31] 하노전의 불전을 관리운영 하는 응향각이 영산전 북쪽에 위치한다. 이 건물은 영조 33년 梵音大 師에 의하여 창건되었다. 이 같은 爐殿이 하노전지역에 존재한다는 것 은 이 지역의 가람은 이 노전을 통하여 모든 신앙행위가 이루어지고 있는 것임을 알 수 있다.

(2) 一柱門과 四天王門

천왕문과 일주문은 관리상에서 보면 하노전지역 가람에 속하나 통 도사의 전체 가람구조에서 보면 하노전지역의 전각으로 분류할 수 없 다. 왜냐하면 그것은 통도사 전체 가람구조상에서의 의미를 지니고 있 기 때문이다. 즉 이들 양문은 하노전지역 가람만의 一柱門과 四天王 門이 아니라 전체가람의 일주문이요 사천왕문이란 뜻이다.

일주문은 고려 충렬왕 31년(1305)에 창건되었다 하고,[32] 그 기능은 가람의 正門임에 틀림없으나 그 문을 들어서면 신성한 불교도량으로 서 一乘의 境地에 들게 된다는 의미를 지니고 있다.

사천왕문은 고려 충숙왕 6년(1337)에 창건되있고,[33] 그 기능은 이 문 에 사천왕을 배열하여 가람수호의 기능을 다하게 한다는 의미를 지닌 다. 그리하여 사천왕의 상호는 세태가 불안할 때에 조성된 것일수록 더 험악한 양식을 지니게 된다는 사실은 주목할 만하다.

(3) 萬歲樓와 梵鐘閣

만세루는 영산전 정면 맞은편에 위치하고 있는 것으로 보아 하노전

---

31) 앞의 주 19).
32) 앞의 주 19).
33) 앞의 주 19).

화엄만다라

지역 가람구조상에서 파악되는 것이라 하겠다. 그 창건연대는 알 수 없고 영조 22년(1746)에 중창되었다고 하는데,[34] 그 기능은 좁은 법당에서 행할 수 없는 하노전지역의 불교 신앙의례를 이곳에서 행하고 있었던 것이 아닌가 생각된다.[35]

범종각은 하노전지역에 위치하나 이 건물도 하노전지역 가람구조에 속한다고 하기보다는 전체 가람구조상에의 기능을 다하고 있는 것이라 하겠다. 왜냐하면 범종각에는 범종·법고·목어·운판 등의 四物을 설치하고 의식행위를 할 때에 이들 사물을 치게 되나, 그 같은 사물에 의한 의식은 하노전지역 儀式에만 행하는 것이 아니라 전체가람의 總

---

34) 앞의 주 19).
35) 원래 佛殿이란 佛龕과 같은 성격을 지닌 것으로 불상을 봉안하는 장소이지 그곳에서 신앙의례를 행하지 않고 그 밖에서 행하거나 따로 마련된 樓閣에서 행하였다고 함이 그와 같은 것이다.

儀式으로 행해지는 것이기 때문이다. 이 범종루는 숙종 12년(1686) 守悟大師에 의하여 중수되었다는 기록을 남기고 있다.

4) 普光殿地域

보광전은 普光禪院의 건물이다. 따라서 이 전각은 수행도량답게 통도사 가람의 최상방에 위치하여 일반인의 통행을 삼가도록 하고 있다. 이 전각이 지어진 것은 영조 33년(1757) 범음대사에 의해서였고 그 중건은 1970년 淸霞和尙에 의해서였다고 한다.

이 선원에는 方丈室이 있고 매년 하안거, 동안거를 실시하고 있다. 보광전 서편에 남북으로 길게 요사가 있고 최근에 와서 방장실은 그 안쪽에 따로 신축하였다.

보광전에는 시대가 상당히 오래된 것으로 보이는 華嚴經變相圖가 1폭 전하고 수행자에게 필요한 시간을 알리는데 사용되는 金鼓 하나가 비치되어 있다.

3. 通度寺 가람구조의 성격

통도사 가람구조의 형성은 《三國遺事》나 寺傳 등에 의하면 초창은 신라시대 慈藏律師에 의하여 선덕여왕 15년(646)에 있었던 일로 생각되나 오늘에 전하는 가람구조가 형성된 것은 고려말과 조선시대 영조조를 전후한 시기에 많은 증축이 있었던 것으로 믿어져 주목된다. 왜냐하면 이들 양대시기는 한국사에 있어 중대 전환을 가져오게 한 시기로 인식되고 있으며 그 이 무렵에 통도사의 가람에 변화가 있었다는 것은 현존 통도사의 가람구조가 이 시기의 생생한 역사를 잘 전해 주고 있는 것이라 생각되기 때문이다.

몽고 간섭기 이후의 고려사회는 민족문화에 대한 인식이 고조되고 있던 시대였다고 함은 누구나 다 아는 사실이다. 즉 민족문화에 대한 전통을 재인식하려한 데서《三國遺事》가 편찬되고《帝王韻紀》등이 편찬되고 있었던 것이라 믿기 때문이다.[36]

전통문화를 재인식한다는 것은 문화전통을 확립해 나간다는 의미뿐 아니라 지금까지 소홀히 해 왔던 재래문화에 대한 가치를 새롭게 부여함으로써 문화역량을 확대시켜 나간다고 하는 기능을 지닌다.

앞에서 살펴온 바와 같이 통도사 가람의 형성은 신앙의 기능을 석가여래신앙에서 점차 확대해 나감에 의하여 더욱 거대한 가람체제를 갖추어 나갔던 것임을 알았다. 그런데 그것은 결코 우연한 것이 아니라 전통문화를 재인식해 나가지 않으면 안된다고 하는 사회적 배경을 만나 이룩된 것임을 현존 통도사의 가람은 너무나 잘 전해주고 있어 주목된다.

현존 통도사 가람구조에서 조선시대 영조조를 전후하여 많은 전각이 초창되거나 중창되고 있다는 사실도 흥미롭다. 왜냐하면 이 시기의 불교는 민중층에 뿌리내린 조선시대 불교가 새로운 문화전통을 확립하고 있던 시기였다고 믿기 때문이다.[37]

요컨대 통도사 가람의 구조는 신라시대에 창건된 이래 계속 불교적 문화역량을 확대해 나간 결과로 이룩된 것이라 할 수 있다. 상노전지역에서 보면 석가여래신앙을 확산시켜 나간 결과라 할 수 있으며 다시 중노전지역으로 확산된다는 것은 법·보·화의 삼신불체계와 과거·현

---

36) ① 洪潤植,〈三國遺事의 體裁와 佛敎儀式〉《三國遺事와 韓國古代文化》, 圓光大學校 出版局, 1985.
　　② 洪潤植,〈三國遺事에 있어 舊三國史의 諸問題〉《韓國思想史學》創刊號, 韓國思想史學會, 1987.
37) 洪潤植,〈朝鮮後期의 佛敎信仰形態와 그 性格〉《韓國佛敎史의 硏究》, 敎文社, 1988.

재·미래 삼세불체계를 수용함에서 온 가람의 확산이었다. 한편 하노전지역에서 보면 중생구제를 보다 구체적이고 효과적으로 하기 위한 아미타신앙이나 약사신앙 등을 낳게 한 報身佛신앙이 강조됨에 의하여 확산된 것이라 할 수 있다.

그런가 하면 오늘의 통도사는 어떠한가. 대웅전 앞에는 3천여 명을 수용할 수 있는 거대한 전각이 마련되고 있다. 여기에는 國之大殿·佛之宗殿·說法殿·金剛戒壇 등의 편액이 걸려 있다. 이는 한편에서 보면 대웅전신앙의 확산이요, 다른 한편에서 보면 佛之宗刹로서의 인식을 확산시켜 나가려 한 文化力임을 쉽게 알 수 있게 된다. 그러나 통도사는 그 같은 문화력의 확산은 전통문화의 바탕없이는 불가능한 것임을 너무나 잘 알고 있다. 그것은 여간 주의력을 기울이지 않으면 그냥 지나쳐 버리기 쉬운 통도사가 낳은 문화유산을 잘 보존하고 그 기능을 새롭게 인식할 뿐 아니라 종합해석하고자 하는 聖寶博物館을 건립으로 이어졌다.

오늘의 통도사가 그 같은 佛事를 수행해 낼 수 있었던 것은 결코 우연한 일이 아니라고 생각한다. 그것은 현존 통도사 가람구조가 보여주고 있는 문화능력 확산의 전통을 오늘의 통도사가 살 계승하고 있기 때문에 가능하였던 것이라 하겠다.

4. 맺음말

통도사의 가람구조는 佛之宗刹답게 대규모의 가람구조를 지닌다. 그것은 통도사가 오랜시간에 걸쳐 다양한 신앙형태를 수용확산시켜 나간데 기인하는 것이라 할 수 있다. 그러나 통도사는 다양한 신앙형태를 수용하되 아무렇게나 수용한 것이 아니라 정연한 체계상에서 수용하고 있는 것임을 알게 되어 주목된다. 즉 통도사의 가람구조는 다음과 같은 몇 가지 체제상에서 오늘에 존재하고 있다는 것이다.

첫째, 上求菩提 下化衆生의 체제상에 가람형성이 되어 있다는 것이다.

둘째, 佛·法·僧의 三寶體制에 의하여 형성되고 있다는 것이다.

셋째, 法·報·化의 三身佛體制에 의하여 가람의 확산을 꾀하여 왔다는 것이다.

넷째, 과거·현재·미래의 三世佛體制에 의하여 가람구조의 확산을 꾀하여 왔다는 것이다.

다섯째, 이상은 결과적으로 전통문화의 계승발전이란 효과를 가져왔다.

한편 이상과 같은 다양한 신앙형태를 통도사 가람이 수용할 수 있었던 시대적 배경은 몽고 간섭기 이후의 고려말과 서민풍의 문예풍조가 부흥기를 맞고 있던 조선시대 영·정조시기를 전후한 시기였다는 데 주목할 필요가 있다. 왜냐하면 통도사의 가람구조는 이들 양시기의 문화전통을 잘 계승하고 있는 것이라 믿어지기 때문이다.

요컨대 통도사의 가람구조는 우리나라 전통문화를 역력히 계승하고 있는 현장이라는 데 의미가 있고, 다른 한편 그 같은 문화전통이 오늘의 통도사에 살아서 숨쉬고 있기에 설법전과 같은 大佛事가 가능하였고 聖寶博物館과 같은 歷史的인 大役事가 가능하였던 것이라 믿어진다.

義湘의 華嚴宗刹 浮石寺의 가람과 그 사상적 배경

1. 머리말

경북 영풍군 부석면에 위치한 부석사는 국내 무수한 사찰 중에서 국보·보물 등의 문화재가 많기로 유명한 사찰이다.

부석사가 문화재라고 하는 근대적 개념으로 주목되어 온 것은 일제시대 이후의 일이나, 오늘의 문화재의 정의에 걸맞는 부석사에 대한 평가를 우리 선조들께서도 일찍부터 주목의 대상으로 삼아 왔음을 알 수 있다. 《順興志》浮石寺條의 기사가 그와 같은 것이며,[1] 또한 李重煥의 《擇里志》에서도 그와 같은 찬사를 아끼지 않고 있다.[2]

---

1) 1750년 편찬된 《順興志》浮石寺條에 의하면 부석사의 가람을 일일이 열거한 다음 "이는 귀신의 役事요, 하늘의 솜씨라 할만큼 일대 장관을 이루고 있다"고 하는 것이 그것을 말해준다.
2) 李重煥의 《擇里志》에 의하면 "聚遠樓는 宏傑하고 아득히 높아 천지의 한 복판에 솟은 듯 그 기세와 정신의 용장함이 경상일도를 누르는 듯하다"라

부석사 전경

 한편 부석사는 이상과 같은 외형상의 조형물로만 유명한 것이 아니라 신라의 義湘이 華嚴宗刹로 이 절을 창건하고 신라에 화엄사상을 널리 유포하였다는 데 더 큰 역사적 의미를 두고 있다. 그리하여 오늘의 부석사 一柱門에서 보면 上方에 '太白山浮石寺'라 하고, 그 下方에 '海東華嚴宗刹'이라 하고 있다. 여기서 보면 부석사는 화엄종의 사찰임을 나타내고 있는 것이라 하겠고, 이와 같은 부석사의 관념은 오랫동안 전승되어 온 것으로 생각된다.[3] 그러나 일주문에서 부석사가 화엄종 사찰임을 나타내고 있음에 대하여 가람배치상에서 보면, 無量壽

고 밝히고 있다.
3) 一柱門은 최근에 건립된 건조물이나 부석사를 華嚴宗刹이라 하고 있음은 비록 오늘에 전하는 가람의 의미가 淨土宗의 伽藍樣式을 취하고 있으나 그와 같은 淨土觀은 華嚴思想에 근거하고 있다는 오랜 부석사에 대한 관념이 바탕을 이루어 온 것이라 생각된다.

殿·安養門 등이 중심적 위치를 차지하고 있어 여러 가지 의문을 남기고 있다. 즉 부석사의 정신적 지주는 화엄사상임에 틀림없으나 그 같은 화엄사상의 정신을 具形化함에 있어서는 阿彌陀의 淨土로 하고 있음을 알게 된다. 그렇다면 이 같은 정신적 지주와 그 지주의 구형화와의 상관관계는 모순성을 지니는 것일까? 아니면 화엄사상과 정토사상과의 상관관계에서 규명될 수 있는 것인가를 규명해 보는 일은 중요한 일이라 생각된다.

본 연구는 이상과 같은 부석사의 창건정신이었다고 생각되는 부석사의 가람을 구형화함에 있어서 왜 아미타의 도량으로 하였을까 하는 데 대한 의문을 풀고자 하는 것이다.

2. 부석사 가람의 연혁과 현황

부석사의 창건은 의상이 당나라 智儼의 문하에서 10여 년 동안 華嚴敎學을 수학하고 귀국하여 왕명에 의하여 文武王 16년(676)에 화엄도량으로서 창건된 것임을 《三國遺事》에 의해 알 수 있다.[4] 그리고 그 이후의 연혁에 대해서는 史蹟誌에 전해 오지 않으나, 각종 重修記·改椽記 등의 板刻墨書銘 등이 전하고 있어 이에 의하면 오늘에 이르는 부석사의 내력은 다음과 같다.[5]

· 신라 文武王 16년(676) : 의상조사 창건.
· 고려 顯宗 7년(1016) : 圓融國師가 無量壽殿을 重建.

---

4) 《三國遺事》義湘傳敎條.
5) 《浮石寺遺蹟誌》1987년에 宋志香 등에 의하여 浮石寺에 전하는 각종 자료를 중심으로 편찬한 鄕土誌.

- 고려 神宗 4년(1201) : 祖師堂을 단청.
- 고려 恭愍王 7년(1358) : 倭賊의 兵火로 화재를 입다.
- 고려 禑王 2년(1376) : 圓凝國師가 무량수전을 중수.
- 고려 禑王 3년(1377) : 원응국사가 조사당을 중건.
- 조선 成宗 21년(1490) : 조사당 중수.
- 조선 成宗 24년(1493) : 조사당 단청.
- 조선 宣祖 6년(1573) : 조사당 일부 개수.
- 조선 宣祖 11년(1578) : 明宗 10년(1555)에 화재로 소실된 安養樓 중건.
- 조선 光海君 3년(1611) : 무량수전 중수.
- 조선 景宗 3년(1723) : 무량수전 本尊佛 개금.
- 조선 英祖 23년(1747) : 1746년에 화재로 소실된 僧堂・滿月堂・西別室・萬歲樓・梵鐘閣 등을 중수.
- 조선 英祖 44년(1768) : 무량수전 본존불 개금.
- 1916년 : 무량수전・조사당 해체 수리.
- 1967년 : 부석사 동쪽 옛절터에서 쌍탑을 옮겨 범종각 앞에 세움.
- 1969년 : 무량수전 번와불사.
- 1977년~1980년 : 寺域을 정화하여 一柱門・天王門・崇堂 등 신축.

　이상에서 보면 부석사의 가람은 창건 이래 무량수전과 조사당이 중요시되어 왔고, 따라서 그의 중수와 보수 등이 끊임없이 이루어져 오늘에 이르고 있는 것임을 알 수 있다. 그런데 여기서 주목되는 것은 부석사는 창건 이래 계속 祖師堂과 無量壽殿이 중시되어 왔다는 점으로 이는 가람의 성격을 이해하는 데 중요한 의미를 지니는 것이라 생각된다.
　즉 부석사의 조사당은 창건주 의상조사의 영정을 모시고 부석사의 창건정신을 중요시하고 있었다는 사실을 알 수 있고, 다른 한편 무량수전을 중시하고 있었다는 것은 부석사의 창건정신을 널리 중생에게 弘布하기 위해서는 아미타의 신앙이 중요시되지 않을 수 없었음을 전

의상의 화엄종찰 부석사의 가람과 그 사상적 배경 147

하고 있는 것이라 생각된다. 따라서 부석사 가람의 이해를 위해서는 조사당과 무량수전의 상관관계를 이해하는 일에 주목하지 않을 수 없게 된다.

이 같은 사실에 대한 이해를 돕기 위하여, 현재 부석사 가람의 구성과 그 구조적 의미는 어떠한 것인가를 살펴보기로 하자. 입구에 一柱門이 있고 이어 四天王門이 있다. 이들 건조물은 전술한 연혁의 자료에 의하면 최근에 건립된 것이라 하고 있으나, 이 같은 가람형식은 한국사찰 가람에서 일반적으로 볼 수 있는 형식이다.

그 위쪽 50여 미터 지점에 宗務所와 요사가 있으나 이들은 모두 최근에 건립된 것으로 옛가람 구조의 형식에서 의미를 찾을 수 있는 것은 아니다. 그리고 그 오른쪽에 석탑 2기를 볼 수 있으나 이것도 다른 절터에서 옮겨온 것이라 하고 있어 부석사 가람구조와는 별로 관계가 없는 것이다.

부석사 무량수전

그 위쪽 중심부분에 '鳳凰山浮石寺'라는 현판이 있는 樓閣이 있는데, 현재 이 누각은 원래 梵鐘閣이었다고 하고 있으나,[6] 오늘날에는 法鼓와 木魚만 설치하고 범종각은 따로 그 왼쪽에 새로 설치하고 있다. 이 누각의 좌우에는 凝香閣·醉玄庵 등의 요사가 있고, 오른쪽 요사인 응향각과 누각의 사이 조금 아래쪽에 화엄경판을 보관한 寶藏閣이 있다. '봉황산부석사'라는 현판의 누각을 지나 조금 오른쪽으로 구부러져 올라가면 安養門이라는 현판을 단 누각이 있는데 이를 安養樓라 한다. 안양루를 지나면 바로 정면에 無量壽殿이 펼쳐지는데 무량수전 앞에는 石燈만 1기 있을 뿐, 흔히 우리나라 가람의 양식에서 볼 수 있는 석탑은 없다. 무량수전의 불상 안치방법도 특이하다. 법당 정면으로 바로 들어서면 佛壇을 향할 수 있는 것이 아니라 왼쪽으로 돌아서서 불단을 바라볼 수 있다는 것이 특징이다. 그리고 여기 봉안된 불상은 阿彌陀佛인데 脇侍佛을 모시지 않고 있다는 것도 특징 중의 하나로 손꼽힌다.

圓融國師는 그의 비문에서 의상대사가 중국의 智儼에게서 화엄사상을 전수받고 그를 홍포하기 위하여 부석사를 세웠는데 불전 내의 像은 아미타불상이고 좌우보처의 협시불을 侍立하지 않았으며 불탑도 세우지 않았다고 《華嚴經》 入法界品에 근거하여 무량수 아미타불상이 화엄사상에 근거한 아미타불임을 밝히고 있다.[7] 그러나 안양문을 지나 무량수전의 아미타불을 배관하게 되는 일반인의 생각은 부석사가 아미타정토의 도량이라는 생각을 털어버릴 수 없음은 왜일까? 이 문제가 본 연구의 핵심이 되지 않을 수 없다.[8]

다음으로 무량수전의 뒤편을 보자. 우선 불전 바로 앞쪽에 있어야

---

6) 앞의 책.
7) 〈浮石寺圓融國師碑銘〉 《朝鮮金石總覽》(上).
8) 國寶로 指定하여 保存하고 있음이 그와 같은 것이다.

할 불탑이 오른쪽 옆 언덕 위에 新羅樣式을 지닌 채 있고, 그 위쪽 70여 미터 지점에 祖師堂이 있다. 이 조사당은 무량수전과 더불어 고려시대의 목조건물로 높은 가치를 인정받고 있으나, 이 조사당의 가람상의 의미는 부석사가 의상대사에 의해서 창건되었다는 사실을 강조한다는 성격을 지닌다. 그리고 그 보조적 의미로 善妙閣과 浮石이 무량수전의 좌우에 있어 의상에 의한 부석사의 건립이 어려웠음을 전설적으로 전하고 있다는 것도 매우 흥미롭다.

한편 조사당에서 왼쪽으로 무량수전 上方에 靈山殿과 羅漢殿이 위치하고 있다. 이들 양 전각은 부석사가 의상에 의하여 건립되었으나, 그 근원은 釋迦의 최초 說法에 의한 것임을 전하고 있는 것이라 생각된다. 만약 그렇다고 한다면 부석사 가람의 중심구조는 無量壽殿·安養樓 등의 아미타정토적 성격에서 이해되지만, 그 같은 가람이 있게 된 근원은 석가의 무궁한 敎說에 근거하고 그 무수한 석가의 교설 중 의상은 화엄사상에 의하여 아미타의 정토를 구현하려 하였음을 나타내고 있는 것이 무량수전 상방에 있는 靈山殿·羅漢殿·祖師堂인 것으로 생각된다. 부석 아래편에 三聖閣이 있는데 이 전각도 후대에 건립된 것이라고 하나 이도 부석사 신앙형태의 한 변천사를 말하고 있는 것임에 틀림없다.

3. 화엄사상과 정토신앙

화엄신앙의 근본이 무엇이냐고 한마디로 한다면, 이는 '證入華藏世界'라 할 수 있을 것이다. 따라서 화엄신앙의 본질을 추구하기 위해서는 蓮華藏世界가 어떤 세계인가를 살펴보아야 한다.

인도 재래의 세계관은 '須彌山說'이며 불교가 이를 수용하여 價値的 세계관으로서 主體的으로 取入하고 있을 뿐 아니라 天部와 같은 것에서도 다시 增廣詳述하여 長阿含 제18에서 제22에 이르고 雜阿含 제16,《正法念處經》제1하,《大毘婆沙論》제69,《大智度論》제9,《瑜伽論》제2 등에 자세히 설명하고 있다.

그런데 60, 80 華嚴 등의 兩部《華嚴經》에 의하면 이상과 같은 재래의 세계관과는 다른 세계관으로서 蓮華藏世界를 설하고 있어 이 점이 주목된다. 60, 80의 양부 화엄경은 다 같이 〈華藏世界品〉에서 화장세계에 대하여

> 此華藏嚴世界海 是毘盧遮那如來 往於世界海微塵數劫修菩薩行時 一劫中 親近世界海微塵數佛 一一佛所 淨修世界海微塵數 大願之所嚴淨 諸佛子 此華藏世界海 有須彌山 微塵數風輪所持其最下風輪 名平等住[9]

라 하여 화장세계는 비로자나불이 무수한 수행을 한 뒤 大願成就의 결과 莊嚴되어진 세계임을 나타내고 있다. 따라서 이 같은 화장세계는 아미타불의 정토와 마찬가지로 宗敎的 價値世界를 指稱하고 있는 것이라 보인다.

불교경전 중 연화장세계를 설하고 있는 경전은《화엄경》을 근본으로 하고 있는 것이라 하겠으나 아미타의 정토를 연화장세계라 한 예도 있지만 이는 天親에 의하여 후세에 붙여진 이름이라고 하며,[10] 또한 梵網經의 佛世界를 蓮華臺藏世界라 하고 있지만 이도 또한 화엄경의 연화장세계에서 영향을 받은 것이라 한다.[11]

그러면 먼저 화엄경에서 연화장세계는 어떤 장면에 어떤 형식으로 설해지고 있는가를 80華嚴을 중심으로 살펴보자.

---

9)《대정장》권9 p. 412.《대정장》권10 p. 39.
10) 石井敎道,《華嚴敎學成立史》, 石井敎道博士遺敎刊行會, p. 196.
11) 앞의 책, p. 197.

처음 〈世主妙嚴品〉에서는 始成正覺의 五境의 광경을 설하고, 이어 〈如來現相品〉에서는 그곳에 운집한 大衆은 佛因·佛果·佛用에 대하여 40문제를 제기하여 가르침을 請하고 이어 佛德을 찬탄한다. 이에 의하여 普賢菩薩은 蓮華藏師子座에 앉아 一切諸佛毘盧遮那如來藏身三昧에 들어 佛體驗의 세계를 설하고(普賢三昧品), 이어 普賢은 佛의 加被力을 받아 먼저 대중의 의문이었던 佛의 果相에 대하여 三十問에 대한 답안과(華藏世界品) 佛因相에 대한 十問의 답안(毘盧遮那品)을 제출하게 된다. 그런데 여기서 주목되는 것은 普賢菩薩이 如來藏身三昧에 들어 연화장세계를 설하고 있다는 것이라 하겠다.

한편 華嚴敎家들은 이상의 화엄경상의 연화장세계를 바탕으로 하여 여러 가지 蓮華藏世界圖를 구상하고 있다. 즉 《華嚴傳記》제2에서는 靈幹이 연화장세계도를 지었다고 하고,[12] 同 3에서는 智儼이 〈蓮華藏世界圖〉를 지었다고 한다.[13] 한편 《淸凉大疏》제10,[14] 《通路記》제1[15]에서는 法藏은 華藏世界觀을 짓고, 澄觀은 《七處九會華藏世界圖心境說文》 10권을 지었다고 한다.[16] 뿐만 아니라 《佛祖統記》제31, 《五敎章谷眞草》제4의 69 등에서 華藏世界圖를 소개하고 있다.[17]

이상의 연화장세계는 종교적 가치세계의 하나로 보아야 한다고 함은 전술한 바이나 이를 달리 말하면 화엄사상의 극치라 할 수 있는 萬有相關의 緣起의 이치를 여실히 나타내고 있는 세계가 연화장세계라 할 수 있을 것이다. 왜냐하면 〈入法界品〉에서 善財童子가 緣起의 이

---

12) 앞의 주 참조.
13) 앞의 주 참조.
14) 《대정장》 권35, p. 579.
15) 《대정장》 권71. p. 297.
16) 《華嚴感應緣起傳》 속장경 권2·7. p. 29.
17) 《대정장》 권49. p. 303.

치를 體得해 가는 것 그 자체가 연화장세계의 전개라 할 수 있기 때문이다. 그리하여 문학적·상징적 표현으로서의 風輪·水輪 蓮華臺上에 20重의 세계가 있다고 하는 형상의 존재를 연화장세계의 실체로 보아서는 안된다. 이들은 모두 緣起相·化他相의 표현인 것이다.

한편 앞에서 살핀 바 있는《華嚴經》〈如來壽量品〉등에서는 연화장세계란 普賢 등의 諸大菩薩이 충만하고 있는 最勝究竟의 세계라 하여 諸佛淨土의 우열순서를 밝혀 이들의 諸佛利과 연화장세계와의 사이에는 百萬阿僧祇의 세계가 있음을 설하여 연화장세계는 諸佛土를 統攝한다는 사상체계를 형성하고 있는 것임을 나타내고 있다.

華嚴家에 의하면 이상과 같은〈如來壽量品〉에 설한 佛土의 차별 우열에 바탕하여 十地에 의한 機의 所見의 相違에 귀결하여 證入華藏世界하는 것이라 하겠으나, 다른 한편 華嚴一乘思想에 의하여 보면 諸佛諸淨土의 사이에는 差別相이 없는 것이며, 彌陀나 毘盧遮那 極樂世界나 연화장세계가 究竟하는 바에서는 차별상이 없는 것이라 하지 않으면 안된다. 그렇다면 제불토의 차별을 설한다고 하는 것은 모순된 것이라 생각되어져 이와 관련하여《華嚴經孔目章》제4의 問答을 제기하여 설명하여 말하기를,[18]

> 其 經文에 의하면 諸佛國에 우열의 차별이 있다고 하나 根法은 그렇지 않는 것이 아닌가라는 물음에 답하여 三乘이 義에 의하면 佛土의 壽命에 장단이 있으나 一乘의 義에 의하면 無差別한 것.

이라 하고 있다.

이는 화엄사상에서는 十地의 相卽關係를 설하여 佛土의 融通을 밝히는 것으로서 극락세계를 初地所見이라 할지라도 初地는 제10지를

---

18)《대정장》권45. p. 576.

具有하며 十地가 각각 圓融無礙이므로 初地所見이라 고정하여 볼 것이 아니라 十地의 전부에 통하는 것이라 보지 않으면 안된다. 따라서 최하위의 극락정토도 최하위에 머무는 것이 아니고 최고의 연화장세계도 최고에만 머무는 것이 아니라 상호 융통하여 無礙한 것이라 하지 않으면 안된다. 즉 〈如來壽量品〉 등에 설한 정토는 단순히 나열의 입장에서 볼 것이 아니라 圓融門의 입장에서 보지 않으면 안되는 것이다.

만약 이와 같이 생각한다면 前述한 《顯無邊佛土功德經》에서 彌陀淨土에 往生함을 갖고 연화장세계에 이르는 과정으로 보았음은 華嚴思想의 圓融의 이치에 卽應하는 것이었다고 할 수 있을 것이다. 智儼은 一乘의 입장에서 극락은 연화장세계에 統攝되어 圓融相卽하고 극락에 왕생함은 곧 연화장세계에 왕생하는 것이라 하고 있다.[19]

이상과 같은 智儼의 견해는 新羅의 元曉에게 계승되어 그의 저서 《遊心安樂道》에서[20] 一乘三昧의 구별에 의하여 미타정토를 연화장세계로 판단하고 만약 一乘에 의한다면 극락정토는 華藏世界海에 統攝되고 三乘에 의하면 西方淨土는 四土를 이루는데, 一은 法性土, 二는 實報土, 三은 受用土, 四는 變化土라 하고 있다.

지금까지 살펴온 바에 따르면 연화장세계는 결국 相依相資의 緣起의 세계를 지칭하고 있는 것에 지나지 않으며, 따라서 이 같은 연기의 이치에서 보면 연화장세계나 아미타의 극락세계가 다를 바 없는 상호 융통의 세계임을 알 수 있게 된다.

---

19) 앞의 책.
20) 《한불전》 新羅時代篇, 동국대학교 출판부.

4. 신라화엄사상의 정토신앙적 전개

1) 불교신앙의 다양성과 그 의미

 통일신라시대의 불교는 화엄사상이 그 주도적 위치를 차지하고 있었다고 함은 이미 널리 알려진 사실이다. 따라서 그 실천을 위한 신앙행위가 다양하게 전개되고 있었음은 《삼국유사》 등의 기록을 통하여 충분히 짐작할 수 있게 된다.
 불교신앙이란 근본적으로 성불함을 목적으로 하여 그에 이르는 여러 가지 복잡한 신앙형태를 낳고 있다. 크게는 각종 경전에 의한 불보살에 대한 신앙행위가 있는가 하면 그 방법으로서 念佛信仰·陀羅尼信仰·坐禪信仰·唱題信仰·諸經信仰 등이 있고 그 위에 부수적으로 파생되는 갖가지 형태의 신앙양상에 우리는 쉽게 접근할 수 있게 된다.
 이상과 같이 신앙의 형태는 다양하게 나타나는 것이어서 신앙관계를 연구대상으로 삼으려 할 때에는 여간 그 방법론을 확실하게 하지 않고는 그 체계형성이 어렵게 된다. 특히 화엄사상과 같이 우리의 구체적 관심사와 직접관계가 밀접하게 연계되지 않는 신앙형태에서는 더욱 그러하다.
 여기서 말하는 신앙형태 연구에 대한 방법론이란 다음과 같이 몇 가지를 생각할 수 있다.
 첫째, 신앙의 근본형태가 무엇이냐 함을 정리하는 일이다. 예컨대 불교신앙의 근본형태는 성불을 한다고 함이 그와 같은 것이다. 마찬가지로 화엄신앙의 근본형태는 證入華嚴世界하는 것이고, 미타정토신앙은 정토왕생하는 것이며, 밀교신앙은 卽身成佛하는 것이라 하는 것 등이 그와 같은 것이다. 이는 무엇을 목적으로 하느냐 하는데 따른 신앙형태의 구분이라 할 수 있다.

둘째, 근본신앙형태에 이르는 방법의 차이에 따른 구분을 들 수 있다. 예컨대 화엄신앙이 목적으로 하는 證入華嚴思想에 도달하기 위해서는 그 실천방법으로 海印三昧 등의 삼매에 든다든가 또는 아미타의 정토에 왕생하기 위하여 염불을 한다는 염불신앙, 밀교의 즉신성불을 위한 呪力信仰 또는 三密加持信仰 등이 그와 같은 것이다.

셋째, 방법의 다양한 전개 등을 들 수 있다. 해인삼매에 들기 위하여 염불을 하거나 呪力을 하기도 하며 염불 중에도 口稱念佛, 觀想念佛 등의 갖가지로 전개되는 것이 그것이다.

이상의 불교신앙의 여러 형태는 성불을 목적으로 한다는 근본신앙형태에 피라미드형으로 모두 귀결된다는 특징을 지닌다. 즉 화엄신앙·정토신앙·밀교신앙 등을 개별적으로 생각하면 전술한 바와 같이 각각의 근본신앙형태로서 독립적인 신앙의 목표를 지니지만 성불을 목표로 한다는 불교신앙의 근본적 입장에서 보면 이들 신앙형태는 도달하고자 하는 목표가 아니라 도달하는 방법이 되는 것이다. 이렇게 諸種의 불교신앙형태는 上位槪念과 下位槪念의 것으로 구분되고, 또한 이 같은 상·하위개념의 신앙형태는 신앙형태의 분화에 따라 상위개념이 하위개념이 되고 또한 하위개념이 상위개념이 되기도 한다.

말하자면 불교신앙에 대한 체계적 연구를 하고자 할 때는 이 같은 신앙체계를 이해하지 않으면 안 된다. 화엄신앙의 경우에는 더욱 그러한 필요성을 느끼게 한다. 그것은 화엄신앙의 여러 형태가 우리들의 현실적인 관심사와의 결합이 직접적이지 못하는 데 연유한다.

원래 종교신앙에 있어 신앙형태의 전개는 우리 생활상에 있어 직접적인 관심사와 결합함에 의하여 이룩된다고 함은 이미 널리 알려진 사실이다. 예컨대 죽음의 문제, 각종 재앙의 문제 등이 신앙행위와 결합되었음이 그와 같은 것이라 하겠으나, 화엄신앙이 목표로 하는 證入華嚴世界는 그와 같은 것이 희박하다는 것이다. 뿐만 아니라 목표로 하

156 한국의 가람

무량수전 본존불

는 바에 이르는 방법으로서의 각종 신앙형태도 이것이 화엄신앙의 형태라 할 수 있을 정도로 특징적인 것을 찾아볼 수 없게 된다는데 화엄신앙 연구의 어려움이 따른다.

2) 신라시대 화엄신앙의 유형과 성격

신라시대 화엄신앙의 제유형에 대해서는 많은 조사자료를 통하여 다양한 신앙형태를 소상하게 밝혀 놓은 金相鉉의 연구가 있다.[21] 그러나 본고에서는 각도를 조금 달리하여 신라시대 화엄신앙의 성격규명

---

21) 金相鉉,〈統一新羅時代의 華嚴信仰〉《新羅文化》2, 동국대학교 신라문화연구소, 1985.
　　　　, 《新羅華嚴思想史硏究》, 동국대학교 박사학위청구논문, 동국대학교 대학원, 1989.

을 해보려 한다. 앞에서도 살핀 바와 같이 신앙유형의 형태는 보는 각도에 따라 여러 형태로 분류된다.

우선 신라시대 화엄신앙의 근본형태가 '證入華嚴世界'함에 있었다고 함은 《삼국유사》에 전하고 있는 화엄신앙의 체험담들을 통하여 충분히 짐작할 수 있게 되지만 그에 이르는 방법으로서의 신앙형태는 무척 다양하게 나타나고 있는데 金相鉉은 이를 다음과 같이 분류해 놓고 있다.[22]

① 諸經 讀誦・書寫 등의 華嚴經에 대한 經典信仰.
② 華嚴經에 등장하는 護法諸神衆들에 대한 華嚴神衆信仰.
③ 華嚴經 菩薩住處品에 의한 五臺山 文殊菩薩 등의 菩薩住處信仰.
④ 華嚴結社 및 華嚴祖師崇拜信仰.
⑤ 華嚴信仰을 배경으로 의상을 중심으로 한 淨土・觀音信仰

그리고 화엄신앙의 핵심은 大乘菩薩道의 실천에 의한 것이라 밝히고 있다. 이는 시사하는 바가 많으며 이 방면의 연구에 많은 도움을 주고 있다.

그런데 필자는 화엄신앙에 대한 이상과 같은 제형태에 대한 분류를 ① 華嚴淨土信仰, ② 華嚴密敎信仰, ③ 華嚴菩薩住處信仰으로 나누어 시도해 보고자 한다.

화엄정토신앙은 兩部《華嚴經》의 〈如來壽量品〉과 〈入法界品〉에 근원을 두고 있으며 支流華嚴經에서 더욱 발전적 요소를 나타내고 있다고 함은 전술한 바이다.[23]

華嚴淨土信仰은 화엄경상에 나타나고 있는 護法善神衆에 대한 옹

---

22) 앞의 책.
23) 전자는 各佛國의 淨土에 대해서만 설하고 있으나, 후자는 극락정토의 왕생을 勸說하고 있음이 그와 같다.

호를 바라는 신앙형태이나 이와 같은 신앙형태는 한국밀교의 근원적 요소를 이루고 있는 것 같아 주목되며,[24] 다른 한편 이 같은 華嚴神衆信仰은 오늘에 이르기까지 한국불교의 중요한 신앙형태를 이루고 있다는 점에서도 간과할 수 없는 것이다.[25]

華嚴菩薩住處信仰은 화엄경의 〈菩薩住處品〉에 의한 것이나, 이는 金相鉉이 화엄신앙의 핵심은 대승보살도의 실천에 있는 것이라 밝히고 있는 바와 상통하고 있는 것이라 하겠으며, 다른 한편 이와 같은 신앙형태는 대승보살도의 실천행위를 천명하고 있는 《梵網經》에 대한 신앙과도 무관한 것이 아닌 것으로 생각된다.[26]

《범망경》이 《화엄경》의 영향하에 성립된 것이라는 사실은 이미 널리 알려진 일이지만 《범망경》이 설하고 있는 蓮華臺藏世界說과 華嚴菩薩住處信仰은 무관한 것이 아닌 것으로 생각된다. 즉 범망경이 설하고 있는 蓮華臺藏世界의 구조는 千葉의 蓮華로 이룩되고 그 하나하나의 蓮葉이 一世界를 나타낸 것이어서 그 一葉一葉에 백억의 須彌山, 백억의 四天下, 백억의 南閻浮提가 있고 毘盧遮那佛은 중앙의 蓮臺上에 結跏趺坐하고 있으며 스스로 化하여 千釋迦가 되어 千葉의 나라를 관리하고 그 千釋迦는 또한 각각 백억국의 하나하나에 菩薩釋迦가 되어 南閻浮提의 菩提樹下에 앉아 菩薩心地法門을 說하고 있다는 것이다.

---

24) 洪潤植,〈新羅華嚴思想의 社會的 展開와 曼荼羅〉《千寬宇先生 還曆記念 韓國史學論叢》, 1985.
25) 오늘의 한국불교신앙의 구조는 상단·중단·하단의 삼단구조를 이루고 있는데, 이중 중단인 신중단은 화엄신중신앙이 주축을 이루고 있음은 그를 일러주고 있는 것이다(《梵音集》,《釋門儀範》).
26) 《梵網經》에 설한 戒行에 의한 菩薩道의 실천이 그와 같은 것이라 하겠으며, 元曉의 《梵網經古迹記》등에서 신라시대에 《梵網經》이 크게 유통하고 있었던 것으로 믿어지기 때문이다.

이상과 같은 사상이 일본의 경우에는 奈良時代의 중앙집권화에 크게 기여하게 되었다고 하며, 그에 따라 수도에는 大毘盧遮那佛을 奉安한 東大寺를 창건하고 각 지방에는 國分寺를 각각 설치하게 되었다고 한다.[27]

　신라시대에도 화엄사상이 왕권의 전제화에 기여하였다는 등을 놓고 논쟁이 일고 있음을 본다.[28] 여기 그 같은 논쟁에 진위를 밝히고자 하는 바는 아니지만 화엄신앙에 있어 이상과 같은 華嚴住處信仰이야말로 화엄사상이 사회사상으로 전개되는 중요한 계기를 마련할 수 있었던 것이 아닌가 한다.

　이상과 같은 신앙형태가 화엄신앙의 근본인 '證入華嚴世界' 하는데 필요한 실천행위로서의 중요한 신앙형태가 아니었던가 하며, 한편 이 같은 신앙형태를 주축으로 하여 다시 세부적인 신앙형태를 전개시키고 있다고 함은 전술한 바이고 화엄신앙에 대한 연구의 이 같은 신앙체계를 필자는 華嚴曼茶羅라 한 적이 있지만,[29] 본고에서는 이 같은 화엄신앙에 대한 전체적인 체계보다는 우선 그 일부를 형성하고 있는 화엄정토신앙에 대한 본 뜻을 이해해 보고자 한다.

5. 신라시대의 화엄신앙과 정토교

　신라시대의 화엄신앙이 정토교적 요소를 강하게 지니고 있었다고

---

27)《日本佛敎史》奈良時代佛敎.
28) 李基白,《韓國史講座》古代篇, 一潮閣, 1982. 蔡尙植,《體元의 著述과 華嚴思想》등 華嚴思想을 國家權力과의 관계에서 보려 하고 있는 것이 그와 같은 것이다.
29) 洪潤植,〈新羅華嚴思想의 社會的 展開와 曼茶羅〉《千寬宇先生 還曆記念 韓國史學論叢》, 1985.

함은 이미 널리 알려져 있는 사실이다. 즉 신라시대의 의상은 海東華嚴初祖로 숭앙받던 華嚴敎學의 大家였으며, 따라서 十聖尊者라 불리어지는 많은 훌륭한 화엄교학의 제자를 두어 신라화엄의 사상적 전통을 확립하는데 크게 이바지한 분이었다.[30] 그러나 이 같은 화엄교학의 대가가 그 실천수행면에 있어서는 정토신앙에 귀의하고 있었다는데 우리는 주목하게 된다.

그 단적인 예로 손꼽을 수 있는 것으로 의상은 정토신앙에 투철하여 아미타불이 계시는 방향인 서쪽을 등지고 앉았다는 것이다. 그리하여 의상은 《阿彌陀經義記》 1권과 《西方歌》 등의 정토관계 저술을 남겼다.[31] 그런데 이들 정토관계 저술이 이론적이고 학문적인 것보다는 실천적이고 신앙적인 면에 더욱 비중을 두어 신앙의식에 필요한 짧은 글들을 남겼다고 하는데서 그의 정토신앙에 대한 관심사가 어떤 것인가를 충분히 짐작할 수 있게 한다.[32]

한편, 오늘에 전하는 부석사는 의상이 창건하였다. 그런데 이 부석사는 의상의 화엄교학을 바탕으로 창건된 절이지만 그 본전을 무량수전으로 하고 본존을 아미타여래로 하며 부석사의 주된 신앙이 아미타의 정토신앙이었음을 전하고 있다는 데서도 신라 이래의 화엄사상에 입각한 정토신앙의 일단을 살필 수 있게 된다.[33] 여기서 더 나아가 생각할 수 있는 것은 石窟庵 본존불에 대한 논의도 만약 석굴암을 독립적인 것으로 생각하지 않고 佛國寺와의 관련성의 일부로 파악한다면 아미타불일 수도 있게 된다. 즉 석굴암을 포함한 불국사의 경영이 화

---

30) 《宋高僧傳》 권4, 新羅國義湘傳.
31) 金相鉉, 《新羅華嚴思想史硏究》, 동국대학교 박사학위청구논문, 동국대학교 대학원, 1989.
32) 앞의 책.
33) 《浮石寺》, 韓國佛敎文化硏究院, 一志社.

엄교학에 입각한 것이었다면 그러하다는 것이다.[34] 즉 화엄교학에 입각한 아미타불일 가능성은 충분히 인정된다는 것이다. 왜냐하면 신라시대에는 전술한 바와 같이 화엄경에 입각한 정토신앙이 크게 유행하였던 화엄정토신앙의 실체가 어떤 것인가를 밝히지 않으면 안된다. 그것은 얼핏 생각하면 華嚴敎家에 의하여 아미타의 정토신앙은 열등시되고 무시된 것이기 때문이다.[35] 따라서 이 같은 화엄정토신앙의 규명은 화엄신앙의 본질적 입장에서 파악되지 않으면 안되는 것이라 하겠다.

이와 관련하여 신라시대 화엄신앙의 근본핵심을 전하고 있는 것이라 생각되는 《삼국유사》의 蛇福說話가 주목된다.[36] 장황하지만 이를 소개하고 그 화엄신앙적 근본을 이해해 보려 한다.

서울 萬善地理에 한 과부가 살고 있었는데 남자와 상관하지 않고 잉태하였다. 그 아이는 나이 12세에 이르도록 말도 하지 않고 또한 일어나지도 않았다. 이로 인하여 蛇童이라고 불렀다. 하루는 그 어머니가 돌아가니 이때 元曉는 高仙寺에 머물고 있었는데 元曉가 그를 보자 예를 갖추어 맞이하니 蛇福은 답례하지 않고 말하였다. 그대와 내가 과거 經을 실었던 암소가 지금 죽었으니 함께 장사를 지냄이 어떻겠소라고 청해 왔다. 元曉가 이를 허락하고 蛇福과 함께 집에 도착하고, 蛇福은 元曉에게 菩薩受戒하게 하였다. 元曉가 시체 앞에 이르러 告祝하기를 "나지 말지어다. 그 죽음이 괴롭다. 죽지 말지어다. 그 남이 괴롭도다"고 하였다. 蛇福은 그 말이 번거롭다고 하였다. 元曉가 이를 고쳐 "죽고 나는

---

34) 華嚴敎學은 信仰實踐的인 면에서는 阿彌陀의 淨土往生을 勸說하고 있으며, 石窟庵은 華嚴敎學의 信仰的인 측면이 반영된 것이라면 그렇게 생각할 수 있다는 것이다.
35) 60・80 華嚴經의 壽命品・壽量品 등에 의하면 여러 佛國土 중에서 阿彌陀의 淨土는 가장 劣小로 說해지고 있기 때문이다.
36) 《三國遺事》蛇福不言條.

것이 괴롭다"고 하였다. 元曉와 蛇福 二公이 상여를 메고 活里山 동쪽 기슭으로 갔다. 元曉가 말하기를 "지혜의 호랑이를 지혜 숲 속에 장사지냄이 또한 마땅하지 않으리오"라고 하였다. 蛇福이 이에 偈를 지어,

그 옛날 釋迦牟尼佛은
사자수 사이에서 열반에 드셨다.
지금 역시 그와 같은 이 있어
蓮華藏世界에 들어가고자 한다.

말을 마치고 띠풀의 줄기를 뽑았다. 그 아래에 세계가 있는데 淸虛하며 七寶로 장식한 난간과 누각이 장엄하여 인간세상이 아니었다. 蛇福이 시체를 업고 함께 들어가니 갑자기 그 땅이 합쳐졌다. 이에 元曉는 돌아왔다. 후세 사람들이 그를 위하여 金剛山 동남쪽에 절을 짓고 그 이름을 道場寺라 하여 해마다 3月 14日이면 占察法會를 여는 것을 한 예로 삼았다.

이상의 설화는 여러 측면에서 활발하게 연구되어 왔으나,[37] 본고에서 주목하고자 하는 점은 이 설화가 生死問題를 주제로 하고 있다는데 주목하고 싶은 것이다. 왜냐하면 화엄관계 경전과 그 支流經典에서는 命終時에는 阿彌陀佛의 安樂國에 往生하기를 설하고 있으나, 여기서는 事後에 華藏世界에 들고자 함을 本旨로 하고 있는데 이는 다름 아닌 전술한 바와 같이 화엄신앙의 근본핵심이 '證入華嚴世界'한다는 사실과 너무나 잘 부합되고 있기 때문이다.

전기 설화에서 "蛇福은 偈文에서 蓮華藏世界에 들어가고자 한다 하고 이어 시체를 업고 함께 들어가니 땅이 합쳐졌다"고 하고 있음은

---

37) 黃浿江, 〈蛇福說話研究〉《文湖》 5.
　　김영태, 〈신라불교대중화의 역사와 그 사상연구〉《불교학보》 6.

60華嚴 第46 入法界品에[38] 無量壽佛・阿閦佛・毘盧遮那佛 등의 諸佛을 心意에 따라 見佛할 수 있고 또한 그외 諸佛은 此에 오지 않고 나 또한 그에 가지 않아 一切諸佛이 오고 감이 없으며, 나 또한 갈 곳이 없다고 한 華嚴經的 唯心思想에 입각한 것이라 생각된다.

60華嚴 제10에[39] 心과 佛, 衆生은 차별이 없으며(中略) 만약 三世諸佛을 알고자 한다면 이렇게 觀할지어다. "마음은 諸佛을 짓는다"고 하고 同 제25에는[40] "三界는 허망한 것이며, 단지 心作"이라 하고 있는 것 등은 화엄경의 유심사상적 입장을 잘 나타내고 있는 것이라 하겠으나 支流華嚴經인《大方廣如來不思議境界經》에서는 이 같은 유심사상의 입장에서 阿彌陀佛・阿閦佛・毘盧遮那佛 등의 見佛을 說하고, 또한 이를 잘 了解하면 阿閦佛 및 彌陀의 정토에 왕생할 수 있게 된다고 하고 있다. 한편 의상은 그의 一乘發願文에서 화엄경세계에 왕생하여 毘盧遮那佛을 親見하기를 소원하였다.

이상과 같이 신라시대에는 화엄경적 유심사상에 입각한 證入華嚴世界한다는 화엄신앙의 근본핵심이 유행하고 있었음에도 불구하고 어떤 연유로 화엄신앙으로서는 第二義적인 화엄정토신앙이 그것도 당대의 화엄교학의 대가라 불리워진 의상 등에 의하여 성행하고 있었던 것일까.

흔히 화엄교학과 정토교학을 다음과 같이 비교하여 말하게 된다. 즉 自力과 他力 또는 哲學的인 것과 宗敎的인 것 등의 대조적인 성격에서 양자가 비교된다.[41] 따라서 화엄교학은 신앙적인 내용이 희박한 것이 된다. 예컨대 화엄경의 主佛인 毘盧遮那는 敎化의 대상도 갖지 않고 敎化者도 아니다. 따라서 피교화자의 입장에서 신앙의 대상이 되는

---

38)《대정장》권9, pp. 694~695.
39)《대정장》권9, pp. 465~466.
40)《대정장》권9, p. 558.

164 한국의 가람

부석사 창건의 인연이 된 선묘를 모신 선묘각

부처도 아니다. 오직 萬有相關의 緣起의 세계가 곧 蓮華藏世界이므로 緣起의 理致를 體得해 나가는 일 자체가 연화장세계의 전개인 것이다. 그러나 이 같은 화엄교학의 사상체계는 철학적 사상체계로서는 고차원적인 의미를 지니는 것이겠으나, 그 같은 세계에 이르는 실천적인 면이 약하여 화엄경의 이상세계에 이르는 과정으로서 미타의 왕생사상을 수용하여 화엄신앙의 실천적인 신앙행위를 삼게 되었던 것임은 이미 전술한 바이나 智儼이 《華嚴經孔目章》 제4에[42] 〈壽命品〉을 해석하면서 미타의 정토에 一乘三乘이 不同하다고 하여, 만약 一乘에 의하면 圓融不可說이며 三乘에 의하면 實寶土라 하여 一乘의 입장에

---

41) 石井敎道, 《華嚴敎學成立史》, 石井敎道博士遺敎刊行會, pp. 215~216.
42) 《대정장》 권45, p. 567.

서 보면 極樂은 연화장세계에 攝受되어 圓融相卽하고 극락에 왕생함이 곧 연화장세계에 證入하는 것이라고 하고 있다. 이는 곧 극락왕생으로서 화엄장세계에 證入하는 所以라 보았던 智儼의 미타정토신앙에 대한 확실한 견해를 살필 수 있는 것이라 하겠으나, 이 같은 智儼의 미타정토신앙관은 원효에게 전해졌을 뿐 아니라[43] 의상에게도 전해져 의상을 비롯한 신라시대 華嚴家에 의한 실천행위로서 아미타의 왕생신앙이 성행하게 되었던 것이 아닌가 한다. 이 같은 화엄가에 의한 실천행위로서의 미타신앙은 화엄신앙의 한 대칭으로서의 성격을 지니는 것이겠으나, 다른 한편 신라사회에 정토신앙이 크게 성행할 수 있는 계기가 되었던 것이라 보인다.

그러나 이상과 같은 정토신앙은 《阿彌陀三部經》에 의한 순수 아미타 정토신앙이 아니라 어디까지나 敎義的으로는 《華嚴經》〈壽命品〉등에 입각한 佛土優劣論의 입장에서 연화장세계를 顯揚하고 미타정토 등의 諸淨土를 낮추어 보게 되나 실천적인 면에서 정토왕설을 수용하기 위하여 미타정토 등에 그 의의를 인정하게 된 화엄적 정토신앙인 것이다.

이상을 화엄경에 근거하여 말한다면 60·80화엄경 등의 兩部 華嚴經 壽量品·壽命品 등에서는 아미타의 정토는 연화장세계에 비하여 劣土에 지나지 않으나 《顯無邊佛土功德經》 등의 支流華嚴經은 정토왕생사상과 결합하기 위하여 아미타의 열토를 淨土라 하지 않고 실천적으로도 화엄경의 이상세계에 이르기 위한 과정으로 보았던 것이다. 그리고 여기서 兩部 華嚴經의 壽量品·壽命品 등이 《顯無邊佛土功德經》과 같은 화엄경의 別行本으로서 유포되었던 사실을 짐작하게 된다.

의상이 남긴 저술들은 모두가 간결한 것이라는 특징을 지니는데,[44]

---

43) 《한불전》 新羅時代篇 遊心安樂道, 동국대학교 출판부, 1979.
44) 趙明基, 《新羅佛敎의 理念과 歷史》, 新太陽社, 1962, pp. 146~156.

그와 같이 간결한 저술이 신앙실천과 관계 있는 것들이라고 한다면[45] 의상 등에 의한 화엄교학에 대한 실천신앙은 정토신앙일 수밖에 없었다고 함은 명백한 일이라 하겠다.

唐나라 智儼(600~668)에게서 화엄학을 배운 의상이 地藏의 《華嚴經孔目》 제4의 壽命品 해석에 의한 華藏極樂同體의 입장에서 극락왕생신앙의 필요성을 절실히 느끼고 돌아왔는지 모를 일이다.[46]

그리고 이 같은 화엄정토신앙이 계기가 되어 이후 般若譯의 四十華嚴 등 支流華嚴經 등이 유포되면서 화엄정토신앙이 크게 성행하였던 것이라 믿어진다.

그러나 다른 한편 신라시대의 정토신앙은 상당히 성행하고 있었다. 그것은 신라시대 정토삼부경의 유포와 정토교학에 의한 활발한 논쟁이 있을 수 있었다는 것은 華嚴淨土·純正淨土 등의 다양한 정토신앙의 양상이 성행하고 있었음을 전제로 하고 있었던 것이라 믿기 때문이다.[47]

어떻든 신라시대에는 다양한 형태의 아미타의 정토왕생을 위한 염불왕생신앙이 성행하고 있었음을 《삼국유사》의 많은 기록들이 전해주고 있다.[48] 뿐만 아니라 이들 정토신앙은 남녀노소와 상하존비를 막론하고 널리 유포되고 있었다는 데서 그 역사적 위치가 높이 평가되고 있다.[49] 그런데 이상과 같은 화엄사상의 여러 사상적 상황들이 무엇을

---

45) 義湘의 著書가 偈文 등에 의한 간결한 성격을 지니고 있음은 信仰儀式文과 관계 있는 것으로 생각되기 때문이다.
46) 義湘은 中國華嚴宗의 第二祖 智儼의 門弟였기 때문이다. 《宋高僧傳》 권4 新羅國義湘傳.
47) 洪潤植, 〈新羅法相系思想의 歷史的 位置〉 《韓國佛教史의 硏究》, 教文社, 1988.
48) 洪潤植, 〈念佛儀禮를 통해 본 韓國의 淨土思想〉 《淨土思想》, 경서원, 1981.

의미하고 있는가를 이제 다시 살피지 않으면 안된다.
 우선 여기서 예상되는 것은 華嚴學·淨土學·唯識學 등의 상호관련과 그에 따른 신라시대 思想史의 향방이 어디에 있었던 것인가를 살필 수 있게 되는 것이라 하겠다.
 첫째, 화엄사상과 정토사상의 교류이다. 신라시대의 화엄사상은 신라사상계의 주류를 이룬 사상체계를 지니는 것이었으나, 그 실천적인 면에서는 정토신앙을 수용하지 않을 수 없었다. 그러나 여기서 수용한 정토신앙은 어디까지나 화엄사상에 입각한 唯心的 淨土觀에 입각한 신앙이었다.
 둘째, 신라시대 法相界의 唯識思想은 아미타정토신앙·미륵정토신앙 등의 정토신앙과 깊은 연관을 맺고 있음이 주목된다.[50] 그것은 신라시대에 유행하고 있던 아미타 등의 정토왕생은 唯心的 所産을 밝히기 위한 방법론상의 문제로 제기되고 있었기 때문이다.
 이상에서 보면 신라시대의 화엄학과 유심학은 정토왕생사상을 사이에 두고 한편에서는 화엄학이 실천신앙행위로서 정토왕생사상을 수용하고, 다른 한편에서는 정토왕생사상을 바탕으로 하여 유심학이 그 사상적 전개를 꾀하고 있었던 것처럼 보여진다. 이를 한 마디로 요약해 말하면 신라시대 불교신앙은 아미타·미륵 등의 정토왕생신앙이 주류를 이루고 있었으나, 정토왕생에 대한 화엄학적 입장을 강하게 전하므로서 정토에 대한 유심적 바탕이 마련되었고 이어 이 같은 유심적 정토왕생을 더욱 철저히 규명하려는 데 신라 唯識思想의 한 입각지를 살필 수 있게 되는 것이라 보인다.
 흔히 통일신라시대의 불교는 화엄종과 법상종이 나란히 주류를 이루면서 발전하였다고 한다. 의심할 수 없는 사실들이 많은 문헌들을

---

49) 앞의 책.
50) 앞의 주 47).

통해 전해지고 있다. 그러나 앞에서 살핀 바에 의하면 정토왕생신앙의 발전없이 화엄종도 법상종도 발전할 수 없었던 사실들이 자명해진다. 여기서 신라정토신앙에 대한 새로운 사상사적 규명을 필요로 하게 되는 것이라 하겠으며 의상을 비롯한 신라시대 화엄교가에 의한 정토왕생신앙의 역사적 의미도 여기서 살필 수 있지 않을까 한다. 즉 통일신라시대의 사회사상적 상황은 정토왕생에 있었고 그에 대응한 사상체계의 발전은 화엄사상과 유심학이었던 것이다.

6. 맺음말

신라시대의 화엄사상은 아미타의 정토왕생사상을 수용함에 의하여 보다 실천적·민중적 전개를 볼 수 있었다. 이 같은 사상은 60·80華嚴 등의 兩部 華嚴經에서는 찾아볼 수 없고 支流華嚴經 등에서 살필 수 있게 된다. 즉 양부 화엄경에서도 왕생이 설해지고 있으나 그것은 특정의 정토를 목적으로 하는 것이 아니라 일체제불의 정토에 왕생하려 하는 것이다. 華嚴經修慈分 40華嚴 제40 《大方廣如來不思議境界經》·《文殊師利發願經》 등의 支流華嚴經에서는 이들 경전의 受持·讀誦·書寫의 功德으로 정토에 왕생할 수 있게 된다고 하고 있음이 그것이다.

이상을 경전성립사상에서 보면 壽量品·壽命品 등에서는 아미타의 정토를 비롯하여 연화장세계 등의 諸佛國土를 설하고는 있으나, 이중 연화장세계가 最勝究竟의 佛土임을 강조하여 연화장세계가 諸佛淨土를 統攝하고 있는 것임을 나타내게 되었던 것이라면, 이 같은 壽量品 등에 說한 諸淨土에의 왕생을 강조하여 壽量品을 別行하여 성립된 경전이 《顯無邊佛土功德經》·《較量一切佛刹功德經》이라 할 수 있다. 여기서는 諸淨土의 왕생을 설하고 이를 연화장세계에 이르는 한 과정으로 설정하고 있으며 敎義的으로는 미타정토 등의 諸佛土를 劣土라 하고 있으나, 실천적으로는 그 우위성을 인정하게 됨에 따라 미타정토 등에 의한 의의를 인정하게 되고 나아가서는 文殊師利發願經・華嚴經修慈分・40華嚴 제40 등에 彌陀淨土의 왕생을 설하게 되었던 것임을 살필 수 있다.

신라시대에는 이상과 같은 화엄경전에 입각한 미타정토신앙이 성행하고 있었던 것이라 믿으나 특히 의상에 의한 화엄실천행위로서의 미타정토신앙은 智儼의《華嚴經孔目章》에 의한 華藏極樂同體說에 입각한 극락왕생신앙을 수용함에서 비롯된 것이 아닌가 하여 이후에《文殊師利發願經》등의 극락왕생을 支流華嚴經 등이 유포됨에 따라 화엄사상의 실천행위로서의 아미타정토신앙이 더욱 성행하게 되었던 것이라 생각된다.

다른 한편 이 같은 화엄사상에 입각한 미타정토신앙이 신라사회에 성행함에 따라 정토삼부경에 입각한 미타정토신앙이 또한 크게 성행할 수 있는 계기를 만나게 되었던 것이라 생각한다. 그것은 신라 華嚴家・唯識家의 주된 논쟁의 주제가 극락왕생의 문제였다는 데서 살필 수 있게 되지만 여기서 신라사상사의 주된 문제가 화엄학・유식학・정토학이었던 것임을 알 수 있게 되는 바, 즉 화엄학과 유식학은 정토왕생사상을 소재로 하여 한편에서는 화엄학이 실천신앙행위로서 정토왕생사상을 수용하고, 다른 한편에서는 정토왕생사상을 소재로 하여 유식학이 발전적 소재를 마련할 수 있었던 것으로 보여진다.

이상을 요약해서 말하면 신라시대의 불교신앙은 정토신앙이 주류를 이루고 있었으나 정토왕생에 대한 화엄학적 입장이 강조됨에 따라 정토왕생에 대한 유심적 바탕이 마련되었고, 이 같은 유심적 정토왕생사상을 더욱 철저히 규명하려는 데 신라 유식사상의 한 입각지가 있었음을 살필 수 있게 되는 것이다.

그리하여 통일신라시대의 불교는 화엄종과 법상종이 주류를 이루게 되었던 것이라 하지만 앞에서 살핀 바에 의하면 정토왕생신앙의 발전 없이 화엄사상도 법상사상도 발전할 수 없었다는 사실이 명백해진다. 여기서 신라정토신앙에 대한 새로운 사상사적 위치가 설정되는 것이라 하겠으며 의상을 비롯한 화엄교가에 의한 정토왕생신앙의 역사적 의미도 여기서 살필 수 있을 것으로 생각한다.

즉 통일신라시대의 사회사상적 상황은 정토왕생에 있었고 그에 대응한 사상체계의 발전은 화엄사상과 유식학에 있었던 것이라 할 수 있다는 것이다.

국보사찰임을 자부하는 부석사의 가람구조는 정토왕생신앙에 바탕한 신앙형태를 지니고 있다. 부석사에 대한 전통적인 역사인식 즉, 화엄종찰을 계승해 왔다는 사실은 이상과 같은 한국불교에 있어 화엄신앙이 화엄정토교적 성격을 강하게 지니게 된 데 기인하는 것이라 생각된다.

金山寺 가람과 미륵신앙

1. 머리말

　오늘에 전하는 金山寺의 가람은 한국불교사의 흐름을 대표하고 있는 것 같아 주목된다. 일반적으로 말하는 한국의 사찰은 각 종파적 불교를 모두 수용한 通佛敎의 사찰로서의 성격을 지닌다. 예컨대 大寂光殿, 大雄殿, 彌陀殿, 彌勒殿, 觀音殿, 地藏殿 등의 여러 전각을 짓고 다양한 신앙 양상을 모두 수용하여 신앙적으로 보면 종합사찰로서의 성격을 지니는 것이다. 이와 같이 한국불교는 통불교의 성격을 갖지만 금산사의 가람은 대승불교에 있어 2대 사상의 조류인 中觀思想과 瑜伽思想의 두 계통을 계승하고 있는 것임을 나타내고 있다고 생각된다. 그것은 金山寺의 가람이 대적광전계와 미륵전계로 나누어 생각할 수 있기 때문이다.
　본고에서는 금산사의 가람이 지니는 이상과 같은 의미를 오늘에 전하는 건조물의 의미를 통하여 밝혀볼까 한다.
　금산사의 역사에 대한 기록은 다음과 같은 문헌자료가 오늘에 전한다.

《金山寺事蹟》,《金山寺誌》,《三國遺事》의 眞表傳簡條와 關東楓岳鉢淵藪石記條 등이 그것이다. 여기《금산사사적》은《불교학보》3·4 합집의 부록으로 실려 전하는데 이는 1635년(인종 13)의 기록을 1705년(숙종 31)에 改書한 것이다. 撰者는 알 수 없으며 금산사에 전해 오는 筆寫本이다. 내용은《三國史記》에 의하여 편찬하였고 창건에 관한 기록은《三國遺事》의 내용을 그대로 옮겨 놓았다.

《삼국유사》에 전하는 금산사에 대한 기사는 진표율사와 관계된 금산사 개창과 그 신앙에 대한 기록들이며《금산사지》는 이상의 문헌을 참고로 하여 최근에 발행한 것이다. 그리고 금산사에 전하는 慧德王師 眞應塔碑의 비문에 의해서도 금산사의 내력이 전해지고 있다.

이상의 문헌을 참고하여 금산사의 연혁을 살펴보면 다음과 같다.

금산사의 창건은 백제 法王 元年(600)이다. 즉 法王이 즉위년에 칙령으로 살생을 금하고 그 이듬해에 금산사에서 승려 38명을 득도시켰다고 함이 그것이다(事蹟). 한편 法王은 그 원년에 왕의 복을 비는 사찰로 금산사를 창건하였으나 그 사찰의 규모가 너무 작아 진표율사에게 중창케 하고 이를 開山의 기원으로 삼게 되었다고 한다.[1]

한편《新增東國輿地勝覽》에는 후백제의 甄萱이 금산사를 창건하였다고 기록하고 있으며 1492년(성종 23)에 지은〈金山寺五層石塔重創記〉에 의하면 금산사는 過去佛인 迦葉佛계의 古基를 중흥한 것으로 되어 있다.

이상에서 보면 금산사의 창건에 대한 기록은 그 설이 엇갈려 갈피를 잡기 어려우나 신라시대에 진표율사를 전후하여 계율과 미륵신앙 등과 관련된 중요사찰로 존재하고 있었음은 틀림없는 사실이라 할 수 있다. 그리고 고려시대에 이르면 慧德王師가 주지로 부임하여(文宗 33년, 1079) 금산사는 가람의 면모를 일신하게 되었다고 한다. 오늘에 전

---

1)《금산사》한국의 사찰 11, 한국불교연구원, 1985.

하는 고려시대에 제작된 석조물인 石蓮臺, 五層石塔, 露柱 등은 모두 이때에 만들어진 것이다.

그 이후의 寺勢에 대해서는 확실히 전하는 것이 없어 자세한 것은 알 수 없으나 임진왜란을 당하여 兵火로 불타 폐허가 되기전의 사세는 다음과 같은 것이었다고 《金山寺誌》는 전하고 있다. 장황하지만 오늘에 전하는 금산사 가람의 성격을 이해하는 데도 필요한 것이라 생각되어 이를 여기에 적어두기로 한다. 우선 금산사는 전체 寺域을 大寺地域, 奉天院地域, 廣敎院地域으로 나누고 이들 3寺域은 각각 다음과 같은 전각을 지니고 있었다.

⊙ 大寺地域

三層丈六殿(4方5間) 大雄大光明殿(20間) 靈山殿(15間) 海藏殿(50間) 大藏殿(3間) 無說殿(3間) 極樂殿(7間) 能仁殿(7間) 文殊殿(5間) 普賢殿(5間) 圓通殿(5間) 羅漢殿(7間) 十王殿(9間) 彌勒授戒殿(5間) 地藏授戒殿(5間) 藥師殿(5間) 香積殿(15間) 禪燈殿(5間) 無影堂(3間) 放光門(3間) 三層梵鍾樓(3間) 萬歲樓(12間) 捿雲樓(5間) 大陽門(7間) 天王門(5間) 解脫門(3間) 曹溪門(3間) 東上室(7間) 西上室(7間) 僧堂(10間) 禪堂(10間) 東方丈(7間) 西方丈(7間) 梵音寮(5間) 侍者寮(3間) 東雲集(7間) 西雲集(7間) 滌煩堂(3間) 觀靜堂(5間) 東板頭(5間) 西板頭(5間) 淸心堂(5間) 碧眼堂(5間) 翫月堂(5間) 海會堂(15間) 迎賓寮(9間) 知賓寮(7間) 蓮花堂(5間) 滿月堂(7間) 淸風樓(9間) 影山堂(5間) 仰山堂(5間) 東隅房(5間) 西隅房(5間) 東湢堂(5間) 西湢堂(5間) 東養老房(3間) 西養老房(3間) 省行堂及涅槃堂(12間) 東行廊(20間) 西行廊(20間) 外行廊(70間)

⊙ 奉天院地域

大光明殿(20間) 山呼樓(13間) 兜率殿(3間) 紫微殿(3間) 七星殿(5間) 八關堂(7間) 三層鐘閣(3間) 左梗樓(3間) 右梗樓(3間) 排雲樓(3間) 王師閣(3間) 僧寮(15間) 侍者房(3間)

⊙ 廣敎院地域
金堂普光明殿(20間) 說法殿(7間) 祝釐樓(7間) 旃檀林(15間) 眞表影堂(3間) 海東六祖影堂(3間) 十聖影堂(3間) 三層鐘閣(3間) 雲集堂(9間) 振海堂(7間) 精進堂(15間)

이상의 전각들을 불교신앙면에서 살펴보면 화엄신앙, 미륵신앙, 미타신앙, 약사신앙, 관음신앙, 지장신앙, 시왕신앙, 칠성신앙 등 다양한 신앙 양상을 수용하고 있었던 것이라 하겠으며, 이를 사상적인 면에서 보면 화엄사상, 미륵사상, 선사상 등이 주류를 이루고 있었던 것이라 생각된다.

한국불교사상의 큰 흐름을 보면 삼국시대에 불교가 전래된 지 얼마 되지 않아 신라와 백제에는 다같이 미륵사상이 크게 유행한다.[2] 그리고 통일을 전후한 신라는 화엄사상을 중국에서 수용하여 통일기에 접어들면 화엄사상을 크게 발전시키게 된다.

이에 종래의 미륵사상은 유식학파와의 관련을 갖고 다시 유가론적 사상체계를 발전시키고 다른 한편 화엄과 유식사상이 정토신앙의 사상적 구명에 참여하게 됨으로써 정토사상의 발전도 보게 된다.[3] 그런가 하면 신라 말기에 실천적 관심에서 수용된 선사상은 禪敎의 대립양상 혹은 선교의 융합양상을 보이면서 고려시대 이후 줄곧 한국불교사상의 큰 줄기를 이루어 왔다.[4] 그리하여 오늘의 한국사원에는 이상과 같은 불교신앙 내지는 불교사상의 흐름이 역력히 전해져 내려오고 있는 것이다.

임란 이전의 금산사의 가람은 이 같은 한국불교의 역사적 사실을

---

2) 洪潤植,〈三國의 佛敎受容과 社會發展의 諸問題〉《마한·백제문화》8, 원광대학교 마한·백제문화연구소, 1985.
3) 安啓賢,《新羅淨土思想史硏究》, 아세아문화사, 1976.
  惠谷隆戒,〈新羅の淨土敎〉《淨土敎の新硏究》, 隆文館, 1976.

금산사 전경

너무도 잘 전해 주고 있었지만 다시 일으킨 금산사의 가람은 그 모두를 다시 중창할 수 없었음이 유감일 따름이다.

임란의 병화로 소실된 지 3년 후인 1601년에 守文大師가 폐허의 금산사를 다시 일으키는 大役事에 착수하여 1635년에 드디어 낙성을 보게 되었다고 한다. 오늘에 전하는 미륵전, 대적광전(최근 소실), 대장전 등은 이때에 모두 중창된 것이며 조선말 高宗祖에 龍溟스님이 다시 가람을 일신하였고 1934년에 黃成烈 스님이 다시 대적광전, 미륵전, 대장전 등을 보수하여 오늘에 이르게 되었다고 한다.

임란 이후에 중창되어 오늘에 전하는 가람의 규모는 크게 축소되어 보잘것 없는 가람이 되고 만 느낌이다. 그러나 자세히 살펴보면 오늘

---

4) 金杜珍, 〈性相融會思想 成立의 思想的 背景〉《均如의 華嚴思想硏究》, 한국연구원 1981.
　許興植, 〈高麗前期 佛敎界와 天台宗의 形成過程〉, 《한국학보》 11, 1978.
　金煐泰, 〈新羅点察法會와 眞表의 敎法硏究〉, 《불교학보》 9, 1972.

에 전하는 금산사의 가람도 결코 무의미하게 한국불교의 전통적 의미를 외면하였거나 아니면 왜곡하지 않았다는 사실을 알게 된다. 비록 임란 이후에 중창된 가람이 三大寺域에서 大寺地域의 一個寺域으로 줄어들고 또한 大寺地域의 堂宇도 많이 줄어들었지만 종전에 금산사 가람이 수용하고 있던 불교신앙의 내용 혹은 불교사상의 내용 모두가 축약 경영되고 있다.

즉 彌勒信仰·戒律思想·瑜伽論的 唯識思想 등은 미륵전과 方等戒壇, 대장전 등이 이를 모두 수용하고 있으며 화엄신앙, 미타신앙, 약사신앙, 관음신앙, 지장신앙 등의 제신앙형태와 화엄사상, 선사상 등을 대적광전이 모두 수용하고 있음을 일러주는 것이다.

소실된 대적광전의 중요성은 그 건조물로서의 문화재적 가치뿐 아니라 이상과 같은 역사성을 지니고 있기에 더욱 중요시된다는 것을 잊어서는 안 된다.

그러면 이상과 같은 안목에서 금산사의 연혁을 고찰하고 이제 그 실제적인 면을 오늘에 전하는 건조물 및 기타의 불교미술품을 통하여 살펴보기로 하겠다.

2. 금산사 가람의 의미

임란 이전의 금산사의 가람은 大寺地域, 奉天院地域, 廣敎院地域으로 나누어져 있었다고 하지만 오늘에 전하는 가람은 彌勒信仰地域, 華嚴信仰地域의 2개 지역으로 나누어져 있다. 어쩌면 이 2개 지역의 가람이 말하는 불교사상적 의미는 대승불교의 2대 조류인 중관사상과 유가사상을 대표하고 있는 것이 아닌가 하여 주목된다.

1) 미륵신앙지역

 미륵전지역은 미륵신앙의 두 형태를 반영하고 있다. 즉 方等戒壇은 미륵상생신앙을 위해 필요한 것이었고, 미륵전은 미륵하생신앙의 소산으로 건립되었다. 그리고 이들 양자의 위치에서 방등계단이 미륵전의 위쪽 높은 곳에 위치하고 있음도 상생신앙을 반영하는 것이라 할 수 있다. 즉 계단은 상생신앙의 往生處인 도솔천을 상징하여 높은 곳에 위치하게 하고, 미륵전은 미륵이 도솔천에서 하생한 것을 상징하여 계단 아래쪽에 건립하게 하였다는 것이다.[5] 이와 같은 미륵신앙의 형태는 익산의 미륵사에도 잘 반영되어 있어 더욱 주목을 끌게 한다.

 즉 익산의 미륵사는 하생신앙을 위한 가람으로 건립되었으나 그 위쪽 높은 곳에 師子寺가 있었다는 것은 상생신앙을 위한 사찰로 생각되며 이들 양자는 서로 짝하여 있는 것임을 알 수 있다.[6] 그러면 아래에서 이들 조형물이 무엇을 어떻게 표상하고 있는지를 살펴보기로 하겠다.

(1) 彌勒殿 三層構造의 意味

 금산사의 미륵전은 外部形式이 삼층으로 되어 있고 각 층마다 명칭이 다른 扁額을 붙이고 있다. 이와 관련하여 彌勒下生經變相圖의 構圖를 보면 그 형식이 삼단으로 되어 있어 이들 양자의 상관관계가 究明될 것으로 생각된다.

 필자는 금산사 미륵전의 외부형식이 갖는 삼층적 형식을 백제시대

---

5) 兜率天은 천상이므로 높은 지역을 상정하고 미륵하생의 지역은 지상이므로 도솔천보다는 낮은 지역을 상정하게 되는 것이다.
6) 洪潤植, 〈益山彌勒寺 創建背景을 通해 본 百濟文化의 性格〉 《마한・백제문화》 6, 원광대학교 마한・백제문화연구소, 1983.

의 익산 미륵사지의 가람양식과 비교한 논문을 쓴 바가 있다.[7] 여기서는 금산사의 미륵전이나 익산 彌勒寺址의 가람양식이 다같이 삼층과 三院으로 되어 있어 이를 彌勒三會의 說法道場을 상징하여 건립된 것이라고 일단 추정하고, 뒤이어 미륵사지는 평면상으로 삼회의 설법도량을 설정하여 삼원 가람양식을 취하게 하였으나 금산사의 미륵전은 삼회의 설법도량을 종적으로 설정하였다는 데 의미를 부여하여 이들 양자를 비교 고찰한 적이 있다.[8] 여기 전자는 백제시대의 미륵사지 건립은 미륵신앙에 의하여 백제야말로 삼국을 통일할 수 있는 가능성을 지닌 나라임을 강하게 표출하고 있는 것이라면, 금산사의 미륵전은 통일신라시대에 건립된 것으로서 이는 미륵신앙에 의하여 삼국을 통일하였다는 확실한 의지를 강하게 표출하고 있는 것이라 믿고 있었음이 그와 같은 것이다. 그런데 이와 같은 생각은 삼국시대에는 미륵신앙이 성행하고 있었고,[9] 다른 한편 미륵사지의 삼원 가람양식이나 미륵전의 삼층구조를 미륵불의 삼회 설법에 의한 삼국통일의 희망적 전망이라고 하는 사회적 상황에만 치중한 고찰이었음을 彌勒下生經變相圖의 자세한 분석을 통하여 새로운 사실을 알게 되었다.

따라서 본고에서는 금산사 미륵전의 삼층적 구조가 지니는 종전의 연구를 일부 수정하고, 다른 한편 그 연구업적에 대한 비판적 바탕 위에 금산사 미륵전이 갖는 삼층적 건축구조와 彌勒下生經變相圖가 지니는 삼단적 구도의 상관관계를 밝혀 봄에 의하여 이들 양자가 지니는 본래의 의미를 규명해 보고자 한다.

국보 62호인 금산사 미륵전은 宣祖 30년(1597) 丁酉再亂의 병화로

---

7) 洪潤植,〈金山寺의 伽藍과 彌勒信仰〉《韓國佛敎史의 硏究》, 敎文社, 1988.
8) 앞의 책.
9) 洪潤植,〈三國時代의 佛敎受容과 社會發展의 諸問題〉《韓國佛敎史의 硏究》, 敎文社, 1988.

금산사 미륵전

소실되었던 것을 文守大師가 다시 재건하였다고 한다. 그 이후에는 英祖 24년(1748)에 金波大師가 重修하였고, 그 후에도 몇 차례에 걸쳐 중수된 사실을 알 수 있다.[10]

절에 관한 몇몇 기록을 통해 보면 고려시대 이후 금산사는 彌勒道場으로서의 중심적 역할이 축소되고 있었던 것임을 알 수가 있으나,[11] 임진왜란 이후 다시 重建하면서 미륵전과 대적광전을 우선적으로 중수하였다고 하니 역시 금산사는 백제시대를 연원으로 하여 신라시대부터 미륵도량으로서의 기능을 끊임없이 계승해 온 대표적인 사찰임이 틀림없는 사실로 믿어진다. 따라서 오늘에 전하는 삼층구조의 미륵

---

10) 《金山寺》 한국의 사찰 11, 韓國佛敎硏究院, 1985.
11) 앞의 주1).

전은 그 건축양식은 시대에 따라 변천되어 왔을지라도 삼층이 지니는 미륵전으로서의 전통적 의미는 오늘에 이르기까지 계속 계승되어 온 것으로 믿어진다.

다른 한편 《금산사지》가 밝히고 있는 '三層丈六殿'이 오늘의 미륵전과 같은 건축양식을 전하고 있는 것으로 생각되어 삼층으로 된 미륵전의 모습은 오랜 전통을 지닌 것이라 믿어진다. 더욱 금산사가 신라시대의 대표적인 미륵도량으로 이름 높은 가람이었으며, 한편 현존하는 거대한 미륵상의 臺座 아래에 있는 鐵須彌大座(속칭 쇠솟이라고 함) 등의 형태 등으로 보아 임란 이전에 소실된 미륵전도 巨像의 미륵상을 奉安할 만한 높은 건물이 삼층으로 되어 있었을 것으로 예상된다.

이상에서 살피건대 오늘에 전하는 미륵전의 삼층구조 양식과 그 높은 건물 안에 우뚝 삼층건물을 꿰뚫고 서 있는 미륵삼존불은 오랜 전통에 의한 것이며 또한 무엇인가 우리들에게 깊은 뜻을 전하고 있는 것임에 틀림없다.

그런데 여기에서 주목되는 것은 금산사의 미륵전은 왜 삼층구조를 지닌 것으로 지어야만 되었을까 하는 것이다. 이와 같은 삼층전각은 그 건축양식은 다르지만 和順 雙峰寺의 경우에서도 찾아볼 수 있고, 法住寺의 捌相殿과 같은 多層建物과도 비교가 된다. 따라서 다층구조를 지닌 건조물은 木造型에서 유래된 것이라 하고 있지만 금산사의 미륵전이 삼층으로 되어 있다는 것은 다른 다층건조물과는 다른 의미를 지닌다는 것을 명심할 필요가 있다. 왜냐하면 금산사 미륵전의 삼층구조의 佛殿에는 각 층마다 그 층이 지니는 의미를 부여한 扁額을 붙이고 있기 때문이다.

즉 일층에서는 大慈寶殿, 이층에는 龍華之會, 삼층에는 彌勒殿이라 하고 있음이 그와 같은 것이다.

여기에서 大慈寶殿이란 미륵을 일컫는 말로서 범어로 Maitreya라 하는데 이를 번역하여 慈氏라 한다. 이는 友情을 뜻하는데 여기서 말하는 우정이란 자기를 희생하고 남을 기쁘게 해줄 줄 아는 利己主義를 극복한 人格을 말한다. 따라서 大慈寶殿은 이기주의를 극복한 사회의 도래를 희망하여 그를 신앙의 대상으로 삼고 있는 것임을 전하고 있다.

龍華之會는 미륵경전에 의하면,

　　彌勒은 波羅捺國 劫波利村의 波婆利大婆羅門의 가문에서 태어나 12년 뒤의 2월 15일에 沒하여 兜率天에 승천한다. 그곳에서 수행하고 天人들을 위하여 설법하다가 염부제의 歲壽 56억만세에 염부제에 하생하고 이때에 三會의 설법을 하게 되는데 이를 '龍華三會'의 설법이라 한다.

하고 있다.[12] 그리하여 龍華之會란 여기서 말하는 龍華三會의 설법의 모임을 뜻하는 것임을 알게 된다.

따라서 삼층의 彌勒殿이란 扁額이 지니는 의미는 미륵전은 미륵하생신앙에 의한 용화삼회의 설법도량이기도 하고, 다른 한편 이기주의를 극복한 慈氏道場이기도 하다는 미륵신앙의 구조적 의미를 포괄적으로 전하는 것이라 믿어진다.

그러나 금산사의 삼층구조를 지니는 미륵전의 각 층에 붙이고 있는 彌勒殿·龍華之會·大慈寶殿 등의 편액이 모두 미륵신앙의 목적·내용·신앙대상 등을 구체적으로 알려주고 있는 것임에는 틀림없는 것이라 하겠으나, 그와 같은 생각만으로는 부족하다. 왜 일층에는 大慈寶殿이라 하였고, 이층에는 龍華之會라 하였으며 삼층에 가서 彌勒殿이라 하였는가에 대한 종합적이고 본질적인 인식이 필요하다.

우선 그를 위해서는 《미륵하생경》의 대요를 파악할 필요가 있다고

---

12)《佛說彌勒下生經》·《佛說彌勒成佛經》《大正藏》14.

생각한다. 왜냐하면 이상의 삼단계 구조는 미륵하생경의 구조를 반영하고 있는 것이라 생각되기 때문이다.

미륵하생신앙의 소의경전은 다음과 같은 것이 오늘에 전하는데,[13]

① 西晉 竺法護 譯《佛說彌勒下生經》
② 後秦 鳩摩羅什 譯《佛說彌勒下生成佛經》
③ 唐 義淨 譯《佛說彌勒下生成佛經》
④ 後秦 鳩摩羅什 譯《佛說彌勒大成佛經》

이상 4가지 미륵하생신앙 관계 경전 중에서 竺法護 譯의《불설미륵하생경》은 의문시되는 점이 많아 이를 제외하면 ②·③은 하생경으로 요약되고, ④는 성불경으로 요약된다. 이들 경전은 모두가《대정장》14권에 수록되어 있으나, 이들 경전의 비교 연구에 의하면 ②와 ④의 관계는 ④의 성불경이 장문으로 되어 있어 그 요점을 抄出한 것이 ②의 하생경이라 할 수 있다. 따라서 ②의 하생경과 ④의 성불경은 문장상으로 보면 별개의 경전이나 내용상으로 보면 같은 경전이라고 하여도 무방할 것이다.

한편 미륵하생신앙과 관계하여 특히 미륵이 하생할 시기를 5억7천만 년 등으로 설하고 있는 譯者를 알지 못하는 附東晉錄의《佛說彌勒來時經》이 전하는바 이를 ⑤라고 하여 ③과 ⑤의 관계를 보면 ③과 ⑤는 ②의 異本이라 생각할 수 있게 된다.[14]

또한 미륵경전에는 상생신앙을 설한《佛說觀彌勒菩薩上生兜率天經》이 있는데 이를 줄여서《상생경》이라고 한다.

이상에서 보면 미륵경전은 6종류가 있으나 우선 이를 대별하여《상

---

13) 앞의 주.
14) 松本文三郎,《彌勒淨土論》, 京都大學.
　　 香川孝雄,〈彌勒思想の展開〉《佛敎大學硏究紀要》44·45합집.

생경》과 ①~⑤의 《하생경》·《성불경》의 두 계통으로 나누어진다. 이들 《상생경》《하생경》《성불경》 계열을 《미륵삼부경》이라고 하는데, 상생신앙의 《상생경》과 하생신앙의 《하생경》《성불경》의 내용에서 차이를 보이고 있다.

前者는 미륵이 이 사바세계에서 수명을 다하고 兜率天에 상승하였을 때의 天上의 상태와 천상의 설법광경을 주로 설하면서 종국에는 미륵이 三會의 설법을 위하여 下生하게 된다고 說한다. 後者는 미륵이 兜率天에서 下生하여 이 사바세계에 출현하였을 때의 국토의 상태와 그 국토에서 삼회의 설법을 하게 되는 경위와 그 결과에 대하여 설하고 있어 이들 양자는 상당한 相異點을 나타내고 있다.

다음에는 이들 미륵경전의 성립순서는 어떠하였는가를 살펴보자. 위와 같이 《하생경》이 《성불경》의 초출이라고 한다면 《성불경》이 먼저이나, 《하생경》과 《상생경》을 비교하면 《상생경》 중에 "下生經에 說한 바와 같다"라고 하여 《상생경》이 《하생경》을 인용하고 있으므로 《하생경》이 《상생경》보다 먼저 성립된 것임을 알 수 있다.

경전의 내용에서 보면 미륵이 사바세계에서 沒하여 兜率天에 상생하였다가 그곳에서 수도하고, 다시 사바세계에 하생하여 성불하게 되는 것이므로 《상생경》이 먼저이고 《하생경》이 뒤에 성립된 것으로 생각할 수 있으나, 실은 그 반대인 점에 주목할 필요가 있다.

그러면 아래에서 《하생경》과 《성불경》에 의하여 미륵하생신앙의 구조적 성격을 요약해 보면 대체로 다음과 같다 할 수 있다.

《상생경》은 미륵의 하생에 대해서는 "하생경에 說한 바와 같다"라고 하여 상세히 미륵하생시의 국토의 상태를 설하고 있지 않으나 《하생경》과 《성불경》에서는,

　　舍利弗이 석가모니 부처님께 問法하여 말하기를,
　　"世尊이시여, 미륵은 참으로 兜率天에서 하생하여 성불하게 되는 것

이라 하십니다만 원하건대 미륵의 功德神力 그 國土莊嚴의 모습을 듣고 싶습니다. 또한 衆生은 어떤 布施 어떤 持戒에 의하여 미륵불을 만나게 될 수 있는 것입니까?"

하면서 미륵에 대하여 說하여 주시기를 請法하니 석가모니 부처님께서는 이에 답하여 說하기를 미륵하생이 가까워졌을 때의 세계의 상태로부터 說하기 시작한다.[15]

미륵경전에 전하는 彌勒下生信仰의 본질적인 의미는 불교신앙의 특질은 自力信仰에 근거하고 있는 것임을 알 수 있다. 그 자력의 힘이 다른 불교신앙에서는 個人的인 自力에 바탕을 두고 있는데 반하여 미륵신앙에 있어 자력은 개인적인 자력의 힘이 아니라 社會共同體 내지는 社會的 自力의 힘에 의하여 彌勒下生의 도래를 맞이할 수 있다는데 신앙의 목표를 두고 있다는 특질을 지닌다.[16] 이는 다른 한편 같은 미륵신앙이면서도 자력의 힘을 강조하여 兜率天 往生을 목표로 하는 미륵상생신앙 형태와도 구분되는 특질이기도 하다.

彌勒下生信仰이 사회적 자력의 힘을 필요로 하고 있다고 함은 미륵하생경과 성불경의 구조가 미륵의 하생이 가까워진 지상의 상태부터 설하기 시작하고, 그와 같은 사회는 轉輪聖王에 의하여 다스려지는 사회이어야 하고 그런 사회는 사회적 환경・자연환경 등이 개선되어 인간의 수명이 늘어나고 자연의 수목도 번성하게 된다는 것이다. 이와 같은 사회적 자연환경을 우리 스스로가 조성하였을 때 미륵은 비로소 하생하게 된다는 것이다.

금산사 彌勒殿의 三扁額의 명칭은 이와 같은 미륵경전의 구조를 잘 반영하고 있어 주목을 끌게 한다. 즉 일층의 大慈寶殿의 大慈는 중생

---

15) 앞의 글, 彌勒寺 창건의 사상적 배경 참조.
16) 洪潤植, 〈韓國史上에 있어서 彌勒信仰의 特質〉《韓國思想史學》6, 1994.

이 다같이 大慈心을 일으킴에 의하여 이기심을 극복하고 좋은 사회환경과 좋은 자연환경을 가져올 수 있다는 것이며, 그리고 여기에는 轉輪聖王에 의하여 다스려질 수 있는 평화로운 사회를 스스로 만들어 나가야 한다는 강한 신앙의지를 나타내고 있다.

이상과 같은 사회가 이룩되었을 때 이층에서 나타내고 있는 龍華之會가 열릴 수 있게 되고, 그 龍華之會에 참가하여 미륵의 설법을 들은 末法衆生이 모두 구제받아 三層에서 말하고 있는 彌勒殿의 미륵세계가 열린다는 3단계 구조가 앞에서 살핀 미륵하생경의 大要에서도 살필 수 있었기 때문이다.

(2) 彌勒下生經變相圖의 圖像과 그 意味

오늘에 전하는 미륵하생변상은 일본 親王院 소장의 것과 知恩院 소장의 두 점이 전하는데 이는 모두가 고려시대에 제작된 佛畵이다. 이 가운데 親王院 소장의 것은 至正 10年(1350)이라고 하는 분명한 연대가 명기되어 있고 悔前이라는 작가명, 그리고 불화제작에 참여한 發願者·施主者의 이름 등이 명기되어 있어 중요한 자료로 주목을 받고 있다. 그리고 이 그림의 화기에 '貧道玄哲謹發霞誠同願法界檀那同龍華三會恒聞說法廣度群生耳'라고 하는 기록을 남기고 있어 이 그림이 彌勒下生經變相圖임을 분명히 해주고 있다. 知恩院 소장의 것은 이와 같은 명문을 남기고 있지는 않으나 親王院 소장의 것과 圖像의 구도가 같고 그 표현기법과 양식도 동일시되고 있어 이 두 점의 불화를 오늘에 전하는 고려시대의 미륵하생경변상도로 주목하게 된 것이다.

미륵하생경변상도라 하였지만 여기서 먼저 變相이란 어떠한 의미를 지니는 것인가를 밝혀둘 필요가 있다고 생각한다. 왜냐하면 금산사 미륵전의 삼층적 구조가 지니는 의미와 이 변상도와의 비교론적 고찰을 위해서는 반드시 필요한 것이라 생각하기 때문이다.[17]

변상의 의미에 대해서는 이미 다른 논고에서 구체적으로 밝힌 바

일본 지은원 미륵하생경 변상도

있으나,[18] 그 내용을 요약해 보면 대체로 다음과 같은 것이라 생각한다.

첫째, 불경의 내용을 변경하여 눈으로 볼 수 있게 한 그림이다. 둘째, 넓은 의미에서의 변상은 갖가지 변화하는 경계의 상태를 한 畵面에 편집·배치한 불교 회화라 할 수 있다. 셋째, 變이란 용어에 대해서는 變更의 의미·變怪의 의미·變現의 의미 등으로 해석하고 있지만, 이들 變이란 용어는 본래가 불교용어이며 이는 무엇인가의 설화적인 줄거리를 갖는 내용을 회화화 혹은 조형화한 것임을 알 수 있다.

이상을 요약해 보면 변상이란 中尊的인 것이 중대를 점령하고 설화적인 요소가 연변에 그려지는 것을 칭하는 데 상응되는 것으로 생각된다. 이를 다시 불교미술사적으

---

17) 變相의 의미를 둘러싼 여러 가지 개념설정의 논의가 일어나고 있기 때문이다.
18) 洪潤植,〈觀經變相의 一般的 意味〉《高麗佛畵의 硏究》, 同和出版公社, 1984.

로 말한다면 변의 제재는 역사적으로 변천 발전하여 本生譚·佛傳·比喩說 등의 소위 本緣說話의 畵題는 초기적인 것이며 淨土變相과 같이 說話的인 내용이 연변에 깔리게 된 것은 후기적인 것으로 생각할 수 있다.

이상의 미륵하생변상도는 후기적인 것에 속하지만 이는 미륵하생경을 변경하여 눈으로 볼 수 있는 그림으로 한 것이거나 아니면 미륵하생경의 내용을 그림으로 변경한 것이라 할 수 있다.

그러면 다음에는 앞에서 살핀 미륵하생경변상이 지니는 의미를 바탕으로 현존하는 미륵하생경변상도가 지니는 구도와 그 도상의 의미가 무엇을 나타내고 있는 것인가를 밝혀보고자 한다.

일본에 현존하고 있는 미륵하생경변상도는 같은 고려시대의 양식을 지니고 있어 그 구도나 도상의 세부적인 묘사법에 있어서 조금은 차이를 나타내고 있으나 기본바탕은 같은 것이라 생각되어 이 두 불화가 미륵하생경변상으로서 갖추고 있는 공통적인 요소만을 요약하여 보면 다음과 같다.

이를 앞에서 살핀, 미륵하생경의 대요와 대비하여 보면 그림의 맨 아래쪽 부분은 미륵하생이 가까워진 때의 광경을 묘사하고 있는 것으로 생각된다. 즉 미륵하생경의 첫머리에서 설하고 있는,

> 오랜 세월이 지난 뒤 이 세계에 翅頭末城이라고 이름하는 성곽이 생길 것이니 동서의 길이는 12유순이고, 남북은 7유순인데 그 나라의 땅이 기름지고 풍족하여 많은 인구와 높은 문명으로 거리를 번창하게 할 것이다.

하는 미륵하생이 가까워진 때의 세계를 묘사하고 있는 것이라 생각됨이 그것이다.

한편 그림 하단 중앙의 궁전을 중심으로 그 좌우에 수레가 묘사되

고 수레 앞에는 傘蓋 아래 大臣像들이 앉아 있고 그 앞에 코끼리상이 묘사되고 있으며, 또한 하단 그림부분은 連珠文으로 구획을 짓고 있는데 이는 이 성의 동·서·남·북의 길이를 나타내고 있는 내용을 묘사하고 있는 것이라 생각되나 이 부분 그림은 경전에서 설하고 있는,

> 이 나라(翅頭末城)에는 상카(蠰佉)라고 하는 轉輪聖王이 나와서 바른 法으로 나라를 다스리게 될 것이니 그 왕은 이른바 수레보배와 코끼리보배 등 7가지 보배로 나라를 다스린다.

는 내용을 묘사하고 있는 것이라 생각된다. 한편 그림 최하방 좌우에는 용화수로 생각되는 나무가 묘사되고, 오른쪽 나무 밑에는 앉아 있는 수행자상이 표현되어 있는데 이는 경전상의,

> 곧 이 翅頭末城에서 멀지 않은 곳에 높이가 1유순이나 되며 둘레가 5백보나 되는 龍華라는 도를 닦는 나무가 있는데 미륵이 그 나무 아래에 앉아서 위없는 큰 도를 이루리라.

고 하여 미륵이 용화수에서 수행하고 있는 모습을 묘사하고 있는 것으로 보인다. 그리고 궁전 바로 아래쪽에는 壇 위에 방광하는 향로가 놓여지고 그 좌우에 삼인의 인물상이 마주보고 있는데 좌우의 삼인 중 중앙의 보관을 쓴 인물상은 귀인상을 나타내고 있으며 오른쪽은 남자, 왼쪽은 여인상을 묘사하고 있는데 주위의 인물은 시녀상을 나타내고 있다. 그리고 그 주변은 瑞雲을 묘사하여 방광하는 향로와 더불어 이 장면은 瑞光像을 묘사하고 있는 것으로 보이는데, 좌우의 중앙 귀인상의 남녀는 미륵의 부모인 수범마와 범마월로 생각되며 이 부분의 그림이 서광상을 나타내고 있음은 미륵이 兜率天에서 하강하여 수범마와 범마월의 몸을 빌려 사바세계에 탄생한 것을 찬탄하는 광경을 나타내

고 있는 것이라 생각된다.[19]

또한 하단의 오른쪽 부분에 청소를 하고 있는 鬼人像들이 보이는데 이는 경전에서 말하고 있는,

성 안에는 모든 것을 법에 따라 행동하고 바른 가르침을 어기지 않는 성화라는 나찰귀신이 있어서 언제나 백성들이 잠든 뒤에 낮 동안 더럽혀진 온갖 것을 청소하고 향수를 땅에 뿌려서 더없이 향기롭고 깨끗하게 한다.

고 하고 있는 經說의 내용을 도설화한 것임이 틀림없을 것이다. 한편 하부 왼쪽 용화수로 생각되는 樹木 앞에는 輦을 멘 12인의 인물상이 묘사되고 있는데 이들 가운데 4인은 幡蓋를 들고 있다. 이 부분 그림은,

미륵이 출가하여 용화수 아래에 앉은 바로 그날 밤 성불하게 되는데 이 소식은 33천을 지나 범천에 이르기까지 알려지고 그때에 대장이라는 마왕이 있어 법으로 다스리다가 여래의 이름이 들려오는 소리를 듣고 기뻐 날뛰며 어쩔 줄 몰랐다. 이때에 마왕은 욕계의 모든 사람들에게 고하기를 미륵 부처님이 오늘 열반의 저 언덕에 건너갔고, 또한 그대들도 저 언덕에 이르게 할 것이니 그대들은 빨리 출가하라.

고 한 경전내용을 묘사하고 있는 것으로 보인다.[20] 왜냐하면 輦을 묘사하고 있음은 到彼岸의 의미를 나타내고 있는 것이라 생각되기 때문이다.

또한 그 아래쪽에는 소 2마리로 밭을 가는 농부 2인상이 묘사되고

---

19) 앞의 주 18) 참조.
20) 앞의 주 18) 참조.

있는데 이들은 밀짚모자와 같은 모자를 쓰고 있다.

  한편 그 오른쪽 그림의 나찰귀들의 청소하는 모습을 그린 부분도 아래쪽에는 추수하는 농부들의 모습을 밭가는 모습과 대칭적으로 묘사하고 있는데 이와 같이 농경의 풍경을 나타내고 있음을 하생경이 설하는, '비가 때 맞추어 내려 곡식이 풍성하게 자라고 한 번 심어 7번 수확한다' 든가, '이때의 염부제의 지상에는 곡식이 풍족하고 인구가 번창한다' 또는 '이때의 지상에는 벼가 저절로 자라며 또한 껍질이 없고 매우 향기가 좋아서 먹기가 좋으며'라는 것 등에서 알 수 있는[21] 翅頭末城, 즉 미륵의 하생이 가까워진 때의 염부제의 농경생활이 매우 풍성하여 아무런 걱정이 없고 이로 인하여 서로 다투거나 옥살이를 하는 일이 없는 좋은 사회상을 나타내려 하였던 것으로 보인다.

  이상에서 살핀 이 변상도의 하단부분 그림은 미륵의 하생이 가까워졌을 때의 시두말성의 사회환경과 자연환경을 묘사한 그림이라 할 수 있다.

  시두말성은 상카왕이라고 하는 전륜성왕에 의하여 다스려지는 사회이나 이와 같은 사회가 이룩되기 위해서는 남에게 베풀어 주어야 한다는 보시행이 강조된다.[22] 따라서 이와 같은 사회는 大慈社會라 할 수 있다. 한편 금산사 미륵전의 삼층구조에서 최하층의 편액을 大慈寶殿이라 하는 것은 미륵변상의 하부그림이 시두말성을 나타내고 있는 것과 같은 의미를 지니는 것이라 믿어져 흥미를 끌게 한다.

  이상에서 살핀 시두말성의 하단부분의 그림 상방에는 성불한 미륵이 용화수 아래에서 설법하는 모습이 묘사되고 있다. 이 미륵불의 설법도의 표현양식은 說者와 聽者(청문중)·四天王·金剛像 등의 護法聖衆들을 나타내어 일반적인 설법도와 같은 양식을 취하고 있으나,[23]

---

21) 앞의 주 18) 참조.
22) 앞의 주 18) 참조.

청문중이 일반 설법도에서는 10대 제자 등의 비구중과 보살들로 되어 있으나 여기서는 비구 보살들의 일반적인 청문중과 사천왕 등의 호법 성중을 說者인 중앙의 미륵불 좌우에 묘사하고 그 하방에 시두말성 즉 상카국의 국왕을 비롯한 신료들이 묘사되고 있어 이 점이 여타의 설법도와 차이를 나타내고 있다. 그리하여 여기서의 설법도는 다시 상방의 일반적인 설법도 부분과 그 하방의 상카국의 국왕인 전륜성왕에 의한 청법의 장면으로 나누어 생각할 수 있다.

그러면 여기서 먼저 이 설법도의 하단그림의 내용부터 경전내용에 의거하여 밝혀보고자 한다.

우선 그 구도와 도상을 보면 중앙의 미륵불 아래쪽에는 머리에 보관을 쓴 귀인상이 마주 앉아 합장하고 약간 얼굴을 미륵불 쪽으로 쳐다 보고 있는데 그 오른쪽은 남자상이고 왼쪽은 여인상이다. 그리고 그 좌우에는 관복차림의 남자상 5인이 묘사되고 그 앞쪽 상방에 비구형의 인물 1인이 약간 머리를 숙인 자세로 묘사되고 있다. 한편 왼쪽에는 오른쪽과 같이 5인의 귀인상과 1인의 沙門像이 묘사되고 있는데 이들은 모두 여인상을 취하고 있다.

이상의 그림에서 중앙에 마주보고 앉아 미륵불을 향하고 있는 남녀

---

23) 일반적인 說法圖는 佛이 法會를 행한 형식을 圖說化한 것이라 할 수 있으나, 이때 법회의 형식은 主·衆·時·處·聞·信이라고 소위 말하는 經의 六成就의 형식을 취하고 있다. 主는 說者, 衆은 聽者(호법선신 포함), 時는 一時라 하고 있으나, 이는 영원한 시간을 의미하고, 處는 王舍城 등의 구체적인 장소를 표기하고 있으나 經說 내용에서 보면 시공을 초월한 공간을 의미한다. 한편 聞·信이란 如是我聞에서 시작하는 경구의 첫머리에서 알 수 있는데 이는 說者와 聽者가 대립적인 입장을 극복한 것을 의미한다. 여기 說者는 佛이며, 聽者는 菩薩衆과 十代 弟子 등의 聲聞들이다. 그런데 十代 弟子 등의 聲聞은 우리들 중생을 대표하고 있지만 보살중은 聞法의 主觀을 나타내고 있다는 데 주목할 필요가 있다. 이상을 표출한 그림이 說法圖의 일반적 형식을 지닌다.

상은 상카국의 국왕인 전륜성왕과 그 왕비로 보이며 그 좌우의 남녀 군중도와 삭발형의 두 사문상은 다시 아래에서 상기 그림내용들과 관계되는 경전내용들과의 상관관계를 살피면서 고찰해 보기로 하겠다.

이 변상의 최하단 그림은 전륜성왕에 의하여 다스려지는 시두말성 혹은 상카국의 모습을 묘사한 것이었다고 함은 이미 전술한 바이나, 이 부분도는 전륜성왕에 의하여 다스려지는 大慈心을 일으키는 사회가 아니면 미륵이 하생할 수 없다는 전제하에 전륜성왕의 국토의 모습을 묘사하고, 그러한 국토가 이룩되었기에 미륵이 하생하여 성불하게 되었다는 소문이 시공을 초월하여 전달되었다는 줄거리를 지닌 그림이라고 생각된다.

> 이렇게 하여 미륵이 성불하였다는 소식이 상카왕에게 전해지자 그가 곧 부처님이 계신 곳으로 달려와서 법문을 듣고자 하면 미륵부처님은 법문을 설할 것이다. 그 설법내용이 처음이나 중간이나 끝이 다같이 거룩한 말씀이고 심오한 진리이다. 그로부터 상카왕은 왕위를 태자에게 물려준 다음 여러 범지들에게 진귀한 보물들을 주고는 8만4천 대중을 데리고 부처님 계신 곳에 가서 사문이 될 것이며 모두 다 도과를 이루어 아라한이 되리라.[24]

고 한 경설의 내용을 도상화한 것이 미륵불 아래에 마주보고 앉아 있는 전륜성왕과 그 왕비인 것으로 생각된다.

> 한편 이때 수범마 대장자는 아들 미륵이 성불하였다는 소문을 듣고 8만4천의 범지들을 데리고 부처님 계신 곳을 찾아가서 사문이 되고는 아라한이 되는데 오직 수범마만이 몸과 마음을 속박하여 괴로움을 주는 세 가지 번뇌를 모두 다 끊어 괴로움의 경계를 여의느니라.[25]

---

24) 《佛說彌勒下生經》《大正藏》14.

하고 있는 경설의 내용을 도상화한 것이 전륜성왕의 오른쪽에 묘사된 군중상이라 보인다. 여기 삭발형의 사문상은 수범마가 8만4천의 범지들과 미륵불을 찾아가 오직 그만이 사문이 되고 삼악도의 번뇌를 모두 여의게 되었다는 수범마상을 묘사하고 있는 듯하며, 그 외의 일반 귀인상은 수범마와 같이 미륵불을 찾은 8만4천의 범지들을 대표하고 있는 것으로 생각된다. 그리고 그와 대칭상에서 묘사된 여인상의 군중도는 경전이 설하는 다음과 같은 내용을 도상화한 것이라 생각된다.

> 또 부처님의 어머니(미륵불의 어머니) 범마월 부인도 8만4천의 시녀를 이끌고 부처님 계신 곳에 가서 사문이 되어 모두 아라한을 얻고 그 가운데 범마월 부인만은 번뇌를 다 여의고 수다원을 이루었다.[26]

하고 있음이 삭발의 사문상은 번뇌를 다 여의고 수다원을 이루었다고 하는 범마월 부인을 나타내고 있는 것 같고 그 이외의 귀여인상은 8만4천의 시녀를 대표하고 있는 것이라 생각된다.

이 불화의 이래 부분에 轉輪聖王에 의히여 좋은 社會環境과 自然環境을 이룰 수 있었다는 시두말성의 모습을 묘사한 것이라면 전륜성왕과 그 왕비 그리고 미륵의 세속에서의 부모인 수범마와 범마월 부인 및 그 시종 시녀들을 청문중으로 묘사하고 있음은 이들에 의하여 '龍華之會'가 열릴 수 있게 되었음을 나타내고 있는 것이라 생각된다. 이는 금산사 미륵전의 이층 편액에서 龍華之會라 하고 있는 것과 잘 부합되고 있어 흥미를 끌게 한다.

그러면 이제 그 위쪽부분 그림의 내용을 살펴보자.

중앙에 頭光과 身光을 지닌 미륵여래가 묘사되고 그 좌우에 頭光을

---

25) 앞의 주24) 참조.
26) 앞의 주24) 참조.

지닌 4대 보살상을 나타내고 있으나 앞부분의 두 보살상은 크게 묘사하여 협시보살임을 나타내고 있다. 이들 4대 보살과 미륵불 사이의 상방에는 좌우에 아난과 가섭존자로 보이는 성문상을, 그 하방에는 합장을 한 보살형의 상이 좌우에 시립하고 있는데 이는 제석과 범천상으로 짐작된다. 협시보살 외방의 좌우에는 사천왕상이 보이고 그 상방 미륵불 두광 좌우에는 각각 성문상 4인 그리고 눈을 부릅뜨고 머리에 관이나 기타 장식물을 쓴 호법신중상(八部 金剛으로 보인다)들이 묘사되고 있다.

이상은 일반 說法圖에서 볼 수 있는 설자인 여래상, 청문중인 보살상과 10대 제자상·제석 대범천·사천왕·팔부금강상 등의 호법선신상 등으로 구성되고 있다.

이와 같은 설법도의 윗부분은 瑞雲을 묘사하고 그 상방 여래상 두광 위쪽 좌우에는 두 그루씩의 나무가 묘사되고 그 위에 化佛 오위씩을 묘사하였다.

한편 그 좌우에는 구름을 묘사하고 각각 오위씩의 天女像을 나타내고 있다. 그리고 여래상 궤주에서 발하는 放光이 뒤로 솟아 세 바퀴를 돌아 좌우로 갈라져 두 줄을 이루면서 좌우 상방으로 뻗어나가고 있다. 그리고 그 상방 중심부 여래상의 바로 위쪽에 寶蓋를 묘사하고 있다. 보개 주위에는 서운이 묘사되고 그 주위공간에는 보상화로 꽉 메우고 있다.

설법도 상방의 구름 위의 천녀상과 화불군 등은 미륵불이 성불하였다는 소식을 듣고,

　　다른 세계에서 온 수많은 백천만억 하늘 사람들과 대범천의 왕들이 하늘궁전을 타고 와서 하늘꽃과 하늘향을 부처님께 바치고 부처님을 백천 바퀴 돌고 땅에 엎드려 절한 다음 합장하고 부처님께 설법해 줄 것을 간청하였다.

는 경설의 내용을 묘사하고 있는 것으로 생각된다. 한편 이 설법도 앞부분의 땅바닥으로 보이는 부분은 평평한 바닥이 청색으로 되어 있고, 바둑판처럼 구획선을 긋고 있음이 주목된다. 이는 미륵하생이 가까워진 때의 염부제의 지상의 모습에 대하여 설하기를,

> 저때의 염부제의 지상은 땅 넓이가 동·서·남·북이 천만 유순이나 될 것이며 산과 개울과 절벽은 모두 저절로 없어지고 이때의 대지는 매우 평탄하고 정돈되어 거울처럼 맑고 깨끗하다.

고 하는 경설내용을 나타내고 있는 것이라 보인다.

이상에서 살핀 시두말성의 광경을 묘사한 하단부분 위의 그림은 일단 미륵이 하생하여 용화수 아래에서 성불하고 그때의 중생들에게 설법하는 모습을 도설한 것이라 할 수 있으나, 이 설법도는 전륜성왕 부부와 미륵의 사바세계에서의 부모를 대상으로 하여 설법한 모습과 일반대중을 상대로 삼회에 걸쳐서 설법을 하게 되는 龍華三會의 설법내용을 담은 그림으로 구분된다. 왜냐하면 여기 전자는 미륵이 용화수 아래에서 수도하여 성불하였다는 소식을 듣고 시두말성 가까이에 있는 미륵의 성도처인 용화수 아래로 직접 찾아가 청법하여 설법을 들은 것이고, 후자는 그 뒤에,

> 미륵불은 전륜성왕과 더불어 8만4천의 신하들과 비구들에게 둘러싸여 시두말성에 들어가니 미륵의 발이 성문턱을 밟으면 사바세계는 6종으로 진동하고 염부제는 화하여 金色으로 되었다. 이에 미륵은 성 중앙의 금강보좌에 大慈心으로써 대중들에게 설법하기를 "지난날 석가모니불이 五濁의 세상에 출세하여 너희들을 위하여 설법하였으나 너희들을 모두 구제할 수가 없었다. 그러나 너희들은 衣食을 사람들에게 베풀고 持戒·智慧 기타의 여러 가지 공덕을 쌓았으므로 내 처소에 來生하게 된 것이다. 나는 이들 諸人을 섭취하게 될 것이다" 하고 설법하여 초회

의 설법에서 96억인, 2회에서 94억인, 3회에서 92억인이 각각 아라한의 위를 얻게 되었다.

고 소위 말하고 있는 일반대중을 상대로 한 '龍華三會'의 설법을 일러주고 있는 셈이다. 이는 설법의 장소가 다르고 대상이 다르다.
　미륵이 성도한 용화수 아래에서 직접 처음으로 설법을 들은 것은 전륜성왕 내외와 미륵의 세속의 부모 등이다. 이들은 미륵이 하생하여 성불할 수 있도록 자력적인 수행을 계속하여 이윽고 미륵의 성불과 더불어 그 설법을 듣게 된 것이다. 그러나 이들은 자신들만이 미륵의 설법을 들으려 한 것은 아니다. 모든 중생들이 미륵의 설법을 들어 한 사람의 낙오자도 없는 용화회상을 이 사바세계에 열고자 하였던 것이다. 그리하여 미륵은 다시 전륜성왕 등에게 둘러싸여 일반대중들이 살고 있는 시두말성으로 들어가 그 곳에서 세 번 설법을 하고 말법대중을 모두 구제하게 되었다는 것이다.
　그리하여 이 미륵하생경변상도도 금산사 미륵전의 삼층구조와 같이 삼단구조를 지니는 것임을 알게 되어 주목된다. 즉 최하단은 전륜성왕 등에 의하여 미륵이 하생할 수 있는 사회적·자연적 환경을 慈心으로 이룩하게 되는 상카국의 모습, 그 상단에 그와 같은 전륜성왕 등의 치적에 의하여 미륵이 하생하고 성불하였다는 소식을 듣고 전륜성왕 등이 미륵이 수도하고 성불한 용화수 아래로 찾아가 설법을 듣는 단계, 그리고 미륵이 이들에게 둘러싸여 성 안으로 들어와 대중들을 위하여 세 번 설법하고 모든 중생을 구제하였다는 대중을 위한 설법도 등이 그와 같은 것이다. 이를 금산사 미륵전의 삼층구조의 각층 편액의 명칭과 대비해 보면 미륵하생경변상도의 최하단 그림은 상카국(시두말성)의 광경을 묘사한 것이다. 이와 같은 환경은 大慈心의 발로에 의하여 가능하였다는 면에서 보면 大慈寶殿이 되고, 이와 같은 상카국에서 미륵이 성불하고 설법할 수 있게 된 것은 전륜성왕 등의 수행력에 의한 치적에 의하여 대중을 위한 '龍華三會'의 설법이 가능하게 되었다는 사실을 그 상방에 묘사하고 있는데 이는 이들에 의하여 '龍華之會'가 열릴 수 있게 되었다는 점에서 龍華之會가 된다.

다른 한편 상방의 그림은 일반대중을 대상으로 한 설법도이다. 이는 龍華三會의 설법으로 이에 의하여 미륵의 세계가 구현되는 것이다. 그리하여 彌勒殿이라 할 수 있다. 한편 龍華殿이라 하여도 무방할 것이다. 왜냐하면 龍華樹 아래의 미륵의 설법은 처음 전륜성왕 등이 미륵이 성불한 용화수 아래로 직접 찾아가 설법을 들은 사실을 '龍華樹 아래의 說法圖'라고 하여야 하지만 이와 같은 고유명사적 개념이 보통명사의 개념으로 된 것이 일반대중을 위한 설법 모임을 뜻하고 있기 때문이다. 즉 미륵의 세계를 용화수 아래에서 성불한 불법이라 하여 '龍華世界'라고도 하고 있음이 그와 같은 것이다.

이상에서 보면 미륵신앙과 관련된 한국불교미술의 양식 정립은 건축이나 회화 등에 있어서 관계 경전의 내용을 충실히 따르려 하고 있었음이 밝혀져 크게 주목을 끌게 한다. 왜냐하면 이와 같은 전통은 미륵신앙에 대한 사회적 인식이 오래전부터 깊이 뿌리내리고 널리 확산되고 있었음을 살필 수 있게 되기 때문이다.

(3) 韓國佛敎美術史에 있어 彌勒信仰의 전통

오늘에 전하는 금산사 미륵전은 조선 후기에 중건된 것이지만 현존하는 두 점의 고려불화 미륵하생경변상도 가운데 親王院 소장의 불화는 至正 10년(1350)으로 거슬러 올라간다.[27] 그리하여 금산사의 彌勒殿이 비록 조선 후기에 중건된 것이라 하지만 고려시대 미륵하생경변상도의 구조적 의미를 건축에서 여실히 전승하고 있다. 그것은 우리 민

---

27) 日本 親王院 소장 彌勒下生經變相圖의 하단 부분에 남긴 畵記에 의거한다(《高麗佛畵》, 중앙일보, 1980).

족이 미륵경전의 구조적 의미를 구상화하는 데 필요한 문화적 기반을 오랜 전통으로 지녀왔기에 가능하였던 것이라 믿어진다. 왜냐하면 고려시대의 회화적 전통을 조선 후기에 건축양식으로 재현할 수 있었다는 것은 오랜 문화적 기반의 축적 없이는 불가능한 것이며 고려시대 이전부터 있어 왔던 한국미륵신앙의 구조적 인식이 우리 전통문화의 기층에 깔려 있었기 때문에 가능하였다는 것이다.

삼국시대에 백제나 신라가 모두 미륵신앙을 중시하여 왔다는 것은 이미 널리 알려진 바이지만,[28] 특히 신라의 眞興王은 轉輪聖王的 입장에서 正法政治를 하고자 하였다.[29]

불교의 수용 초기에 있어 신라불교의 중심문제는 현세이익사상이었다고 할 수 있지만,[30] 다른 한편 사회적 의미를 지니는 불교사상면에서 보면 미륵사상이 일찍이 주류를 이루고 있었다. 그것은 신라초기불교의 사회적 전개가 전륜성왕사상으로 나타남을 의미하며 이는 다시 진흥왕의 행적에서 충분히 살필 수 있다. 즉 진흥왕은 太子를 銅輪, 次子를 舍輪, 또는 金輪으로 命名하고 있는데 이는 전륜성왕이 그 위덕에 따라 金輪王·銀輪王·銅輪王·鐵輪王으로 四洲를 다스린다는 데서 따온 것으로 생각됨이 그것이요,[31] 다른 한편 진흥왕 순수비에 나타난 巡行 역시 阿育王이 행한 전륜성왕의 순행과 같은 성격에서 이해됨이 그것이다. 즉 阿育王은 전륜성왕의 입장에서 정법정치를 행함에

---

28) 앞의 주 16).
29) 丁仲煥, 〈新羅의 佛敎傳來와 그 現世思想〉《趙明基博士華甲記念 佛敎史學論叢》, 1965.
30) 李基白, 〈三國時代 佛敎受容과 그 社會的 意義〉《新羅時代의 國家佛敎와 儒敎》, 韓國研究院, 1978.
31) 《長阿含》권7 轉輪聖王修行經.
    《中阿含》권15 轉輪聖王經.
    《三國史記》新羅本紀 眞興王, 眞智王條.

있어 法巡行을 왕의 실천사항으로 삼았는데 순행의 주된 목적은 각지의 沙門들과 회견하고 그들에게 보시를 하는 일과, 각지의 민중을 접촉하면서 정법정치의 의견을 수렴하는 것이었다.[32] 진흥왕의 순수비가 정복을 단행한 지방의 백성들을 직접 파악하고 이들 지역사회에 질서를 부여한다는 일차적 의미가 있지만, 이와 같은 순수에 반드시 法師를 동행하고 있음은 아육왕에 의한 정법정치의 순행을 방불케 하고 있어 이를 주목하지 않을 수 없는 것이다.

이상에서 신라불교의 사회적 전개는 전륜성왕사상의 실천에 있었고 그와 관련하여 미륵신앙이 성행하게 되었던 것을 알 수 있다.

미륵신앙은 天上의 정토와 地上의 정토라는 두 정토를 지니고 있다. 여기 전자와 관련하여 미륵상생신앙이 발생하고, 후자와 관련하여 미륵하생신앙이 발생한다.

우리나라의 미륵신앙은 삼국시대부터 백제나 신라가 모두 이들 두 가지 미륵신앙의 형태를 공존시키고 있었다는 특징을 지닌다.[33]

---

32) 阿育工碑文 第14章 磨崖法勅 第8章에는 "과거의 장기간 동안 帝工은 모든 오락을 위하여 巡遊를 하였다. 여기에는 수렵이나 기타의 유사한 즐거움이 뒤따랐다. 그러나 天喜見王은 灌頂 10년에 三菩薩을 방문하였다. 이에 의하여 法巡禮가 시작되었다. 法巡禮는 沙門 등에 대한 방문과 布施 그리고 地方化에 대한 접견과 法의 敎誡와 法의 試問이 행해진다."
塚本啓祥,《アミョカ王碑文》, 春秋社, 1976.
이상에서 보면 阿育王의 巡禮와 眞興王의 巡行은 유사점이 발견되어 眞興王의 巡行을 단순한 순수로 봄은 잘못된 것이라 생각된다. 왜냐하면 진흥왕의 순행은 반드시 法師를 동행하고 있기 때문이다.

33) 百濟의 益山 彌勒寺址나 新羅時代에 創建된 것으로 믿어지는 金山寺의 彌勒信仰은 모두 上生信仰과 下生信仰을 공존하고 있는 것이라 믿기 때문이다.
洪潤植,〈益山 彌勒寺創建背景을 통해 본 百濟文化의 性格〉《마한·백제문화》6, 원광대학교 마한·백제문화연구소, 1983.

미륵신앙은 상생신앙이나 하생신앙이 모두 전륜성왕사상과 관련이 있는 것이지만 신라의 미륵신앙은 다음과 같은 면에서 상생신앙과 하생신앙을 공존시키고 있었다는 데 그 특질을 찾아볼 수 있다. 즉 彌勒菩薩半跏思惟像을 성히 조성하고 戒律을 중시한 신라불교는 상생신앙이라 할 수 있을 것이며,[34] 眞慈 등에 의하여 미륵의 하생을 발원하여 미륵이 花郞으로 化現하였다는 것은 하생신앙의 일단으로 보아진다. 그런데 이와 같은 두 형태의 미륵신앙은 모두가 正法政治에 필요한 것이었다. 왜냐하면 이와 같은 미륵신앙에 의한 正法政治의 사회적 바탕이 오랜 전통으로 우리나라 미륵신앙형태의 기층을 이루고 있어 고려시대의 불화에서 혹은 조선시대의 건축양식에서 표출될 수 있었기 때문이다.

삼국시대의 전술한 바와 같은 사회적 불교로서의 미륵신앙에 대한 관심은 통일신라에 이르면 학문적 연구의 대상이 되어 元曉에 의한 《彌勒上生經宗要》, 憬興에 의한 《彌勒下生經疏》·《彌勒成佛經疏》 등의 연구활동이 활발해져 미륵신앙에 대한 경전상의 내용을 보다 심도있게 이해할 수 있는 바탕이 마련되었다.[35]

한편 고려시대에 이르면 이상과 같은 신라시대의 미륵신앙의 문화적 기반이 대중화하는 경향을 나타내고, 다른 한편 法相宗 등에 의한 미륵신앙이 계승되어 미륵사상과 신앙의 문화적 바탕이 고려불화나 조선시대의 건축양식으로 표출되었다.

고려시대의 미륵하생경변상도와 조선시대의 금산사 미륵전의 삼층구조 양식은 양자가 다 미륵하생경이나 미륵성불경의 다음과 같은 삼단구조를 반영하고 있는 것 같아 주목된다.

첫째, 미륵성불경·미륵하생경 등은 그 일단계에서 미륵의 하생이

---

34) 《上生經》에 의한 上生信仰은 戒律의 중시를 강조하고 있기 때문이다.
35) 《韓佛全》新羅時代篇, 동국대학교 출판부, 1986.

가까워진 때의 상카국(시두말성)의 모습을 나타내고 있다.

둘째, 그 다음 단계로는 이상 첫단계의 상카국은 전륜성왕 등의 正法政治(大慈心에 의한 정치)에 의하여 이룩될 수 있었고 미륵이 하생하여 세 번에 걸친 설법을 하게 되는 것은 염부제에서의 이상과 같은 전륜성왕 등에 의한 자력적인 노력의 결과임을 나타내고 있다.

셋째, 염부제에서의 자력적 노력으로 미륵이 하생할 수 있는 분위기가 확산되었으므로 비로소 미륵은 하생하여 세 번에 걸친 설법으로 말법의 중생을 모두 구제하여 彌勒世界(龍華世界)를 이루게 되었다는 사실을 밝히고 있다.

이상과 같은 미륵하생경, 미륵성불경의 구조는 그 수행력이 점차 상행하는 상향적 성격을 지니고 있다. 고려불화의 미륵하생경변상도나 조선시대 금산사 미륵전의 삼단구조도 上向構造를 지니고 있음은 경전상의 그와 같은 구조를 잘 반영하고 있는 것 같아 주목된다.

한편 이와 같은 한국불교미술사에 있어서 미륵관계의 불교미술은 미륵반가사유상과 더불어 중요한 위치를 차지하는 것이라 하겠다. 그것은 삼국시대 이래 뿌리내리기 시작한 미륵신앙에 대한 전통이 다른 한편으로는 신라시대의 학승들에 의한 미륵경전에 대한 한국적 이해가 있어 왔고, 또한 그를 대중적 품안으로 깊이 뿌리내리게 한 고려시대의 불교대중화에 힘입어 오늘에 이르기까지 그 전통이 계승되고 있는 것이라 믿어진다. 그런데 그보다 더 중요한 것은 미륵신앙이 우리 역사상에서 항상 희망의 등불로 역할했다는 것이다. 왜냐하면 미륵신앙의 본질이 바로 우리에게 희망을 전해 주는 것이기 때문이다.

(4) 兜率天宮(方等戒壇)

미륵전이 미륵하생신앙을 표방하여 건립된 것이라면 方等戒壇은 상생신앙을 표방하여 건립된 것이라 할 수 있다. 따라서 어쩌면 이 戒壇은 계단으로서의 의미도 지니지만 상생신앙의 왕생처인 도솔천을 상

방등계단과 미륵전

정하고 있는지도 모를 일이다.
 미륵전의 왼쪽 높은 臺上에 松臺라 부르는 곳이 있다. 이곳 일대를 寺中에서도 方等戒壇이라 하고 있다. 계단의 중심부에는 石鐘形의 부도가 있어 이를 속칭 石鐘浮屠라 하여 보물 제26호로 지정하여 보존하고 있다.[36]

 이 계단은 石鐘浮屠形의 석조물을 지니고 있으므로 墓塔으로 오인되는 경우가 있지만 이는 분명히 通度寺의 경우와 마찬가지로 묘탑이 아닌 계단으로 보아야 옳을 것이다. 그런데 통도사의 계단을 金剛戒壇이라 하는 데 반하여 금산사의 계단을 方等戒壇이라 하게 됨은 통도사의 계단이 출가자들을 위한 계단이라면 금산사의 계단은 사부대중을 위한 계단으로 건립되었기 때문이 아닌가 생각된다. 그보다 금산사

---

36) 《指定文化財解說》國寶 寶物篇, 문화공보부 문화재관리국, 1973.

의 방등계단이 지니는 의미는 계단이 있는 위치에서 찾지 않으면 안 될 것이라 생각된다. 즉 그 아래에 미륵전이 있고 미륵전 위의 높은 곳에 계단을 설치하고 있다는 것이다. 이 같은 형식은 익산의 미륵전에서도 살필 수 있어 이 점이 주목된다. 즉 하생신앙에 근거한 용화삼회의 설법장을 상징한 미륵사가 있고 그 위에 상생을 표방하여 경영된 師子寺가 있었던 것과 같은 패턴이라 할 수 있다.[37]

계단을 상생신앙과 굳이 결부시키게 됨은 미륵상생신앙이 持戒爲主의 신앙이라는 데 근거한다. 금산사의 경우에는 미륵전과 짝하여 있고 또한 그 계단을 굳이 미륵전보다 높은 곳에 위치하게 함은 미륵상생신앙과 하생신앙을 대비시킨 데 연유하는 것이라 생각하기 때문이다. 그러면 이 같은 이해를 돕기 위하여 하생신앙과 비교하여 상생신앙은 어떤 특징을 지니는지 살펴보기로 하자.

> 미륵은 지상에서 沒한 이후 불교의 세계관에서 말하는 天部의 하나인 도솔천에 올라가 그곳에서 수행을 계속하면서 天衆들을 위하여 설법하고 있다고 한다. 그리고 석가 沒후 56억7천만세가 되면 우리들이 사는 염부제에 하생하여 세 번에 걸쳐 인연있는 사람들을 위하여 설법을 하게 되는데 이를 용화삼회의 설법이라 한다.

까지 보면 하생신앙이다.

그러나 이 같은 彌勒三會의 설법이 언제 있을 것인지 너무나 먼 미래의 일로 생각되어 상생신앙이 있게 된다. 즉 우리들의 생존중에는 미륵이 용화삼회의 설법을 행하게 되리라고는 믿기 어려우므로 우리들이 죽은 뒤에 미륵이 있는 도솔천에 왕생하여 미륵의 곁에 있다가 미륵이 하생할 때에 같이 하생하여 삼회의 설법에 참여한다는 것이 상생신앙이다. 그런데 상생신앙은 우선 도솔천의 왕생을 목표로 하고 도

---

37) 앞의 주 33) 참조.

솔천의 왕생을 위해서는 계를 지켜야 된다는 특징을 지닌다.[38] 《미륵상생경》에 의하면,

> 만약 比丘 및 일체의 大衆이 생사를 厭하지 않고 도솔천에 왕생하기를 원한다면 이 觀을 행하여야 된다. 이 觀을 행하는 자는 五戒, 八戒, 具足戒를 受持하고 身心을 精進하여 十善法을 닦고 일일이 도솔천상의 上妙快樂을 思惟하여야 된다. 또한 八齋戒를 受하여 諸淨業을 닦고 弘誓의 願을 發하면 命終 후에 도솔천에 왕생함을 얻는다. 만약 도솔천에 왕생하고자 한다면 이 관을 행하고 繫念思惟하여 도솔천을 염하고 미래세에 福을 닦고 戒를 지키는 자는 모두 미륵보살 앞에 왕생하고 미륵보살이 佛의 禁戒를 가져야 된다.[39]

고 하여 功德을 닦거나 繫念하기 전에 먼저 持戒의 필요성이 있음을 강조하고 있다.

石鐘 혹은 方等戒壇으로 일반에게 알려진 이 석조물은 석종의 명칭은 어불성설이며 한편 계단의 기능을 지니고 있기는 하나 계단만이 아닌 다른 의미까지 동시에 지니고 있는 것이라 생각되어 무척 흥미를 끌게 한다. 즉 미륵전이 미륵하생신앙에 의거하여 용화삼회의 설법장을 상징하여 건립한 것이라면 이 석조물은 상생신앙에 의거하며 상생신앙인이 사후에 왕생할 도솔천을 상정하고 도솔천궁으로 건립한 것이라 믿어짐이 그것이다.

결국 미륵전이 있어 미륵이 이 땅에 하생하여 용화삼회의 설법장에 참여한다는 하생신앙이 있지만 미륵이 이 땅에 언제 하생할지 알 수 없으므로 우리 중생이 죽으면 현재 도솔천에서 수행을 계속하고 있는 미륵보살의 곁으로 갔다가 미륵이 언젠가 하생할 때에 미륵을 따라서

---

38) 《大正藏》 14, p. 419.
39) 앞의 주.

같이 하생한다는 것이다. 그리하여 이 석조물은 도솔천궁으로 조성된 것이 틀림없는 사실이라 믿어진다.

　금산사의 方等戒壇은 그 축조양식에 의하면 고려시대의 것이라 한다.[40] 여기서는 계단의 축조양식에 따라 연대의 고증 등을 피하고 계단의 양식이 지니는 의미와 그 내용이 어떤 것인가를 살펴 방등계단 혹은 단순히 석종으로 알려진 이 석조물의 참뜻이 어디에 있는 것인가를 살펴보고자 한다.

　우선 이 계단의 양식적 특징을 살펴보면 다음과 같다.

　基壇은 매우 넓은 상하 2단의 정방형으로 축조되어 있다. 下層基壇은 한 변의 길이가 12.5m 높이 0.8m이며 상층기단은 한 변이 약 8.5m 높이 0.6m이다. 이 基壇은 臺石 面石 甲石으로 축조되었고 상하층의 면석에는 각종 상이 조각되어 있다. 이들 각종 상에 대하여 지금까지는 막연하게 불상과 신장상이라 하였으나 그렇지 않고 다른 의미로 해석된다.[41] 하층기단 둘레에는 난간을 둘렀던 석주가 남아 있고 또한 난간 모퉁이에는 사천왕상과 여타 다른 像形의 석상이 서 있다. 이 石壇의 중앙에는 一枚의 板石이 놓여 石鐘浮屠形의 석조물을 받치고 있는데 板石의 사방 귀퉁이에는 獅子의 머리가 조각되어 있다. 중심부의 石鐘을 받치는 곳에는 複瓣의 연화가 둘러져 조각되었다.

　石鐘의 높이는 2.27m이며 石材는 한결같이 화강암을 쓰고 있다. 석종은 범종에서와 같이 아래에는 花紋의 띠를 둘렀고 정상에는 別石으로 九龍을 조각하였는데 이 九龍은 頭部만 밖으로 향해 있고 그 위에는 仰蓮을 조각한 다른 돌이 있으며 또한 그 위에 覆鉢形의 圓石과

---

40) 金山寺의 兜率天宮은 指定文化財目錄에 의하면 명칭이 金山寺石鐘으로 되어 있고 시대는 고려시대라 하고 있음이 그것이다.
　《지정문화재해설》 국보 보물편, 문화공보부 문화재관리국, 1973.
41) 앞의 주7) 참조.

함께 정상에 寶珠石이 얹혀 있다.

이상과 같은 석조물에 대하여 지금까지는 단순히 계단으로만 이해되어 왔다. 즉 이 석조물은 通度寺와 佛日寺 등 기타 사원에서 보는 바와 같이 佛舍利를 봉안한 사리계단이었을 따름이다.

그런데 필자는 금산사의 계단은 통도사의 계단과는 달리 이해되어야 한다고 생각한다. 예컨대 통도사의 계단은 금강계단, 금산사의 계단은 方等戒壇이라 하여 명칭상의 상이점을 지니고 있으나 그보다 이들 계단의 유래부터가 다르다는 것을 알아야 한다는 것이다. 금산사의 계단은 그 건조물의 양식의 일부가 비록 석종형 부도의 양식을 지니고 있으나 이 건조물의 전체적 의미에서 보면 부도로만 이해될 성질의 것이 아니다. 기단으로 이해되어온 2단의 석조물과 그 시설의 面石에 조각된 각종 像形 그리고 그 주변의 난간과 난간 주변의 사천왕 등 각종 상 등을 종합하여 보면 이들 시설물은 미륵상생신앙에 의한 도솔천궁을 상징하고 있는 것임을 쉽게 알 수 있다.

금산사가 신라시대의 眞表 이래 미륵도량으로 이름 높은 사찰이었음은 이미 널리 알려진 사실이나[42] 그 같은 금산사에서의 미륵신앙의 형태가 어떤 것이었던가 이에 관심을 기울여볼 필요가 있다. 즉 오늘에 전하는 미륵전을 용화삼회라 하고 있고 또한 그 같은 미륵전에 미륵보살이 아닌 미륵불을 봉안하고 있다고 함은 미륵하생신앙으로 이해되지만[43] 금산사에 대한 몇 가지 문헌내용이 전하는 바는 금산사에서의 미륵신앙은 持戒중심의 미륵신앙임을 알게 해준다. 예컨대 眞表는,

---

42) 金煐泰,〈新羅占察法會와 眞表의 敎法硏究〉《불교학보》9, 1972.
《금산사》한국의 사찰 11, 한국불교문화연구원, 1985.
43) 彌勒佛은 成佛하여 佛이 되면 지상에 내려와 龍華三會의 설법을 열게 됨으로 미륵불을 봉안한다는 것은 곧 하생신앙을 의미한다. 이에 반하여 상생신앙은 어디까지나 아직도 수행을 계속하고 있는 미륵보살이 신앙의 대상이 된다.

금산사 가람과 미륵신앙 207

쌀 5흡을 하루의 양식을 삼고 그 중 1흡을 덜어 쥐를 기르며 彌勒像 앞에 3년이나 戒法을 간구하여도 授記를 얻지 못하였으나 계속 身命을 아끼지 않고 계를 구하였으므로 地藏은 戒本을 주고 미륵은 二柱를 주었다.

고 하고 있음과[44] 또한 미륵보살이 도솔천에서 감응하여 구름을 타고 내려와 율사와 함께 戒法을 주었다[45]는 사실과 眞表가 法住寺로 가는 도중에,

나는 금산사의 眞表란 중인데 내가 일찍이 不思議房에 들어가 彌勒 地藏의 두 보살 앞에서 친히 戒法과 眞柱를 받아 절을 짓고 오래 살 곳을 찾아오는 길입니다. 이 소들은 겉으로는 어리석으나 속으로는 현명하여 내가 계법을 받은 것을 알고 꿇어앉아 우는 것입니다.[46]

하고 있는 것 등이 그것이라 할 수 있는데 여기서 보면 진표율사에 의한 계법은 도솔천에 왕생하고자 하는 데 목적이 있었음을 알 수 있다.[47] 이것이 사실이라고 한다면 진표율사 이래의 금산사에서의 미륵신앙은 상생신앙이 성행하였으며, 방등계단으로만 알려진 이 석조물의 시설은 미륵보살의 수행처를 상징한다. 즉 도솔천에 왕생하고자 하는 자가 五戒, 八戒, 具足戒 등을 수지하고 十善法을 닦는다면 미륵보살이 장차에 있을 용화삼회의 설법을 기다리며 현재 수행중에 있는 도솔

---

44) 《三國遺事》關東楓岳鉢淵藪石記條.
45) 앞의 주.
46) 앞의 주.
47) 戒法爲主의 彌勒信仰은 上生信仰임을 彌勒上生經의 관계경전의 여러 곳에서 설하고 있고 한편 미륵신앙에 의한 持戒는 도솔천의 왕생을 목적으로 하고 있기 때문이다.

천상에 왕생할 수 있다는 도솔천궁 바로 그것이라 생각된다.

즉 미륵전이 하생신앙에 의하여 용화삼회의 설법장임을 상징하여 건립한 것이라면 방등계단은 상생신앙에 의하여 도솔천궁을 상징하여 조성된 것이라 할 수 있다는 것이다.

미륵신앙에는 상생신앙과 하생신앙의 두 형태가 있다는 것은 누구나 다 아는 사실이지만 이들 두 가지 미륵신앙의 형태는 때로는 공존하기도 하고 때로는 어느 한쪽이 더 성행하기도 하지만 결국은 서로가 상관관계를 떠날 수 없는 것임을 경전에서 살필 수 있다.[48] 금산사에 미륵전과 도솔천궁을 동시에 조성하였다는 것은 이들 두 형태의 미륵신앙이 갖는 상관관계를 잘 반영하고 있는 것임에 틀림없는 것이라 하겠다.[49]

여기 경전상에 나타난 상생신앙과 하생신앙의 상관관계를 보면 다음과 같은 것이다.

> 上生經은 彌勒下生에 대하여 '下生經에 설하는 바에 의하면' 하고 더 이상 詳說하지 않고 곧바로 도솔상생에 대하여 기술하고 있다. 이는 下生經 成佛經과 같이 먼 미래의 三會說法의 구제를 설하는 것만으로는 비록 그때의 국토가 장엄하다고는 하지만 현재의 사람들을 충분히 만족시킬 수 없기 때문에 바로 미륵이 살고 있는 도솔천에 上昇하여 輪廻轉生의 苦에서 벗어나게 될 것을 강조하고 종래의 미륵신앙의 不備한 점을 보충하려는 데서 상생경이 성립된 것이다.

하고 있다.[50]

대체로 《미륵성불경》은 서기 120년경 《하생경》은 4세기말경 《上生

---

48) 《大正藏》 14, p. 420.
49) 앞의 주.
50) 앞의 주 48).

經》은 그에 곧 뒤이어 성립되었다고 하지만[51] 여기서 보면 상생경의 출현에 의하여 비로소 미륵신앙은 兜率上生 閻浮提下生의 首尾一貫한 완성된 신앙형태를 형성할 수 있었던 것으로 믿어진다. 그리하여 미륵도량을 형성할 때에도 상생신앙과 하생신앙의 도량은 별도로 개설하되 상호연관된 것으로 설정하고 있음이 그것이다. 익산 미륵사에 있어 미륵사와 師子寺가 그러하고 금산사에 있어 미륵전과 도솔천궁(方等戒壇)이 그러한 관계에 있는 것이다. 그런데 여기 재미있는 것은 도솔천궁은 지형적으로 반드시 높은 곳에 조성하고 용화삼회의 설법장은 낮은 곳에 조성하고 있다는 것이다. 미륵사와 금산사의 경우가 다같이 그러하지만 그것은 도솔천궁은 천상에, 龍華三會의 설법장은 지상에 있는 것임을 나타내기 위하여 필요하였던 조치임을 쉽게 알 수 있다.

다음에는 도솔천은 어떤 것인가를 경전에 의하여 살펴보면 도솔천이란 범어로 Tuṣita-deva라 하며 욕계육천의 하나이다. 覩史多, 鬪瑟哆, 兜率陀, 妙足, 喜足, 知足이라 번역한다. 수미산의 꼭대기 12만유순 되는 곳에 있는 천계로서 칠보로 된 궁전이 있고 한량없는 천인들이 살고 있다고 한다.

도솔천에는 內外의 2원이 있고 외원은 천중의 욕락처이고 내원은 미륵보살의 淨土라 한다. 미륵은 여기에 있으면서 설법하며 남섬부주에 하생하여 성불할 시기를 기다리고 있다고 한다. 이 하늘은 아래에 있는 四天王天·忉利天·夜摩天이 욕정에 잠겨 있고 위에 있는 化樂天·他化自在天이 들뜬 마음이 많은 것인데 반하여 잠기지도 들뜨지도 않으면서 五欲樂에 만족한 마음을 내므로 미륵 등의 보처보살이 이곳에 있다고 한다. 이 하늘사람의 키는 2리, 옷무게는 1銖반, 수명은 4천세이고 인간의 4백세가 이 하늘의 일주야가 된다고 한다.

---

51) 松本文三郎, 《彌勒淨土論》, pp. 84~85.

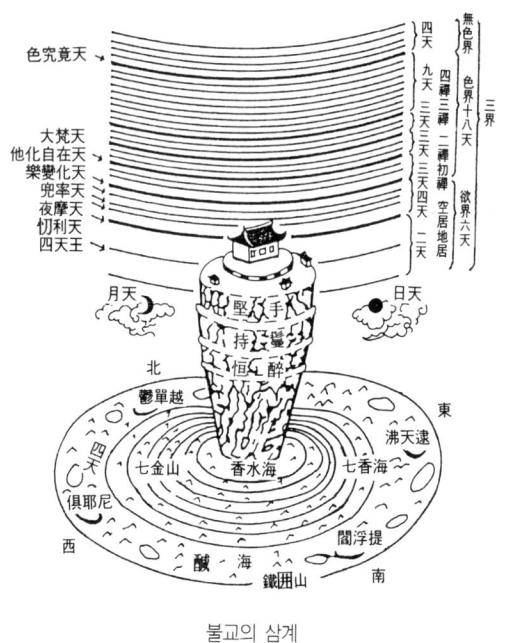

불교의 삼계

　금산사 방등계단의 석조물을 보면 이상과 같은 도솔천의 모습을 조형화하고 있는 것임을 알 수 있게 되어 놀라움을 금치 못하였다. 우선 석종형 부도의 기단이라 이해되어온 2단으로 된 시설은 도솔천궁의 내외 二院으로 보아도 틀리지 않을 것이다. 즉 상단의 시설은 內院이고 하단의 시설은 外院이란 것이다. 상단의 시설을 내원으로 볼 수 있음은 중앙에 석종형 부도를 시설하여 佛의 淨處, 즉 미륵보살의 정토를 나타내고 있는 것이라 생각하기 때문이다. 한편 하단의 시설을 도솔천의 외원으로 보는 것은 이들 이단의 시설물 면석에 조각된 각종 상형이 모두 천인상이라 생각되기 때문이다.
　方等戒壇 이층기단의 面石은 상층의 一面에 8매씩 32매, 하층에 전

후면 22매, 좌우면에 20매로 42매, 모두 합쳐 74매의 면석을 시설하였는데 이들 면석에는 모두 상형을 조각하고 있다. 그런데 지금까지 이들 面石의 조각에 대해서는 아무 검토 없이 그저 불상과 신중상이라고만 하고 있으나[52] 자세히 살펴보면 이들 조각에서의 상형은 결코 불보살상도 아니요 신중상도 물론 아님을 쉽게 알 수 있다. 74매의 面石에 조각된 이들 상형은 얼핏보면 寶冠을 쓴 보살상으로 이해된다. 그리고 이들 제상은 手印만 다르게 하였을 뿐 모두가 같은 상호를 지니고 있음을 살필 수 있게 되지만 특히 天衣의 양식을 주목해볼 필요가 있다. 이들 諸像은 천의를 아래로 내려뜨린 것이 아니라 천의를 위로 날려 頭部에서 양고리를 이루게 하여 다시 아래로 늘어뜨렸다가 또 위로 반전하게 하는 양식을 취하고 있음이 그것이다. 이 같은 양식은 천상을 표현할 때에 흔히 쓰이는 양식이라 믿을 때[53] 이들 諸像은 모두가 천인상이라 할 수 있고 또한 이들 천인은 도솔천에 있어 미륵보살의 교화의 대상이 되는 천인들이라 믿어진다.

금산사의 방등계단과 같은 양식을 지닌 통도사의 금강계단의 경우에도 상하층 기단면석에 조각을 하고 있지만 이들 조각은 모두가 불보살상이란 점과 좋은 대조를 이룬다. 어쩌면 금강계단과 방등계단이 지니는 의미의 상이점은 여기서 찾을 수 있지 않을까 하여 이 점 또한 주목을 끈다.[54]

한편 하층 기단 둘레에 시설한 난간과 난간 모퉁이에 세워진 사천왕상과 기타의 4상이 세워져 있음에 주목할 필요가 있다. 여기 난간이란 경계를 밝힌다는 뜻으로 《無量壽經》 등의 경전에 많이 나오는데[55] 즉 이는 정토와 사바세계 등을 구분하는 의미로 불화 등에서도 많이

---

52) 《지정문화재해설》 국보 보물편, 문화공보부 문화재관리국, 1973.
    《금산사》 한국의 사찰 11, 한국불교연구원, 1985.
53) 秋山昌海, 《佛像裝飾・持物 大事典》, 圖書刊行會.

212 한국의 가람

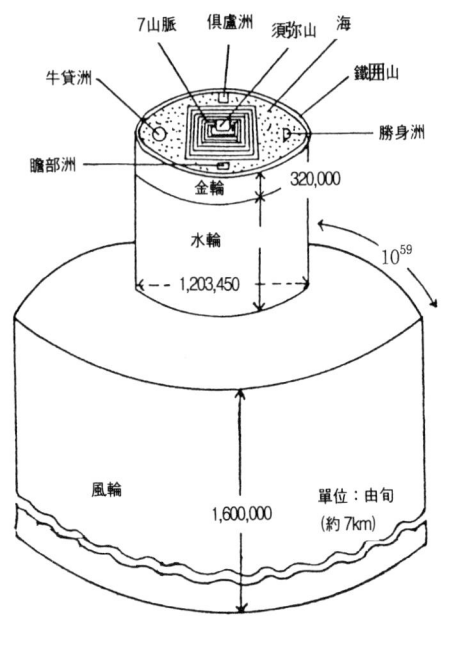

수미산계의 부감도

圖說되고[56] 사리용기 등에서도 찾아볼 수 있다. 여기서의 난간은 도리천과 다른 세계와의 경계를 나타내기 위한 것이었음을 알게 된다. 그리고 사천왕상과 다른 4상은 현재에는 원위치에 놓여져 있지 않아 자세한 것을 알 수 없으나 통도사 금강계단의 경우에는 기단 四隅에 사

---

54) 張忠植,〈韓國石造戒壇考〉《佛敎美術》4, 동국대학교 박물관, 1978. 9.
55) 欄干은 欄楯이라고도 하며 이에 의하여 경계가 밝혀진다고 한다. 欄楯의 欄頭에는 蓮花形의 露盤·寶珠 등이 있다.
   毛利憲明,《淨土三部經》〈無量壽經等〉平安專修學院藏版.
56) 洪潤植,《高麗佛畵의 硏究》, 동화출판공사, 1984, p. 94.

천왕만 시설하고 있는 데 반하여[57] 方等戒壇에서는 사천왕상과 더불어 다른 4상을 배열하고 있어 이 점이 또한 주목을 끈다. 즉 이들 사천왕상을 비롯한 諸像은 도솔천 아래에 있는 사천왕천과 도리천, 야마천 등을 나타내고 있는 것이라 믿어지기 때문이다. 그러면 여기서 도솔천을 비롯한 도리천, 사천왕천 등의 천상계가 무엇을 뜻하는 것인가를 알아둘 필요가 있을 것이다. 이는 불교의 우주관에 의하여 구명되어질 성질의 것이어서 장황한 느낌이 드나 이를 간략하게 살펴보자. 불교우주관 등에 대해서는 《俱舍論》등에 밝히고 있는데 그에 의하면[58]

 虛空中에 風輪이 떠 있다. 그 風輪의 모양은 圓盤狀이며 그 위에 水輪이 있다. 그리고 水輪 위에 金輪이 있다. 그 모양은 역시 圓盤狀이다. 金輪上의 표면에는 山과 바다와 섬이 있다. 水輪과 金輪은 원래 하나의 水輪이었으나 水輪의 물이 비등하며 乳汁에 表膜이 생겨 상부에 金輪이 생겼다고 한다(그림 2 참조).
 金輪의 위에는 9개의 산이 있고 그 중 중앙의 제일 높은 산이 須彌山이다. 수미산을 둘러싸고 月心方形의 산(산맥이라 할 수 있음)이 7개가 있는데 內側에서 그 명칭을 말하면 持雙山, 持軸山, 檐木山, 善見山, 馬耳山, 象耳山, 尼民達羅山이다. 尼民達羅山의 외측에 4개의 洲(섬 혹은 대륙이라 할 수 있다)가 있다. 수미산의 동쪽 方角에 勝身洲가 있고 남쪽 方角에 贍部洲, 서쪽 방각에 牛貨洲, 북쪽 方角에 俱盧洲가 있다. 그리고 金輪上의 最外邊에 環狀의 산맥이 있는데 鐵圍山이다. 이는 철로 되어 있다고 한다. 앞에서 말한 다른 7개 산맥은 금으로 되어 있고 중앙의 수미산은 四寶로 되어 있다고 한다. 우리들이 사는 세계는 남섬부주에 해당한다. 여기 태양과 달은 風輪 안에 떠 있는 것이 아니라 천궁의 乘

---

57) 張忠植, 〈韓國石造戒壇考〉《佛敎美術》4, 동국대학교 박물관, 1978. 9.
58) 《俱舍論大綱》, 雲門寺刊.
 定方晟, 《須彌山と極樂》, 講談社 現代新書 p. 330.

用物 안에 있다. 그리하여 태양은 천궁의 하부의 외측이 火珠의 輪이 되고 달은 천궁의 하부의 외측이 水珠의 輪이 되어 있다. 즉 태양과 달은 乘物을 타고 하늘을 운행한다는 것이다.

수미산의 水上에 나와 있는 부분은 正立方體形으로 한 변이 8만유순이라 한다(1유순은 약 7km라 한다). 이 입방체의 하반분은 다시 4개층으로 나누어지는데 그 최상층에 사천왕이, 그 다음 층에 각각 위로부터 아래로 堅手, 持鬘, 恒憍의 세계가 있다는 것이다. 말하자면 사천왕은 堅手, 持鬘, 恒憍 등을 거느릴 뿐 아니라 그 외에 持雙山 등의 7개 산이다. 태양이나 달 등에는 植民하고 있는 셈이 된다. 수미산의 정상에는 삼십삼천의 세계가 있다. 삼십삼천은 범어로 Trayastrimsah라 하는데 그 음운의 省略語가 도리천이다. 수미산의 정상은 한 변의 길이가 8만유순의 정방형의 모양을 하고 있으며 2, 4隅에만 4개의 봉우리가 있는데 높이 5백유순이다.

여기에는 金剛手라는 종명의 藥叉가 살고 있다. 수미산 정상의 중앙에 善見이라 이름하는 都城이 있다. 건물은 금으로 되어 있고 地面은 Tulapicu라는 綿과 같은 것으로 되어 있다고 한다. 이 도성의 중앙에 殊勝殿이라는 정방형의 궁전이 있다. 여러 가지 보석으로 장식되어 있으며 다른 누각의 추종을 불허하는 훌륭한 누각이 있다. 이 같은 수승전에 삼십삼천 중의 제일인자 제석천의 주거지가 있는 것이다. 도성의 四邊에는 네 변에 하나씩 유원지가 있는데 이름하여 衆車, 麤惡, 相雜, 歡喜라 한다. 도성 바깥 北東隅에 圓生樹가 있고 南西隅에 善法堂이 있다.

이상에서 살핀 사천왕천이나 삼십삼천 등의 諸天은 地上天 즉 地居天이다. 다음에는 공중에 사는 空居天을 살펴보아야겠으나 여기서 말하는 天이란 어떤 개념의 것인가를 파악해 둘 필요가 있다고 생각된다. 즉 불교에서 말하는 '天'이란 하늘이라고 하는 어떤 공간을 가리키는 것이 아니라 살아 있는 존재로서의 신을 의미한다는 것이다. 다음에는 空居天에 대하여 살펴보면,

須彌山의 頂上에서 8만유순 위에 夜摩天 및 그 眷屬이 사는 空中宮殿이 있고 夜摩天의 천궁의 위 16만유순의 곳에 都史多 즉 兜率天이 사는 천궁이 있다. 그리고 여기서 다시 32만유순 위에 樂變天(化樂天)의 천궁 거기서 다시 64만유순 위에 他化自在天의 천궁이 있다고 한다.

그런데 이상의 地居天, 空居天의 6종의 天을 六欲天이라 하는데 이들 욕천은 인간과 큰 차이가 없고 도덕적으로도 불완전한 존재이다. 6욕천은 높은 곳일수록 수행의 정도가 높은 것임을 나타내고 있다고 한다.

도솔천에 대해서는 앞에서도 구체적으로 설명한 바 있으나 위에서 살핀 불교의 우주관 및 諸天의 개념을 이해한 뒤에 다시 금산사의 方等戒壇의 의미를 생각하면 이 계단이 도솔천궁을 나타낸 것임을 더욱 쉽게 이해할 수 있게 된다. 즉 상하 2단의 기단은 도솔천궁의 內院 外院을 나타낸 것이며, 기단 面石의 諸像은 천인상으로 도솔천궁의 外院에 살고 있는 천인들이며, 또한 기단 바깥 아래의 난간은 도솔천궁과 그 아래의 천계를 구분하기 위한 것이며, 난간 주위에 있는 사천왕상은 도솔천궁 아래에 있는 사천왕의 세계를 그리고 다른 諸四像은 도리천, 夜摩天 등을 나타내고 있는 것이라 이해됨이 그것이다. 다만 중앙의 石鐘形 부도의 시설물을 어떻게 이해하여야 되느냐 하는 문제가 남지만 이는 미륵보살이 도솔천에서 거주하는 내원에서의 성스러운 처소라 하여 무방할 것이다. 왜냐하면 부도란 불사리 등을 장치하는 실제적인 시설이기는 하지만 한편 성자, 성스러운 곳이란 상징적 의미도 지니고 있기 때문이다.

이상에서 살핀 바에 의하면 금산사의 方等戒壇은 미륵상생신앙에 의하여 도솔천궁을 상징하여 건립한 것이라 봄이 옳을 것이라 생각된다. 그러나 한편 이 같은 도솔천궁이 계단으로서의 기능도 아울러 지니고 있었음을 잊어서는 안 된다. 왜냐하면 도솔천궁에 왕생하려 한다면 持戒를 본위로 해야 된다는 상생신앙의 신앙형태가 도솔천궁에 계단으로서의 의미를 부여할 수 있기 때문이다.

(5) 미륵신앙지역의 신앙적 의미

미륵전지역에는 미륵전과 도솔천궁이 짝하고 있어 이는 미륵경전이 표방하고 있는 상생신앙과 하생신앙의 상호연관성을 잘 나타내고 있는 것이라 할 수 있다. 즉 금산사에서의 미륵신앙은 신라시대의 진표율사 이래 한때는 戒律 중심의 상생신앙이 성행하였으나 이 같은 상생신앙도 종국에는 龍華三會의 설법을 이 지상에 있게 한다는 하생신앙을 외면할 수 없어 상하생신앙이 동시에 있어 왔음을 오늘의 미륵전과 도솔천궁이 전해 주고 있는 것이라 할 수 있다.

이를 다시 미륵경전의 성립과정에서 살펴보면《上生經》은 우리들의 사후의 도솔상생에서 56억여 년 후의 閻浮提(지상)에의 하생 삼회 설법까지를 모두 설하나《하생경》《성불경》은 우리들이 용화삼회의 설법에 참가하게 될 것만을 설하고 있고 도솔천의 상생에 대해서는 한마디도 하지 않고 있다. 여기서 상생경에 의한 미륵상생신앙은 도솔상생신앙의 결과로서 용화삼회의 설법장에 참가하게 될 것을 상정하게 되나 하생경, 성불경 등에 의한 순수한 미륵하생신앙은 미래세의 용화삼회의 설법모임에 참가할 것을 원할 따름이지 사후의 도솔천의 왕생신앙을 포함하지 않는다. 그러므로 용화삼회에 대하여 설하고 있는 발원문에서도 그것이 도솔상생의 발원을 하고 있으면 순수한 의미에서의 하생신앙이라고는 할 수 없다. 따라서 금산사에 미륵전과 도솔천궁을 함께 건립하여 경영하고 있다는 것은 상생경에 의한 미륵신앙이 유행하고 있었음을 일러주고 있는 것이라 할 수 있다.

미륵신앙은 천상의 정토와 지상의 정토를 동시에 지니고 있다는 특징을 지닌다. 정토의 참뜻은 여래가 있는 곳이므로 미륵보살이 수행중에 있는 도솔천이 엄밀한 의미에서는 정토라 할 수 없으나 미륵은 여래로 성불할 것이 미리 정해져 있으므로 도솔천도 일반적으로 정토라 하게 된 것이다.

도솔천은 6욕천 중의 하나이기에 엄밀하게 말하면 아미타의 극락정토 등과는 성격을 달리하는 것이나 사후의 왕생에 의하여 도달하는 세계라 하여 실제 신앙상에는 별 차이를 두지 않는다. 한편 이 같은 천상의 정토에 대하여 미륵이 하생하면 그 염부제는 化하여 金色이 되고 미륵불이 사는 지상의 정토가 출현한다고 믿는다. 그것은 비록 시간적으로는 먼 훗날의 일이나 공간적으로는 10만억토를 지난 저쪽에 있다는 극락정토 등의 다른 정토보다는 지금 우리들이 살고 있는 이 땅이 바로 정토가 된다고 함에서 미륵하생신앙이 많은 사람들의 지지를 받아오기도 하였다.

이상과 같은 미륵신앙이 한국불교사상사의 한 흐름으로서 크게 자리하고 있었음을 금산사의 미륵전과 도솔천궁이 전해 주고 있는 것이라 생각된다.

2) 大寂光殿地域

1986년 12월 불행히도 뜻하지 않았던 화재로 오늘에는 그 모습을 찾아볼 길 없으나 보물 제476호로 지정되어 있던 금산사의 대적광전은 또 다른 금산사의 한 모습을 전해 주고 있어 이를 주목하지 않으면 안 된다.

금산사의 대적광전은 금산사의 사적이 전하고 있는 바와 같은 대가람으로서의 여러 전각이 임란의 병화로 모두 소실되어 버리자 大雄殿, 光明殿, 極樂殿, 藥師殿 등의 여러 전각을 통합하여 인조 13년(1635)에 중건하게 되었고 이어 몇 차례의 보수를 거쳐 1986년 화재 전까지 보존되어 왔다고 한다.[59] 그 같은 사적은 화재 전까지 보존되고 있었던 대적광전의 불상들에 의하여서도 알 수 있는 것이다. 즉 금산사의 대적광전에는 여래상으로서 법신 비로자나불, 보신 노사나불, 화신 석가모니불의 삼신불과 또한 아미타여래와 약사여래의 상 등 다섯 여래의 불상이 있었고 한편 보살상으로서는 문수보살, 보현보살, 관세음보살, 대세지보살, 일광보살, 월광보살 등의 보살상이 있었다.[60] 이 같은 불보살상을 만약 별개의 전각에 봉안한다고 하면 다음과 같은 전각이 예상된다.

① 법신 비로자나불, 보신 노사나불, 화신 석가모니불의 삼신불은 대광명전 또는 대적광전, ② 석가모니불, 아미타불, 약사의 삼여래를 모신 대웅전과 ③ 석가모니불과 그 脇侍로서의 문수보살과 보현보살을 봉안한 대웅전 ④ 아미타불과 그 협시로서의 관세음보살과 대세지보살을 모신 미타전 또는 무량수전, 극락전 ⑤ 약사여래와 그 협시로서 일광보살과 월광보살을 봉안한 약사전 등 무려 5개의 전각이 예상된다. 그런데 화재 전의 정면 7칸, 측면 4칸의 대적광전은 이상의 5개 전각 내지는 3개 전각의 불보살상을 모두 수용하여 종합법당으로 중건하게 되었던 것임을 알 수 있다. 만약 이것이 사실이라고 한다면 금산사의 대적광전이 갖는 의미는 다음과 같은 것이라 생각된다.

첫째, 대적광전은 임란 전의 대가람으로서의 여러 전각을 종합적으로 축약한 것이다. 둘째, 전각은 축약하되 한국불교사가 전하고 있는 한국불교에 있어 전통적 사상은 축약할 수 없었다는 것이다.

말하자면 한국불교를 신앙적인 면에서 보면 화엄신앙을 비롯하여 아미타신앙, 약사신앙, 관음신앙, 지장신앙, 신중신앙 심지어는 산신신앙, 칠성신앙에 이르기까지 다양한 전개를 보이고 있으나 사상적으로 보면 이를 종합 정리하는 힘을 지니고 있었다는 것이다. 그리하여 이

---

59) 《金山寺》 韓國의 寺刹 11, 한국불교문화연구원, 1985.
　　〈金山寺事蹟〉《불교학보》 3·4합집 附錄에 수록됨.
60) 앞의 주.

금산사 가람과 미륵신앙 219

대적광전

같은 불교는 축약하되 단조롭지 않고 또 여러 가지 신앙형태로 전개시키되 번거롭지 않다는 특징을 지니게 된다.[61] 그런데 이 같은 일은 일본에서와 같은 종파불교에서는 엄두도 못 내는 일이다.

원래 대승불교는 많은 신앙형태를 전개시킨다는 특징을 지닌다. 그것은 대승불교가 한 사람의 중생도 놓치지 않고 모두 구제하겠다는 서원에 의한 것인데 다르게 보면 제각기 근기가 다른 중생을 구제하고자 하는 데 기인한다. 즉 대승불교에 의한 중생의 구제는 절대자적 힘을 지니는 불력에 의한 것이지만 그 절대자적 존재로서의 佛은 중생구제의 여러 기능에 대응하여 분화되면서 수많은 여래의 출현을 보게 된다. 예컨대 사후의 불안에 대한 구제의 기능을 다하기 위하여 아미타여래의 출현을 보게 되었고 병고에 시달리는 중생을 구제하는 기능을 다하기 위하여 약사여래의 출현을 보게 되는 것 등이 모두 그러한 것

---

61) 趙明基, 《新羅佛敎의 理念과 歷史》, 新太陽社.

이다. 일본과 같은 종파불교는 이렇게 하여 분화된 여래를 대상으로 불교신앙을 행한다는 특징을 지니지만 우리나라 불교의 전통은 그렇지 않다.

위에서 살핀 바와 같이 대승불교는 제각기 근기가 다른 중생을 모두 구제한다는 뜻에서 절대자적 존재로서의 불력이 각기 구제의 기능별로 분화되었지만 결국 원래의 모습은 하나의 뿌리임을 잊어서는 안 된다. 그리하여 대승불교는 다시 원래의 佛과 기능별로 분화된 佛과의 상호관계를 체계화하며 새로운 교학체계를 확립하였으니 이를 법신·보신·화신의 삼신불체계라 한다.

금산사의 대적광전은 이상과 같은 대승불교의 전개와 통합의 원리를 다같이 수용하고 있어 주목된다. 말하자면 대승불교의 거대한 체계를 동시에 직관할 수 있는 대도량이 이 대적광전이란 것이다. 그런데 이 같은 거대한 교학사상을 수용할 수 있는 중요경전은 화엄사상이다.

그런데 금산사에서는 일찍이 志安大師 등에 의하여 화엄대법회 등을 열고 있었으니 언제부터인지 확실하지 않지만 금산사는 미륵도량으로서뿐 아니라 화엄도량으로서의 역할도 충실히 다하고 있었던 것으로 믿어진다.

한편 이 같은 화엄도량은 禪道場으로서의 기능도 함께 다할 수 있었던 것임을 잊어서는 안 된다. 왜냐하면 한국의 선사들은 경전사상으로서는《화엄경》을 언제나 가장 가까이하고 있었기 때문이다. 조선 영조 때 금산사의 고승이었던 志安은《禪門五宗綱要》라는 책을 지어 부진하였던 불교계에 새로운 바람을 일으켰던 분이기도 하지만 다른 한편 금산사에서 화엄대법회를 열고 있었음은 이를 잘 일러주고 있는 셈이 된다. 그리하여 금산사의 대적광전은 화엄도량으로서 혹은 선도량으로서의 기능을 다하였던 것이라 믿어지나 나아가서는 아미타신앙, 약사신앙, 관음신앙 등의 각종 신앙 양상도 모두 수용하고 있었다는 데 주목하지 않으면 안 된다.

해인사 등의 다른 사찰에도 대적광전이 있어 화엄사상에 의한 여러 신앙형태의 통합과 전개의 원리를 살필 수 있게 되지만 그 모습을 보다 역력히 전해 주는 것으로는 금산사의 대적광전에 미치지 못하고 있는 것 같다. 그것은 다름 아닌 금산사 사적이 전하고 있는 거대한 가람을 대적광전이 모두 수용하고 있는 것이라 믿어지기 때문이다.

그리고 여기서 또 한 가지 주목하여야 될 것은 금산사는 미륵전지역과 짝하여 대적광전지역을 동시에 지니고 있다는 점이다. 왜 이 같은 현상을 중요시하는가 하면 두 계통의 불교는 대승불교의 2대 조류이자 한국불교의 2대 조류이기도 하기 때문이다.

대승불교를 사상적인 계보에서 보면 직관적 사고양식을 중요시하는 중관론과 경험적 사고양식을 중요시하는 瑜伽論의 2대 조류를 생각할 수 있는데 금산사의 대적광전은 중관론을, 미륵전은 유가론의 전통을 계승하고 있는 것이 아닌가 생각되기 때문이다. 한국불교에 있어 이같은 문제는 法性・法相의 문제로 많은 연구자들의 연구와 의견대립 등을 보여왔다. 금산사에서의 전통적 미륵신앙을 유가계의 전통으로 보아야 하느냐 하는 데 있어서는 더욱 많은 검토가 있어아 할 줄 알지만 유가업을 행하는 고승들이 일찍부터 미륵신앙을 행하여 왔다는 점에서도 의심할 여지가 없는 바라 하겠다.

3. 맺음말

금산사의 寺誌는 임란 이전의 대가람의 모습을 전해 주고 있고 한편 오늘의 금산사에는 미륵전, 대적광전, 方等戒壇뿐 아니라 石蓮華臺, 多層石塔, 露柱 등 다수의 지정문화재가 있다. 그리하여 전통적인 금산사의 가람의 참뜻을 이해하기 위해서는 예전의 가람 모습이 어느 정도 파악되어야 하고 한편 오늘에 전하는 모든 석조물의 성격도 이해되어야 할 것으로 생각되나 오늘의 형편으로는 어려움이 뒤따른다. 즉 전가람의 모습을 살피기 위해서는 금산사역에 대한 전면 발굴조사가 있어야 하고 또한 오늘에 전하는 다층석탑 등의 석조물의 성격을 이해하기 위해서는 석조물 하나하나가 지니는 양식적 특징을 살핌과 동시에 그들이 있던 원래의 위치를 전가람의 모습과 함께 규명하여야 하지만 이 점에 대해서는 석조물 하나하나에 대한 양식적 특징을 규명하는 데 그치고 그 이상의 것을 파악할 수 있는 형편에 놓여 있지 못하다.

그리하여 부득이 오늘의 금산사 가람을 대표한다고 생각되는 미륵전과 방등계단 그리고 대적광전을 중심으로 금산사 가람의 성격을 살펴보았다. 그 결과 금산사의 가람은 미륵신앙지역과 화엄신앙지역으로 나누어 생각할 수 있다는 것을 알았다. 그런데 미륵신앙지역에서는 상생신앙에 의거하여 도솔천궁(방등계단)을 조영하였고 한편 그 아래쪽에 하생신앙에 의거하여 미륵전을 건립한 것임을 알았다. 그리고 이 같은 미륵의 상하생신앙은 경전상에서 보면 상생경 위주의 미륵신앙임도 알았다. 따라서 상생경에 의한 미륵신앙이기에 계율을 중시하였고 여기서 도솔천궁이 계단의 기능까지 다할 수 있었던 것임을 알았다.

한편 대적광전지역은 대승불교가 전개시킨 각종 신앙형태를 모두 수용하여 통합과 전개의 원리에 의한 한국불교의 전통을 계승하고 있는 것 같아 주목을 끌었다.

이상 미륵신앙지역과 화엄신앙지역으로 나누어 생각할 수 있는 금산사의 가람은 한국불교에 있어 法相과 法性의 문제, 즉 중관론적 계통과 유가론적 계통의 양대 계통의 흐름을 연면히 전해 오고 있는 것이 아닌가 하여 이 점이 앞으로 크나큰 관심의 대상이 될 것으로 예상된다. 그리고 미륵전 삼층구조의 의미도 새삼 조명되어 한국불교미술사에 있어 가람구조의 이해에 크게 도움이 될 것이라 믿는다.

乾鳳寺 가람의 성격

1. 머리말

건봉사는 재래의 전통적인 본사로서의 사격을 갖춘 절이었다.[1] 따라서 그 가람의 구조는 종합적인 신앙구조를 바탕으로 하여 형성되있고 한편 다른 여타의 본사에서 찾아볼 수 없는 특수한 가람의 구성을 지니고 있었다. 그러나 오늘날에는 소실로 인하여 그 웅대한 모습을 찾아볼 수 없게 되었고 다만 지표조사를 통하여 대체적인 건물지를 찾아낼 수 있을 따름이다.

그런데 다행한 일은 다음과 같은 보충자료를 얻을 수 있게 되어 소실 이전의 가람의 모습을 살필 수 있게 되었다.

① 史蹟記에 전하는 건봉사 가람의 각 건축물명[2]

---

[1] 講院, 禪院, 念佛堂 등을 갖추어야 本寺로서의 寺格을 유지하게 되는 것이라 생각하기 때문이다.
[2] 《乾鳳寺及乾鳳寺末寺史蹟》, 1928.

② 史蹟記 등 각종 보고서에 전하는 건봉사 가람 사진자료[3]
③ 소실 이전에 건봉사에 오랫동안 주거하였던 緣故者의 기억[4]

이상 지표조사에서 찾아낸 建物址를 사진과 대조하고 이어 건조물명과 건물지를 대조하는 작업을 건봉사에 오랫동안 거주하였던 연고자의 기억에서 도움을 얻어 건봉사 가람의 배치상황을 알아낼 수 있었다.

본고에서는 이상과 같이 파악된 건봉사의 가람배치의 내용을 중심으로 건봉사 가람의 성격을 구명해 보려 한다.

이상과 같은 경위를 통하여 알아낼 수 있었던 건봉사 가람은 우선 大雄殿地域, 八相殿地域, 極樂殿地域, 樂西庵地域 등 4지역으로 구분된다.

이 4지역의 가람은 지형적인 조건에 의하여 이룩되었다는 사실과 더불어 건봉사 가람에 성격을 부여하는 의미를 지니고 있어 이 같은 점에 주목하면서 건봉사 가람에 대한 성격구명을 해보려 한다.

2. 건봉사 가람의 연혁과 현황

건봉사는 사적기에 의하면 신라 경덕왕 17년(758) 發徵和尙에 의하

---

3) 《乾鳳寺及乾鳳寺末寺史蹟》 및 《朝鮮古蹟圖譜》 등에 게재된 사진자료.
4) 鄭斗石 先生(寶成스님, 현 서울 知足庵) : 8·15전 건봉사 극락전지역 거주
   李法弘스님(현 元曉宗 宗正, 釜山 金水寺 주지) : 8·15전 건봉사 樂西庵 거주
   雪山스님(현 서울 淨土寺) : 8·15 전 건봉사 거주
   崔永俊 先生(서울 화곡동 거주, 전 동국대 교직원) : 8·15전 건봉사 大雄殿地域 거주

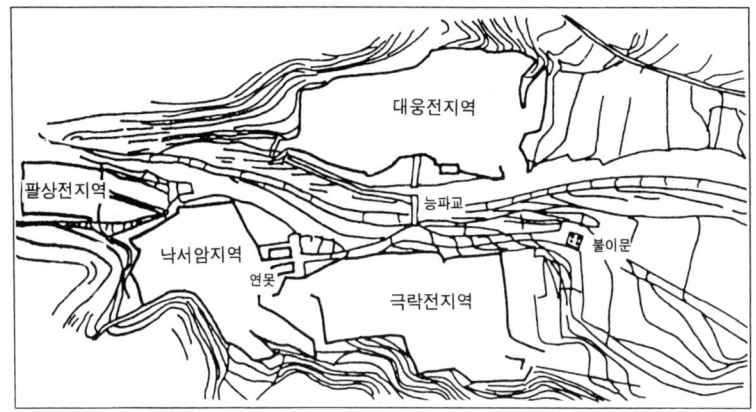

건봉사의 가람도

여 염불도량으로 창건되었고 초창기의 사명은 圓覺寺라 하였다.[5] 고려시대에는 道詵國師가 태조의 명을 받아 태조 24년(941)에 원각사를 중수하고 寺名을 西鳳寺라 개명하였고, 이어 공민왕 7년(1358)에는 나옹화상이 서봉사를 다시 중수하고 乾鳳寺라 개명하였다.[6]

조선시대에는 수차례에 걸쳐 각 전각을 중수 또는 창건하였고 史蹟記를 편찬한 일제시대까지 다음과 같은 전각을 지닌 대규모의 사찰로 존재하고 있었음을 알 수 있다.

乾鳳寺의 建造物名

大雄殿 9間, 八相殿 9間, 觀音殿 3間, 四聖殿 6間, 冥府殿 6間, 獨聖閣 3間, 山神閣 1間, 丹霞閣 1間, 眞影閣 6間, 泛鍾閣 1間, 鳳捿樓 14間, 普濟樓 6間, 大持殿 9間, 東持殿 12間, 西持殿 9間, 御室閣 6間, 御香閣 3間, 東庫 3間, 樂西庵 168間, 極樂殿 165間, 萬日院 89間, 普眼院

---

5) 《乾鳳寺及乾鳳寺末寺史蹟》.
6) 앞의 주 참조.

58間, 禪院 9間, 圓寂庵 12間, 事務所 13間, 不二門 1間, 旅館 13間, 葬儀庫 3間, 城隍堂 2間, 水砧室 2間.

이상을 건봉사에 오래 거주하였던 전술한 4분의 공통된 의견에 의하면 이들 건조물명은 대웅전, 팔상전, 낙서암, 극락전의 네 지역 중 대웅전과 팔상전 중심으로만 기록되었고 극락전지역과 낙서암지역은 전체 칸수를 합하여 165칸, 168칸 등으로 기록한 것이라 한다. 그리하여 이들 네 분의 진술내용에 따라 다시 이상의 건조물을 4지역으로 분류하여 보면 다음과 같다.

① 대웅전지역 : 大雄殿, 觀音殿, 四聖殿(羅漢殿), 冥府殿, 獨聖閣, 山神閣, 大持殿(大雄殿의 爐殿), 東持殿(冥府殿의 爐殿), 御室閣, 泛鍾閣, 萬日院, 普眼院, 禪院, 水砧室, 鳳棲樓
이상은 史蹟記에 기재된 殿閣名이며 그 외에 요사 등이 萬日院 오른쪽으로 있었다고 한다.
② 팔상전지역 : 八相殿, 眞影閣, 普濟樓, 西持殿(八相殿의 爐殿)
이상에서 眞影閣과 普濟樓는 같은 건물인데 한쪽은 진영각, 한쪽은 보제루로 나뉘어져 있었다고 한다.
③ 극락전지역 : 史蹟記上에서 보면 이 지역에는 極樂殿 165間과 圓寂庵 12間 뿐이다. 그러나 극락전 165間은 극락전 이외에 그에 부속된 上別堂, 南別堂, 요사, 창고 등의 건물이 있었다.
한편 원적암은 涅槃堂이라고도 하여 극락전지역에서도 조금 성격을 달리하는 信仰參所이다.
④ 낙서암지역 : 史蹟記에는 樂西庵 168칸이라고만 되어 있으나 이 168칸이란 다음과 같은 낙서암의 전체 건물의 총 칸수임을 알 수 있게 한다.
人法堂(大房), 上別堂, 南別堂, 寮舍, 飯頭房, 倉庫, 山神閣 1칸

건봉사의 부도와 비

　사적기상에 기재된 이외의 사무소 13칸과 不二門 1칸 등은 이상 4지역과 전체적 연관을 갖는다. 따라서 그 위치도 4지역의 전방에 자리하고 있다. 그 이외의 여관 13칸, 장의고 3칸, 성황당 3칸은 가람 구조와는 관계없이 가람 밖에 위치한다.
　이상에서 살핀 4지역으로 구분된 가람의 내용을 바탕으로 건봉사 가람구조의 의미를 파악해 보자.
　가람구조의 의미를 파악하는 방법은 우선 殿閣名이 갖는 기능상의 문제를 파악하는 데서 비롯하여 그에 부수된 신행, 수행 등의 성격을 이해하고자 한다. 그리고 편의상 먼저 건봉사의 가람을 전술한 4지역으로 나누어 이해하고 이어 그 전체적 의미를 파악하도록 하겠다.

1) 대웅전지역

대웅전지역은 우선 신행, 수행, 주거, 기타의 기능으로 나누어 생각할 수 있다.

우선 신행의 기능을 지닌 殿閣으로는 大雄殿, 四聖閣(羅漢殿), 冥府殿, 觀音殿, 獨聖閣, 山神閣 등이 있는데 여기서 보면 이 지역의 신행은 석가모니불신앙이 중심이 되고 있음을 살필 수 있다. 왜냐하면 대웅전의 주불이 석가모니불이고 나한전의 신앙도 석가모니불신앙이 중심이 되기 때문이다. 그리고 관음전, 명부전, 독성각, 산신각신앙 등이 있으나 이들 신앙은 한국불교에 있어 일반적으로 부수되는 한 신앙의 형태인 것이다. 따라서 대웅전지역에서의 이들 신앙형태는 특수한 의미를 지니는 것은 아니고 일반적인 의미를 지닐 따름이다.

大持殿과 東持殿은 전술한 각 佛殿에서 신앙행위를 함에 있어 필요한 각종 공양물을 수급하고 준비하는 곳으로 신앙행위를 하는 각종 불전이 있으면 반드시 부수되는 건물이다. 여기 大持殿은 대웅전에 부속된 것이며 東持殿은 명부전에 부속된 것이었다고 한다.[7]

東持殿 건물은 소실 직전에는 持殿으로서의 기능을 잃고 박물관으로 활용되고 있었다고 한다.

다음은 수행과 교육의 기능을 담당하는 데 필요한 건물로서 普眼院, 禪院, 萬日院이 있었다.

普眼院은 출가자들에게 沙彌科, 四集科, 大敎科 등의 과정을 두어 불교의 교학을 교육하는 한국불교에서 전통적인 교육기관이었던 전문강원을 둔 건물이었다고 한다. 강원에서의 교육방법도 강주는 교학을 講하고 다시 중강(조교)의 지도하에 강주에게서 배운 내용을 중심으로

---

7) 앞의 주4).

서로가 토론하는 형식을 취한다.

禪院은 한국불교가 선사상을 수용한 이래 줄곧 중요시되어 온 수행법의 하나로서 좌선을 행하는 곳이다. 선원에서의 수행은 시기를 결제시와 해제시로 나누어 결제시에는 좌선수행을 위한 일정한 인원으로 수행단을 구성하고 행하는데 이를 安居라 한다. 1년에 여름과 겨울 두 번 나누어 결제하고 이를 夏安居, 冬安居라 한다. 해제시는 방학과 같은 기간이다. 이 시기에는 운수행각을 떠나든가 휴식을 취하려 선원을 떠나기도 한다.

萬日院은 염불수행을 하는 곳이다. 일반적인 다른 사원에서는 염불수행하는 곳을 念佛堂이라 하고 있는데 건봉사에서는 만일원이라 하게 되었음을 염불수행을 萬日의 기한을 통하여 하루도 중지하지 않고 계속하는 도량으로 삼은 데서 연원한다.

史蹟記에 의하면 신라 경덕왕 17년에 發徵和尙이 圓覺寺를 중창하고 염불만일회를 개설하니 이것이 조선 萬日會의 효시가 되었다고 한다. 그리고 이때에 發徵和尙이 貞信, 良順 등 31인과 더불어 염불수행을 행할 때에 香徒 1,820인이 自願發心하여 그중의 120인은 의복을 보시하고 1,700인은 음식을 보시하니 의복을 보시한 자는 每人每歲에 布一端을 施納하고, 음식을 보시한 자는 每人每歲에 白米一斗와 淨油一斗를 시납하여 염불인의 生受를 도왔다고 한다. 그 결과 신라 원성왕 3년(787) 염불만일회에서 염불수행을 계속하던 貞信 등 31인이 아미타불의 가피를 입고 정토에 왕생하였으며 수행에 도움을 주었던 香徒들도 점차 왕생하게 되었다고 하고 있다.

이상에서 보면 건봉사는 그 창건이 만일회에서 비롯되었고 따라서 만일회의 전통이 줄곧 건봉사의 발전에 크게 기여하고 있었던 것임을 살필 수 있게 된다.

한국불교에 있어 만일회의 전통은 일찍이 신라시대부터 있어 왔음을 《삼국유사》에 의해서도 알 수 있다.

즉 경덕왕대에 康州의 善士 수십 명이 뜻을 서방극락세계에 두고 미타사를 세워 萬日을 기하여 契會를 만들었다[8] 하고 있음이 그것이다.

史蹟記에서 건봉사의 전신인 圓覺寺에서 경덕왕 17년에 만일회를 설하였다고 하고 있음은 전술한 신라시대의 만일회의 전통을 건봉사가 계승하고 있는 것임을 일러주고 있는 것이라 하겠다.

일제시까지 만일회의 염불수행은 계속되었는데 이 만일회의 염불수행 과정을 지켜 볼 수 있었던 鄭斗石 先生 등에 의하면 다음과 같은 것을 알 수 있다.[9]

① 萬日을 기하여 염불을 하되 한 사람이 萬日間을 계속하는 것이 아니라 萬日院에서의 염불은 만일 간 계속하되 念佛僧은 바뀐다.
② 하루의 염불시간은 오전에 10시부터 12시까지, 오후에는 3시부터 5시까지의 4시간 정도 한다.
③ 염불의 방식은 꽹쇠와 북을 치면서 그 장단에 맞추어 나무아미타불을 큰 소리로 염불한다.
④ 일제 말기 만일원에서 염불수행을 하는 승려는 불과 3, 4명에 지나지 않았으나 하루도 염불을 중지하지는 않았다고 한다.

다음 기타 건물로서의 泛鍾閣과 鳳捿樓는 이 지역 가람구성상 구조적 면에서 필요한 것이었고 따라서 일반적인 의미 이외의 별다른 의미를 찾을 수 없겠으나 대웅전 한쪽 모퉁이에 자리한 御室閣은 그런대로의 한 의미를 찾을 수 있을 것 같다.

어실각은 왕실관계자의 위패를 봉안하고 명복을 빌게 한 전각이다. 史蹟記에 의하면 건봉사에서의 어실각은 조선시대에 세조에 의하여

---

8) 《삼국유사》 郁面婢念佛西昇條.
9) 앞의 주 4).

창건되었고 孝宗朝에 다시 중건되었으며, 이렇게 건봉사에 어실각이 경영되면서부터는 왕실이 건봉사를 願堂으로 정하고 왕실 관계자가 자주 출입하면서 많은 재정적인 지원을 하였음을 알 수 있다.[10]

이상과 같은 어실각은 그 성격상 4지역 중 대웅전지역보다 극락전지역에 두어야 하는데 대웅전지역에 두었다는 것은 왕실의 권위상 支流인 극락전지역보다는 본류인 대웅전지역에 두게 되었던 것이 아닌가 한다.

이상에서 살핀 대웅전지역의 가람구조를 보면 이 지역 가람은 上求菩提下化衆生한다는 대승불교의 교리에서 보면 상구보리에 치중한 가람의 성격이 강하게 표현되고 있는 것이라 할 수 있다. 즉 교육과 수행 위주의 가람이라는 것이다. 普眼院에서의 敎育, 禪院·萬日院에서의 수행이 그것이요 大雄殿, 四聖殿 등에서도 신앙심을 고양하는 自修的인 수행의례가 행해지고 있었던 것이라 믿게 됨이 그것이다. 물론 대웅전, 관음전, 명부전 등에서의 일반신도들을 위한 신앙행위(하화중생)가 없었던 것은 아니나 전술한 보안원, 선원, 만일원 등의 비중에서 생각할 때 그와 같은 일반 신도를 위한 신앙행위는 어디까지나 종적인 것이 되고 있었던 것이라 생각된다.

다른 한편 이 지역 가람은 상구보리를 위한 수행가람으로서의 성격을 지니되 좌선, 염불 등의 모든 수행의 형태 중에서도 염불수행에 비중을 두고 있었던 가람임을 쉽게 알 수 있게 된다. 그것은 우선 경덕왕대의 창건동기가 만일회에서 비롯되고 또한 선원의 칸수가 불과 9칸인데 비하여 만일원은 89칸으로 그 크기가 선원의 무려 10배에 가까운 것에 의하여서도 살필 수 있겠다. 그리고 건봉사에는 많은 부도가 전

---

10) 世祖 10년에 세조 자신이 스스로 幸行하며 건봉사로서 願堂을 정하고 御室閣을 창건한 것을 비롯 왕실 관계의 헌납이 많았기 때문이다. 《乾鳳寺及乾鳳寺末寺史蹟》.

건봉사 사적비

해 오지만 건봉사의 부도는 염불수행이 돈독하여 방광하는 放光塔이 많다는 데서도 염불수행의 전통이 얼마나 강하였던가를 살필 수 있다.

2) 팔상전지역

팔상전 신앙은 재래신앙에 비유하여 생각하면 조상숭배 신앙이고 유교의 입장에서 생각하면 宗廟나 家廟에 비유하여 생각할 수 있는 것이다. 말하자면 불교에 있어서 조상숭배사상 같은 신앙형태를 지닌다는 것이다. 그리하여 사찰에 팔상전을 둔다는 것은 유교에서 宗廟나

家廟를 두는 경우와 그 성격이 같다는 것이다. 다 같은 석가모니불에 대한 신앙이라도 대웅전 등에서의 석가신앙은 그 교화력에 중점을 두지만 팔상전에서의 석가는 불교의 敎祖라는 데 더 중점을 둔 것과 같다. 따라서 가람구조상에서 보면 팔상전지역은 종묘나 가묘와 같은 성격의 것이라 하여도 무방하다.

즉 佛의 치아와 佛舍利를 봉안한 불탑 앞에 팔상전을 건립하였음이 그것을 나타내며 일반적으로 팔상전에는 석가모니불상과 석가의 일대기를 그린 팔상탱화를 봉안하는데 건봉사의 팔상전에는 대신 佛의 치아를 봉안하고 있었다니[11] 불교에 있어 교조 숭배신앙을 더욱 강조하고 있었던 것이라 생각된다.

史蹟記와 연고자의 진술에서 알 수 있는 팔상전지역의 건물배치는 불사리탑을 중심으로 그 전면에 팔상전, 그 측면에 팔상전의 爐殿으로서의 西持殿, 그 전면에 진영각과 보제루를 배치한 가람구조이다. 여기 진영각에는 창건주 發徵和尙의 眞影을 비롯하여 건봉사에 주석한 역대고승의 진영 44점이 전하고 있었다니[12] 여기서 보면 팔상전지역의 가람은 교조 석가모니불을 비롯하여 그 가르침을 따르는 역대 조사와 전등의 선사를 모신 불교에 있어 조상숭배의 도량으로서의 성격을 지닌 것이라 할 수 있다.

史蹟記에 의하면 佛의 치아와 사리를 봉안하여 불탑을 건립한 것이 조선시대 경종 4년(1724)이고[13] 팔상전의 건립은 영조 30년 甲戌(1754)이었다고 하니 이 지역 가람의 형성은 비교적 후대의 것이었다고 할 수 있겠다.

---

11) 《乾鳳寺及乾鳳寺末寺史蹟》.
12) 앞의 주 참조.
13) 앞의 주 참조.

3) 극락전지역

극락전지역에 대한 창건, 중건 등에 대한 아무런 기록을 사적기 등에서 살필 수 없어 자세한 것을 알 수 없으나 이 지역의 가람은 대웅전지역에서의 만일원에 의한 염불수행의 성행이 아미타정토신앙의 분화를 가져오고 그 결과 마련된 아미타정토신앙 지역으로 형성된 것이 극락전지역의 가람구조였던 것으로 생각된다.

즉 극락전지역은 중심전각인 극락전을 중심부에 두고 아미타정토에 대한 신앙행위를 행하고 또한 그 상방과 남방에 上別堂과 南別堂을 두어 개인적인 염불수행을 행하면서 염불도량으로서의 기능을 다하려 하였던 것이 아닌가 한다.

만일원의 염불이 수행위주의 만일이라고 하는 기간을 설정하고 하는 염불이라면 극락전지역에서의 염불신앙은 만일원식의 기한을 설정한 염불신앙이 아니라 염불을 통한 일반신도들의 교화 및 비교적 자유스러운 염불신앙이 이곳 극락전지역을 중심으로 이루어졌던 것이 아닌가 한다.

극락전지역의 가람구조는 극락전, 상별당, 남별당 등의 신앙 수행지역과 요사 등의 주거지역으로 구분된다. 여기 극락전이 아미타신앙에 대한 공동 구역이라면 상별당과 남별당은 개인적인 신행과 수행의 처소였던 것으로 생각된다. 왜냐하면 별당이란 주로 그 절에 오랫동안 주거하였던 노승의 주거지 겸 수행처이기 때문이다.

4) 낙서암지역

樂西庵도 극락전지역과 마찬가지로 공동의 신앙지역으로서의 人法堂(大房)과 개인적인 수행처소로서의 상별당과 남별당 그리고 공동의

진신치아 사리탑

생활주거로서의 요사로 구분된다.

〈金剛山乾鳳寺樂西庵重建記〉에 의하면 건봉사는 애당초에는 發徵 和尙 등에 의하여 만일원 등의 염불도량으로 크게 불법을 떨치게 되었으나 이후 조선 선조대의 泗溟禪師 이래 龍岩禪師 聖鳳禪師 등이 차례로 선풍을 일으켜 선도량으로서 樂西庵을 중건하게 되었던 것임을 알 수 있다.[14] 여기서 보면 대웅전지역에서의 만일회 등에 의한 염불신앙이 강조되어 극락전지역을 분화시켜 나갔던 것이라면 대웅전지역의 선풍이 강조되어 樂西庵이 분화되어 나간 것임을 알 수 있게 한다.

---

14) 앞의 주 참조.

말하자면 樂西庵은 禪道場의 기능을 강화하기 위하여 분화 중건된 것이 아닌가 한다. 즉 大房을 공동의 신행처소로 삼고 상별당과 남별당을 개별적인 좌선의 수행처소로 하였던 것이라면 요사는 공동의 주거지로 삼았던 것이 아닌가 한다. 여기서 주목되는 것은 극락전지역과 樂西庵지역은 그 신행의 내용은 염불과 좌선이라는 면에서 차이점을 보이지만 가람구조면에서 보면 같은 성격을 지니는 것임을 알 수 있게 된다는 것이다. 즉 공동의 신행처와 개별적인 신행처로서의 別堂 그리고 공동의 주거처로서의 요사를 지닌 가람구조라는 것이다.

5) 기타 지역

(1) 圓寂庵

圓寂庵은 그 명칭으로 보아서는 소속암자인 것처럼 보이지만 실은 葬禮를 담당하는 불당으로 涅槃堂이라고도 한다.[15]

위치상으로 보나 교리상으로 보나 극락전지역에 포함된 가람구조로 이해할 수 있겠으나 원적암이란 분화 독립된 명칭을 붙이고 있는 것으로 보아 독립된 구조에서 이해되고 있었던 것으로 생각된다.

圓寂이나 열반 모두가 죽음을 의미하지만 이 불교적인 죽음의 뜻은 죽음에 의하여 영원한 진리의 세계에 들 수 있다는 의미가 부여되는 것이다.

만약 그렇다고 한다면 이 圓寂庵은 극락전지역에서의 극락왕생신앙에서 사후왕생이란 신앙이 더욱 강조되어 장례를 담당하는 불당을 圓寂庵이라는 독립적인 寺庵으로 명칭을 붙이게 되었던 것으로 생각된다.

---

15) 앞의 주 참조.

(2) 不二門

오직 유일하게 남아 있는 현존건물의 하나이다.

4지역으로 나누어진 건봉사는 재정적인 면이나 신앙행위를 모두 각각 행한다.[16] 그와 같은 경영체제 내에서도 건봉사의 4지역 가람이 하나의 가람구조체계에서 이룩된 것임을 상징하는 기능을 다하고 있는 것이 不二門이라 할 수 있다.

(3) 事務所

사무소의 건물을 가람구조상에 두었다고는 생각하지 않는다. 그래서인지 약간 가람내부에서 벗어난 지점에 사무소를 두고 있다. 그리하여 이 같은 사무소를 굳이 의미를 부여한다면 不二門과 같이 4지역을 통합하는 기능으로 이해되지 않을까 한다. 왜냐하면 이 사무소에서는 행정적으로 4지역을 통합하고 사무처리를 하고 있었던 것이라 믿기 때문이다.

3. 맺음말

이상에서 건봉사의 가람구조를 4지역으로 나누어 살펴보았다. 이제 이 4지역의 가람이 상호 어떤 연관을 갖는 것인가를 살펴보기로 하겠다.

대웅전지역은 건봉사의 중심지역이며 가람의 시원은 여기서 비롯되었던 것으로 생각된다. 史蹟記 및 가람구조의 신앙적인 성격에서 볼 때 만일원 중심으로 이 지역 가람이 형성되었다가 한국불교의 변천과정에 따라 점차 선불교 교학불교 등을 수용하면서 점차 오늘의 가람구

---

16) 앞의 주 참조.

조에서 살필 수 있는 바와 같은 가람을 형성하게 되었던 것으로 생각된다.

그리하여 이 지역은 한국불교의 변천에 대응한다. 종합불교의 센터로서의 의미를 지니게 하였을 뿐 아니라 그 향상 발전을 위한 교육 수행의 도량으로서의 역할을 다하였던 것으로 생각된다. 그것이 이 지역 가람의 정면에 수문장처럼 세워둔 십바라밀도를 조각한 양 石柱에 의해서도 확인되는 바이다.[17]

그리고 이 지역 가람에서 講院, 禪院, 萬日院 등의 기능이 더욱 고조되었을 때 각 기능을 분화하여 다른 지역의 가람으로 확대되어 갔던 것으로 생각된다.

즉 이 지역에 있어 가람기능의 고조는 한편에서는 이 지역 자체 내의 확대를 가져오고 다른 한편 기능의 분화를 가져와 만일원의 기능이 극락전지역으로, 선원의 기능이 樂西庵지역 등으로 확대되어 갔던 것이 아닌가 한다.

팔상전지역은 史蹟記에 의하면 비교적 늦게 형성된 것임을 알 수 있는데 이는 이상과 같이 하여 건봉사의 전체 가람이 확대됨에 따른 가람의 확대인 것으로 생각된다. 즉 寺格을 높이는 가람구조로서 佛祖信仰의 가람이 필요하였다는 것이다. 즉 대웅전지역의 가람이 가람 확대에 필요한 실질적인 기능을 다한 것이라면 팔상전지역의 가람은 가람 확대에 따른 대가람으로서의 상징적 의미를 갖게 하는 것이었다고 이해된다.

끝으로 건봉사 가람은 한국사원의 일반적 특질로서의 講院, 禪院,

---

17) 十波羅蜜이란 大乘佛敎에 있어 佛道修行의 다음과 같은 10가지 수행법을 말한다. ① 布施 ② 持戒 ③ 忍辱 ④ 精進 ⑤ 禪定 ⑥ 智慧 ⑦ 方便 ⑧ 願 ⑨ 力 ⑩ 智. 이상과 같은 수행덕목을 그림으로 나타날 때 이를 십바라밀도라 하고 또한 이 같은 십바라밀도를 따라 수행의 의미로 돌 때 이를 십바라밀 정진이라 하고 불교의식시에 많이 행한다. 일명 海印精進圖라고도 한다.

念佛堂 등을 다같이 지닌 종합사찰로서의 성격을 지닌 것이었다고 할 수 있으나 그 중에서도 염불도량으로서의 전통적 특성을 계승발전시키고 있었던 것이라 생각된다. 그것은 만일원의 전통계승과 그에 따른 염불승의 배출이 계속되고 있었음을 오늘에 전하는 放光塔 등에 의하여 살필 수 있게 되기 때문이다. 그리고 훨씬 후대의 것이기는 하지만 극락전지역과 樂西庵지역의 중간지점에 연못을 시설하여 '極樂의 蓮池'를 상징하게 하고 있는 것도 염불도량으로서의 분위기를 형성하려 하였던 것이라 믿어지기 때문이다.

長谷寺 가람의 성격과 종합고찰

1. 장곡사의 연혁

　장곡사는 충남 청양군 대치면 장곡리 절골안에 자리하고 있다.
　청양은 본시 백제 古良夫縣이었으며 통일신라 때에는 靑武로 고쳐 任城郡의 領縣이 되었고, 고려초에 청양으로 불리워졌으며 고려 현종 9년(1018)에 天安府에 속하였다가 후일에 洪州管下에 이속되어 오던중 조선시대에 들어와서는 태조 4년(1395)에 감무를 두었고, 태종 3년 (1403)에 전국의 지방제도가 개편될 때에 청양현감이 관할하였으며, 고종 32년(1895)에 청양군이 되었고, 1914년 定山郡을 합하여 오늘에 이르고 있다.
　칠갑산을 중심으로 사방에 뻗은 산맥과 사찰의 분포상황을 보면 북으로 獅子山의 雲谷寺, 茂盛山의 麻谷寺 등이 있고, 서로는 白月山의 淨蓮寺 白月庵과 聖住山의 聖住寺가 있고, 남으로는 定惠山의 定惠寺, 萬壽山의 無量寺, 兜率寺 등이 있다.[1] 한편 장곡사를 중심으로 겹겹으로 싸인 산세를 중심으로 칠갑산의 장곡사, 사자산의 운곡사, 무성산의 마곡사, 계봉산의 백곡사 등의 四谷寺가 자리하고 있어 이들 사

장곡사 전경

곡사는 밀교적 교의를 바탕으로 경영된 사찰이란 설도 전해지고 있다.[2]

이상과 같은 환경 속에 자리한 장곡사가 언제 창건되어 어떻게 변천되어 왔는가를 살필 만한 확실한 자료가 오늘에 전하지 않고 있다. 다만 전하는 바에 의하면 장곡사는 보조국사에 의하여 개창되었다고 한다.[3] 그 보조국사 창건설에 대한 근거는 건륭 42년(1777) 장곡사의 상대웅전을 重修한 사실을 기록한 〈七甲山長谷寺金堂重修記〉에

其中有寺名曰長谷 不知創於何代而至今叢林稱之以普照國師之道場 亦嘗三次重創於麗代則其閱劫多矣.

그 가운데에 절이 있어 장곡사라 하는데, 어느 시대에 창건되었는지

---

1) 〈新增東國輿地勝覽〉《忠南道誌》하권.
2) 麻谷寺의 밀교 사찰적 성격과 더불어 추찰된다. 마곡사 석탑의 양식에 라마교적 양식을 찾아볼 수 있게 되는 것 등이 그것이다. 그리고 四谷寺를 4面 佛思想 또는 밀교의 만다라적 체계에 의하여 이해됨이 그것이다.
3) 《忠南道誌》하, 《문화재대관》보물편, 문화공보부.

알지 못하나 보조국사가 머물던 도량이라고 일컫는다. 일찍이 고려 때 3
차에 걸친 중창이 이루어졌으나 사라진 전각이 허다하다.

라 한데서[4] 보조의 창건으로 짐작하게 된다. 한편 보조라고 하더라도
신라시대 애장왕대에서 헌강왕대에 걸쳐 살았던 普照禪師가 있고, 고
려시대의 普照知訥이 있다. 그러나 오늘날 장곡사에 전하는 철조약사
여래좌상부석조대좌(국보 58호) 등이 통일신라 것으로 판명되고 있어
장곡사를 창건한 보조는 고려시대의 보조 지눌이 아닌 신라시대의 보
조선사로 알려지게 된 것이다.

그 이외에 장곡사의 沿革을 전하는 문헌기록은 전하지 않고 다만
康熙 34년(1695) 중수의 〈長谷寺鐵造如來像腹藏重修記文〉과[5] 〈長谷
寺金銅藥師如來佛腹藏祝願文〉 등이 전하나[6] 여기서는 이 여래상을
중수한 사실 이외의 것은 전해주지 않고 있다. 그러나 1959년 4월에
청양 장곡사 下大雄殿 금동약사여래좌상의 복장물을 조사할 때에 발
견된 복장유물 중에 고려불경으로 추정되는 금강경, 화엄경 등과 조선
초기의 것으로 알려진 묘법연화경 등이 나와 이들 자료는 여말선초의
불경간행의 한 모습을 엿볼 수 있는 자료로서도 주목될 뿐 아니라 이
들 자료와 관련하여 고려시대에서 조선시대에 이르는 소식을 다소나
마 전하여 주고 있다.

이중 금강경은 말미에 다음과 같은 墨書跋文을 남기고 있다.

金剛經者以空爲宗空性無㝵一切圓應・求長壽者能得長壽致謂之續命
經是以伏爲
　皇帝萬歲 皇后 皇太子齊年亨福兼及寡躬延壽保安上昇

---

4) 李殷昌,〈七甲山長谷寺金堂重修記〉《考古美術》12호.
5) 李殷昌,〈靑陽長谷寺鐵造如來像腹藏重修記文〉《考古美術》16호.
6) 《忠南道誌》하권, p. 652.

公主超生淨利社稷長興法界生土俱霑妙益
印成一萬卷 廣施無窮者
泰定 三年 二月 日誌

라 하고 있음이 그것인데 이는 금강경은 空을 道理로서 宗을 삼아 그 공성이 무애하여 그 공덕이 큰 것임을 밝히고 다음에는 그 간행연대를 밝히고 있는데 여기 泰定은 원나라 연호로서 태정 3년은 고려 충숙왕 13년(1326)이니 이 금강경은 고려말에 간행된 것임을 알려주고 있는 셈이다.

그밖의 화엄경과 묘법연화경은 전술한 금강경과 같이 간행연대를 밝혀놓고 있지는 않지만 서지학적인 측면에서 화엄경은 고려조의 판본이며 묘법연화경은 조선 초기의 목판본으로 이해되고 있다.[7]

이상에서 보면 장곡사는 신라시대에 창건되었고 여러 차례 중건을 거치는 가운데 고려시대에는 밀교적 영향을 받아 사세가 번성하였던 것으로 추측된다. 조선시대에는 불교의 쇠퇴로 인하여 사세를 크게 떨치지 못하고 寺域의 중심부를 이루는 上大雄殿, 下大雄殿 등을 몇 차례 중수하는 가운데 오늘에 이른 것으로 생각된다.

2. 장곡사 가람의 성격

장곡사 창건시의 가람의 규모나 그 이후 가람의 변천을 알려줄 만한 자료는 오늘에 전하지 않는다. 다만 지금의 장곡사 가람의 현황을 보면 山谷間에 자리잡은 소규모의 사찰로서 가람배치상의 특징은 上大雄殿과 下大雄殿의 양대 대웅전을 갖고 있는 것이라 하겠으나 그것

---

7) 李殷昌,〈長谷寺의 金銅藥師坐像腹藏佛經〉《考古美術》28호.

도 양대 대웅전이 자리한 현위치에서 보면 이들 두 대웅전은 지형에 따라 상하의 양대웅전을 두었을 뿐 별다른 가람배치상의 의미를 파악할 만한 다른 자료가 발견되지 않고 있다.

그리하여 부득이 오늘의 장곡사에 전하는 건조물과 그 내부의 신앙의 대상으로서의 불상, 불화 등을 통하여 장곡사 가람이 갖는 성격은 어떤 것인가를 살펴보고자 한다.

우선 寺域의 현황을 보면 北端인 상부에 上大雄殿, 應眞殿, 山神閣 등의 건조물이 있고 이들 세 건조물로서 협소한 지대에 하나의 독립된 가람을 이루고 있는 것같이 느껴진다. 이중 상대웅전은 보물 162호로 지정되어 있으며 정면 3칸, 측면 2칸의 맞배집 건축인데 그 건립연대는 확실하지 않으나 기둥과 대들보 및 宗樑 등의 用材에서 고려시대의 특징을 엿볼 수 있다.

즉 이 건물은 중건을 통하여 많은 변모를 가져온 듯한데 대체로 軸部는 古材로써 고려시대의 옛 기법이 남아 있으며 栱包 이상은 새로운 부재를 사용하여 후기적인 수법으로 절충되고 있다. 그리하여 이 대웅전은 고려시대의 건물이 조선 후기에 와서 개건된 것으로 믿어진다.

한편 上大雄殿 내의 불상, 불화 등을 보면 1777년에 상대웅전을 중수하고 남긴 〈七甲山長谷寺金堂重修記〉에 의하면[8]

其法堂下鋪甓用石臺安石佛二座又有金佛三座安卓子東壁畵佛歷歷世旣久宛然如作傳稱吳道子所畵

라고 하고 있어 그 당시에는 석불 2구, 금불 3구 등이 있었고 吳道子의 작품으로 전하는 벽화가 있었으나 오늘에 전하는 것을 보면 다음과 같은 것들이다.

---

8) 앞의 주 4).

① 鐵造藥師如來坐像 및 附石臺座(국보 58호) 오른쪽
② 鐵造毘盧舍那佛(보물 174호) 중앙
③ 塑造佛像(미지정) 왼쪽
④ 殿內 바닥에는 綠釉方塼이, 불상 부근에는 蓮華紋의 敷塼이 간격을 두고 깔려 있다.
⑤ 불화가 전하나 전기 重修記에 전하는 傳吳道子筆의 벽화는 아니고 그린 지 얼마 되지 않는 현대작이다.

이상에서 ①의 철조약사여래상 및 附石臺座는 조각수법이 매우 우수한데 철조약사여래상은 결가부좌의 여래상에 호분을 칠하여 약간 변형되었으나 형태가 매우 단아하고, 석조대좌는 기단 4면에 각각 안상을 두었으며, 그 위에 연화문의 俯花를 둘렀는데 그 조각의 수법이 매우 우수하여 이들은 통일신라시대 작품으로 추정되고 있다.

②의 철조비로자나여래상은 고려 초기 것으로 추정하기도 하나 단정한 얼굴 모습 등에서 통일신라불상으로 알려지기도 하였다.[9] 이 불상의 하단 연대석은 8면에 8角蓮瓣文 중간 竿石 위로 8각면에는 雙葉蓮花文仰花가 상기의 불상을 받치고 있는데 이는 석등의 遺材로 추측되지만 그 조각의 수법은 상기 철조약사여래의 대좌로 되어 있는 석대좌와 같이 신라시대 것으로 추정된다.

한편 殿內 바닥에 깔려 있는 綠釉方塼과 불상 부근의 敷塼 등도 고려시대의 대표적인 방전으로 알려져 있다.

이상 오늘의 장곡사 上大雄殿에 전하는 불상, 부석대좌, 방전 등을 중요자료로 상대웅전의 성격을 살펴보면 우선 다음과 같은 몇 가지 문제점이 지적된다.

우선 〈七甲山長谷寺金堂重修記〉에 따르면 상대웅전에는 석불 2구와 금불 3구가 있어야 하나 현재 석불 2구는 전하지 않고 철불 2구만

---

9) 李弘稙,《國史大事典》, 長谷寺條.

상대웅전 내부

전한다. 중수기에서 말하고 있는 金佛三座란 金銅佛을 말하는 것인지 金鐵佛을 말하는 것인지 분명하지 않으나 오늘에 전하는 철불 2구가 중수기에서 말하고 있는 金佛三座 중 2구가 아닌가 생각된다.[10]

한편 석불은 오늘에 전하지 않으나 철조약사여래상의 石臺座가 원래의 철조여래상대좌가 아니라면 이 석대좌는 중수기에서 말하고 있는 石臺安石佛二座의 석대좌로 보이며 따라서 석불상은 없어지고 석대좌만 남아 있는 것이라 할 수 있다.

그렇다면 오늘의 상황에서 파악하더라도 전기 중수기의 석불 2좌와 금불 3좌가 원래 이 상대웅전의 신앙의 대상으로서 봉안되어 있었던 것이라 할 수 있다.

그러면 이 다섯의 불상은 어떤 불상이었을까? 현재에 전하는 삼존

---

10) 앞의 주 4).

불은 중앙에 비로자나여래, 오른쪽에 약사여래, 왼쪽에 아미타여래이다. 그런데 비로자나불을 주불로 봉안할 경우의 삼존불체계는 법신 비로자나불, 보신 노사나불, 화신 석가모니불로 하는 것이 일반적인 예이다. 한편 약사를 포함한 삼존불체계의 일반적인 예는 중앙에 석가모니불 좌우에 아미타, 약사여래이다.

이상과 같은 삼존불체계에서 보면 장곡사의 상대웅전에 있었던 중수기에 의한 석불 2좌와 금불 3좌의 五尊佛은 비로자나, 노사나, 석가, 아미타, 약사의 5佛로 추정된다.

만약 그렇다고 한다면 장곡사 상대웅전의 신앙체계는 비로자나불을 주불로 한 화엄사상에 의한 신앙체계로 이해되며 한편 더 나아가 밀교적 신앙체계로도 이해되어 주목되는 바라 하겠다.

상대웅전지역에는 應眞殿, 山神閣 등이 있으나 이들 寺宇들은 건조물에 있어서나 내부의 신앙의 대상이 되는 불상, 불화 등이 모두 근대작이어서 그 역사적 위치를 밝힐 만한 자료가 되지 못하고 있다.

한편 상대웅전 내부에는 후불탱화 1폭과 신중탱화 1폭이 있으나 모두가 최신작이며 따라서 전술한 〈七甲山長谷寺金堂重修記〉가 전하고 있는 불화는 오늘에 전하지 않고 있다.

다른 한편 이상과 같은 상대웅전지역의 가람과는 별도로 地盤高差 16미터, 수평거리 50여 미터 아래 지점에 이른바 하대웅전을 중심한 별도의 가람이 형성되고 있어 주목된다. 이 하대웅전 일곽은 전체적인 산곡의 열림 방향과 일치하여 약간 남서향을 하고 있는데 그 전방에는 동편에서부터 흘러 내린 얕은 산릉이 가로 막혀 사원을 아늑하게 감싸주고 있으며 배면과 서측에는 바로 능선 기슭과 접해 있다.

하대웅전 구역의 가람배치는 중심부에 南西向을 하여 대웅전이 위치하고 그 전면에 雲鶴樓, 대웅전을 향하여 왼쪽에 說禪堂, 오른쪽에 근래에 건립된 奉香閣이 있다.

하대웅전의 건조물은 정면 3칸, 측면 2칸 맞배지붕으로 된 소규모

건축인데도 다포집계통의 栱包를 받쳤으며 특히 건물의 좌우 측면에 이르기까지 平枋을 짜 돌리고 栱包를 배치한 흔히 보기 드문 양식을 지니고 있다. 이 건물에 대한 확실한 연혁은 알 수 없으며 다만 이 하대웅전에 봉안되어 있는 금동약사여래상의 복장에서 나온 축원문에 의하면 이 금동약사여래상의 조성은 고려 충목왕 2년(1346)에 조성되었음을 알 수 있어 이 하대웅전의 존재도 그 전시대로 소급될 수 있겠다.

오늘에 전하는 것은 건물의 전체적인 세부처리와 조각수법 등에서 조선 중기 전후(16~17세기) 중흥불사가 왕성하던 시기에 중건된 것으로 추측된다.

하대웅전의 좌측에 한단 낮은 臺地에 東向하여 근래에 건립되었다고 하는 奉香閣과 대면하여 說禪堂이 자리하고 있다. 이 건물은 원래에는 선방건물로 지어졌다가 부엌쪽으로 2칸을 더 달아내어 요사로서도 아울러 쓰게 하였다.

이 건물은 요사건물로서는 드물게 전면에만 外二出目의 栱包를 갖고 있지만 오랜 시일이 경과하는 동안 개수 또는 보수를 하면서 변형이 있었던 것으로 보인다. 그러나 다만 공포에 나타난 仰舌의 繰曲은 간결하고 강직한 초기의 기법이 남아 있어 주목되며 그 건립시기도 하대웅전의 건립시기와 비슷한 연대로 추정된다.

대웅전 맞은편에 위치한 雲鶴樓는 원래 閉寺된 雲谷寺(靑陽郡 雲谷面 獅子山下)에 있던 것을 이전한 것이라 전한다.[11]

그 이전시기가 언제인가는 확실하지 않으며 한편 雲鶴樓를 옮겨 오기 전 현 운학루 자리에 비슷한 누각이 있었는지도 분명하지 않다.

이 건물은 낮은 외벌대 기단을 두고 內庭을 향해 全間이 개방된 平樓를 이루고 있어 內庭에서 출입이 자유롭고 따라서 각종 법회나 불

---

11) 《忠南道誌》하권, p. 651.

사가 있을 때에는 내정과 운학루에 많은 신도가 운집하여 행사를 치를 수 있게 되어 있다.

이 건물을 운학루라 하게 된 것은 이 곳에서 '구름과 鶴이 神仙과 함께 어울려 놀았다'는 전설에 연유한다고 한다.

다른 한편 하대웅전의 내부에도 장곡사의 역사를 알려주는 금동약사여래좌상(보물 337호) 1구가 전한다.

이 불상은 螺髮의 머리에 肉髻가 너무 커서 머리를 구별하기가 곤란하며 그 가운데에 장엄구를 지니고 있다. 긴 楕圓形의 寶顔은 눈, 코, 입이 적당하게 표현되어 있으며 얼굴 윤곽은 뚜렷하고 우아하며 알맞게 살쪄 있다. 그러나 통일신라시대 불상이 지니고 있던 미소는 없어지고 냉정한 모습을 하고 있다. 세부를 살펴보면 결가부좌한 모습으로 상반신은 늘씬하게 길며 몸의 굴곡도 잘 나타나 있다. 바른손을 가슴에 들어 엄지와 중지를 맞대고 있고 손톱에 이르기까지 세밀한 묘사를 하고 있다. 어깨는 좁아지고 있지만 선이 유연하여 손 발 등도 잘 나타내고 있다. 왼손에는 약사여래상이 지니는 藥壺를 들고 있다.

通肩의 法衣도 두터운 편으로 굵은 衣文이 잘 표현되어 있으며 하반신에도 凸形의 衣文이 몇 가닥 나타나 있고 배에는 裙衣의 帶와 띠, 매듭 등이 율동감 있게 나타나 있다. 寶顔이나 衣文, 三道에서 고려적인 수법을 볼 수 있는데, 1959년 이 불상의 밑바닥을 열고 조사하다가 〈장곡사금동약사여래상복장축원문〉이 발견되었는데 이와 함께 '至正 6年(忠穆王 2년)'이라고 기록한 朱書봉투가 발견되어 이 불상이 고려시대 불상임이 확인되었다.[12] 이 복장유물은 현재 국립박물관에 보관중이며 이로써 분명해진 이 불상은 고려시대의 뛰어난 작품 가운데 하나로 알려져 있다.

이외에도 하대웅전 내부에는 불화 몇 점이 전하나 모두가 근대작으

---

12) 앞의 주6).

로 장곡사의 연혁을 살피는 데 도움을 줄 만한 자료는 못된다.

　雲鶴樓에는 스님들이 국난에 대비하여 위급을 알리기 위하여 코끼리 가죽으로 만들었다고 하는 大鼓 하나가 전하는데 옛스럽게 보이나 그 확실한 제작연대는 알 수 없다. 그리고 이와 함께 옛스럽게 보이는 나무구시 하나가 전하고 있어 이들은 모두가 오늘의 장곡사보다는 사세가 왕성하였던 지난날의 장곡사를 전하는 유물로 생각된다.

　이상에서 하대웅전지역의 가람배치상의 특징 및 그 내용들에 대하여 살펴보았다. 그러면 이제 이상과 같은 하대웅전지역의 가람배치 및 그에 봉안된 신앙의 대상들에서 어떤 특징적 요소를 살펴볼 수 있을까.

　우선 하대웅전에는 주불로 약사여래상이 봉안되어 있다. 일반적인 예는 殿閣名이 대웅전이면 석가모니불이 봉안되고 또한 주불이 약사여래이면 전각명이 약사전이 되는 것이 통례이다. 그러나 장곡사의 대웅전은 그러한 신앙체계를 찾아볼 수 없다. 그것은 모르기는 하여도 애당초에는 여러 불상을 동시에 봉안하였던 것이나 차차 사세가 쇠퇴하면서 원래의 신앙체계가 무너지고 그 일부가 전하는데서 오는 현상이 아닌가 생각된다. 예컨내 殿閣名을 대웅전으로 하고 약사여래를 봉안하는 경우는 석가, 아미타, 약사의 삼존불의 신앙체계에서 일례를 찾아볼 수 있다. 그렇다고 한다면 장곡사 하대웅전의 신앙체계는 원래 다음과 같은 것이었음이 추측된다.

　첫째, 대웅전에 석가, 아미타, 약사의 삼존불을 봉안하고 있었으나 뒤에 석가, 아미타불을 잃고 현재 약사여래상만 봉안하게 되었다는 것이고 둘째, 원래 약사여래상을 봉안하는 전각이었으나 전각명을 무슨 연유인지 대웅전으로 바꾸게 되었다는 것이다. 예컨대 상대웅전의 명칭이 먼저 생기고 그에 대응한 법당으로 하대웅전이라 하게 되었던 것이 아닌가 생각된다.

　이상 두 가지 경우를 같은 지역의 가람배치상에서 중요한 위치를 차지하는 說禪堂과의 관계에서 살피면 전자의 경우가 더욱 타당성을 지

하대웅전 일곽

니는 것으로 추측된다. 왜냐하면 비록 오늘날의 說禪堂이 선방으로서의 기능을 다하지 못하고 있다 하더라도 건립 당시의 취지가 선방으로서의 의미를 부여하고 있었다는 것은 설선당이란 명칭에서 충분히 추찰되는 바라 하겠으며, 따라서 설선당을 선방으로 하기 위해서도 하대웅전의 원래의 모습은 약사여래를 주불로 한 약사전이 아니라 석가모니불을 주불로 한 대웅전이어야 하기 때문이다.

한편 오늘의 하대웅전에 봉안된 약사여래상은 다른 곳에서 이전하여 왔거나 아니면 전술한 대로 석가모니불을 主佛로 하여 아미타불과 더불어 석가, 아미타, 약사의 삼존불체계로 봉안되어 있었던 것이라 믿어진다.

설선당이 하대웅전의 건립시기와 거의 동시대 것이라고 한다면 적어도 조선 중기까지의 하대웅전의 신앙체계로 석가, 아미타, 약사의 삼존불에 의한 대웅전신앙체계가 아니었던가 생각된다. 그리고 그와 같은 신앙체계가 성립된 시기는 오늘의 하대웅전과 금동약사여래상이 고려시대의 것이라면 고려시대에 이미 그 같은 신앙체계가 형성되어 있었던 것이라 할 수 있다.

이상에서 장곡사의 가람과 그 배치상의 신앙적 성격을 상대웅전지역과 하대웅전지역으로 나누어 각각 살펴왔다. 그러면 이제 이들 상하 양대 가람은 어떻게 연결될 수 있으며 또한 그 종합적 의미는 어떤 것인가를 살펴보기로 하겠다.

3. 장곡사 가람의 종합적 고찰

장곡사 가람이 일반적인 가람에 비하여 특이한 성격의 것으로 주목되는 바는 무엇보다도 상하 양대웅전 지역으로 나누어져 있다는 것이다. 그런데 이와 같은 사정은 두 가지 추리가 가능하다.

즉 그 하나는 상하의 양대웅전이 있게 된 것은 단순히 지형상의 문제일 뿐 다른 의미가 있는 것이 아니라 할 수 있고, 또 다른 하나는 비록 지형상으로 보아서도 그렇게 말할 수 있겠으나 오히려 반대로 그 같은 지형상의 사정을 잘 이용하여 상대웅전과 하대웅전은 각각 성격을 달리하면서도 상호 연관을 갖는 어떤 교리상의 문제를 지니고 이루어졌을 것이라는 것이다.

이상에서 살핀 바에 의하면 상대웅전은 비로자나불을 중심한 신앙체계를 이루고 있으며 하대웅전은 석가모니상을 중심한 신앙체계가 원래의 모습이었음을 살필 수 있다. 그러면 이 양자의 관계는 어떤 것인가.

생각컨대 장곡사 가람의 중심사상은 화엄사상에 근거하고 있으며 따라서 장곡사의 가람은 화엄경에 의한 연화장세계를 표방하려 하였던 것으로 생각된다.

신라시대와 고려 초기는 화엄사상이 많이 요구되는 사회이기도 하였다. 그리하여 이 시대에는 비로자나불이 많이 조성되었는데 장곡사의 비로자나불도 그중 하나일 것으로 추측된다.

비로자나불을 주불로 모신 불전은 대체로 비로전, 대적광전, 대광명전이라 하고 있으나 장곡사의 경우에는 상대웅전이라 하고 있어 좀 이상한 느낌이 드나 그것은 다음과 같은 사정이 고려된 데 기인한 것이 아닌가 한다.

비로자나불을 주불로 모실 경우 불상의 배치는 다음과 같은 몇 가지 양식이 예상된다.

첫째, 비로자나불 獨尊의 경우가 있고 둘째, 법신 비로자나, 보신 노사나, 화신 석가모니의 삼신불로 할 경우가 있다. 셋째, 두번째의 삼신불의 체계에 다시 아미타와 약사여래를 첨가하여 五如來의 양식을 하기도 한다. 이 경우는 두번째의 三身佛 체계에다 석가모니불을 주불로 아미타, 약사의 삼불체계를 첨가한 양식을 지니나 장곡사 상대웅전의 신앙체계의 원래의 모습은 이 세번째 경우였을 것이라 함은 이미 앞에서 살핀 바 있다.

이상 세 가지 양식의 어느 것이든 이는 화엄경에 의한 비로자나불의 설법장을 상징하고 있는 것임에 틀림 없는 것이다.

그런데 화엄경에 의한 법회는 七處九會의 설법으로 압축된다. 말하자면 일곱 장소에서 아홉 번의 설법을 하게 되었다는 것이다.[13] 그런데 이 아홉 번의 설법은 다시 천상의 설법과 지상의 설법으로 나누어진다.[14] 여기 7처의 설법도량이란 ① 寂滅道場 ② 普光法堂 ③ 忉利天宮 ④ 夜摩天宮 ⑤ 兜率天宮 ⑥ 他化天宮 ⑦ 重閣講堂이고 이들 7처에서 각각 1번씩의 설법을 행하나 보광법당과 중각강당에서는 두 번씩 설법하게 되어 7처 9회의 설법이 되는 것이다. 말하자면 6처의 타화천궁까지의 설법을 하고 다시 두번째의 보광법당에서 또 설법을 하게 된다. 그리고 중각강당에서 두 번에 걸친 설법이 있게 되는 것이다.

그런데 이상 화엄경상의 아홉 번의 설법은 앞의 2회(적멸도량, 보광법

---

13) 《대정장》 9, 《大方廣佛華嚴經》.
14) 앞의 주 참조.

당)와 뒤의 3회(보광법당중회와 중각법당)의 5회는 지상에서의 설법이요 중간의 4회(도리천궁, 야마천궁, 도솔천궁, 타화천궁)는 천상에서의 설법이다.

　장곡사의 상대웅전은 원래 이상과 같은 화엄경에 의한 7처 9회의 설법도량을 상징하여 건립되고 또한 그 같은 신앙체계를 담고 있었던 것으로 생각된다. 그러나 상대웅전과 하대웅전의 지형적인 조건을 이용하며 화엄경상의 7처 9회의 설법도량 중 전술한 천상에서의 설법을 상징하여 상대웅전을, 그리고 지상에서의 설법을 상징하여 하대웅전을 건립하게 되었던 것이 아닌가 추측된다.

　말하자면 원래 상대웅전은 법, 보, 화의 삼신불체계에다 아미타, 약사를 첨가한 신앙체계를 지니고 있었는데 이중에서 석가, 아미타, 약사의 삼불체계를 분화하여 하대웅전의 신앙체계를 형성하게 되었던 것이라 생각하게 되는 것이 그것이다.

　그리하여 종합적으로 보면 장곡사의 가람은 화엄도량의 성격을 지니고 있는 것이라 하겠으며 나아가서는 화엄사상의 특징인 '一卽多', '多卽一'의 체계에서 '多卽一'에서 다시 '一卽多'의 양상을 나타내고 있는 것이라 보인다. 이 같은 양상은 다시 고려시대가 되면 장곡사가 화엄도량에서 밀교도량으로 전개되는 바탕을 마련하고 있었던 것이라 보인다.

　장곡사의 밀교적 요소는 장곡사가 전술한 장곡사, 운곡사, 마곡사, 백곡사 등의 四谷寺 체계 중의 하나로 이해된다는 데서도 그 추찰이 가능하고, 다른 한편 고려시대의 장곡사는 약사신앙이 성행하고 있었다고 하는 사실에서도 그 추찰이 가능하게 된다.[15]

---

15) 약사신앙은 밀교신앙적 요소를 강하게 지니고 있기 때문이다.

고려시대 雲住寺 佛蹟의 성격

1. 머리말

雲住寺의 불교유적은 특이한 구조를 지니고 있다. 즉 一塔三金堂, 雙塔一金堂 등에 의하여 표현되고 있는 고대 가람배치상의 문제와도 다르고,[1] 禪宗이 수용되고 밀교가 성행하면서 다변화 되어간 고려시대 이후의 일반적인 가람형태와도 다르다.[2] 그럼에도 불구하고 이 같은 운주사 불적에 대한 보다 활발한 연구가 이루어지지 않고 있었음은 이 불적이 수많은 불탑과 석불군을 전하지만 이들에 대한 미술사적 가치가 과소평가된 결과라 생각된다.

이 불적에 대한 최초의 학술조사가 이루어진 것은 일제시대의 일이나[3] 그 이후 별다른 진전을 보지 못하고 있다가 1980년대에 들어 전남

---

1) 金元龍,《韓國美術小史》, 삼성문화재단, 1973.
2) 앞의 책.
3) 野文孝文,〈全羅南道多塔峰の遺跡〉《朝鮮と建築》18집 8호 朝鮮建築論, 1940.
   關野貞,《朝鮮の建築と學術》, 岩波書店, 1941, pp. 562~564.

대학교 박물관이 이 유적에 대한 깊은 관심을 갖고 보다 구체적인 지표조사에 이어 발굴조사를 실시하게 됨으로써 활발한 연구활동이 있게 되었다.[4]

　이상의 연구는 운주사에 대한 종합적인 연구가 실시되어 그 동안 수수께끼로만 전하던 운주사 불적에 대한 많은 의문점이 풀리게 된 것이라 하겠으나 필자가 주목하고자 하는 것은 이 불적에 있어 석탑과 石佛群의 위치 및 특히 석탑에 조각된 각종 문양들이다. 왜냐하면 이들 문양들은 석탑의 장식미를 나타낸 조각들이 아니라, 이들 석탑과 石佛群의 위치문제와 더불어 운주사의 성격을 이해하는데 중요한 실마리를 제공하고 있는 것이라 믿기 때문이다.

　운주사의 성격은 밀교적 의미 또는 도교적 성격을 지니는 것이란 견해가 지배적이다.[5] 필자도 이 같은 견해를 따르는 바이지만 그러기 위해서는 상기한 제문제들이 보다 구체적으로 해명된 후에라야만 성격논의가 가능하리라 믿는다. 따라서 본고는 운주사의 유적이 밀교적 성격을 지닌다는 몇 가지 증거를 제시함으로써 보다 명확한 성격 규명을 하고자 한다(사진 1).

2. 雲住寺 佛蹟의 현황

　운주사는 전남의 화순군과 나주군, 장흥군이 접하는 화순군 서남쪽 외곽에 위치하고 있다.

　　杉山信三,《朝鮮の石塔》, 章國社, 1944, p. 202.
4)《雲住寺綜合學術調査》, 전남대학교 박물관, 화순군, 1991.
5) 李啓杓,〈雲住寺의 思想的 背景〉, 앞의 책.
　　김동수,〈雲住寺의 역사적 고찰〉, 앞의 책.

운주사가 위치한 지역은 비교적 험준한 산악지대이고 大草川의 상류에 해당한다. 大草川은 영산강의 한 지류로서 화순군·나주군·장흥군이 접하는 운주사 남쪽의 산악지대에서 발원하여 나주군 다도면과 남평면을 거쳐서 영산강으로 흘러들어 가면서 비교적 광활한 山谷平野를 형성하고 있다. 그러나 지난 1976년 나주군 다도면 진교산에 大草댐이 축조됨에 따라 羅州郡 茶道面 板村里·弓院里·馬山里·芳山里, 和順郡 道岩面 龍江里·大草里 일부가 羅州湖에 수몰되고 현재에는 大草댐 上流에 해당하는 방산리와 용강리에만 沖積平野가 전개되고 있다. 羅州湖 동쪽으로는 德峰 安山峙·劍斷峙 등으로 이어지는 산줄기가 남북으로 달리면서 나주호를 감싸고 있는데 雲住寺는 劍斷峙 남쪽의 표고 216미터의 봉우리(千佛山 혹은 蓮舟山이라 한다)가 서남과 동남방향으로 갈라지면서 만들어 놓은 계곡 안쪽에 자리잡고 있다.

운주사의 불적은 좁은 山谷을 배경으로 산곡과 산곡의 양능선에 위치하고 있다. 산곡의 사이에는 계곡이 흐르고 있고 산곡입구 오른쪽 안벽 아래에 6구의 佛像群이 위치하고 있다(사진 2). 6구 중 하나는 좌상이고 나머지 5구는 모두가 立像이다. 규격은 제각기 다르고 手印은 智拳印을 하고 있다. 조각수법은 미술사적 특징을 논의할 수 없을 정도로 소박한 모습을 지니고 있다. 6구의 불상은 모두 따로따로 조각하여 입상은 대좌를 갖지 않고 모두 암벽에 기대어 놓았다. 좌상은 대좌를 지니고 있으나 조각문양은 없다.

석불군과 마주하여 山谷의 중간쯤에 9층석탑 1기가 위치한다. 이 석탑은 자연석을 기단으로 한 9층탑이다. 각 층마다 옥개받침은 없고 ≫형 문양을 조각하여 옥개받침을 나타내고 있다. 塔身에는 5층까지는 4면에 ◈형의 문양을 조각하고 있고(사진 3), 6층부터 9층까지는 ◇형문양을 조각하고 있다.

암벽 石佛群 上方 10여 미터 지점의 암벽 밑에 7구의 석불군(사진 4)

이 위치하고 있다. 7구의 불상 중 1구는 연화대좌 위의 大立佛이며 나머지 6구의 석불은 小立佛로 臺座를 갖지 않고 모두 암벽에 기대어 놓았다. 이들 불상군도 조각의 수법은 소박한 편이다. 암벽석불군 뒤의 능선에 塔이 위치하고 있다. 석탑은 5층탑이며 자연석을 기단으로 하고 있다. 塔身은 加工石이나 옥개석은 자연석으로 덮은 소박한 석탑이다. 1층의 탑신은 유난히 높고 2층 이상은 거의 같은 비율의 높이를 지닌다. 일층의 塔身石은 3부재의 석재를 사용하고 있으며 내부공간은 비어 있다.

석탑의 건너편 능선에 탑이 위치한다(사진 5). 석탑은 자연석 기단위의 7층석탑으로 1, 2층까지는 옥개받침이 없고 3층 이상은 옥개받침을 조각하고 있다. 한편 이 석탑의 주위에는 칠성바위라 일컬어지는 원형의 석물이 7개 위치하고 있다.

石佛群의 上方 5미터 지점에 또 다른 석불군(사진 6)이 위치한다. 이 석불군은 5구의 불상으로 구성하고 중앙의 2구는 佛頭만 남아 있고 나머지 3구는 입상이며 암벽에 기대어 놓고 있다.

여기서 2미터 上方地點에 석불군(사진 4)이 위치한다. 이 石佛群은 4구로 되어 있으며 중앙의 좌상을 중심으로 왼쪽에 2구의 立佛 오른쪽에 1구의 立佛로 구성된다. 중앙의 좌불은 수인으로 보아 석가모니불이며 연화대좌를 지니나 나머지 立佛은 모두 암벽에 기대어 놓았다.

두 석불군 전면에 석탑(사진 7)이 위치한다. 이 석탑은 자연석기단의 7층탑이다. 塔身石에는 모두 隅柱를 조각하였으며 옥개석은 斜線 옥개받침을 모두 갖추고 있다. 탑신의 높이는 1층만 높고 2층 이상은 거의 같은 비율의 높이다. 다른 석탑에 비하여 조각수법이 양호한 편이다.

석탑 뒷면에 다른 석탑(사진 8)이 위치한다. 이 탑은 정제된 4각 1층기단 위의 7층석탑이다. 옥개석은 사선 옥개받침을 조각하였고 탑신에는 ××문양을 조각하였으며, 2·4층 측면에는 ◇문양을 조각하고 있다.

석탑 뒷면에 삼존석불(사진 9)이 위치한다. 주존불은 智拳印을 한 비로자나불 좌상이며 兩脇侍佛은 입상이다. 왼쪽 脇侍佛은 佛頭를 잃고 있다. 주존불은 火炎文광배를 지니고 비교적 양호한 조각수법을 지니고 있다.

三尊佛 뒷면에 석탑(사진 10)이 위치한다. 이 석탑은 거의 평면과 같은 높이의 4각기단석 위의 7층탑이다. 각 층마다 옥개받침이 잘 조각되어 있고 塔身石에는 隅柱와 같은 양기둥의 조각을 하고 있다.

석탑 오른쪽 암벽 밑에 불상군이 위치한다. 이 석불군은 현재에는 4존불로 되어 있으나 좌대로 쓰였던 것으로 추측되는 받침돌이 7개 전하고 있어 원래에는 7구의 불상이 위치하고 있었던 것이 아닌가 한다. 이들 불상은 모두 입상으로 암벽에 기대어 놓았으며 手印은 4구가 智拳印을 한 비로자나불상이다.

석탑 뒷면에 불상이 위치한다. 이 불상은 불감으로 된 석조물 속에 전후 양면으로 2구의 불상을 안치하고 있다. 앞면의 불상은 항마촉지인을 한 석가모니불이며(사진 11), 뒷면의 불상은 지권인을 한 비로자나불이다(사진 12). 이들은 모두 좌상을 취하고 있으며 조각의 수법도 다른 불상들에 비하면 우수한 편이다. 따라서 여러 불상군 중에서 이 불상이 主佛格인 위치를 차지하고 있는 것으로 생각된다.

불상 뒷면에 석탑(사진 13)이 위치한다. 이 석탑은 연화문양의 기단 위에 놓인 7층석탑이다. 이 석탑의 특징은 기단, 탑신, 옥개석 등이 모두 원형이다. 그리고 탑신석에는 각 층마다 두 줄의 원을 둘러 조각하고 있다. 이 원탑은 불상과 짝하여 운주사 불적의 중심적 기능을 다하고 있는 것으로 생각된다. 조각의 수법도 다른 석탑에 비하여 우수한 편이다.

석탑 뒷편에 또 다른 석탑이 위치한다. 이 석탑은 자연기단석 위의 3층석탑이다. 상륜부까지 갖추고 있으나 다른 석탑에 비하여 소형 석탑이다.

석탑을 기점으로 하여 지형이 좌우로 나누어져 전개되고 있다(위에서 보면 좌우로 나누어져 있던 것이 이 석탑지점에서 만나는 형국이다). 그리하여 석탑지점에서 보면 불적은 상방의 좌측과 우측에 위치하게 된다.

 석탑의 좌측 상방에 다시 석탑이 위치한다. 이 석탑은 자연석 기단 위의 3층석탑이다. 1층은 탑신의 높이가 높고 隅柱형의 문양을 조각하였으며, 2, 3층은 탑신의 높이가 낮아지면서 ◇형의 문양을 조각하고 있다.

 석탑의 맞은편에서 보면 오른쪽 상방에 석탑이 보인다. 석탑은 4각 1층기단 위의 2층석탑이다. 1층탑신은 4각이며 2층탑신은 원형으로 된 異形石塔이다. 옥개석도 원형으로 되어 있어 원형석탑의 양식을 지닌 석탑이라 할 수 있다.

 탑과 탑 중간지점 상방에 탑이 위치한다. 탑은 4층탑으로 남아 있으나 5층탑이었을 가능성이 있다. 옥개석받침이 4단 있고 같은 양식으로 위쪽 옥개석을 4단으로 조각하였다. 탑신에는 문양이 없고 1층만 隅柱형을 조각하고 다른 탑신보다 높게 하였다.

 탑 오른쪽에 탑(사진 14)이 위치한다. 이 탑은 圓球 4층석탑이다. 기단부분은 보통탑 1층부분의 탑신양식의 기단을 삼고 있다. 1층 기단부분의 일부 석재가 빠져나가 내부 공간이 비어 있다.

 탑 왼쪽에 탑이 위치한다. 이 탑은 원형탑이다. 2옥개석이 원형이고 1옥신석이 원형이다. 1층은 일반형 석탑의 4각탑신을 지니고 隅柱형 문양을 조각하였다.

 탑 옆에(뒷면이 되기도 함) 佛像群이 위치한다. 이 불상군은 암벽을 배경으로 하고 있고 主尊佛은 앞뒤의 兩尊座像을 이루고 있다. 手印은 양손을 펴서 무릎 밑으로 내리고 있으며 연화대좌를 지니고 있다. 그 좌우에는 석불 입상을 2구 암벽에 기대어 놓았다.

 이상을 운주사의 지형에서 그 위치와 상황을 보면 탑은 계곡 사이의 평지에 일정한 간격을 두고 종렬로 위치하고(사진 15) 불상들은 이상 석탑들의 오른쪽 능선 암벽 밑에 위치한다.

한편, 이들 암벽 밑에 위치한 불상은 조각의 수법이 형상만 갖추고 있다. 반면 불상은 앞의 계곡 사이 평지에 위치한 석탑의 종렬선상에 위치하고 이들 석불은 조각의 수법이 비교적 양호하고 석불군을 이루지 않고 양존불 내지 삼존불의 형식을 갖추고 있다.

山谷 왼쪽 능선상의 上方부분 산 위에 탑이 위치한다. 이 탑은 5층탑이며 자연석 기단 위에 설치하였다. 탑신에는 ⊠형 문양을 조각하고 있다.

탑 암벽 밑에 불상군(사진 4)이 위치한다.

중앙의 연화대좌상의 좌불을 중심으로 전체 9구의 불상군을 형성하고 있다. 주존불격인 연화대상의 좌불은 手印으로 보아 석가상을 이루고 있으며 이외에 大立佛 1·中立佛 2·小立佛 4·小座佛 1로 구성되었다. 立佛은 모두 지권인을 하고 있으며 모두 암벽에 기대어 놓고 있다.

탑의 건너편 능선의 山上에 석탑이 위치한다. 이 석탑은 자연석을 기난으로 한 6층석탑이나. 1층 탑신은 隅柱형 문양을 조긱하였고 2층 이상의 탑신에는 ▨형 문양을 조각하고 옥개받침은 ◇형을 조각하고 있다.

탑의 상방 능선에 석불(사진 16)이 위치한다. 이 석불은 자연석을 대좌로 한 높이 2미터의 單身佛이다. 위치상으로 보면 건너편 능선의 탑과 마주하고 있다.

불상(사진 9)의 상방 능선상의 山上 평지에 불상(사진 17)이 위치한다. 이 불상은 운주사 臥佛로 알려진 불상이나 조각의 양식에서 보면 좌상을 나타내고 있다. 이 불상을 臥佛로 오인하기 쉬운 것은 바닥에 평평하게 놓여진 암석에 불상을 조각하였기 때문이며 조각의 양식은 결가부좌한 좌상이다.

이 불상은 兩尊像을 이루고 있으며 지권인을 한 비로자나불과 여원인 시무외인을 한 석가불이다. 한편, 이 불상은 大佛을 이루고 있어 雲住寺 佛蹟 중 대표적인 불상으로 알려져 있다.

이상 운주사의 불적은 양 능선을 낀 山谷과 능선 山上에 불상과 석탑을 배치하고 있다. 산곡에는 주로 석탑을 배치하였으나 능선 아래쪽 암벽에는 불상군을 배치하고 있다. 능선의 아래쪽과 위쪽 대치선상에 탑을 위치하게 하고 있다.

山谷의 안쪽에는 석불의 종렬선상에 兩面佛을 불감 속에 배치하여 중심부분임을 나타내고 있다.

대체로 석탑과 불상군은 마주보는 배치를 하였으며 특히 주목을 끄는 것은 불탑에 조각된 각종 문양들이다.

불상군은 거의 암벽 밑에 위치하게 하였으며 이 경우의 불상은 형상만 불상의 모습을 지니게 하였으나 암벽 밑이 아닌 산곡이나 山上에 위치한 석불은 單身佛 양존·삼존의 형식을 갖추고 조각의 수법도 비교적 양호하다.

석탑은 대체로 자연석을 기단으로 하고 있으며 塔身石의 2층은 한 쪽면을 열어 놓고 돌 같은 것을 채워 놓고 있다.

3. 雲住寺 佛蹟의 특징

운주사의 불적은 다음과 같은 몇 가지 특징이 있다.

① 불상은 手印으로 보아 거의가 비로자나불과 석가모니불이다. 불상군의 경우를 제외하고는 비로자나 석가의 兩尊形式을 갖추고 있다.

양존형식을 갖춘 불상은 조각 수법이 비교적 양호하고 그 이외의 불상군은 불상의 형상을 갖게 하고 암벽을 배경으로 설치하고 있다.

② 석탑은 대체로 山谷에 위치하고 山上에 위치한 석탑은 양 능선의 대칭상에 위치하게 하고 있다.

운주사의 석탑은 3층·5층·7층탑으로 되어 있으며 塔身에 각종 문양을 조각하고 있음이 주목된다. 즉 이들 석탑에는 대체로 다음과 같은 문양이 조각되어 있다.

田 ◇ × Ⅲ ◇ 등이라 할 수 있으나 원형석탑도 탑신의 ○형 문양을 나타내고 있는 것으로 생각된다.

③ 자연석 기단 위에 석탑을 세운다든가 조각의 手法에 신경을 쓰지 않는 불상의 조성 또는 가람배치상의 문제로 석탑을 세운 것이 아닌 것 등은 地勢와의 상관관계를 고려하여 불적을 형성한 것이라 생각된다.

그러면 이상과 같은 운주사의 불적은 무엇을 목적으로 형성된 것일까?

우선 앞에서 살핀 운주사의 여러 석탑에 새겨진 각종 문양들은 전통적으로 사원에서 의식을 행할 때 十波羅蜜精進을 도는 行列圖가 있는데[6] 그와 유사한 것으로 생각되어 주목된다.

사원에서 행하는 〈十波羅蜜精進圖〉는 齋儀式과 같이 많은 대중들이 참여하는 의식행사 때 의식에 참여하였던 대중들이 法主僧의 주도하에 행하는 다음과 같은 열 가지 형식의 행렬도를 말한다.[7]

① 圓月形 : 둥글게 큰 하나의 원형을 이루는 행렬도이다. 이는 布施를 나타낸다는 의미를 지니며 광대한 재물과 불법과 無畏의 3가지 보시로서 중생심을 따라 모두 만족하게 함이 마치 淸淨虛空에 光明月軸이 두루 비추는 것과 같은 것을 상징한다.

② 半月形 : 반월은 持戒를 나타내는 행렬도다. 즉 그릇되고 악한 것을 방지하여 淨戒를 점차 쌓아가는 것이 마치 初生의 半月이 暗惑明生함을 상징한다.

③ 鞋經形(신발형) : 신발은 忍辱을 표한 것이니 外辱을 참고 法性

---

6) 安震湖,〈十波羅蜜精進圖〉《釋門儀範》, 法輪社.
7) 앞의 책.

을 밝혀 나가는 것이 마치 신발이 밖을 방어하고 足心을 안전하게 하는 것과 같은 것임을 상징한다.

④ 剪子形(가위형) : 이는 정진을 나타내는 것인데 일체 智에 취향하여 不退轉하는 것이 마치 가위로써 물건을 자름에 있어 有進無退함과 같은 것임을 상징한다.

⑤ 靉靆形(구름형) : 이는 禪定을 나타낸 것이니 마음을 한곳에 모아 일체의 번뇌를 소멸하는 것이 마치 구름이 大地의 熱炎을 덜어서 시원하게 하는 것과 같은 것임을 상징한다.

⑥ 金剛杵形 : 金剛杵는 지혜를 나타낸 것이니 智慧工匠으로서 스스로의 人山을 격파하여 번뇌鏃를 발견하고 覺悟火로써 烹鍊하여 자기 佛性金寶를 了然 明淨하게 함이 마치 金剛杵의 堅・利・明의 三義가 구족하여 進行無碍함과 같음을 상징한다.

⑦ 左右雙井形 : 이는 방편을 나타낸 것이니 방편으로 중생을 성숙하게 하여 生死海를 건너는 것이 마치 一源泉으로서 雙井을 나누어 동서에 있게 하는 것과 같은 것임을 상징한다.

⑧ 卓環二周形(고리두테형) : 이는 바른 힘, 즉 正力을 표한 것이니 일체 불국토에 匠力으로 따라 들어가 等正覺을 이루는 것이 마치 인가에 담장을 수축하고 주야로 순환하면서 외침을 방지하는 것과 같음을 상징한다.

⑨ 前後雙井形 : 이는 大願을 나타낸 것이니 일체의 佛刹과 일체 衆生海에 大願으로 遍入하여 보살행을 닦는 것이 마치 前後雙井에 귀천이 음료를 다 같이 얻는 것과 같은 것임을 상징한다.

⑩ 星中圓月形 : 이는 大智를 나타낸 것이니 三世의 一切法을 如來智로 遍智하되 無障無碍한 것이 마치 星中圓月이 遠近을 斯照함과 같은 것임을 상징한다.

이 星中月形은 圖形으로 보면 둥근 圓 속에 작은 圓形이 여러 개 있으므로 月中星이 星中月로 잘못된 것 같다. 즉 이는 정진을 돌 적에 큰방 네 모퉁이에다 소형의 星體를 중앙에 대형의 月體를 이루게 하고 있으나, 재래 원형은 月中에 照明되는 小星만 圈內에 비치게 하고 月邊으로 森列한 衆星은 月光에 은폐됨으로 圈外에는 비추어지지 않는 것으로 한때 月中星이 星中月로 표현된 것이 아닌가 한다.

이상 圖像의 형식으로 행렬을 지어 도는 것을 十波羅蜜精進이라 한다. 도는 방법은 體와 用을 나타내어 아침에는 從體起用이라 해서 왼쪽에서 오른쪽으로 돌고 저녁에는 攝用歸體라 해서 오른쪽에서 왼쪽으로 돈다.

한편 精進이란 범어 virya의 번역어로서 6바라밀이나 10바라밀의 하나를 지칭한 말이다. 毘梨耶 毘離耶라 음역하고 勤정진이라고도 번역하며 생략하여 進이라고 하는데, 이는 부지런히 善을 향해 용감하게 노력하는 끊임없는 활동을 뜻한다. 다른 한편 心所, 즉 마음작용의 하나이다. 俱舍宗에서는 十地善地法의 하나로 하고 唯識宗에서는 十一善心所의 하나로 한다. 그리고 勤의 心所를 體로 하는 가운데 四精勤, 五根, 五力, 七覺支, 八聖道中, 精進根, 精進力 등이 있음이 그를 말한다.

육바라밀, 십바라밀의 하나로서 정진바라밀이 있다. 특히 보살이 불도의 성취를 위해 닦는 정진을 일반의 바라밀과 구별하여 정진바라밀이라고도 하는 경우가 있다.[8]

《智度論》권16에서는 보살의 身精進波羅蜜과 心精進波羅蜜의 2종 精進波羅蜜이 있고[9] 《成唯識論》에서는 용맹을 상징하는 被甲, 善法의 닦음을 상징하는 攝善, 중생을 요익하게 함을 상징하는 利樂의 3종 정진이 있다.

이상과 같이 정진의 뜻은 불교의 수행과 관련된 여러 가지 뜻을 나타내나 전술한 도상에 의한 십바라밀은 수행이나 의식에 참여한 사람

---

8) 《望月佛敎大辭典》精進條.
9) 앞의 책.

들이 전기 10종의 도상의 형식에 따라 행렬을 지어 돌며 십바라밀이 지닌 뜻을 상징화해 나가는 것을 말한다.

이상의 〈十波羅蜜精進圖〉는 불교의 常行儀式集인 《釋門儀範》에 수록되어 오늘에 전하지만[10] 그에 의하면 그 기원은 신라시대 義湘大師가 창안한 〈華嚴一乘法界圖〉에 그 기원을 두고 있다.[11]

法界圖에 대해서는 그 동안 많은 연구가 있어 왔다.[12]

〈법계도〉는 海印圖 또는 法性圖라고도 한다.[13] 이는 신라시대에 의상대사가 당나라의 終南山 至相寺의 智儼和尙에게서 화엄경을 수학하고 그 오묘한 玄理를 통달하여 하루는 지엄화상이 화엄경의 法界無量義에 대하여 그림으로써 나타내어 圓形 혹은 方形 또는 기타 種種의 모양으로 72界의 法界相을 그림으로 그려 이를 문도들에게 가르침에 의상대사는 이에 72개의 義旨를 종합하여 법계도를 창안하여 내었다고 한다.[14]

지엄은 의상이 창안해 낸 법계도를 보고 감탄하여 말하기를 "너의 一印이 나의 72圖보다 우수하다 너는 法性을 窮證하고 佛陀의 義旨

---

10) 安震湖, 《釋門儀範》, 法輪社.
11) 義湘, 〈法性偈〉《한불전》新羅篇.
12) 李箕永, 〈華嚴一乘法界圖의 根本精神〉《新羅伽倻文化》 4, 영남대 영남연구소, 1972.
   李鍾益, 〈韓國佛敎思想史의 위치에서 본 均如法界圖記의 位置〉《불교학보》 17, 1980.
   金知見, 〈華嚴一乘法界圖에 대하여〉《印佛硏究》 19. 2(38), 1971.
   鎌田茂雄, 〈一乘法偈圖の思想的 意義〉《제3회 國際學術會議》, 전통불교연구원, 1980.
   金杜珍, 〈均如 法界觀〉《역사학보》 77, 1978.
13) 安震湖, 〈十波羅蜜精進圖〉《釋門儀範》, 法輪社.
14) 앞의 책.

를 통달하였으니 이에 해석을 加하라" 하여 의상이 奮筆成章하여 30 句의 탑을 지으니 이것이 〈법계도〉이며 이에 다시 주석을 붙인 것이 〈法界圖記〉이다.[15]

의상대사는 그 이후 귀국하여 榮州 부석사를 창건하고 화엄종을 세웠는데[16] 그때 법성도를 그의 제자인 相元大德에게 전하고, 다시 神琳과 順應大德에게 전해졌다. 순응은 이 법계도를 가지고 가야산에 이르러 절을 짓고 법계도, 즉 海印圖의 海印으로 寺名을 삼았다고 한다.[17] 그리고 순응은 이 해인도와 화엄경 水晶無孔珠를 華嚴宗信物 三種寶로 삼았다고 한다.

이상에서 보면 최초의 법계도는 화엄경의 法界無量義를 이해하는 방편으로 이용되었으며 또한 수행법으로 법계도를 돌며 화엄경의 세계를 체험하려 하였던 것 같으나, 후대가 되면 법계도를 정진도는 의식행위에 밀교적 의미가 부여되기도 하고 한편 법계도 자체가 주력을 지니는 靈物로 신앙되기도 하였다.[18]

즉 항간 전설에 의하면 "해인사에는 해인이라는 것이 있어 이를 사용하게 되면 바람을 일으키거나 비를 오게도 할 수 있으며 산과 바다를 임의로 옮기게도 할 수 있는 術法을 지닌 것인데 圖讖之說에 미혹한 鄭萬仁이 이를 감추어 버려 현재에는 華嚴三寶 중 華嚴經板과 無孔珠뿐이다"라는 데서도 충분히 알 수 있게 된다.

법계도, 즉 해인도의 도상적 의미를 보면 해인도 전체를 印相이라 하고 바깥 둘레의 巨緣을 印廓이라 한다. 내부의 線을 印文이라 하며 선에 있는 文字를 印字라 하고 글자와 글자가 연속 成行함을 迎道라

---

15) 金相鉉, 〈法界圖記叢髓錄〉《千寬宇先生還曆紀念華甲論叢》, 1986.
16) 앞의 주 11) 참조.
17) 앞의 주 13) 참조.
18) 앞의 주.

고 한다. 印道의 굴곡처를 印角이라 하고 印道에 쓴 印字를 7자씩 전부 읽어나가면 모두 30句의 偈를 이루니 이것을 印詩라 하며 인자 총계는 210자요 인각의 총계는 54이다. 그 읽는 법은 해인도의 최중앙의 法字에서 비롯하여 '法性圖融無二相'과 같이 매 7자씩 읽어나가면 다시 중앙에 있는 '舊來不動名爲佛'이라는 佛字가 끝이 되어 시작과 끝이 상접하여 始終이 끝이 없다.

이상에서 보면 법계도, 즉 해인도는 애당초에는 화엄경의 깊은 뜻을 쉽게 알게 하는 방편으로 창안되었으나 뒤에는 그 도상에 따른 華嚴修行法으로 응용되어졌고 이에 밀교적 의미가 부여됨에 따라 더욱 대중신앙화하여 널리 보급되었던 것으로 생각된다.

즉 법계도의 대중적 보급은 〈십바라밀정진도〉를 전개시키고 다시 〈십바라밀정진도〉는 더욱 대중화되어 민속화되어졌던 것이라 생각됨이 그와 같은 것이다.

〈십바라밀정진도〉의 민속화 경향은 풍악의 陣法과 탑돌이의 회전법에 잘 나타나고 있어 이들이 주목된다.

농악의 불교적 영향에 대해서는 이미 논급이 있어 왔던 바이나[19] 농악의 服色에 있어 고깔, 악기에 있어 法鼓, 장단가락에 있어 반영산 영산굿 등은 농악에 있어 불교적 의미를 더욱 강하게 나타내고 있음을 볼 때[20] 농악에 대한 불교적 고찰은 결국 무의미한 것이 아니라고 생각된다. 그런데 지금까지 주목되지 않았던 농악에 있어 陣풀이 등이 前述한 〈십바라밀정진도〉의 도상과 같은 성격의 것으로 이해되어 더욱 흥미를 끌게 한다.

농악마당은 열두마당이 있다고 하는데 이것은 각기 특이한 가락에 맞추어 상쇠의 지휘에 따라 여러 대중이 여러 가지 행렬을 이루면서

---

19) 《無形文化財調査報告書》 9호, 농악 12차편, 문화재관리국, 1965.
20) 영산이란 말은 靈山會相 등의 불교법회에서 유래한 것으로 생각된다.

농악놀이 하는 것을 말한다.[21] 예컨대 농악의 무리가 흩어졌다 모였다 하면서 행렬을 이루는데 이를 진법이라 하고 그 중요한 몇 가지를 소개하면 다음과 같다.[22]

① 고동진 : 일명 고리진이라고도 하는데 이는 고동모양을 하여 진을 이루는 진법을 말한다.
② 降魔陣 : 神將을 부르는 진법을 말한다.
③ 雲霧陣 : 陣中에 구름을 일으키는 진법을 말한다.
④ 금쇄陣 : 圓陣을 치는 진을 말한다.
⑤ 雙 陣 : 두 진으로 나누어지는 진
⑥ 行進陣 : 취군하여 전진하는 진
⑦ 靈山陣 : 靈山會相을 나타냄
⑧ 헡은陣 : 四方으로 흩어지는 진
⑨ 황화陣 : 勝敗를 겨루는 진법
⑩ 五方陣 : 팔진도 진법이라고도 한다.

이상에서 圓陣은 농악대중이 圓形을 이루면서 진을 치는 것을 말하는데 이는 십바라밀에서 보시를 나타내는 圓月形과 같다. 또한 雙陣은 두 圓을 이루는 것인데 이는 방편을 나타내는 左右雙井이나 大願을 나타내는 前後雙井形과 같다. 그리고 雲霧陣은 중앙을 향하여 몰리는 것인데 이는 禪定을 나타낸 구름형과 같다. 한편 行進陣은 행렬을 이루어 ×字로 왔다 갔다 행진하는 진법인데 이는 정진을 나타내는 가위형과 같은 것임을 알 수 있다.

이상의 농악에 있어 진법은 문헌에 의하여 전승되고 있는 것이 아니라 보유자가 相承하여 전해진다. 따라서 정확한 유형은 오늘에 전하

---

21) 앞의 주 19).
22) 앞의 책.

고 있는 것이라 할 수 없겠으나, 어떻든 불교의 십바라밀정진도는 법과 농악에 있어 진풀이 놀이의 도는 법이 유사한 것이 많아 주목되는 바라 아니할 수 없다. 더욱이 농악에 있어 진법은 그 도는 圖像의 유사점에서 뿐 아니라 전술한 농악의 服色과 함께 진법의 명칭에서도 降魔陣・靈山陣 등의 명칭에서도 불교적 영향은 배제될 수 없는 것이라 할 수 있다.

다른 한편 십바라밀정진의 민속화는 농악에 이어 탑돌이의 놀이법에서도 相似點을 발견할 수 있어 이 점이 또한 주목된다.

농악이 사원과 직접적인 상관관계가 없는 불교적 민속놀이라면 탑돌이는 사원에서 행한 불교와 직접 상관관계를 갖는 불교민속놀이라 할 수 있다. 즉 탑돌이는 원래 불탑에 대한 신앙의례적 행사가 민속화된 것이라 할 수 있으나, 그 도는 방법이 圓形・半月形・雙井形・가위형 등과 같은 십바라밀정진도는 법과 유사성을 지닌다는데 탑돌이의 십바라밀정진도적 영향을 살필 수 있게 된다는 것이다.[23]

이상에서 보면 〈십바라밀정진도〉는 원래 법계도에 기원하나 그 의례화가 대중신앙적 성격을 지니게 되어 대중이 모여 민속놀이를 하는 경우에는 그 놀이의 의미와 형식을 불교에서 강한 영향을 받았던 것으로 생각된다. 한편 이와 같은 〈십바라밀정진도〉는 놀이문화의 민속화에만 영향을 미친 것이 아니라 십바라밀도 자체의 밀교화 내지 주술화에 따라 도상 자체의 민속화 내지 일반보급이 이루어졌으니 운주사 석탑에 조각된 각종 도상에 의한 문양은 그와 같은 것이 아닌가 한다. 그것은 운주사의 석불・석탑들이 裨補思想에 의하여 형성된 것이라면 더욱 그러한 생각을 강하게 갖게 한다.[24]

운주사 석탑들에 조각된 圖像을 보면 대체로 다음과 같은 것들이

---

23) 〈法住寺塔돌놀이〉, 《無形文化財調査報告書》 제103호, 문화재관리국, 1972.
24) 李啓杓, 〈雲住寺의 思想的 背景〉 《雲住寺綜合學術調査》, 1991.

주목된다.

　사진 3에는 ◈·◇ 형 도상을 발견할 수 있게 되는데 이는 십바라밀도에서 구름형과 가위형의 도상으로 이해된다. 사진 8과 사진 10에도 ⊠형 문양을 조각하고 있어 여기서도 십바라밀도의 가위형 도상으로 생각된다. 그리고 重層圓塔은 圓月形 도상 아니면 卓環二周形 도상으로 생각되고 한편 隅柱形 조각의 문양은 鞋經形이 아니면 金剛杵形 도상으로 이해된다. 한편 塔(사진 5) 주변에 원형으로 된 작은 바위 7개가 배치되어 있는데 이를 七星바위라 하고 이로 인하여 雲住寺 佛蹟에 대한 도교적 영향이 논의되기도 하지만, 이를 전술한 십바라밀도와 관련하여 본다면 星中月形 또는 圓中星形의 도상에서 유래된 것으로 이해된다.

　이상의 운주사 석탑에 조각된 각종 문양들은 십바라밀도 도상을 모두 표현하였거나 또는 정확하게 표현하지는 않았다. 그러나 원래는 보다 많은 석불과 석탑이 있었다고 하니 또 다른 십바라밀도의 도상 문양이 다른 석탑들에 조각되어 있었는지 모를 일이며, 그렇지 않다고 하더라도 오늘에 전하는 도상문양만 보아도 이는 농악놀이의 도는 방법과 유사성을 지닌다는 데서 운주사 불적의 裨補思想的 의미를 살피는데 중요한 자료가 되는 것이라 생각한다.

　운주사가 裨補寺塔說에 의하여 건립되었다고 함은 일반적 견해이나[25] 이상의 석탑에 조각된 문양들은 운주사의 비보사찰로서의 내용을 더욱 분명히 해줄 뿐 아니라 그 전개가 어떤 것이었던가를 알려주는 좋은 자료가 되고 있어 주목된다.

　비보사찰이란 신라 말·고려 초의 격변기에 道詵이 불교교단을 재정비하고 전 국토에 불교적 의미를 부여하여 마련한 비보사탑설에 의하여 세워진 사찰을 말하는데,[26] 이는 전 국토를 하나의 만다라로 보고

---

25) 앞의 주.

밀교의 擇地法에 따라 寺塔을 세우고 그 불력으로 국가와 국민의 안녕을 염원하였으며 특히 地氣가 왕성하지 못한 곳에 사탑을 세움에 의하여 인위적으로 地氣를 보완한다는 의미를 지닌다. 즉 운주사는 바로 이와 같은 비보사상에 입각하여 건립되어졌음을 전술한 석탑의 각종 문양들이 잘 나타내고 있다는 것이다.

운주사의 창건과 유래에 대해서는 언제 어떻게 어떤 사람들에 의하여 되었다는 자세한 문헌자료가 오늘에 전하는 것이 없다. 다만《東國輿地勝覽》등에 다음과 같은 자료가 전할 따름이다.

① 雲住寺在千佛山 寺之左右山脊 石佛石塔 各一千 又有石室 二石佛相背而坐[27]
② 雲住寺在千佛山西 寺舊廢 其左右崖壑石佛石塔 大小甚衆 謂之千佛千塔 又有一石室 其中二石佛 隔壁相背坐 諺傳 新羅時所造 或謂高麗僧惠明 有徒衆數千 各令造成云[28]
③ 雲住寺在天佛山 今廢 寺之左右山脊有 石佛石塔 各一千又石室 二石佛相背而坐[29]
④ 千佛山南三十里 開天寺雲住寺 寺之左右山脊 石佛石塔 各一千又有石室 二石佛相背坐[30]
⑤ 雲住寺今廢 雲住在州南二十五里 千佛山左右山脊 石佛石榻各一千 又有石室二石佛相背而坐[31]
⑥ 右州西二十五里 華鶴山來脈 有千佛千塔 運舟塔 蓮舟山左右麓 有

---

26)徐閏吉,《高麗時代의 密敎硏究》, 동국대학교, 1986.
27)《新增東國輿地勝覽》권40, 綾城縣, 佛宇條.
28)《東國輿地表》권25, 下 綾城縣, 古蹟.
29)《梵宇考》全羅道, 綾州條.
30)《大東地表》綾州山水.
31)《綾州牧邑誌》寺刹古蹟.

千佛千塔有石室石佛[32]

　이상에서 보면 1530년경에는 운주사가 현존하고 있었고[33] 운주사의 좌우 산등에 石佛石塔 各一千이었고 또 石室이 있었는데 이 석실에는 2石佛이 서로 등을 대고 좌상을 이루고 있었다. 그 이후 얼마 안 있어 이 절은 廢寺가 되었으나 千佛千塔은 그대로 남아 있었고 석실의 相背坐像도 그대로 남아 있었다.
　이를 오늘의 현상과 비교한다면 오늘의 운주사의 불적지에는 천불천탑은 전하지 않는다. 그것은 많은 석불과 석탑이 파손되었으리라 믿으나 천불천탑은 많은 수를 표현한 것인지 아니면 천불천탑의 절대적 수치를 표현한 것인지 확실하지 않다. 다만 현존수가 불과 몇 십여 기에 불과하므로 천불천탑의 표현은 많은 수를 나타낸 개념인 것 같다.[34]
　한편 두 석불이 서로 등을 대고 좌상을 이루고 있다는 것은 현존하는 불상(사진 11·12)의 불감 속의 비로자나불과 석가모니불을 지칭하고 있는 것으로 생각되고 다른 한편 암벽 밑에 조성된 석불군도 석실을 예상한 석불로 보이며 이들 불상들이 대체로 비로자나불과 석가모니불을 나타내고 있어 二石佛相背의 개념을 여기서도 살필 수 있지 않을까 한다.
　오늘에 전하는 운주사에 대한 각종 문헌자료들은 운주사의 특징에 대하여 千佛千塔과 '有石室二石佛相背而坐'의 현상을 주목하고 있었

---

32) 《綾州邑誌》상, 山川古蹟.
33) 《新增東國輿地勝覽》은 中宗 25년(1530)에 편찬되었고 이에 운주사가 기재되고 있기 때문이다.
34) 불교에서 흔히 쓰는 8만 4천의 법문 또는 8만대장경 하는 수치는 절대적인 수치를 나타내기보다는 많은 수를 나타내는 경우가 많기 때문이다.

던 것 같다. 여기 천불천탑의 건립이 山川裨補鎭壓說에 따라 건립된 것이라면[35] 그 의미를 뒷받침하는 것이 석탑에 쓰여진 십바라밀도로 생각되는 각종 문양과 二石佛相背而坐가 아닌가 한다.

운주사에 관한 문헌기록은 석실 속의 二佛이 相背하고 있는 것만 주목하고 있지만 운주사의 석불은 모두가 二佛樣式임을 주목할 필요가 있다.

왜냐하면 수많은 운주사의 석탑은 비로자나불과 석가모니불의 兩尊形式으로 되어 있다고 생각하기 때문이다. 문헌기록이 전하는 '有石室 二石佛相背而坐'는 石室불감 속의 二佛로 생각된다. 왜냐하면 이 불상은 석실 속에 서로 등을 맞대고 좌상을 이루고 있기 때문이다. 그러나 다른 한편 이와 같은 형식은 운주사 석불의 모든 석불군이 같은 맥락에서 이해되는 것이라 할 수 있다. 그것은 모든 석불군이 암벽을 배경으로 하고 있다는 것은 암벽을 석실로 삼고 있는 것이라 생각되며 또한 모든 석불군은 비로자나불과 석가모니불로 되어 있고 비록 이들 석불군은 二佛이 아닌 여러 석불로 되어 있으나 그 주제를 비로자나불과 석가모니불인 것으로 이해되기 때문이다.

그러면 비로자나불과 석가모니불의 二尊양식은 무엇을 뜻하는 것일까. 운주사 석불군의 주제가 전기한 二尊樣式으로 되어 있다는 것은 석실불감 속의 兩尊이 그러하고 臥佛로 알려진 大佛이 그러할 뿐 아니라 석불군을 이루고 있는 석불들이 모두 이와 같은 양존이기 때문이다.

비로자나불을 대상으로 한 우리나라의 전통적인 신앙체계는 법신 비로자나불・보신 노사나불・화신 석가모니불의 三身體系이다.[36] 그러

---

35) 김동수, 〈운주사의 역사적 고찰〉《雲住寺綜合學術調査》, 전남대학교 박물관, 화순군, 1991.
36) 大寂光殿, 大光明殿 등에 봉안된 불상들은 대체로 법신 비로자나불, 보신 노사나불, 화신 석가모니불의 三身佛로 하고 있음이 그와 같은 것이다.

나 비로자나불과 석가모니의 양존체계는 그 전례가 없고 운주사의 불적에서만 나타난다. 따라서 이들 양자의 신앙체계는 상이한 것이 아닌가 한다. 즉 法身·報身·化身의 三身佛體系는 화엄사상에 기인한 것이라면 비로자나불·석가모니불의 양존체계는 밀교적 신앙체계에 기인한 것으로 생각되기 때문이다. 그리하여 智拳印을 한 불상은 법신 비로자나불이 아닌 大日如來라는 생각이 든다. 왜냐하면 대자연을 佛道場으로 삼고 있는 운주사의 불적은 대일여래의 신앙체계와 잘 부합되기 때문이다.

 대일여래란 우주를 구성하는 六大로서 삼라만상 그대로가 대일여래의 모습이며 일체의 활동이 대일여래의 활동이며 현상세계가 곧 제불보살이란 것이다.[37] 그리고 이때의 대일여래와 석가여래는 同體란 것이다. 그렇다면 대자연 속에 경영한 운주사의 불적은 이 같은 밀교의 대일여래의 사상에 입각하여 대일여래가 곧 대자연임을 나타내기 위하여 법신 대일여래와 석가모니불을 서로 짝하여 조성하고 있는 것이라 생각된다. 그리고 각종 수많은 小佛은 대일여래에서 顯現된 제불보살로서 현상세계의 差別相을 나타낸 것이라 할 수 있다.

 그리고 여러 탑의 양식과 석탑에 새겨진 각종 문양들은 밀교의 수법을 상징하고 있는 것으로 생각되어 결국 운주사의 불적은 대자연에 귀일하고자 하는 밀교의 수행법을 수용하고 있는 것이라 하겠다. 그리고 이 같은 밀교의 수행법을 수용하여 운주사의 불적을 경영하게 된 경위는 山川裨補鎭壓說에 의거하여 地勢를 보강하려는 목적에서 이

---

37) 地水火風空識의 실재로서의 六大元素가 대일여래란 것이다. 그리고 이런 관계에서 現象世界가 있음을 설함이 六大緣起說이며 이는 俱舍論·瑜伽論 등의 六大思想을 화엄의 法起緣起理論을 전용하면서 조직된 것이다. 이에 의하면 삼라만상 그대로가 대일여래의 모습이며 일체의 활동이 대일여래의 활동이 되는 것이다.
　金岡秀友, 《密敎の哲學》, 平樂寺書店, 1972, pp. 46~71.

록되었던 것이다.

 운주사 불적의 조성시기에 대해서는 고려중엽설, 12~13세기설, 11~14세기설 등으로 서로 엇갈린 견해를 보이고 있으나[38] 대체로 고려시대의 것으로 의견이 일치되고 있다. 산천비보설이 고려시대에 크게 유행하였던 것이라면,[39] 앞에서 살핀 바와 같은 운주사 불적의 성격에서 보아도 운주사의 불적은 고려시대에 조성된 것이라 보아지며, 따라서 천불천탑으로 구성된다는 운주사 불적은 비록 지금은 그 체계가 흩어져 있으나 원래는 만다라적인 신앙체계에 의하여 조성되었던 것으로 생각된다.

 그리고 운주사의 불적은 단순히 造佛, 造塔行爲만으로 裨補의 기능을 다하려 하였던 것이 아니라 십바라밀정진·탑돌이·농악놀이 등에서 살필 수 있는 바와 같은 動態的 신앙행위로서의 裨補의 기능을 아울러 나타내려 하였던 것이라 보인다. 그것은 석탑에 새겨진 각종 문양이 십바라밀정진·탑돌이·농악놀이 등에서 볼 수 있는 巡回圖와 같은 것에서 유래한 것이라 생각되고, 다른 한편 고려시대에는 裨補의 기능을 動態的인 신앙의례에 의하여 다하였던 사실을 살필 수 있는데[40] 운주사의 불적은 이들 양자를 모두 표현하고 있는 것이라 생각되기 때문이다.

---

38) 鄭永鎬,《雲住寺》, 전남대학교 박물관, 1984.
　　姜友邦,〈韓國毘盧遮那佛像의 成立展開〉《藝術資料》44, 1989.
　　《雲住寺綜合學術調査》, 전남대학교 박물관, 화순군, 1991.
39) 徐閏吉,《高麗時代의 密敎硏究》, 동국대학교, 1986.
40) 洪潤植,〈高麗時代の佛敎儀禮〉《韓國佛敎儀禮の硏究》, 융문관, 1976.

4. 맺음말

운주사의 불적은 단순히 천불천탑신앙에 의거하여 조성된 것도 아니고 山川裨補思想에 의거하였지만 천불천탑 등의 수많은 불적을 조성하는 것만으로 산천비보의 기능을 다하는 것으로 생각하지도 않았다. 여기에는 보다 일반화된 고려시대의 불교신앙행위가 조형화된 흔적이 여실히 엿보인다. 즉 신라시대에는 명산대천을 찾아 절을 짓고 재래신앙처를 불교화해 나간 것이라면, 고려시대에는 재래신앙에 의해서는 부적합한 신앙처에 불교신앙행위를 추가함에 의하여 산천을 비보할 수 있다는 비보사상의 새로운 전개가 있었다. 이와 같은 비보사상을 단순히 地德이 약한 곳에 불상이나 불탑을 조성하는 데서 비보의 기능을 다하였다고 생각하지 아니하고 비보를 위한 구체적인 신앙의례를 행하게 되었다는 사실과 운주사의 불적은 깊은 관련을 갖고 있다는 것이다.

고려시대에는 각종 불교의례가 성행하였다고 함은 널리 알려진 사실이나 운주사의 불적은 신라 이래의 법계도에 의한 精進圖巡廻의 修行法이 비보의 기능을 지닌 신앙의례로 발전, 전개된 결과인 것으로 보인다. 그리고 그것은 다시 농악놀이, 탑돌이 등으로 민속화되면서 더욱 일반화되어져 고려시대의 비보사상은 造佛, 造塔 등의 靜的 행위에서 십바라밀정진·탑돌이·농악놀이 등의 동태적 행위로 전개되었던 것으로 보아진다.

그리하여 운주사의 불적은 한편으로는 조불, 조탑행위에 의하여 비보의 기능을 다하려 하였던 것임과 더불어 동태적 신앙행위로서의 십바라밀정진, 탑돌이, 농악놀이 등의 비보적 기능도 아울러 다하고 있는 것임을 나타내고 있는 것이라 생각된다.

이상을 다시 요약해 말하면, 운주사의 불적에서 불상군은 법신 비로자나불과 화신 석가모니불의 二尊體制로 되어 있음은 운주사의 일대를 포함한 모든 삼라만상이 그대로 법신 비로자나불(혹은 대일여래)의 모습을 나타내고, 석가모니불은 그 敎化像을 나타내고 있는 것이라 생각된다. 그리고 이를 二尊體制의 불상군을 포함한 석탑군과 석탑에 새겨진 각종 문양들은 밀교의 수행법을 나타내는 일종의 만다라의 양식을 갖추고 있는 것이라 생각되어 주목된다.

    요컨대 이는 義湘의 法界圖의 밀교적·신앙의례적 전개 및 민속적 전개의 소산이라 할 수 있다는 것이다.

사진 1 운주사 전경

고려시대 운주사 불적의 성격 281

사진 2 석불군

사진 3 석탑의 문양

282 한국의 가람

사진 4 석불군

사진 5 7층석탑

284 한국의 가람

사진 6 석불군

사진 7
암반 위의 7층석탑

고려시대 운주사 불적의 성격 285

사진 8 기하학문양의 7층석탑

286 한국의 가람

사진 9 비로자나 석불

사진 10 7층석탑

고려시대 운주사 불적의 성격　287

사진 11　불감 속의 석가모니불

사진 12　불감 속의 비로자나불

288 한국의 가람

사진 13 원반형 석탑

고려시대 운주사 불적의 성격 289

사진 14 원구형 4층석탑

290 한국의 가람

사진 15 석탑군

고려시대 운주사 불적의 성격 291

사진 16 석불

292 한국의 가람

사진 17 와불로 불리는 좌불

麻谷寺 가람의 성격과 그 의미

1. 寺格과 가람의 성격

麻谷寺는 泰華山 東麓에 南向하여 위치한 신라 이래의 유서 깊은 고찰이다. 그 寺格은 오랫동안 禪敎兩宗大本山 麻谷寺로서 혹은 조계종 25개 본사 중의 하나인 제6교구 본사로서의 자리를 오늘에 이르기까지 지켜오고 있다. 그래서인지 마곡사는 그 사찰의 규모나 가람의 구성상에 있어 종합사찰로서의 면모를 갖추고 있다.

한국불교는 역사적으로 五敎九山 등의 종파불교를 형성하고 있었다고 하나[1] 그와 같은 종파불교는 일본불교의 종파불교에서 살필 수 있는 바와 같이 가람형성의 종파별 특성을 형성하는 데까지 이르고 있었던 것은 아니다.[2] 그것은 五敎九山 등의 종파가 각각 다른 종단을 형성하고 있었다기보다 신라시대에는 불교교리연구에 있어 학파적인 성

---

1) 金映遂,〈五敎兩宗에 대하여〉《震檀學報》8, 1937.
2) 金煐泰,〈曦陽山禪脈의 成立과 그 法系에 대하여〉《韓國佛敎學》4, 1979.
   許興植,〈高麗後期 佛敎界와 天台宗의 形成과정〉《한국학보》11, 1978.

격을 띠고 있었고[3] 다른 한편 고려시대에 이르러 종단적인 성격을 띠게 되기도 하지만 학파적인 성격은 그대로 계승되고 조선시대에 이르면 禪敎兩宗으로 통합되었다가 마침내 曹溪宗으로 통합되는 한국불교 종단사의 흐름이기 때문이다.[4]

그리하여 한국불교에 있어 古刹은 그 寺格이 높은 大本山格일수록 종합사찰로서의 성격을 지닌다. 여기서 말하는 종합사찰로서의 성격이란 여러 佛殿을 고루 갖추고 그에 따른 爐殿을 갖추고 있는 것을 말한다. 예컨대 석가모니불만 봉안한 대웅전만 갖고 있는 절이 末寺로서의 單位寺刹이라면 종합사찰이란 대웅전뿐 아니라 아미타여래를 봉안한 극락전, 약사여래를 봉안한 약사전, 관세음보살을 독신불로 봉안한 관음전 등 여러 전각을 갖추고 있는 것을 말한다.

이상과 같이 종합사찰이 많은 殿閣을 지니게 되면 그에 따른 신앙 행위도 다양해지고 그의 종사자도 많아지게 된다. 그리하여 이 같은 종합사찰은 문화적으로 복합적인 양상을 지니게 되고 재정적으로도 많은 부담을 지게 된다.

따라서 종합사찰은 재정적인 규모도 크고 문화적인 수준도 높은 寺格을 유지해 나가지 않으면 안 된다. 대체로 오늘에 전하는 조계종 본사의 사찰은 그와 같은 성격을 지닌 古刹들을 본사로 삼게 된 것이다.

마곡사도 그와 같은 종합사찰로서의 寺格을 지닌 本寺의 하나로서 마곡사 특유의 성격을 지닌다.

한국불교에 있어 대본산격인 고찰들이 종합사찰로서의 성격을 지니게 된 데에는 몇 가지 연유를 살필 수 있다.

첫째로, 조선시대에 이르러 배불정책에 의하여 여러 종파를 통폐합

---

3) 앞의 주 참조
4) 韓基斗, 〈韓國佛敎의 五敎兩宗問題〉《朝鮮學報》98, 1981.
   張元圭, 〈曹溪宗의 成立發展에 대한 考察〉《불교학보》1, 1963.

한 데 기인된 것이다.[5]

둘째, 다른 한편 통폐합 이전의 한국불교는 불교를 통합적으로 이해하려는 부단한 노력이 있어 왔음을 일러주는 것이라 할 수 있다. 그리하여 한국불교는 한편으로는 종파불교를 지향하면서 다른 한편 그를 통합하려는 꾸준한 문화운동을 일으켜 왔다는 것이다. 즉 흔히 말하는 開合의 논리가 그를 일러주고 있는 셈이다. 그러나 여기 주목하여야 될 것은 통합사찰로서의 성격을 지니는 한국의 전통적인 고찰들이 흔히 말하는 다신교적인 신앙양상을 지니고 있는 것은 아니라는 사실이다. 오히려 다양한 요소들을 지니되 여기에는 하나의 질서가 엄연히 발견된다는 사실을 우리는 주목하지 않으면 안 된다.

대체로 한국사원에 있어 가람의 질서 체계는 화엄사상에 의거하지만 구체적인 면에서 보면 조금씩 차이를 보인다. 여기서 또한 한국고찰들의 차이점이 발견되어 흥미를 끌게 하는 것이다.

마곡사도 여러 다른 大本山格인 고찰에서 보는 바와 같이 많은 殿閣들을 지니고 통합사찰로서의 성격을 지니고 있지만 이들 전각들의 배치와 구조물들에서 상이점이 발견되어 이 같은 사실들이 마곡사로서의 독특한 성격을 지니게 하였던 것이 아닌가 한다.

2. 마곡사 가람의 의미

마곡사의 가람은 깊은 山谷에 자리잡은 山地伽藍이지만 절이 위치한 곳은 산자락의 평탄한 곳이며 경내 중심을 가로질러 山谷의 맑은 계곡이 흐르고 있다.

이 계곡을 사이에 두고 가람은 일단 양분된다. 즉 계곡의 북쪽과 남

---

5) 앞의 주 참조.

쪽으로 나누어지는데 북쪽에는 大雄寶殿과 大光寶殿 등의 두 佛殿과 應眞殿, 尋劍堂과 大香閣이 배치되고 있으며 대광보전 앞에 5층석탑이 우뚝 솟아 있다. 남쪽에는 解脫門과 天王門이 있고 해탈문 서쪽으로 돋우어진 臺地 위에 靈山殿과 興聖樓, 梅花堂과 寮舍一棟(修禪社)이 자리잡고 있으며 그 북쪽 천왕문의 서편에는 冥府殿이 있고 그 뒤편에 國師堂이 있다.

이상의 건조물 중 대웅보전은 보물 801호, 대광보전은 보물 802호, 영산전은 보물 800호, 5층석탑은 보물 799호로 지정되어 있어 이들 지정문화재를 통한 마곡사의 문화적 위치 또한 간과할 수 없게 되는 것이다. 이들 지정문화재에 대한 문화적 가치 또는 그 역사적 위치 등에 대해서는 다시 다음에서 기술할 기회를 갖겠으나 우선 이상에서 살핀 마곡사 가람의 구조 및 그 배치상의 문제에서 마곡사 가람이 갖는 의미가 무엇인가를 살펴볼까 한다.

얼핏 보면 마곡사의 가람은 동서를 가로지르고 있는 계곡을 중심으로 양분되고 있는 것처럼 보이지만 자세히 보면 그렇지 아니하고 남쪽 부분의 四天王門과 解脫門은 계곡의 북쪽 가람에 미묘하게 연결시키고 있어 무척 흥미를 끌게 한다. 즉, 자연적인 계곡을 잘 이용하여 가람의 배치에 중요한 의미를 부여하고 있음이 그것이다.

물론 이 같은 가람의 배치가 창건 당시 일시적으로 이룩되었다고는 믿어지지 않으며 현존하는 건물로 보아도 사천왕문과 해탈문은 후대의 것으로 보이지만 현존배치의 상황이 그러하다는 것이다. 즉, 사천왕문과 해탈문은 그것이 위치한 방향에서 보아 영산전 쪽을 향하고 있는 것이 아니라 대광보전과 대웅전 쪽을 향하고 있어 계곡의 북쪽 가람에 구조를 맞춘 것임을 누구나 쉽게 짐작하게 한다. 그러나 한편 그 위치를 계곡 건너서 북쪽 가람 쪽에 세울 수 있는 충분한 거리가 되는데도 멀리 계곡 밖에도 세웠다는 것은 계곡을 경계로 하여 俗界와 佛界를 구분짓게 함으로써 가람배치상의 의미를 교화에 응용하려 하고 있었

마곡사 가람의 성격과 그 의미   297

마곡사 전경

다는 사실을 충분히 짐작하게 하고 있다. 그리고 계곡을 건너는 다리의 이름을 洗心橋라 하고 있음에서 그 같은 의미는 한층 더 고조되어 佛寺로서의 마곡사의 의미를 너욱 돋보이게 하고 있다.

　해탈문을 지나 사천왕문이 있고 一直線上에 洗心橋가 연결되고 있을 뿐만 아니라 같은 일직선상에 5층석탑과 대광보전, 대웅보전이 연결되고 있다는 것은 무엇인가 불교적 세계관을 여기에 나타내려 하고 있었던 것임에 틀림없는 사실이라 할 수 있겠다. 그러면 나머지 靈山殿지역은 마곡사 가람에서 어떤 위치를 지니는 것일까? 계곡을 중심으로 보면 영산전지역은 해탈문, 사천왕문을 포함하여 남쪽 가람을 형성하고 있으나 전술한 바와 같이 해탈문, 사천왕문은 건물이 위치한 방향에서 계곡 북부지역 가람과 연결되고 있어 남부지역과는 가람의 구조상에서는 연결되지 않고 있다. 그뿐 아니라 靈山殿을 중심한 興聖樓, 梅花堂, 寮舍 등의 건물들은 상호 관련을 갖고 구조적 의미를 지니고 있어 이들 건물군을 별도로 다른 의미를 지니는 가람구조로 보게 되는 것이다.

그것은 이들 건물의 배치상에서도 살필 수 있겠으나[6] 이들 건물을 조영한 臺地의 구성에서도 짐작할 수 있게 된다. 즉 이들 영산전지역은 해탈문과 사천왕문의 서쪽 산록에 위치하는데 이들 지점을 특별히 돋우어 대지를 마련하고 있음은 자연적인 지형상의 문제도 있지만 그 지형을 그대로 이용하지 않고 특별한 의미를 부여할 수 있는 새로운 대지를 형성하고 있다는 데 주목하게 된다. 즉 이 지역을 특별히 영산전지역으로서 의미를 부여하게 되었다는 것이다.

만약 그렇다고 한다면 마곡사의 현재 가람은 해탈문에서 사천왕문을 지나고 세심교를 건너 대광보전, 대웅보전으로 연결되는 가람과 영산전지역의 가람으로 크게 구분되며 다른 한편 마곡사의 가람구조는 전자를 敎化伽藍으로, 후자를 修行伽藍으로 하는 2대 구조를 지니는 것이라 할 수 있다.

그러면 이제 다음에는 교화가람지역의 제 구성요소와 수행가람지역의 구성요소에 대하여 좀더 구체적으로 살펴봄으로써 과연 마곡사의 가람이 교화가람과 수행가람의 2대 요소를 지니고 있는가를 더욱 명확히 밝히고 나아가 이 같은 가람구조가 지니는 의미가 어떤 것인가를 살펴보기로 하겠다.

3. 마곡사 가람의 구조와 그 문화

마곡사의 가람은 전술한 바와 같이 敎化伽藍과 修行伽藍의 2대 요

---

6) 이 지역의 가람은 그 지형상으로나 각 전각 또는 가람구조상에서 별개의 의미를 지니고 있는 것으로 생각되기 때문이다.

소에 의하여 형성되어 있다고 생각되는데 이들 2대 가람 구성요소에 대한 세부적인 사항을 먼저 파악하고 이어 이와 같은 가람구조가 지니는 불교문화사적 의미가 어떤 것인가를 살펴보기로 하겠다.

1) 敎化伽藍地域

교화가람지역은 해탈문, 천왕문, 세심교, 5층석탑, 대광보전, 대웅보전, 매향각, 심검당, 기타 요사 등으로 구성되는데 다음에 이들 전각 등이 지니는 하나하나의 의미를 파악해 봄에 의하여 이 지역 가람구조에 대한 의미를 살펴볼까 한다.

(1) 解脫門과 天王門

해탈문과 천왕문은 聖界인 사찰을 출입하는 正門 혹은 출입문이다. 대개의 경우 사찰의 제일 바깥쪽의 산문으로서 一柱門이 있고[7] 가람 가까이 와서 사천왕문, 금강문 또는 사천왕문, 해탈문 순으로 출입문을 건립한다. 여기 일주문은 가람배치와 관계없이 먼 거리에 세워지지만 사천왕문, 해탈문, 금강문 등은 가람배치상에서 출입문으로서 건립된다. 사천왕문의 기능은 단순한 출입문이 아니라 사천왕상이 배열되어 있어 이 문을 경계로 안쪽은 聖界이며 그 바깥쪽은 俗界임을 스스로 구분하고 있다. 즉, 사천왕문을 출입하는 자는 사천왕에 의하여 일단 世俗心을 버리고 佛法을 호지하는 자로서 이 문을 출입할 수 있게 한다는 것이다. 그 다음 금강문 혹은 해탈문을 출입하는 자는 이 문을 통과하면 세속인이 아닌 법계에 들게 된다는 단단한 마음가짐 혹은 해탈하고야 말겠다는 굳은 결단을 갖게 되는 문으로서 존재한다.

---

7) 一柱門은 가람의 배치문제와는 별도로 멀리 떨어져 사찰 바깥쪽에 세워지는 것 등이 그를 일러주고 있다.

이상에서 보면 마곡사에는 해탈문이 먼저이고 천왕문이 뒤에 있어 조금 이상하기는 하지만 이 두 문은 차례가 바뀌어도 그렇게 크게 모순되지는 않으며 사찰에 따라서는 바뀌는 경우가 있기도 하다.
 천왕문과 해탈문은 기능적인 면에서 보면 전술한 바와 같으나 그와 같은 기능은 좀더 불교세계관적 입장에서 종합적으로 이해되지 않으면 가람구조상의 의미가 파악되지 않는다. 즉 천왕문 등이 불교세계관에 입각해보면 어떤 위치에 있느냐 하는 것이다.
 불교적 세계관을 간단히 언급하기란 대단히 어려운 일이나 대체로 欲界, 色界, 無色界의 삼계로 나누어 해명하기도 한다. 한편 地下界, 地上界, 天上界로 나누어 생각하기도 하는데 이들 양자를 서로 대비하여 보면 欲界는 地下界, 地上界의 모두와 天界의 一部를 포함한다.[8] 즉 불교에서 말하는 천계는 地居天과 空居天으로 나누어지는데 이중 地居天은 모두 욕계에 속하고 空居天도 6欲天은 欲界에 속하며[9] 나머지 初禪天, 二禪天, 三禪天, 四禪天은 색계에 속한다는 것이다.[10]
 지하에는 지옥이 있고 지상에는 인간이 살고 있으며 지상에는 천계가 있다. 천계라 하더라도 지상에 사는 사천왕과 그 권속 그리고 33천 또는 공중에 사는 四種의 천, 합계 6종의 天은 天神이라 하면서도 그 하는 일은 인간계와 큰 차이가 없고 인간보다 다소 완력이 수승할 따름이고 도덕적으로 불완전한 존재이다. 그래서 이들은 欲界에 속하는 것이다.
 色界란 禪定者의 세계를 色界, 無色界로 구분한 것 중의 하나이나 여기서 말하는 색계란 인간의 色情을 자극하는 개념이 아니라 모양을 갖는 것 즉, 일정한 공간을 점유한다는 의미를 지닌다. 따라서 색계라

---

8) 〈須彌山七極樂〉《佛教の宇宙觀》, 講談社, 1970.
9) 앞의 주 참조.
10) 앞의 주 참조.

고 하면 形象을 갖는 자가 사는 세계란 뜻을 지닌다.

 형상을 갖는다고 하는 것은 전술한 욕계에도 통하는 조건이나 그럼에도 불구하고 색계라고 할 때에는 욕계를 제외하게 되어 있다. 따라서 색계에 사는 자는 욕망을 극복하고 단지 육신만을 남긴 자들이라 할 수 있다.

 다음의 무색계는 형상이 없는 세계를 말한다. 말하자면 정신만이 존재하는 세계인 것이다. 따라서 무색계는 색계의 위에 있다고는 말할 수 없게 된다. 왜냐하면 무색계는 方處를 초월하고 있으며 그러기 때문에 우주의 일부라고는 하면서도 무색계의 설명에는 전연 공간의 개념을 떠나버리고 말기 때문이다. 다만 색계가 수행을 행하는 세계였음에 비하여 무색계는 定을 行하는 세계라 할 수 있게 되는 것이다. 定이란 수행을 뜻하는 禪과는 구분되는 것으로 넓은 의미에서 말하면 모든 정신통일 일체를 말하는 것이라 할 수 있다.

천왕문

해탈문

　이상의 세계관에 입각하여 四天王門을 생각하고 대광보전, 대웅보전 등을 생각하면 마곡사 가람구조에 대한 보다 확실한 의미의 세계에 접근될 수 있을 것으로 생각한다.
　먼저 사천왕에 대하여 좀더 언급해 보기로 하자. 그리고 천왕문, 해탈문을 생각해 보기로 하자.
　사천왕은 欲界六天의 第一인 四天王의 主로서 須彌의 4洲를 수호하는 신이다. 護世天이라고도 하며 須彌山 중턱 4층급을 住處로 하는 신이다.
　① 持國天王은 건달바·부단나의 2神을 지배하여 東洲를 수호하며 다른 洲도 겸한다고 한다.
　② 增長天王은 구반다·폐려다의 2神을 지배하여 南洲를 주로 수호하며 다른 洲도 겸한다고 한다.

③ 廣目天王은 용·비사사의 2神을 지배하여 西洲를 수호하며 다른 洲도 겸한다고 한다.
④ 多聞天王은 야차·나찰의 2神을 지배하여 北洲를 수호하며 다른 洲도 겸한다고 한다.

이들 四天王은 모두 忉利天의 主인 帝釋天의 명을 받아 四天下를 돌아다니면서 사람들의 동작을 살펴 이를 보고하는 神이라 한다.

사천왕이 住處로 한다는 수미산은 불교의 우주관에 출현하는 상상적인 산으로 그와 같은 우주관에 의하면[11] 허공중에 風輪이란 것이 떠 있는데 그 형상은 圓盤狀이며 크기는 둘레의 길이가 무수하고 두께는 1백60만 유순이라 한다. 1유순의 길이는 여러 가지 설이 있으나 확실하지 않으며 일설에 의하면 약 7km라 한다.[12] 또한 無數란 무한이란 말이 아니라 거대한 수의 단위를 나타낸 말이라 한다. 따라서 風輪圓周의 길이는 無數由旬이 된다.

風輪 위에 水輪이 있다. 그 모양은 風輪과 같이 圓盤狀이며 크기는 직경이 1,203,450유순, 두께가 80만 유순이다. 水輪 위에 金輪이 있고 형상은 圓盤狀이며 그 직경이 水輪과 같고 두께는 32만 유순이다. 金輪上의 표면에는 바다 섬 등이 실려 있다. 또한 金輪의 위에는 아홉의 山이 있는데 그 중앙에 우뚝 솟은 산이 수미산이다(앞의 글, 〈金山寺 가람과 미륵신앙〉의 수미산 세계 부감도 참조). 이 산을 둘러싸고 同心方形의 7산이 있다. 안쪽에서 그 이름을 들어보면 다음과 같다.

持雙山, 持軸山, 檐木山, 善見山, 馬耳山, 象耳山, 尼民達羅山이다. 尼民達羅山의 바깥쪽에는 4개의 洲(섬 또는 대륙에 해당됨)가 있는데 수미산의 東方角에 勝神洲, 南方角에 贍部洲, 西方角에 牛貨洲, 北方角에 俱盧洲가 있다. 그리고 金輪上의 最外方에 있는 環狀의 산맥이

---

11) 앞의 주8) 참조.
12) 앞의 주8) 참조.

철위산이다. 중앙의 수미산은 四寶 즉, 金·銀·琉璃·玻瓈로 되어 있고 이들 산이나 섬은 가득찬 물 속에 놓여져 있다.

　수미산의 정상에는 33천의 주거처가 있다. 이 天의 생략형이 도리천이다. 수미산의 정상에는 1변의 길이 8만 유순의 정방형을 이루고 있다. 그 四隅에는 4봉우리가 있는데 높이 50유순이다. 여기에는 金剛手라는 種名의 藥叉가 살고 있다. 수미산 정상의 중앙에 善見이라는 이름의 도성이 있다. 1변의 길이 2,500유순의 정방형으로 높이는 1유순 반이다. 건물은 금으로 되어 있고 지면은 爐羅線이라는 綿과 같은 것으로 되어 있다. 이 도성의 중앙에 殊勝殿이라는 1변의 길이 250유순의 정방형의 궁전이 있다. 갖가지 寶石으로 장식되어 있으며 다른 궁전의 추종을 허락하지 않는다. 이 殊勝殿이야말로 33천의 제일인자 제석천의 주거처인 것이다. 도성의 四邊에는 유원지가 하나씩 있다. 그 이름은 衆車, 麤惡, 相雜, 歡喜이다.

　도성의 바깥쪽 北東隅에 圓生樹가 있고 南西隅에 善法堂이 있다. 圓生樹의 뿌리는 50유순이나 땅 속에 묻혀 있으며 지상의 높이는 100유순이다. 그 나무의 꽃과 잎의 향기는 순풍시에는 100유순, 역풍시에는 50유순이나 멀리 이른다.

　이상에서 말한 사천왕에서 제석천에 이르는 六欲天은 天神이라 하면서도 인간계와 큰 차이가 없으며 도덕적으로 불완전한 존재이다. 다만 인간보다 완력이 더 센 것 뿐이다. 그러나 이 天界는 욕망을 벗어난 色界와 경계를 이루고 있다는 점과 모든 이들에 의하여 佛法이 보호된다는 점에서 가람구성상의 중요한 의미를 지닌다. 즉 천왕문과 해탈문을 들어서면 곧 俗界를 벗어나 법계에 들게 된다는 의미가 이들 출입문에 부여되어 있다는 것이다. 마곡사의 경우는 자연계곡을 잘 이용하여 俗界에서 聖界로 건너간다는 의미를 부여하여 洗心橋를 시설하고 있음은 주목할 만한 일이다.

(2) 大光寶殿

천왕문, 해탈문을 지나고 세심교를 건너면 욕계를 벗어나 色界, 無色界의 세계에 이른다는 가람구조를 마곡사에서 찾아볼 수 있게 된다. 즉 세심교를 건너 마곡사의 가람에는 대광보전, 대웅보전, 5층석탑 등을 비롯하여 심검당 등의 寮舍, 僧房이 자리하고 있다. 여기 대광보전, 대웅보전, 5층석탑 등이 무색계를 표현하고 있는 것이라면 심검당 등의 寮舍, 僧房은 색계를 나타내고 있는 것으로 생각된다. 왜냐하면 색계가 禪을 행하는 자의 세계임에 반하여 무색계는 定을 행하는 자의 세계이기 때문이다. 우리들은 한마디로 禪定이라고 말하나 더 자세히 말하면 禪과 定에는 미묘한 차이가 있는 것이다. 즉 禪이란 靜慮로서 寂靜과 審慮의 두 요소를 겸비하고 있다. 그러나 定은 여기에 寂靜의 요소가 증진된 것이다. 그러나 定은 넓은 의미로는 정신통일을 의미하고 禪도 포함한다. 定은 범어 Samadhi를 意譯한 것으로 그 音譯은 三摩地, 三昧이다. 삼매는 소승불교, 대승불교를 통하여 시종 중요시되는 수행덕목이다.

무색계는 四種의 세계로 이루어지니 이는 四無色定의 구분에 대응하고 있다.

> 예컨대 空無邊處定에 들어 얻어지는 世界가 空無邊處이다. 한편 공무변처에 든다는 것은 色界에 관한 모든 想念을 단절하고 無邊의 空에 들어가는 것이다. 그 구체적인 방법도 밝혀지고 있다. 즉 참으로 이 身中의 虛空을 觀하여 항상 몸은 空하여 籠과 같이, 甑과 같이 觀할지어다. 그렇게 하여 언제나 念하여 버린다면 곧 色을 초월할 수 있게 된다. 內身이 空한 바와 같이 外色 또한 그러하다. 이때에 無量無邊의 空을 잘 觀하게 되는 것이다.[13]

---

13) 《大智度論》.

이상 四定의 개념은 대단히 미묘한 것으로 그와 같이 높은 경지에 들어보지 않는 자로서는 그 설명이 어렵게 되나 대체적으로 말하면 다음과 같은 것이다.

 목표로 하는 것은 절대의 세계, 우리들과 우주가 합일한 세계, 상대가 소멸한 세계, 이를 수행자의 입장에서 말하면 좁은 我를 해탈하여 자유의 경지로 나아가는 것이다. 절대에 대해서는 다시 후술하겠으나 자유의 觀定에서 4단계의 定에 대하여 살펴보면 이미 色界에 있어 수행자는 상당한 자유를 얻고 있다. 그러나 그것은 어디까지나 물질계에 있어서의 일이다. 무색계에 있어서 물질에서는 자유스럽게 되어 있다. 그러므로 남는 것은 정신의 완전한 자유인 것이다. 정신의 완전한 자유는 모든 사고대상을 배제하였을 때 실현된다. 왜냐하면 사고대상을 갖는 것이 최후의 단계에 있어 파악된 것이기 때문이다. 무색계의 제일 단계에서는 色界의 물질적 사고대상을 배제하기 위하여 心이 空虛의 세계에 들지 않으면 안 된다. 이것이 空無邊處定인 것이다.

 그러나 한편 깊이 생각해 보면 공허하다면 무엇이 남을 것인가. 즉 마음은 이제 공허라는 것을 사고대상으로 한다. 그리하여 이 상태에서 벗어나야 하는 것이다. 여기서 일체의 사고대상을 배제한 세계, 마음 그 자체만이 존재하는 세계에 들어가는 것이다. 이것이 識無邊處이다. 여기에는 마음만이 있어서 사고 대상은 전연 없는 것이다. 그러나 잘 생각해 보면 사고대상을 모두 배제하였다는 사고는 있게 된다. 이번에는 이를 벗어나지 않으면 안 되는 것이다. 여기서 어떻게 하여야만 될까 여기서는 아무것도 갖지 않는다는 무소유란 세계에 들지 않으면 안 된다. 그러나 다시 생각해 보면 아무것도 갖지 않는다는 생각도 실은 아무것도 갖지 않는다는 것을 갖는 생각인 것이다. 이제 이것을 벗어나지 않으면 안 된다는 데서 非想非非想處에 들게 되는 것이다.

 非想이란 생각하지 않는다는 것이겠으나 생각하지 않는다는 것은 생각하지 않는다는 것을 생각하는 것이므로 그 非想을 동시에 부정하는 非非想이라 하게 되는 것이다. 그리고 이것이 최후의 단계라 하게 되는 것이다. 그러나 지금까지의 논리로서는 최고의 단계라고는 말할 수 없다. 왜냐하면 이 같은 논리는 얼마든지 번복될 수 있기 때문이다. 그리하여 다시 不二門에 들게 한다는 수행덕목이 중요시된다. 여기서 말하는 不二란 모든 상대적 대립개념을 부정하는 일이다. 여기서야말로 진리가 나누어질 수 있다고 생각하는 것이다.

어떻든 大光寶殿, 大雄寶殿 등은 무색계의 세계를 표방하고 있는 것임에 틀림없는 일이라 하겠다. 그러면 이제 대광보전이 갖는 마곡사 가람구조상의 의미는 어떤 것인가를 살펴보자.

마곡사의 대광보전은 보물 제802호로 지정되어 있는 우리 역사상 중요한 위치를 차지하는 불교문화유산의 하나이다. 그 내부에는 법신 비로자나불상 1구와 그 후불탱화가 전하고 있다. 우리나라의 불전중 비로자나불을 봉안하였을 때 毘盧殿, 大寂光殿, 大光明殿 등으로 전

대광보전 내부

각명을 붙이고 있으나 여기서는 대광보전이라 하고 있다. 대광명전과 같은 뜻을 寶字를 삽입하여 그 격을 더욱 높이고 있는 셈이다.

마곡사의 대광보전이 특이한 점은 다음과 같은 몇 가지 사항이 지적된다.

첫째, 일직선상에 두 불전을 배열하고 있다는 점이다. 즉 대광명전을 앞에 그리고 그 바로 뒤에 대웅보전을 배열하고 있다. 지형상으로 보아 어쩔 수 없었다고 할지 모르지만 대웅전을 뒤에 배열한 대신 높은 곳에 위치하고 있다는데 주목을 끌게 한다. 왜냐하면 이들 두 불전은 무엇인가의 상호관계를 나타내려 하고 있는 것이라 생각되기 때문이다.

둘째, 불상 봉안위치가 불전을 향하여 정면에 놓이지 아니하고 측면 즉 좌측에서 우측을 향하고 있다는 것이다. 이 같은 예는 부석사 무량수전의 경우를 제외하면 다른 곳에서는 찾아볼 수 없는 것이다.

셋째, 비로자나불 單身佛만 봉안하고 있다. 대개의 경우 법신, 보신, 화신의 삼신불이 봉안되나 여기서 법신인 비로자나불만 봉안하고 있음은 법신으로서의 佛身觀을 더욱 강조하려 하는데 그 의미가 있는 것 같고, 다른 佛身은 대웅전에 봉안함에 의하여 대신하고자 하였던 것이 아닌가 한다.

대광보전의 비로자나불상은 지정문화재는 아니나 조선시대 불상으로서는 위풍당당한 모습을 지닌 불상이다. 通扁에 智拳印을 하였으며 두툼하게 내리워진 法衣는 근엄한 佛顔과 더불어 이 불상의 佛格을 더욱 돋보이게 하고 있다. 그도 그럴 것이 이 불상이야말로 종합사찰로서의 마곡사에 있어 能統一의 객체로서 그 위용을 나타내는 위치에 있기 때문이다.

비로자나불은 범어로 Vairocana라고 하며 盧舍那佛, 遮那佛이라고도 한다. 遍一功處 光明遍照라 번역한다. 화엄경의 주불이며 부처의 眞身을 나타내는 칭호이며 부처의 身光, 智光이 理事無礙의 法界에 두루 비추어진 圓明한 것을 나타낸다.
 말하자면 이 법신 비로자나불에 의하여 마곡사는 禪敎兩宗의 본산으로서의 교화적 기능을 다할 수 있었던 것이라 믿어진다.

(3) 大雄寶殿

 마곡사의 가람구조에서 대광보전이 주된 佛殿인지 대웅보전이 주된 불전인지 이해하기가 어렵다. 왜냐하면 그 규모나 위치가 그러하기 때문이다.[14]
 기능적인 면에서 보면 대광보전이 주된 불전이 되어야 하나 그 기능을 대웅보전과 분담하고 있다면 두 불전은 동시에 主佛殿이 되어야 한다.
 대웅보전에는 석가모니불을 중심에 모시고 좌우에 아미타여래상과 약사여래상을 봉안하고 있다. 대광보전에서 법신, 보신, 화신의 삼신불을 봉안하지 않고 법신 비로자나불만 봉안하는 대신, 보신, 화신을 대웅보전에 봉안하고 있는 셈이다. 약사여래의 佛身觀에 대해서는 분명하지 않으나 아미타여래를 보신불로 보게 되면 화신불인 석가모니불과 더불어 삼신불 체계가 대광보전과 대웅보전으로 나누어 있게 되는 것이다. 그러나 대웅보전에 약사여래상을 봉안한 것은 대웅보전의 기능과 대광보전의 기능을 분담하는 두 기능을 함께 하고 있는 것이 아닌가 하여 주목된다.
 대웅보전은 마곡사 경내의 북변 부분인 가장 높은 곳에 터를 잡아 背山의 터를 깎아내어 整地된 높은 築壇 위에 세워져 있다. 전면으로는 축단 아래에 대광보전과 5층석탑이 있으며, 서편에 노전채인 大香

---

14) 한국사찰의 가람구조에서 보면 여러 불전을 종합적으로 지니고 있는 경우 主佛殿이 되는 佛殿은 다른 불전에 비하여 그 규모를 크게 하여 主佛殿으로서의 면모를 갖추게 하고 있다.

310 한국의 가람

5층석탑

閣이 있다. 건물은 多包系의 重層建物이나 內陣高柱가 바로 上層까지 뻗어 上層邊柱가 된 通層구조로 내부공간은 높으면서도 비교적 광활한 편이다.

불단과 후불탱화 등은 古拙한 맛을 풍기고 있으나 연대는 그리 오래지 않으며 닫집을 설치하지 않아 불전과 불상배열 등의 높은 불격에 비하여 다소 격을 떨어뜨린 느낌이 있다. 그러나 이 대웅보전은 이론적으로는 주불전을 대광보전에 양보하였으나 실제 佛의 연원은 석가불에 있음을 당당히 나타내고 있는 가람구조로 이해된다.

⑷ 5층석탑

2층基壇의 5층석탑이다. 전반적으로 塔身이 좁아지는 고려시대 석탑의 양식을 지니고 있으며 특히 上輪部가 라마교 형식을 지니고 있어서 주목된다.

라마교 형식이 고려시대에 수용될 수 있는 가능성은 고려말 원나라를 통하여 충분히 가능하였을 것으로 믿으며, 이 5층석탑의 다른 밀교적 요소와 더불어 더욱 그 같은 성격이 짙어진다.

석탑의 상륜부는 청동으로 이루어져 있으며, 그 형식은 2난의 基壇과 覆鉢, 平頭, 傘蓋의 4부분으로 된 인도양식의 탑을 방불케 하고 있다. 기단형식의 甲石 상·하 부분은 仰蓮, 覆蓮을 조각하였고, 甲石面에도 금강저를 연속상으로 나타내고 있다. 한편 面石의 상단에는 보상화 양식의 花文을 표현하였으며 하단에는 코끼리·사자 등을 조각하고 중심부에 향로를 새겼다. 그리고 사이사이에 撑柱를 조각하고 있다. 覆鉢부분 상부에도 기단양식을 1단 나타내고 있으며, 그 하단부에서 복발 쪽으로 蓮棒양식의 장식을 늘어뜨리고 있다. 여기 금강저와 코끼리, 사자형의 조각 등은 밀교적 의미를 강하게 풍기고 있는 것이라 하겠으며[15] 상륜부 자체가 라마교탑의 형식을 많이 따르고 있는 것으로 생각된다.

다른 한편 이 석탑에서 밀교적 성격으로 이해되는 것은 2층 탑신부의 4면에 조성된 四面佛의 조각이다. 사면불이란 四方四佛을 말하는 것으로 동방의 阿閦佛, 남방의 寶相佛, 서방의 阿彌陀佛, 북방의 微妙聲佛이다.

사면불사상은 法華經에 의한 사면불이 있고 金光明經에 의한 사면불이 있지만 법화경에 의한 사면불은 四方 四維 十六佛이라 여기서 잘 맞지 않는다.[16] 오히려 금광명경의 '是妙座上各有諸佛 所受用華 衆寶合成於 蓮華上有四如來 東方名阿閦 南方名寶相 西方名無量壽 北方名微妙聲 是四如來自然而座 師子座上 大放光明照王舍城及北三千大千世界'[17]의 四方佛로 봄이 옳을 것이라 생각된다. 왜냐하면 이는 앞에서 말한 사방여래를 증명으로 중앙의 석가가 설법하는 내용을 설명한 것이나 여기 중앙의 석가여래가 중앙의 비로자나불의 意氣를 설한 경전이 금광명경이라 볼 때[18] 통일의 원리로서의 밀교적 성격을 찾아볼 수 있기 때문이다. 고려시대에는 인왕경과 더불어 금광명경은 護國經典으로 많이 독송되었으며 한편 그를 所依經典으로 한 많은 국가적 불교의식이 성행하고 있었다는 점을 고려한다면[19] 더욱 그러한 가능성은 짙어진다.

그리고 앞에서 살핀 마곡사 가람구조에 있어 대광보전과 대웅보전의 관계와 상기 금광명경을 소의경전으로 하였을 가능성도 이 석탑의 밀교적 성격과의 연관성에서 생각할 수 있는 것이 아닌가 한다. 즉 대웅전의 석가모니불이 중심이 되는 것 같으나 앞에 대광보전을 두고 있음은 석가불이 대광보전 비로자나불의 意氣로 법을 설하고 있다는 금광명

---

15) 洪潤植,〈만다라의 세계〉《만다라대전》, 중앙일보, 1985.
16) 洪潤植,《三國遺事와 韓國古代文化》, 원광대학교 출판국, 1985, p. 106.
17) 앞의 주.
18) 앞의 주.
19) 洪潤植,〈高麗史 世家篇 佛敎記事의 歷史的 意味〉《한국사연구》60, 1988.

경의 내용을 나타내고 있는 것이 아닌가 생각되어 주목된다는 것이다.
　이 석탑은 조형물로서는 결코 우수한 것이라고는 할 수 없다. 많은 부분에서 石部材가 새로 교체된 흔적이 있고 그 조각 수법도 우수한 것이라 할 수 없으나 앞에서 말한 밀교적 성격으로서의 의미가 이 탑의 역사적 위치를 점하고 있는 것이라 생각된다.

(5) 僧房, 寮舍 및 기타
　교화가람지역에는 대광보전, 대웅보전 이외에 羅漢殿으로서의 應眞殿 등의 전각이 있으나 이 응진전은 한국고찰이면 으레 갖추는 선종사찰의 한 특징 이상의 다른 의미는 찾아볼 수 없고, 마곡사 가람구성상 특별한 의미를 지니는 것은 아니다. 그 외의 건조물로서는 대웅전 노전으로서의 大香閣과 대광보전의 노전, 대방으로서의 尋劍堂과 요사 등이 있다. 그리고 대광보전 노전 옆에 高僧의 영정을 봉안한 影閣이 자리하고 있다.
　이상의 건조물 등은 불전과 관련하여 매개적인 역할을 하는 출가자인 승려의 주거처 또는 불전과의 매개처라는 성격을 지닌다. 한마디로 僧園 또는 僧房이라 함직한 것이다. 영각 또한 현재 출가자도 아니지만 그 연속상에서 생각될 수 있는 것으로 보아 같은 범주에 넣어 생각할 수 있을 것이다.
　이를 불교의 세계관과 관련하여 생각하면 대광보전, 대웅보전, 5층석탑 등이 無色界의 세계를 표현하고 있는 것이라면 이들 승방 등은 色界의 세계를 표현하고 있는 것이라 하여도 무방할 것이다. 왜냐하면 색계에 대한 구구한 해석이 있음에도 불구하고 색계란 선정을 행하는 자가 들어갈 수 있는 세계, 즉 불승이 들어갈 수 있는 세계라 생각되기 때문이다.
　이상에서 보면 천왕문과 해탈문을 지나 세심교를 건너서 들어선 마곡사의 가람은 불교의 세계관에 있어 색계와 무색계를 나타내고 있는 것임에 틀림없는 것이라 할 수 있다. 즉 욕계의 중생들로 하여금 색계를 거쳐 무색계에 들 수 있도록 교화적 기능을 다할 수 있게 구성되어 있다는 것이다.

2) 수행가람지역

천왕문, 해탈문을 거치지 않고 별도로 출입하는 별원의 성격을 지닌 가람이 천왕문 측면 쪽에 대지를 약간 돋우어 조영되고 있다.

이 지역의 가람구성을 보면 해탈문 들어가기 전 왼쪽 측면에 몇 층의 계단이 마련되어 있고 이렇게 약간 돋우어진 지점에 興聖樓, 梅花堂, 靈山殿, 寮舍의 건조물이 들어서 있다. 그 배치상황을 보면 영산전이 중심에 위치하고 그 맞은편에 홍성루, 그리고 그 좌우에 대칭하여 매화당과 요사가 위치한다. 말하자면 네 건조물이 口자형으로 배열되고 있다는 것이다. 그것은 이들 건물군이 상호관련성을 갖고 배치되고 있음을 말한다.

이상과 같은 가람구조와는 관계없이 약간 간격을 두고 이 지역에 조영된 건조물이 있다. 즉 그 하나는 천왕문 측면에서 약간 위로 올라간 곳에 冥府殿이 자리하고 있으며, 그보다 더 산록고지에 國師堂이 마련되고 있음이 그것이다. 여기 명부전은 교화가람쪽에 있어야 할 성질의 것이나 후대에 이를 증설하면서 적당한 대지가 마련되지 않는 데서 오는 임시조치적인 방편으로 지어진 것이 아닌가 한다. 왜냐하면 이 명부전의 위치는 현재로서는 가람구조상의 아무 의미를 갖고 있지 못하기 때문이다. 그러나 국사당의 경우에는 조금 다르다. 비록 그것이 영산전지역 가람구조와 직접적인 관계는 없더라도 간접적인 관계가 형성되고 있으며 오히려 그와 같은 간접적인 관계를 나타낸다는 뜻으로 약간 떨어진 고지대에 조영하고 있는 것으로 생각된다. 그러면 다음에는 영산전지역 가람에 대한 좀더 구체적인 사항들에 대하여 살펴

영산전

보기로 하겠다.

(1) 靈山殿

영산전은 이 지역 가람구조에서 보면 중심을 이루는 건조물이다. 이 건조물은 보물 800호로 지정되어 있어 그 역사적, 예술적 가치를 높이 평가받는 우리의 소중한 문화유산이기도 하지만 다른 한편 신앙적인 면에 있어서도 중심적인 역할을 담당한다.

영산전에는 七如來坐像의 일곱 불상과 千佛의 塑造소불상이 봉안되어 있다. 여기 칠여래상이란 과거칠불로서 毘婆尸佛, 尸棄佛, 毘舍浮佛, 拘留孫佛, 拘那含佛, 迦葉佛, 釋迦牟尼佛을 말한다.

한편 千佛像은 과거, 현재, 미래의 3겁에 걸쳐 각각 천불이 난다고 하는 한 劫의 千佛을 말하는 것이나 여기 천불이란 현재 현겁에 차례로 출현하는 구류손불, 구나함불, 가섭불, 석가모니불 등의 千佛을 의미한다.

한편 영산전의 靈山이란 말은 靈鷲山의 준말로 耆闍堀山을 번역한 말이다. 중인도 마갈타국 王舍城 부근에 있는 산으로서 석가모니불이 이곳에서 많은 설법을 하였다고 한다. 이 산에는 神仙들이 살았고 또 독수리가 많이 있었으므로 靈鷲山 또는 鷲頭, 鷲峰, 鷲台라고도 하였다. 또 많은 鷲靈들이 이 산에 있었으므로 이름한 것이라 하며 한편 산 모양이 독수리의 머리와 같아서 靈鷲山이라 하였다고 한다. 그러나 영취산의 준말로서의 靈山이 갖는 의미는 그와 같은 곳에 참뜻이 있는 것이 아니라 석존이 영취산에 있으면서 설법하던 때의 설법 모임인 靈山會로서의 靈山會上에 더 큰 뜻이 있는 것이며 靈山殿의 靈山도 영산회상을 상징하는 佛殿이라는 것이다.

그러면 이 같은 영산전에 칠불과 천불을 봉안하는 참뜻은 무엇일까. 그것은 다름 아닌 佛이 佛을 구하는 철저한 수행정신에 있는 것이다.[20] 영산전은 석가모니불이 영취산에서 설법하는 모습을 상징화하여 조영한 건조물이지만 그 석가의 설법은 단순히 현재적 의미만 지니는 것이 아니라 시공을 초월하여 과거, 현재, 미래에 걸쳐 영원한 뜻을 지닌다는 것이다. 그런데 이와 같은 참뜻이 釋迦佛의 佛이 佛을 구하는 깊은 수행력에 의한 것임을 나타내고 있는 것이 七佛이요 千佛이란 것이다. 그리하여 이와 같은 사상에 의하여 靈山會上의 설법 모임은 석가 생존시에만 있을 수 있는 것이 아니라 현재에도 살아 있는 것임을 靈山殿이 상징적으로 나타낼 수 있게 되는 것이다. 그리고 다른 한편 영산전은 수행도량에 있어 중요불전의 하나로서 그 기능을 다하게 되는 것이라 할 수 있다.

---

20) 洪潤植,《淨土思想》, 경서원, 1984.

(2) 興聖樓

사찰가람에 있어 樓閣은 대체로 主佛殿 앞에 대칭적으로 위치하게 된다. 그것은 오늘의 불전이 애당초에는 佛龕의 기능만 하였지 예배공간까지 포함하지 않았고 예배는 그 앞에 대칭적으로 누각 같은 것을 지어 행하게 된데서 유래한 것으로 생각되기 때문이다.

마곡사의 경우에는 대광보전 앞에 5층석탑을 사이에 두고 누각이 있을 만한데 오늘에 전하지 않는다. 臺地의 조건으로 보아 과거에는 충분히 있을 만한 조건을 갖추고 있기 때문이다. 그러나 영산전에서 그와 같은 가람구조의 전통을 잘 지키고 있어 주목되는 바라 하겠다.

(3) 修禪社

영산전에서 우측에 ㄱ자로 된 목조건물이다. 수선사의 기원은 松廣寺에 있다고 하지만 좌선을 주로 하는 禪院을 의미한다. 영산전이 무색계로서 수행도량을 나타낸 것이라면 이 수선사는 색계로서 수행도량을 나타낸 것이라 할 수 있다. 즉 이와 같은 점에 있어서도 마곡사의 이 지역 가람의 구조가 수행가람으로서의 의미를 갖고 있는 것임이 더욱 분명해진다. 영산전 무색계의 세계를 모델로 그에 이르기 위하여 매진하는 수행승의 모습이 잘 조화를 이루고 있는 것이라 하겠다.

(4) 梅花堂

ㄷ자형으로 된 수행승의 주거지로서의 요사이다. 불교의 신앙대상이 불보, 법보, 승보의 삼보라는 것이 말하여 주듯 불교에 있어 승려가 차지하는 위치는 修行專門僧이란 데서만 중요한 위치를 차지하는 것이 아니라 佛法에 이르게 하는 매개자라는 데서도 중요한 위치를 차지하는 것이다. 그리하여 전통적으로 한국가람의 구조는 불·법·승의 삼보에 대응한 가람구조로서 불당, 강당, 승방을 두는 것을 기본구조로 하여 왔다. 매화당도 그와 같은 가람의 전통구조를 따르고 있는 것으

로 생각된다.

(5) 國師堂

국사당은 전술한 영산전지역의 가람구조에서 벗어난 거리에 위치한다. 그것은 국사당이 직접적으로는 이 가람구조와는 거리가 있는 것임을 나타내고 있는 것이라 하겠으나 간접적인 관계를 나타내고 있는 것으로 생각된다. 즉 국사당에는 지난날에 國師級에 이르렀던 고승의 영정을 봉안한 것이나 이들이 고승의 위치에 이르기 위해서는 많은 수행을 필요로 하였던 것임을 그 표상으로 전하고 있는 것이 국사당이라 생각되기 때문이다. 말하자면 고승신앙의 한 형태를 修行僧像에 두고 있었던 것이라 생각된다는 것이다.

4. 종합고찰

마곡사는 학문의 전당이 종합대학과 단과대학으로 나누어지듯 사원으로서는 종합사찰로서의 성격을 지닌다. 그것은 마곡사의 寺格이 禪敎兩宗大本山이라는 데서도 그러하고, 가람의 구조가 그것을 잘 반영하는 敎化伽藍地域과 修行伽藍地域의 2大 要素를 지니고 있다는 데서도 그러하다. 뿐만 아니라 대광보전이 있어 그에 봉안된 비로자나불은 能統一의 客體로서 다양한 신앙양상을 모두 수용 포용하고 있다는 데서도 그러하다.

한편 麻谷寺 〈尋劍堂公寮碑瓦記〉에서 "天神地祇以之而歡喜山光水色 自比而佳麗多少禪德念佛參禪各得其所 可謂治天時兼地利得人之和矣"[21]라고 말하듯 염불 참선 등의 수행이 동시에 이루어지고 있었

---

21) 皇龍寺址, 彌勒寺址 등의 삼국시대 寺址의 발굴조사결과가 그러하다. 《皇龍

음도 전해준다. 말하자면 수행방법에 있어서도 종합사찰로서의 면모를 갖추고 있었다는 것이다.

그리고 다른 한편 이와 같은 종합사찰로서의 가람구조를 마곡사는 가장 간명하게 나타내면서도 불교우주관 또는 불교세계관에 입각한 가람구조를 형성하고 있었던 것 같아 더욱 주목을 끈다. 여기 종합사찰로서의 의미를 가장 간명하게 표현하려 하였다고 함은 대웅전, 대광보전 체제를 일직선상에 놓고 있음을 말하고 불교적 세계관에 입각하였다고 함은 天王門, 佛殿, 僧房 등의 가람구조가 俗界, 色界, 無色界를 표방하고 있는 것으로 볼 수 있게 됨이 그것이다.[22]

그러나 다른 한편 후대의 증축 또는 개수 과정에서 원래의 가람구조와는 의미가 이탈된 면도 있는 것이 아닌가 한다. 冥府殿 등의 배치가 그와 같은 것이 아닌가 하며 다른 한편 마곡사의 가람은 5층석탑의 相輪部 또는 塔身部의 四面佛 조각이 말하여주듯 라마교 또는 밀교적 요소가 강한 사찰로 여겨진다. 그에 대한 교학적 뒷받침은 대광보전의 비로자나불에서 華嚴密敎의 발전, 전개양상 등이 드러나는 것이라 보인다. 한편 한국불교에 있어 밀교적 요소로서 두드러지게 나타나고 있는 七星閣, 山神閣 등을 별도로 조영하지 않았다. 그것은 마곡사가 종합사찰로서의 성격을 지니되 간명한 표현을 표본으로 하였다는 데서 기인된 것이 아닌가 하여 더욱 주목을 끈다.

끝으로 마곡사는 위의 충남 일대에 자리한 長谷寺, 雲谷寺, 白谷寺 등과 더불어 四谷寺 체계에 의하여 이해되어야 할 것이며 이는 다시 밀교교의 체계와의 관련성을 시사하는 바 이 점 또한 간과해서는 안 될 것이다.[23]

寺》 문화재관리국 문화재연구소, 《彌勒寺址》 문화재관리국 문화재연구소.
22) 《朝鮮寺刹史料》 麻谷寺편.
23) 《長谷寺 實測調査報告書》, 문화체육부.

甲寺 가람의 성격

1. 머리말

 가람이란 僧園 또는 衆園의 의미를 지닌다. 그러나 오늘날의 가람의 뜻은 이상과 같은 승원으로서의 가람만이 아닌 堂·塔·伽藍(僧園)을 포함한 복합적인 개념으로 이해되고 있다. 즉 오늘날의 가람의 뜻은 사원 자체를 지칭하기도 하고, 한편 사원의 구조를 지칭하기도 한다. 그리하여 이와 같은 가람의 구조는 건축사상 가람의 배치 등이 관심의 대상이 되고 있다.
 한편 오늘의 가람은 불교신앙의 대상인 佛·法·僧의 三寶를 어떻게 수용하고 있느냐 하는 문제와 깊은 연관을 지닌다. 즉 오늘의 한국 사원에 있어 가람의 성격을 이해하려면 佛·法·僧 三寶에 대한 신앙적 전개가 어떤 것인가를 이해해야만 한다. 이 같은 작업은 먼저 가람을 구성하는 전각과 그가 수용하고 있는 불상·불화를 통하여 행해지고 있는 신앙행위에 대한 전체적 신앙구조가 파악되어야만 하는 것이다.
 그리하여 여기서는 갑사 가람의 성격을 파악하기 위하여 갑사의 각 전각이 어떻게 배치되어 있는가를 살피고자 한다. 아울러 이들 전각이 수용하고 있는 신앙의 대상으로서의 불상과 불화 등에 대한 내용과 그 신앙적 성격을 종합적이고, 체계적인 이해를 통하여 갑사 가람의 성격을 이해하려 한다.

2. 甲寺 伽藍의 개관

갑사는 古寺刹名이 鷄龍甲寺였으며[1] 1911년의 寺刹令에 의하여 麻谷寺가 朝鮮寺刹禪敎兩宗 30本寺의 하나로 정해졌을 때 麻谷寺의 首末寺가 되었다.[2]

창건 연혁은 신라시대에 慈藏律師가 寺基를 初創하였다고 하며 이어 慧明禪師가 寺勢를 興隆시켰다고 한다.[3]

그러나 이 같은 오랜 전통을 지닌 갑사의 가람은 임진왜란으로 인하여 소실되었고 宣祖 37년(1604)에 大雄殿과 振海堂이 중건되었으며 孝宗 5년(1654)에 가람이 전면적으로 개축, 중수되었다.[4] 그 후 高宗 12년(1875)에 다시 대웅전과 진해당이 중수되었고 1899년에는 寂默堂이 신축되었다. 그 외에 八相殿・三聖閣・應香閣・表忠院 등이 갑사 가람을 구성하고 있다.

한편 원래의 가람의 중심지로 전해지는 곳에는 大寂殿과 요사 1동이 위치하고 있다.

오늘의 갑사 가람은 鷄龍山 連天峯으로부터 서북쪽을 향하여 앞이 넓게 트이어 전개된 계곡의 중심에 위치하고 있다. 이 같은 지리적 조

---

1) 《新增東國輿地勝覽》 公州牧 佛宇條.
2) 《文化遺蹟總覽》 寺刹篇, 忠淸南道.
3) 앞의 주.
4) 앞의 주.

갑사 전경

건을 충분히 활용하여 갑사 가람은 양편에 작은 계곡을 끼고 있는 支峯의 끝부분에 서향으로 형성되어 있는데 절 앞에는 계곡을 막아서 만든 연못이 있다. 가람 주위에서부터 멀리 3면을 둘러싼 높은 산봉우리에는 수목들이 울창하게 차지하고 있어서 아름다운 경관을 한층 돋보이게 하고 있다.

이상의 갑사 가람은 대체로 大雄殿地域·八相殿地域·表忠院地域·大寂殿地域 등의 4개 지역으로 구분할 수가 있다. 갑사의 가람은 이들 4개 지역이 제각기 독립된 성격을 지니면서도 이를 종합하면 다시 갑사 가람의 성격을 형성하는 의미를 지니고 있다. 그러면 아래에서 먼저 4개 지역으로 나누어지는 갑사 가람의 각 요소들의 내용과 그 성격을 파악한 다음, 이어 이 같은 요소들로 구성되는 갑사 가람의 종합적인 성격이 어떠한 것인가를 살펴보기로 하겠다.

3. 大雄殿地域의 가람

　대웅전지역은 현 갑사 가람의 중심을 이루며 위치의 설정도 지리적 조건을 감안하여 그 중심부에 형성하고 있다.
　이 지역의 가람구성은 정면에 대웅전과 누각(一名 講堂)이 위치하고 있으며, 좌우 측면에는 應香閣, 振海堂, 寮舍, 寂默堂 그리고 우측 뒤편에는 三聖閣이 위치하고 있다. 이외에 이 지역 가람의 寺門인 正門(解脫門)과 鐘閣이 있다. 사찰 전면에는 석축을 쌓아 평면을 이루고 그 위에 寺門이 세워지고 그 내부에 가람을 형성하고 있다.

1) 大雄殿의 신앙구조

　境內의 중심에 위치하고 있는 대웅전은 그 위용을 보다 효과적으로 나타내고자 1.9미터의 높은 石造基壇 위에 덤벙주춧돌을 놓고 원형 기둥을 사용하여 정면 5칸, 측면 3칸의 평면으로 서향하여 건립되었다.
　정면 5칸 가운데 중앙 3칸에는 4分閤 띠살문을 달았으며, 左右端間과 측면의 앞칸에 쌍여닫이 띠살문을 달았다. 한편 건물의 내부에는 장마루를 깔았다. 중앙 3칸의 후면에는 內高柱를 세워 이곳에 後佛壁을 만든 후, 그 앞에 佛壇을 조성하여 불상을 조성하였는데 다시 그 위로 닫집을 附設하였다.
　대웅전 불단에는 중앙에 석가모니불을 주불로 봉안하였으며, 우측에는 아미타불, 좌측에는 약사불을 봉안하여 三世佛의 봉안형식을 취하고 있다. 협시불로는 문수보살, 보현보살, 관세음보살, 대세지보살의 4대보살을 봉안하고 있다.
　원래 석가불의 협시는 문수보살과 보현보살이며, 아미타불의 협시는 관세음보살과 대세지보살이다. 한편 약사불은 일광보살과 월광보살이다. 그러나 여기서는 약사불의 협시인 일광보살과 월광보살은 생략하고 있다. 이것은 여래상과 여래상 사이에 1협시씩 봉안하는 형식을 취한데서 온 것으로 생각된다.

4협시의 배치형식은 석가의 우측이자 아미타의 좌측에는 관음을, 석가의 좌측이자 약사의 우측에는 문수를, 약사의 좌측에는 문수, 아미타의 우측에는 보현을 각각 배치하였다. 이 같은 배치형식은 아미타를 중심으로 보면 관음, 보현으로 원래의 배치형식에 배치되고 석가를 중심으로 보아도 관음, 문수로 원래의 배치형식인 문수, 보현에는 맞지 않는다. 한편 약사 또한 문수, 세지로 되어 일광, 월광과는 전연 무관한 배치형식이 되고 만다. 따라서 좌우에 각각 1보살의 배치형식을 취하면서 원래의 배치형식에 맞지 않는 결과가 되었으나 석가와 아미타의 경우에는 좌측 협시만은 맞도록 배치하였다. 다만 약사의 협시인 일광·월광을 하나도 취하지 않은 것은 전기 4대보살에 비하여 그 신

대웅전

앙의 정도가 일반화되지 않고 있었기 때문인 것으로 생각된다.[5]

석가여래상은 木造臺座 위에 塑造坐像의 형태로 항마촉지인상을 취하고 있다. 肉髻는 뚜렷하지 않고 머리에는 髻珠가 있는데 頂上髻珠는 상투형태이다. 얼굴은 둥근 양식을 취하고 있으며 양미간에 白毫가 작게 조각되어 있다. 목에는 三道가 있고 法衣는 通絹이며 가슴부분이 벌어졌는데 이 같은 양식은 조선시대 불상으로는 우수한 불상이라 할 수 있다.

아미타여래상도 소조의 불상이며 석가여래상과 같은 양식의 동시대 불상으로 생각된다. 수인은 오른손은 가슴 앞에서 엄지와 중지를 대고 있으며 왼손은 무릎 위에서 엄지와 중지를 대고 있어 아미타여래의 九品印 가운데 中品中生印에 해당한다.

약사여래상 또한 소조의 좌상이며 전술한 석가, 아미타와 같은 양식의 불상이다. 일반적으로 약사여래상은 왼손에 藥壺를 들고 있으나 이 불상에는 그것이 생략되었으며 후면의 후불탱화를 통해서 이 불상이 약사여래상임을 알게 한다.

협시보살로서 4대보살상은 모두가 소조의 입상이며 모두가 같은 作者에 의하여 조성된 同時代, 同樣式의 불상이다.

대웅전이란 전각 명칭은 석가모니불을 봉안하였을 때 붙여진다.[6] 격을 높여 大雄寶殿이라고도 하나 석가모니불과 문수, 보현의 삼존불을 봉안하였을 때 대웅전이라 하고, 석가·아미타·약사의 삼세불을 봉안

---

5) 文殊·普賢·觀音·勢至 등의 보살은 협시불로서뿐 아니라 독자적으로 보살신앙으로서도 그 신앙형태가 성립되어 있으나, 우리나라에서는 日光·月光菩薩은 협시불 이외에 독립적인 신앙형태를 성립시키지 못하고 있다.
6) 殿閣名은 殿閣內의 主佛로 어떤 佛像을 奉安하였느냐에 따라 달라진다. 釋迦像은 大雄殿, 阿彌陀像은 彌陀殿·極樂殿·無量壽殿, 藥師像은 藥師殿, 毘盧遮那像은 大寂殿·大寂光殿·光明殿 등으로 불리고 있음이 그와 같은 것이다.

대웅전 내부

하였을 때는 대웅보전이라 한다. 석가삼존의 대웅전은 석가의 교화적, 신앙적 기능을 석가가 종합적으로 나타내고 있음을 뜻하고 석가·아미타·약사의 삼세불형식은 석가의 교화적, 신앙적 기능을 아미타와 약사가 분담하여 나타내고 있으나 이들 기능이 다시 석가에게로 통섭된다는 뜻을 나타내고 있다.[7] 따라서 갑사의 대웅전은 석가의 절대자로서의 기능을 開合의 원리로 전개시키고 있는 것이라 할 수 있다. 이와 같은 기능은 삼존불 양식에서도 나타나나 삼존불 양식에서의 보살은 어디까지나 보조적 기능으로서의 협시에 지나지 않으나, 삼세불 양식에서의 諸如來는 독립된 佛格과 佛國土를 지닌다는 특징을 갖는다.

---

7) 佛敎信仰의 多元的 機能은 佛敎의 根本敎理가 統一的 多神敎의 형태를 지니기 때문이다. 그런데 이 같은 多元的 信仰機能은 開合의 논리 또는 曼茶羅의 원리 등에 의하여 分化 또는 統攝의 양상을 나타냄이 그와 같은 것이다. 華嚴思想과 密敎思想이 그를 뒷받침한다.

대웅전에 이어 석가신앙의 開合의 원리는 諸佛像의 배치양식에서도 살필 수 있으나 보다 그 구체적인 내용은 불화의 내용에서 알게 된다.

대웅전의 불화는 우선 上壇佛畵・中壇佛畵・下壇佛畵로 나눌 수가 있다. 上壇佛畵는 불단에 있어 석가여래・아미타여래・약사여래상의 뒷면에 걸어 앞의 불상의 교화적 기능을 나타내고 있는 후불탱화를 말한다. 中壇佛畵는 대웅전 향우측에 불단을 마련하고 三藏幀畵를 걸어 놓는데 이 中壇의 신앙적 기능은 불법을 수호하는 護法神衆壇이다. 下壇佛畵는 좌우측에 불단을 마련하고 現王幀을 걸어 놓았다.

이상 대웅전의 신앙적 기능을 불상으로 보면 불보살신앙인 상단신앙밖에 없는 셈이 된다. 그러나 불화로 보면 상단・중단・하단의 삼단구조로 되어 있음을 알게 된다.

한편 상단 후불탱화의 구도내용에서 보면 다시 전술한 상・중・하 삼단불화의 내용을 모두 담고 있어 결국 중단・하단의 불화는 상단불화에서 분화된 것임을 알게 된다. 여기서 대웅전 내의 각종 불화들은 불단의 각종 불보살상에서 살핀 것처럼 불교신앙의 開合의 신앙구조를 좀더 자세히 나타내고 있는 것이라 할 수 있다. 그러면 아래에서 이들 불화내용을 좀더 구체적으로 살피면서 대웅전의 교화적, 신앙적 성격을 밝히는데 자료로 삼고자 한다.

(1) 上壇佛畵

상단불화는 석가여래의 후불탱화로서의 영산회상도, 아미타여래의 후불탱화로서 아미타회상도 또는 극락회상도 그리고 약사여래의 후불탱화로서의 약사회상도로 되어 있다. 이들 내용을 아래에서 살펴보면 다음과 같다.

① 靈山會上圖

영산회상도란 석가가 영취산에서 행한 법회의 내용을 도설한 불화이다. 그 구도내용을 보면 중앙에 설법하는 석가여래좌상, 그 주위에 대좌 밑 좌우에 문수, 보현의 협시를 비롯한 4대보살, 그 위 좌우에 제석천과 대범천, 그리고 하방 좌우에 사천왕상, 천상, 상방 좌우에 십대제자상, 그 상방에 팔부금강상 등이 도설되어 있다.

이상에서 석가상이 설법 모임에서의 說者라면 보살과 십대제자는 聽聞衆이다. 그리고 사천왕, 천상, 금강상 등은 설법도량을 외호하는 호법선신상이다. 이를 요약하면 영산회상도는 說者인 석가와 청문중 그리고 외호중의 삼대요소로 구성되어 있음을 알게 된다. 아미타회상도와 약사회상도도 說者와 협시의 배열이 달라질 뿐 이상 삼대요소에 의하여 구성되는 것에는 다를 바가 없다. 즉 상단불화의 구성요소는 說者, 聽聞衆, 外護衆으로 하되 세부에서 說者가 바뀌고 협시의 배열 등이 바뀌어지는 것임을 알 수 있다.

청문중이 십대제자와 보살로 구분되는 것은 십대제자는 설법을 듣고 싶어하는 번뇌중생을 대표하고, 보살은 설법을 스스로 체득한 聞法의 主觀內容을 의미한다. 즉 설법내용을 자비로 체득한 것을 관음보살, 지혜로 체득한 것을 문수보살로 표현하고 있음이 그것이다.

② 阿彌陀會上圖
일명 極樂會上圖라고 하며 이는 아미타여래가 그의 국토인 극락정토에서 설법하는 광경을 도설한 불화이다. 그 구도내용을 극락정토에서 설법하는 아미타여래가 중앙에 좌상으로 도설되고 대좌 하방 좌우에 관음, 세지를 비롯한 8대보살상, 하방의 사천왕상, 상방의 십대제자 중 4제자 이외에 金剛像과 기타 神衆像이 도설되어 있다. 여기서 보면 外護聖衆이 영산회상도와 바뀌고 보살의 배열 등이 바뀌었으나 기본 구도에서는 같은 것임을 알 수 있다.

③ 藥師如來會上圖

이 불화도 기본 삼대요소는 다른 상단불화와 같다. 그러나 이 불화가 약사회상도임을 나타내기 위하여 說者인 약사여래(왼손에 藥壺를 들고 있음)를 도설하고, 그 협시로서의 일광보살과 월광보살을 비롯한 4대보살, 외호성중으로서는 사천왕상을 도설하고 있음은 다른 상단탱화와 공통성을 지니나 상방의 다른 외호성중은 약사의 12신장을 나타내어 약사회상도로서의 특징을 나타내고 있다.

이상과 같이 상단불화는 說者·聽者·外護衆으로 구성되나 이들 각 요소 중 어느 특정한 것의 신앙이 강조되면 다시 이들이 분화되어 중단불화, 하단불화 등을 이룬다. 즉 중단불화란 상단불화에서 외호성중에 대한 신앙이 강조되어 이를 분화, 도설하게 된 것을 말한다.

(2) 中壇佛畵

갑사 대웅전의 중단불화는 三藏幀畵와 神衆幀畵가 있다. 그러나 삼장탱화는 오늘날에 중단탱화로서의 기능을 잃고 있으며[8] 신중탱화가 그 기능을 다하고 있다.

신중탱화란 외호선신을 복수로 나타낸 개념이다. 따라서 외호선신의 구체적 내용에 따라 四天王圖, 帝釋圖, 八部神將圖, 八部金剛圖, 八部龍王圖 등으로 구분하기도 하고 이를 다시 종합적으로 말할 때에는 일반적 개념으로 神衆圖라고도 한다.

① 三藏幀畵

외호성중, 즉 신중이란 원래 불교의 신앙대상이 아닌 재래적 토속신앙의 대상이었으나 대승불교가 발달함에 따라 이들을 모두 불교가 수

---

8) 18세기에 편찬된 梵音集 등의 儀式集에서는 三藏幀畵가 中壇에 奉安되어 신앙되고 있었으나, 20세기 초기 편찬의 現用《釋門儀範》에서는 三藏이 中壇에서 제외되고 神衆壇이 개설되고 있음이 그와 같은 것이다.

용, 불교화하여 그 신앙적 기능이 불교를 보호하는 善神으로 변화한 것을 말한다.[9]

삼장탱화는 외호성중을 天藏會上圖(가운데)·地持會上圖(오른쪽)·地藏會上圖(왼쪽)로 3구분하여 도설된 것에서 붙여진 이름이다. 이는 재래신을 호법선신으로 불교가 수용하되 天神·地神·地下神 三界로 이루어진 재래의 神觀體系를 바탕으로하여 재래신을 외호선신으로 수용하고 있는 것이다. 즉 天藏會上圖는 천상계의 신을 수용하였음을 의미하고 地持會上圖는 지상의 신을 수용하였음을 의미할 뿐 아니라 地藏會上圖는 지하의 신을 수용하였음을 나타내고 있다.[10] 그런데 여기각 會上圖에서 중앙의 주존을 天藏菩薩·地持菩薩·地藏菩薩 등으로 보살화하고 있는 것은 재래신을 불교적으로 수용하였음을 의미하는 것이다. 즉 이들 會上에 도설된 諸像들은 원래의 기능이 天神·地神·地下神(冥界의 신)들인 것이나 중앙의 보살로 도설함으로서 이들이 불교화된 것임을 나타내고 있다.[11]

그런데 이와 같은 삼장탱화는 地藏會上部分의 지장보살에 대한 신앙이 강조되면서 지장시왕도가 분화, 도설되기 시작하여 그 신앙적 기능을 신중탱화에 이양하고 오늘날에는 단순히 지난날의 중단에 있어 외호선신에 대한 신앙의 대상을 도설하였던 불화로서 전래되고 있다.[12]

② 神衆幀畵

삼장탱화에서 지장회상 부분을 분리시키고 나머지 天藏會上部分과 地持會上部分으로 구성된 것이 神衆幀畵의 구도이다. 즉 일반적인 神衆幀畵에서는 상부 혹은 왼쪽에 帝釋·天衆을 중심으로 한 天上圖를

---

9) 洪潤植,《韓國佛畵의 硏究》三藏幀畵篇, 圓光大學校 出版局, 1981.
10) 앞의 주.
11) 앞의 주.
12) 앞의 주.

도설하고, 하부 혹은 오른쪽에 八部神將圖를 도설하고 있다.[13] 모든 神衆圖가 그와 같은 것은 아니나 三藏幀畵에서 地藏部分을 분리시키고 나머지 부분으로 구성된 이와 같은 신중탱화가 대종을 이루고 있다. 이와 같은 분화가 언제부터 있었는지 확실하지 않으나 17세기경까지는 三藏幀畵의 신앙이 살아 있었음을 알 수 있어,[14] 혹 그 이후가 아닌가 하나 그 이전부터의 공존도 전연 배제할 수는 없다.

  신중탱화는 그 의궤에 있어서 비교적 자유로운 편이다. 삼장탱화는 의궤의 구속을 많이 받으나 신중탱화는 그것이 적은 편이라 할 수 있다. 그리하여 구도의 변화도 자유롭게 이루어지고 있다. 예컨대 어떤 신중의 집단이냐에 따라 帝釋圖・神將圖・金剛圖・天王圖・天龍圖 등으로 구분할 수 있고, 신중의 수에 따라서도 104위 신중・38위 신중・팔부신장・팔부금강 등으로 구분하기도 한다. 여기 104위 신중에는 삼장탱화가 수용한 천계・지상계・지하계의 각종 신들을 三界體系가 아닌 다른 체계에서 다시 수용하고 있다는데 주목할 필요가 있다. 즉 104위 신중은 삼장탱화와 다른 체계에 의한 재래신의 수용방법이라 할 수 있기 때문이며 오늘날에도 이 104위 신중은 신앙의 기능을 다하고 있기 때문이다.

  갑사 대웅전의 신중탱화는 上方兩段의 구도로 되어 있는데 상단에는 帝釋・天衆을 중심한 天部像이, 하단에는 八部神將이 중심이 된 신중으로 구성되어 있다. 이는 이상에서 살핀 삼장탱화에서 지장회상 부분을 분화시키고 나머지 부분을 좌우 구도에서 상하 구도로 바꾼 형식을 지니게 한 그림이라 할 수 있다.

  이 신중탱화는 그 緣化秩에 의하면 隆熙 4년(1910)년에 그려진 그림임을 알 수 있다.

---

13) 洪潤植, 《韓國佛畵의 硏究》 神衆幀畵篇, 圓光大學校 出版局, 1981.
14) 앞의 책.

⑶ 下壇幀畵

중단탱화나 하단탱화에 도설되는 존상이 다 같이 불보살상이 아닌 재래의 토속신을 불교가 수용한 신들이나 중단의 신중이 복수개념에서 이해되는 것이라면 하단탱화는 단수개념에서 이해되는 것이라 할 수 있다. 예컨대 신상탱화에 참여한 재래신은 비록 그것이 원래의 神格을 갖고 있다 하더라도 그것은 모두 매몰되고 모두가 다 같이 護法善神일 따름이다. 그리하여 神衆이란 복수개념이 붙여진다. 그러나 이들 제신들은 원래의 신격과 신앙적 기능으로서 보다 효과적 護法을 할 수 있는 것이라 믿게 되면 다시 분화되어질 수 있는 여지를 갖게 됨이 그와 같은 것이다.

사천왕이나 인왕 등은 원래 守門將으로서의 기능을 지닌 신이었다. 그런데 이들은 복수개념의 신중으로 호법신이 되기도 하지만 원래의 기능을 발휘하는 것이 더욱 효과적이라 여겨져 이는 다시 그 기능에 따라 분화되는데 이를 하단신앙이라 한다. 하단신앙의 원래 목적은 호법을 더욱 효과적으로 하는 데 있지만 그 신앙적 기능이 守門將, 壽命長壽, 神通術 등 구체적인 것으로 나타나기 때문에 호법신에 대한 신앙심과 더불어 이들 신앙기능 자체에 대한 신앙이 되기도 한다. 에긴대 山神, 七星, 帝釋, 龍 등은 불교신앙에서 보면 모두가 호법신앙인 것이나 그보다는 오히려 七星信仰, 山神信仰, 帝釋信仰, 龍信仰 등으로 신앙되고 있음이 그와 같은 것이라 할 수 있다.

갑사의 대웅전에는 하단을 설치하고 있으나 산신도나 칠성도는 걸어놓고 있지 않다. 그것은 하단신앙을 극복해서가 아니라 별도로 三聖閣을 마련하고 있기 때문에 그러하다는 것을 대웅전 뒤편의 삼성각을 찾으면 금방 알게 된다. 다만 갑사의 하단에는 현왕탱화가 걸려있고 이에 대한 신앙이 있을 따름이란 것을 알게 된다.

① 現王幀畫

現王은 普賢王如來라고도 하며, 사람이 죽은 후 3일이 되면 생전의 죄업에 따라 재판을 한다는 冥府의 심판관이다. 이는 죽은 지 7일마다 7회와, 100일, 1년, 2년, 모두 10회에 걸쳐 심판을 받는다는 冥府의 十王과는 다르나, 그 신앙적 속성은 같은 것이라 할 수 있다. 그리하여 그림의 구도도 심판관을 중심으로 명부의 권속인 判官, 綠事, 使者, 牛頭, 馬面 등과 더불어 死者에 대한 심판광경이 묘사되므로 시왕도와 거의 같다.

명부의 시왕이나 현왕신앙이 불교적 의미를 지니기 위해서는 일차적으로는 호법선신으로서 신중탱화에 참여해야만 한다. 따라서 이들은 모두 104위 신중에 참여하고 있다. 그런데 이들이 다시 분화되어 독립적으로 그들의 권속을 거느리고 도설된다는 것은 신중신앙에서 하단신앙으로 전개되는 것을 의미한다.

하단신앙의 전개는 대체로 山神, 七星, 帝釋, 龍王, 十王, 現王 등으로 나타나며 이들 신앙이 더욱 강조되면서 별도로 칠성각, 산신각, 명부전 등의 전각을 짓게 되나 그렇지 못할 경우 대웅전 등의 법당 하단에 불단을 마련하고 이들 신앙을 하게 된다.

갑사의 경우에는 산신, 칠성, 독성, 명부시왕 등의 하단신앙이 성행하고 있었던 바 산신, 칠성, 독성 등은 삼성각으로 분리, 이전하고 冥府十王信仰은 명부전을 두지 않았던 관계로 대웅전에 하단을 마련하고 이들에 대한 신앙행위를 하고 있었던 것이라 할 수 있다.

이상에서 갑사 대웅전의 성격을 살필만한 교화적, 신앙적 요소들을 모두 살펴보았다. 여기서 보면 대웅전신앙의 기본성격은 석가모니불신앙이나 그 신앙적 기능을 다양하게 분화하여 삼세불형식에 의한 상단의 불단이 필요하게 되었고 또한 이 같은 상단불단의 보다 구체적 신앙양상을 나타내기 위한 후불탱화의 도설이 필요하게 되었던 것이라 하겠다.

이어 후불탱화에 나타난 호법선신에 대한 신앙적 기능이 강조되어 중단을 설하고 중단에서 호법의 개별적 기능이 강조되면서 다시 하단으로 분리되는 것임을 알았다. 그리하여 이들 내용을 종합, 고찰하면 하나이면서 여럿이고 여럿이면서 다시 하나로 귀일되는 원리에 입각한 신앙구조를 지니고 있는 것이 대웅전임을 알게 된다.

2) 三聖閣의 신앙구조

대웅전 뒤 좌측에 인접하고 있는 삼성각은 자연석의 기단 위에 원형초석과 원형기둥을 사용하여 정면 3칸, 측면 2칸의 평면으로 서남향하여 건립하였다.

건물의 내부에 우물마루를 깔고 후면으로 좁은 불단을 조성하고 있다. 불단에는 중앙에 칠성탱화, 향우측에 산신탱화, 향좌측에 독성탱화를 봉안하고 있다.

삼성각이란 칠성·산신·독성의 삼성을 봉안하였기에 붙여진 이름이다. 일반적으로는 이들 삼성은 따로따로 전각을 마련하고 각각 칠성각, 산신각, 독성각을 건립하고 있으나, 갑사에서는 이들을 같이 봉안하고 삼성각이라 하였음을 알 수 있다.

이들 칠성·산신·독성은 대웅전신앙에서 보면 일차적으로 중단의 신중탱화의 신중에 수용되는 호법신앙이었다. 그러나 이들 신중의 본래적 기능이 강조되면서 다시 하단으로 분화되고 산신신앙, 칠성신앙, 독성신앙의 신앙형태가 생기게 된다. 이와 같은 신앙형태는 대웅전의 하단에 불단을 마련하고 그곳에서 신앙행위를 하게 되는 경우도 있지만 그 신앙이 더욱 강조되면 별도로 전각을 지어 독립하게 되는데 그와 같은 것이 삼성각이다.

하단신앙이 강조되어 별도의 전각을 마련할 경우 명부전을 제외하고는 殿이란 이름을 쓰지 않고 칠성각, 산신각, 삼성각 등의 閣이란 명

삼성각 내부

칭을 쓰게 된다. 그것은 상단의 불보살신앙과는 구별되는 하단신앙임을 나타내고자 하는 것이다. 다만 명부전은 명부시왕신앙을 하단신앙으로 신앙하는 전각이나 여기에는 지장보살신앙이 곁들이게 되어 지장전 혹은 명부전이라 하게 된 것이다.

(1) 七星幀畵

중앙의 치성광여래, 그 협시로서의 일광보살과 월광보살 그리고 그 상방의 칠여래, 그 향좌에 南極老人星, 七如來 좌우에 동자상, 하방에는 향좌에 삼태육성, 중앙에 삼태성, 향우에 칠성 등이 배열되어 있다.

이는 중국의 도교신앙에 의한 星座信仰의 불교적 전개로 형성된 신앙형태인 것이라 할 수 있는데 치성광여래는 북극성의 불교화, 칠여래는 북두칠성의 불교화를 나타내고 있는 것이라 할 수 있다. 일차적으로는 護法善神으로 불교에 수용되었다가 壽命長生이라는 원래의 신앙적 기능이 강조되어 하단신앙으로 분리되었다.

(2) 山神幀畵

심산유곡의 산수를 배경으로 호랑이를 탄 道人像을 도설하고 侍童 2인을 도설하였다. 이와 같은 불화는 일반적인 불화의 구도와는 전연 다른 형태의 것임을 알게 된다. 그것은 산신신앙이 원래 한국고유의 신앙형태였다는 데 기인한 것으로 생각된다. 즉 호법선신에 수용된 재래의 토속신이 대개의 경우 인도(四天王, 帝釋, 八部神將, 仁王 등)나 중국(七星, 冥府, 十王)의 재래신인데 비하여 산신은 한국의 토속신으로 한국에서 비로소 신중탱화의 구조에 참여하고 있음이 그를 일러준다.[15] 따라서 산신도 일차적으로는 호법신으로 중단신앙에 참여하였다가 그 원래의 기능인 萬事亨通이 강조되어 산신단을 만들고 산신각을 건립하게 되었던 것이다.

(3) 獨聖幀畵

일핏 보면 산신탱화와 그 구도내용이 같은 것으로 보인다. 왜냐하면 이 독성탱화도 심산유곡의 산수를 배경으로 중앙에 도인상과 그 시동상을 도설하고 있기 때문이다. 그러나 산신탱화와 독성탱화가 구분되는 것은 산신은 호랑이를 반드시 도설하나 독성탱화는 그것이 없다는 점이다.

독성이란 불교에서는 獨覺이라고도 하며 아무 스승없이 깨달은 聖者를 말한다. 그리하여 이 같은 독성은 숭배의 대상이 되는 것이다. 그러나 한국불교에서의 독성은 檀君信仰과 연결되는 특수성을 살필 수 있다. 즉 단군신앙의 불교화가 독성신앙으로 발전, 전개되었다는 것이라 할 수 있다. 그리하여 이 독성탱화도 일반적인 불화와는 전연 구도

---

15) 앞의 주13).

내용이 다른 산신탱화와 흡사한 구도를 지니게 된다.

(4) 講堂

언제부터인가 강당으로 이름붙여지고 있으나 조선시대 이후의 가람 구조에서 보면 이 건조물은 강당이 아니라 누각이다.[16] 다만 지형적인 관계로 인하여 건축양식이 일반적인 사원에서 대웅전 앞에 건립하는 누각과 같은 양식을 지니고 있지는 않으나 그 기능은 누각과 같은 것으로 지어진 것으로 생각된다.

갑사 경내의 대웅전 전면에 위치하고 있는 이 누각은 외벌대로 쌓은 자연석 기단 위에 덤벙주춧돌을 놓고 원형기둥을 사용하여 정면 3칸, 측면 3칸의 평면으로 서향하여 건립하였다.

오늘에 있어 그 기능은 강당의 기능도 하고 있어 강당이라 하여도 무방하나 가람배치상에서 보면 강당은 대웅전 후면에 위치하고 전면에는 위치하고 있지 않다. 전면에 위치하고 있는 것은 의식을 주로 하는 누각이다.

(5) 應香閣과 기타 요사

① 應香閣

응향각은 대웅전 좌측의 막돌담장으로 구획된 곳에 위치하고 있다. 현재에는 月印釋譜의 板刻이 보존되어 있어 강당과 더불어 법보신앙의 기능을 다하고 있는 것이라 할 수 있다.

이 건물은 외벌대의 잡석 기단 위에 덤벙주춧돌을 놓고 원형기둥을 세워 정면 5칸, 측면 3칸의 평면으로 서향하여 건립되었는데 전면 5칸

---

16) 樓閣은 일반적으로 法堂 앞에 건립되며 그 기능은 법당 내에서 행할 佛敎 儀式을 행하는 곳이었으나 현재에는 講堂의 기능으로 사용되기도 한다.

에 모두 쌍여닫이 문을 달았다.

　전면 기둥 위에만 있는 栱包는 1出目 2翼工이며, 昌枋 상부에는 各 間에 1具씩의 長花盤이 배치되어 柱心道里 長舌을 받쳤고 지붕은 팔작지붕을 올렸다.

　여기서 이 건물은 법보신앙을 수용할 격을 갖추고 있는 것이라 하겠다.

② 기타 요사

　寂默堂, 振海堂과 다른 한 채의 요사가 있다.

　오늘날의 요사는 신도들이 거처하기도 하지만 원래의 요사는 승보신앙을 수용하는 僧房의 성격을 지니는 것이었다. 즉 스님들이 기거하면서 수행과 신앙생활을 영위하는 시설이다. 그런데 이와 같은 요사는 殿이니 閣이니 하는 명칭을 쓰지 않고 일반적으로 堂이란 명칭을 붙인다. 적묵당, 진해당도 그렇게 해서 붙여진 이름이다.

　진해당은 대웅전 전면의 좌측에 위치하고 高宗 12년(1875)에 대웅전과 함께 중건된 건물로 알려지고 있으며 이 진해당은 대웅전의 불공의식 등을 담당하는 爐殿으로서의 기능도 다하고 있다.

　적묵당은 대웅전 전면 우측에 위치하며 光武 3년(1899)에 중수된 건물이다. 현재에는 종무소의 기능과 僧房의 기능을 함께 수용하고 있는 건물이라 할 수 있다.

　다른 한편 또 다른 1동의 요사는 堂號가 붙여지지 않고 있으나, 이상 두 건물의 부속적 기능을 다하고 있는 요사의 일부라 할 수 있다.

　이상의 요사는 좁게는 대웅전지역에서의 신앙행위와 관련된 매개행위를 행하는 곳이라 할 수 있고, 넓게는 갑사의 사원으로서의 기능을 僧寶인 스님들을 통하여 행하게 하는 시설이라 할 수 있다.

4. 大寂殿地域의 가람

1) 大寂殿의 신앙구조

　　대적전지역은 대적전과 요사, 그리고 부도 1기로 형성된다. 이 지역은 대웅전지역과 소계곡을 사이에 두고 별도 구역을 이루고 있다. 이 구역 내에 대적전이 서향으로 세워져 있으며 작은 요사 하나가 부속되어 있다.

　　한편 대적전을 향하여 왼쪽 북편에 있는 빈터에는 건물지가 잔존하고 있음을 알 수 있는데 수많은 초석들이 지상에 노출되어 있다. 이 초석들은 원형으로 2단의 柱座를 가공한 것으로서 형태가 크며 上段 柱座의 직경은 63cm, 하단 직경은 83cm에 달하고 있다. 초석의 배치로 보아 남향하여 세워진 건물임을 알 수 있으며 정면 5칸, 측면 3칸의 상당히 큰 규모의 건물이 이곳에 있었음을 알 수 있다.

　　초석의 형식으로 보아 고려시대에 세워진 건물지로 추측되며,[17] 갑사의 연혁을 검토하는데 중요한 자료가 되고 있다. 왜냐하면 전하는 바에 의하면 갑사의 중심가람이 애당초에는 이 지역이었는데 이후 어느 때인가 오늘의 대웅전지역으로 옮겨진 것이라 하고 있기 때문이다.

　　대적전 앞에는 보물 257호로 지정된 고려시대의 부도 1기가 있는데 이 부도는 부근의 산중에 있던 것을 이곳에 옮겨 온 것이라 한다. 가람배치상에서 보아도 현위치는 알맞지 않는 것으로 생각된다.[18]

　　부도가 있는 곳에서 서쪽으로 경사를 따라 100미터 가량의 거리에 鐵幢竿 및 그 支柱가 있다. 이는 보물 256호로 지정되어 있으며 고려

---

17) 앞의 주1).
18) 浮屠는 伽藍配置上의 문제를 지니지 않는다. 따라서 법당 앞에 세워지는 예는 거의 없고 대개 사찰 경내 밖에 세워진다.

대적전과 부도

시대 건조물로 추정되고 있다.

 이상 이 지역에 잔존하는 건물지의 규모나 전면에 위치하고 있는 철당간 및 그 지주 등의 존재로 보아 이 지역이 현재보다는 규모가 큰 갑사에 있어 중요한 신앙지역의 기능을 담당하고 있었던 것으로 생각되나 이 지역이 갑사의 중심지역은 아니었던 것으로 생각된다. 왜냐하면 오늘의 대적전지역은 그 장소가 너무 협소하고 대웅전지역과의 비교에서 보면 대웅전이 上佛殿格의 신앙지역으로 이해되기 때문이다. 다만 갑사의 사세를 확장하기 전 초창기의 가람이 이곳에서부터 비롯하였을 가능성은 엿보이나 대웅전지역까지 포함하는 중심지역으로서의 가능성은 희박한 것으로 생각된다.

 대적전은 현 갑사 경내 앞으로 흐르는 계곡 건너편에 요사 1동과 일곽을 이루면서 위치하고 있다. 정면 3칸, 측면 3칸으로 서향하여 건립하였으며 정면 3칸중 중앙 御間에 4分閤門을 달고 좌우 夾間과 우측

앞칸에는 쌍여닫이 띠살문을, 그리고 좌측 앞칸에는 외여닫이를 달아 평소 출입에 이용하도록 하였다. 건물 내부에는 우물마루를 깔고 中央御間 후면으로 內高柱를 세워 後佛壁을 만들었는데 그 앞으로는 불단을 조성하여 삼존불을 봉안하고 있다.

삼존불은 석가삼존이라 하고 있으나 수인은 오른손과 왼손을 모두 엄지와 중지를 대고 있어 아미타삼존으로도 보인다. 석가삼존이건 아미타삼존이건 대적광전에는 알맞지 않는 불상의 봉안형식이다. 왜냐하면 대적광전에 일반적으로 봉안되는 주존불은 법신 비로자나불이며 그 협시로 석가모니불과 노사나불의 화신불과 보신불을 두어 삼신불 체계를 갖게 하고 있음이 상례이기 때문이며, 주존불을 비로자나불로 하고 협시로 문수, 보현의 보살상을 봉안하는 경우도 간혹 있으나 이 경우의 봉안형식에도 맞지 않는다. 그렇다면 대적전의 편액이 틀렸거나 아니면 불상의 봉안이 잘못된 것이라 하겠는데 여러 가지 조건을 감안할 때 불상의 봉안이 후대에 잘못된 것이 아닌가 한다.

한편 대적전에는 후불탱화와 신중탱화 1폭이 있다. 신중탱화는 제격식을 갖추고 있는 것이라 할 수 있으나 후불탱화는 대적광전에는 격이 맞지 않는다.

2) 부도 및 철당간

부도는 불탑과는 달리 가람배치상의 문제로 가람형성에 참여하는 것이 아니다. 따라서 부도가 대적전 앞에 위치하고 있는 것은 후대의 잘못된 배치의 소산이라 할 수 있다. 구전으로 전하는 바에 의해서도 산중의 다른 곳에서 옮겨진 것이라 하니 틀림없는 사실로 생각된다.

당간은 대개의 경우 사찰 경내 입구에 위치하는 것이 상례이다. 따라서 오늘날의 갑사 가람에서 보면 이 철당간을 대적전을 중심으로 배치되어 있는 것으로 생각된다.

철당간과 지주

    당간에 대해서는 여러 가지 설이 분분하지만 그 사찰의 불력을 외부에 상징적으로 나타내는 기능을 다하고 있는 것임에 틀림없는 것이라 하겠다. 오늘날에는 그 기능을 괘불에 이양하고 신앙적 기능을 다하지 못하고 있지만 당간이 성하게 세워지던 지난날에 그 앞에서 성대한 신앙의례를 행하였던 것이 아닌가 한다.[19]

---

19) 佛法을 傳授하는 建堂儀式이 이 앞에서 행하여졌다고 하는 것 등이 그와 같은 것이다. 따라서 幢竿의 원래적 기능은 佛法傳授의 상징적 시설이라 할 수 있다.

3) 大寂殿地域의 신앙적 성격

　이상에서 보면 오늘날 갑사의 대적전지역은 신앙의 중심적 기능을 상실하고 있으며 따라서 불상의 봉안형식이나 부도의 배치 등이 의궤에 어긋나 있음을 알 수 있다.
　그러나 이 지역에 오늘에 전하는 건물지의 규모나 인접한 당간의 존재 등은 지난날에 이 지역의 가람이 차지하는 중요도를 여실히 전해주고 있는 것이라 하겠으며 대적전의 편액이나 주련 등은 고식을 지니고 있을 뿐 아니라 지난날 대적전신앙의 소식이 잘 전해지고 있는 것이라 하겠다.
　따라서 갑사에 있어서 이 지역이 차지하는 가람상의 성격은 대웅전지역이 현실적 의미를 지니고 중심적 역할을 하고 있는 것이라면 이 지역은 전통적 의미 내지 上院的 의미를 지니는 것이라 할 수 있다. 그리하여 결국 갑사는 이 지역의 가람을 형성함으로서 古典的, 傳統的 사찰의 기능을 더욱 강하게 지니게 되었던 것이라 생각된다.
　다만 대적전에 봉안된 불상은 석가여래상이며 불화도 그 후불탱화가 석가·아미타·약사의 삼여래도이다. 이 같은 불상, 불화의 봉안양식은 대적전에는 맞지 않는다. 그러나 연대적으로 보아 대적전이 먼저이고 불상, 불화는 후대의 것으로 생각되어 이 지역은 대적전지역이 기본을 이루고 있었던 것으로 생각된다.

4) 大寂殿의 불화

(1) 三如來圖
　상단에 석가·아미타·약사의 삼여래를 도설하고 그 하단에 각각 4보살의 12보살의 협시불을 도설하고, 삼여래 상단에는 제자상과 금강상을 도설하고 있다.

(2) 四天王圖

이 사천왕도는 일반적으로는 전술한 삼여래도의 사방에 도설하는 것이나 여기서는 사천왕의 사방옹호의 기능이 강조되어 삼여래도의 좌우에 각각 두 천왕씩 두 폭의 사천왕도를 도설하고 있다.

(3) 神衆幀畵

전술한 사천왕도가 삼여래도에 포함되는 신중도로 도설되었다면 이 신중도는 중단 즉 이 대적전을 옹호하는 신중도로 봉안되고 있다. 그 구도는 상하 2단구조로 되어 있는데 상단은 제석·천중을 중심으로 천상을 도설하였고 하단에는 韋汰天神을 중심으로 八部神將을 도설하고 있다.

5. 八相殿地域의 가람

팔상전지역은 갑사 경내의 좌측에 조그마한 개울을 사이에 두고 약간 떨어진 야산 중턱에 위치한다. 주위에는 자연석 담장을 둘러 일곽을 이루고 팔상전 1동과 요사 1동으로 이 지역가람을 형성한다.

규모가 작은 팔상전 건물은 자연석 석조기단 위에 덤벙주춧돌을 놓고 원형기둥을 세워 정면 3칸, 측면 1칸으로 서향하여 건립하였는데 전면 3칸에만 3分閤 띠살문을 달고 그 내부에 우물마루를 깔아 중앙 후벽에 붙여 불단을 조성하고 석가모니불을 봉안하였다.

팔상전은 석가의 일대기를 제1 도솔래의상, 제2 비람강생상, 제3 사문유관상, 제4 유성출가상, 제5 설산수도상, 제6 수하항마상, 제7 녹원전법상, 제8 쌍림열반상 등 팔상으로 나누어 도설한 불화를 봉안하고 석가에 대한 신앙을 하는 불전이다. 이들 석가의 일대기를 팔상으로 나눔에 있어 그 명칭상으로는 다소 상위가 있으나 대체로 降兜率, 託胎, 降誕, 出家, 降魔, 成道, 說法, 涅槃의 내용을 지닌 것이라 할 수 있다. 그런데 이들 팔상은 天·人·佛의 三相에 의하여 성립되고 있음을 알 수 있게 되는데 이중 석가의 불상은 成道相·說法相·涅槃相인 것이라 할 수 있다.

일반적인 팔상전에는 이들 팔상의 불화를 모두 봉안하고 있으나 갑사의 팔상전은 이를 모두 갖추지 못하고 신중탱화 한폭만 봉안하고 있다.

한편 이 지역에는 요사 1동이 있는 바 그 원래적 의미는 팔상전신앙을 위한 노전의 성격을 지니는 것으로 생각되나 지금은 주거실도 아울러 겸비되어 있다.

이상에서 보면 팔상전지역은 그 위치로 보나 팔상전의 전각에서 보나 원래에는 팔상전신앙을 위하여 조성되었던 것이나 현재에는 그 신앙적 기능이 약화되고 전통적 의미만 지니고 있는 것이라 생각된다. 한편 그럼에도 불구하고 팔상전지역이 갖는 갑사 가람상의 위치가 어떤 것인가를 보면 대웅전지역을 중심으로 우측에는 上院格인 대적전지역을, 좌측에는 佛祖崇拜의 팔상전지역을 두어 갑사의 전통사찰로서의 사격을 높이는 형식적 의미를 지니고 있는 것이라 할 수 있다.

6. 表忠院地域의 가람

표충원지역은 影閣과 碑閣으로 구성된다. 영각은 泗明大師의 영정을 비롯하여 고승들의 영정을 봉안하여 고승에 대한 덕을 기리고 숭상함을 목적으로 건립되었다. 말하자면 고승 숭배신앙의 소산이라는 것이다. 고승 숭배신앙은 師資傳承 以心傳心 등을 중요시하는 선종의 전통이라 할 수 있고, 이 같은 선종은 고승의 영정제작과 부도의 건립을 중요시한다. 이 영각에는 泗溟大師, 虎岩大師 등의 영정이 봉안되어 있다.

영각을 表忠院이라 하게 됨은 泗溟大師가 임진왜란 당시 국란극복에 미친 영향을 국가적으로 表忠하게 된데서 유래한다.

비각 또한 고승 숭배신앙에서 간과할 수 없는 것이다. 즉 우리나라 고승 숭배신앙의 양상을 영정제작, 부도의 건립, 공적비의 건립 등에서 살필 수 있게 됨이 그와 같은 것이다.

이상에서 보면 이 지역에서의 신앙구조는 대웅전지역의 진해당 등에서의 승보신앙이 강조 분화되어짐에 의하여 형성된 것이라 할 수 있다. 한편 나아가 이를 국가적인 의미를 지닌 표충원으로 숭상함으로써 국가불교로서의 성격을 지니게 되었던 것이라 할 수 있다.

7. 맺음말

갑사의 가람은 대웅전지역을 중심으로 대적전지역·팔상전지역·표충원지역을 부설한 형식을 지닌다.

대웅전지역신앙의 확대는 대웅전 내의 불단의 분화를 가져오는 한편, 삼성각 등 전각의 분화를 가져왔다. 또한 강당, 응향각 등 법보·승보신앙이 강조됨에 따라 점차 가람이 확대되어졌으며, 여타의 부설 가람은 이러한 갑사의 성격을 형성하는데 기여하였고, 따라서 그와 같은 요인에 의하여 건립된 것이라 할 수 있다. 즉 대적전지역은 한국불교 교리의 전통이 화엄사상에 둔 것임을 나타냄으로서 전통사찰의 기능을 다하게 하였던 것이라 생각되며, 팔상전지역은 석가신앙에 대한 정통성을 강조함에서 이룩되었던 것이라 생각됨이 그와 같은 것이다.

한편 영각은 선종의 영향에 의한 고승 숭배신앙에 의한 것이라 할 수 있다. 이 영각에 임진왜란시 국란극복에 크게 공헌한 泗明大師 등을 봉안하여 表忠院이라 하게 됨은 갑사를 국가불교의 사찰로 인식하려 한데 기인한 것이라 생각됨이 모두 그러한 것이다.

　그리하여 갑사 가람의 종합적 성격은 석가에 연원한 전통성있는 사원이며 한국불교의 뿌리를 지닌 역사성있는 사원일 뿐 아니라 국가, 사회에 크게 기여하고 있는 사회적 불교임을 나타내고 있는 것이라 할 수 있다.

松廣寺의 가람배치와 불교적 세계관

1. 머리말

　절을 뜻하는 말로는 寺刹, 寺院, 伽藍 등 여러 가지가 있다. 이들은 모두 부처님을 모시고 승려가 거주하면서 불교의 신앙행위가 이루어지는 곳이라는 의미를 지니지만, 이 중에서 가람이라 하면 나머지 셋과는 조금 다른 개념을 포함하고 있다. 즉 그것은 전각과 탑, 입지소선 등 가시적인 空間性을 포함하는 개념이다. 그래서 寺刹 또는 寺院의 성격이라 하면 보통 그 절의 사상성이나 이념적 배경을 말하는 것이지만, 가람의 성격이라 하면 각 전각과 탑, 전각 내의 불상·불화 등을 개별적으로 이해하고, 더 나아가 가람의 배치상황까지도 포함하는 종합적 고찰이 뒤따르게 된다.
　한국불교의 역사적 전개과정이 특정한 이념이나 교단에 구애받지 않고 통불교적으로 진행되었기 때문에 한국가람의 구조는 대체로 일정한 틀에서 벗어나지 않는다. 많은 사찰이 공통적으로 대웅전이나 무량수전을 중심으로 사방에 관음전·원통전·명부전·칠성각·산신각 등이 구획되어 있는 경우가 이를 말해준다. 그러나 송광사의 경우는 이와 달리 독특한 자기만의 가람구조를 지니고 있다. 즉 國師殿과 修禪社를 大雄寶殿 상단에 석축을 쌓아 별개의 공간으로 구획하였다. 이러한 구조는 창건 당시부터 유지되어 왔고 오늘날까지 한국선종의 僧寶宗刹로서의 정신을 대표하는 절의 핵심공간이다.

그러나 송광사는 창건 당시에는 화엄계통의 吉祥寺에서 출발하였다. 고려 초 보조국사가 禪思想의 修禪社로 중창하면서 禪을 골격으로 華嚴과 禪思想이 융합된 구조를 지니게 되었다. 이 글에서는 僧寶宗刹 송광사 가람이 지닌 불교적 세계관을 살펴보고자 한다. 각 전각 내의 불상과 불화 등도 함께 고려해야겠지만 잦은 소실과 이동으로 인해 오늘날에 전하는 작품들은 많은 변화를 겪었기 때문에 일단 제외하였다.

우선 절의 창건과 중창과정을 가람의 변천을 중심으로 간략하게 개괄하고, 현재 가람의 구조를 그 의미와 성격에 따라 나누어 상세하게 살펴보겠다.

송광사 전경

2. 가람의 창건과 중창

1) 송광사의 창건

송광사의 원래 이름은 吉祥寺였다. 정확한 내용은 알 수 없으나, 신라 말 慧璘大師가 터를 잡고 산명을 松廣, 절 이름을 吉祥이라 하여 창건하였다. 이 무렵 가람은 백여 칸에 달하고 30~40의 대중이 거주하였다고 한다. 위의 내용이 〈松廣寺事蹟碑〉와 〈普照國師碑銘〉 등에 보이는 길상사에 관한 창건 내용의 전부이다. 다만 '吉祥'이라는 절 이름이 華嚴 제2회의 說主인 文殊舍利의 譯語이므로[1] 절의 성격은 화엄종 사찰이었음을 짐작하게 한다.

이후 신라시대의 사정은 알려지지 않다가, 고려 仁宗 때 釋照大師가 퇴락한 당우를 중창할 뜻을 세웠으나 갑자기 입적하고 말아 길상사는 점점 기울고 허물어져 갔다.

2) 고려시대의 중창

길상사가 다시 역사에 등장한 것은 普照國師(1158~1210)가 定慧社를 결성하고 그 수행처로서 이 곳을 택하면서부터이다. 1182년(明宗 12) 보조국사는 同學 10여 명과 함께 타락한 고려불교를 正法佛敎로 바로잡기 위해 定慧結社를 맹약하였다. 그 뒤 8년이 지난 1189년 팔공산 居祖寺에 다시 모여 定慧結社文을 반포하고 본격적인 결사운동에 들어갔다. 우선 많은 사람들이 참여하기 위해서 보다 넓은 곳을 물색하던 중 제자 守愚의 말을 좇아 거의 폐허로 변한 이 곳 길상사를 수

---

1) 林錫珍 편,《大乘禪宗曹溪山 松廣寺誌》, 불일출판사, 1987, p. 9.

행처로 정했던 것이다.

　산세가 웅장하고 토지가 비옥하며 또한 울창한 수림 사이로 맑은 물이 흐르니 심성을 수양하고 대중을 수용할 최적의 자리였다. 1197년(明宗 27) 터를 새롭게 다지고 土木을 일으켜 사찰의 건립에 착수하였다. 워낙 大刹의 조영이라 공사는 1204년(熙宗 원년) 9년 만에 완공되니 舍屋 80여 칸에 佛宇·僧寮·齋堂·廚庫가 모두 갖춰졌다. 그 해 10월 약 120일 동안의 慶讚法會를 베풀어 성대한 낙성식을 봉행하였고, 희종으로부터 산명을 '曹溪', 절 이름을 '修禪社'라 하는 친필 사액을 받았다. 뒤에 절은 修禪社에서 松廣寺로 바뀌었지만, 이렇게 해서 절은 고려불교에 새로운 바람을 불러일으키며 제1차 중창되었다.

　제2차 중창은 수선사의 제2세인 眞覺國師 慧諶(1178~1234)에 의해서였다. 33세의 젊은 나이로 보조국사의 뒤를 이은 스님이 法席을 베풀자 사방에서 사람들이 모여들어 절이 비좁게 되었다. 이에 康宗이 講堂을 증축하게 하고 관원을 보내 공역을 도와 2차 중창이 이루어졌다. 이 이후로 180여 년 동안 열다섯 분의 국사가 배출되면서 송광사에는 적지 않은 가람의 보수와 증·개축이 뒤따랐을 것이나 오늘날 전하는 자료로서는 알 길이 없다.

3) 조선시대의 중창

　송광사의 변천은 고려 말 조선 초의 사회변동에 큰 영향을 받았다. 즉 排佛崇儒의 암울한 분위기에서 조선 초가 되면 절의 기운은 많이 쇠퇴하였고, 가람의 모습도 고려시대의 웅장한 규모는 찾아볼 수 없었다.

　조선 초인 1395년(太祖 4) 송광사의 제16세 국사로 추존되었던 高峯 法藏(1350~1428)이 절에 들렀다가 옛 모습대로 중창·복원할 것을 서원하였다. 5년이 지난 1399년(定宗 원년) 마침내 국왕의 도움을 구하여 절에 水陸社가 설치되었고, 이듬해부터 중창이 시작되었다. 1404년(太宗 4)에는 佛・法・僧의 殿堂 3, 4개소를 준공하였다. 이후 高峯의 중창의지는 中印禪師에게 이어져 1420년(世宗 2) 20여 대중들과 함께 당우의 중건이 계속되었다. 안으로는 가람을 수리하고 밖으로는 寺格의 신장에 힘쓴 결과 1424년(世宗 6) 수륙사를 철폐하고 본연의 선종사찰로 되돌려 놓았다. 1427년(世宗 9) 중창이 마무리되어 낙성식이 열리니 이 때의 중창가람은 90여 칸에 달했다.

이것이 송광사의 제3차 중창이 되는데 신라 때 혜린선사의 창건이나, 고려 중엽 보조국사의 중창에 못지 않게 高峯과 中印의 업적도 높이 평가할 만하다. 즉 조선 초 억불의 흐름속에서도 굴하지 않고 국왕의 지원을 얻어 寺勢를 확장시켰다는 사실이 크게 주목되기 때문이다.

그러나 200여 년이 못되어 丁酉再亂을 겪으면서 전국의 국토가 왜군에게 유린되는 가운데 송광사도 적지 않게 소실되었다. 더구나 전쟁의 와중에서 많은 대중이 피신하면서 절은 폐허와 다름없이 방치되었다. 이때 복구의 기치를 든 인물이 應善和尙이었다. 1601년(宣祖 34) 수각을 중수하고 1604년(宣祖 37)에는 天子庵을, 1606년(宣祖 39)에는 普照庵을, 1608년(宣祖 41)에는 臨鏡堂을 차례로 중건하였다.

이듬해인 1609년(光海君 원년)에는 浮休禪師(1543~1615)가 머물며 祖殿・東行廊・天王門 등에 각각 책임자를 선발하여 그 보수와 증축을 맡겼다. 이러한 절의 제4차 중창은 그해 겨울에 모두 끝났고, 낙성식을 겸하여 600여 명의 대중이 동안거를 지냈다고 하니[2] 그 엄청난 규모를 짐작할 만하다.

만물은 盛하면 衰하듯, 1842년(憲宗 8) 절에 대화재가 일어 寺域 동남일대의 몇몇 전각을 제외하고 가람 모두가 소실되는 비운을 맞았다. 3월의 봄바람 부는 계절 한밤중에 일어난 불이라 그 피해는 막대하여

---

2) 林錫珍, 앞의 책, p. 18.

이때 소실된 당우는 佛宇 5곳, 僧寮 8곳, 公舍 12곳 등 모두 2,152칸에 이르렀다. 워낙 피해가 커 산중의 힘만으로는 복구의 염두가 나지 않았다. 이에 奇峰(1776~1853), 龍雲(1813~1888) 두 대사가 官의 힘을 빌고, 전국에서 성금을 모으는 한편, 寺衆을 독려하며 중창에 힘을 쏟았다.

이듬해에 大雄殿·冥府殿·凝香閣·法王門·鐘鼓閣 등을 시작으로 제5차 중창이 시작되었다. 1856년(哲宗 7) 大藏殿과 解脫門의 중건을 마무리하니 무려 15년간에 걸친 大役事로서 비로소 소실 이전의 모습을 갖추게 되었다. 이 기간에 중건된 건물로는 위에서 말한 전각들 이외에도 觀音殿·文殊殿·道成堂·普濟堂·佛糧庫·上庫·各庫 등이 있었다.

최근 서울대학교 규장각에서 〈順天松廣寺事蹟〉과 가람배치도(도서번호 10329)가 발견되었는데 이는 1856년경에 기록된 것으로 보인다.[3] 대화재를 입은 후, 조정과 감영의 도움을 받아 중창을 마치고 보고서 형식으로 작성된 것이다. 이 중 가람배치도는 축척이나 실측에 의거하지 않았으나, 모든 전각을 빠짐없이 배열하고 각각의 전각명을 부기하고 있어 당시의 가람배치를 살피는데 매우 중요한 자료이다.

4) 근대의 중창

송광사에는 수많은 전각과 요사가 가득 들어차 있고, 또 수백 명이 넘는 대중이 거주하던 大刹이어서 늘 수선과 보수가 이어졌다. 1856년 제5차 중창 이후 70년이 못된 1922년부터 가람의 증·개축이 이루어졌다. 이 무렵은 국권을 상실하고 일본의 침탈에 신음하던 시절이었다. 예전과 같이 국가의 도움이나 백성들의 시주를 얻기 어려운 형편이었

---

3) 崔完秀, 〈曹溪山 松廣寺의 어제와 오늘〉《法蓮》9, 1994. 9, pp. 15~16.

으므로 조계산 일대의 삼림벌채를 통해 중창에 필요한 재정을 自給하였다.

1923년 佛事를 시작하여 龍華堂을 보수하고, 寺監庫와 鐘閣 2칸을 신축하였다. 1924년에도 明星閣·華藏閣·鎭南門·尸棄門·旅館을 중건하였고, 白雪堂·靑雲堂·下舍堂을 중수하였으며 浮屠庵 碑林의 墻垣門을 신축하였다. 또한 같은 해에 大雄殿·冥府殿·法王門·解脫門·羽化閣·天王門·靈山殿·藥師殿·華嚴殿·佛祖殿·三日庵 등을 飜瓦하였다. 1925년에는 海淸堂을 중수하고 宿舍를 신축하였다. 1927년에도 遮眼堂·法性寮·香積殿·凝香閣의 水門·三日庵의 沐室 등을 중수하였다.

이와 같이 가람의 거의 모든 전각에 걸친 중수·신축은 1928년에 마무리되었는데 그 공사의 범위가 광대하여 제6차 중창이라 부른다.

이후 1948년 해방정국의 어수선한 상황속에서 여순반란이 일어나 반란군과 국군토벌대의 전투가 이곳 절에서도 전개되었다. 즉 반란군이 조계산에 은신하자, 토벌대가 사찰 주변의 숲을 벌채해 버렸고 절에서는 버려진 재목을 불사에 쓰기 위해 거둬들였다. 이에 앙심을 품은 반란군이 1951년 대웅전 등을 방화하는 비행을 저질렀다. 신라 이래의 천년고찰이 어이없게도 이념대립의 희생이 되었던 것이다.

그러나 住持 錦堂, 化主 翠峰 등이 원력을 세워 1953년부터 1963년까지 9년여에 걸쳐 옛 모습대로 중건하고 단청까지 마쳤다. 이 제7차 중창이 오래 걸렸던 것은 무엇보다 聖力의 뒷받침이 있어야 한다는 翠峰禪師의 말에 따라 두 차례에 걸친 千日觀音祈禱가 행해졌기 때문이었다.

5) 현재의 가람

지금의 송광사 가람은 1983년부터 1990년에 이르는 8년 동안에 새롭게 중창한 모습이다. 창건 이래 보조국사의 제1차 중창으로부터 약 800년 동안 변화를 거듭하여 오늘날 제8차 중창의 가람이 들어선 것이다.

1969년 조계총림의 방장 九山스님이 승보종찰다운 도량을 가꿀 것을 서원한 후 1983년 玄虎스님이 뒤를 이어 본격적인 중창이 시작되었다. 대웅전을 해체하여 원형 그대로 中庭 북쪽에 이건, 僧寶殿이라 하였다. 원래의 대웅전 자리에는 규모를 넓혀 108평의 목조 대웅전을 신축하였고, 그 밖에 地藏殿・聖寶遺物閣・牧牛軒 등 20여 동의 전각이 새로 들어섰다. 모두 60여 동의 전각과 요사가 가득히 들어찬 송광사는 명실공히 승보종찰의 위용을 드러내고 있다.

3. 가람의 구성과 성격

좁은 뜻에서 伽藍이라 하면 僧伽가 모여 수행하는 곳이라 하여 僧園, 또는 衆園의 뜻을 지닌다. 그러나 오늘날의 개념에서 가람은 僧園만이 아니라 殿閣과 堂・塔 등 사찰을 형성하는 모든 요소를 넓게 포함한다. 따라서 한 사찰이 지니는 가람의 성격을 이해하기 위해서는 먼저 창건 당시의 신앙적 배경을 염두에 두고 현재의 가람배치를 고찰하며, 나아가 건축구조물내에 봉안된 불상과 불화를 함께 살펴보아야 한다.

송광사는 신라 때 吉祥寺라는 화엄종 계통사찰에서 출발하였다. 吉祥寺의 사정은 잘 알 수 없으나, 보조국사가 결사운동의 중심도량으로서 修禪社를 창건하면서 절은 화엄종의 敎宗寺刹에서 禪宗寺刹로 탈바꿈하게 되었다. '敎는 부처님의 말씀이고, 禪은 부처님의 마음'이라 하여 본래 敎와 禪은 둘이 아니지만 가람을 형성하는데 있어서는 교종사찰과 선종사찰 사이에는 커다란 차이점이 있게 된다. 즉 교종사찰에서는 경전을 강의하는 講堂이 중시되고, 선종사찰에서는 좌선과 선수행을 위한 禪堂 등이 우선되게 마련이다.

송광사는 고려 중엽 보조국사 이래로 15분의 국사가 주석했던 선종사찰이다. 그 전통과 사상은 8차례의 대규모 중창을 겪으면서도 꾸준히 계속되었고 오늘날까지도 僧寶宗刹이라 불리는 한국의 대표적 선종사찰이다. 현재 60여 동에 이르는 가람은 먼저 그 입지조건으로 볼 때 전형적인 山地伽藍이다. 해발 887m의 曹溪山 連山峯이 병풍처럼 절을 감싸고 남쪽의 계곡에서 흐르는 신평천이 사역을 감싸며 북쪽으로 빠져나가 주암호에 이른다. 절은 동쪽의 완만한 산줄기를 다듬고 서쪽을 바라보며 자리잡았다. 이러한 지리적 조건 때문에 동서의 종축방향보다 남북의 횡축방향이 넓게 펼쳐진 장방형의 평면구조를 보인다.

한편 사역의 경사를 두 단의 석축으로 막아 조금씩 다른 높이의 3개 공간을 마련하였다. 가장 높은 상단부에 國師殿과 修禪社 등이 위치하고, 중단부에는 大雄寶殿을 중심으로 하여 대부분의 전각이 이곳에 들어서 있다. 가장 낮은 하단부는 羽化閣에서 解脫門에 이르는 입구 공간이다. 이처럼 중단부가 남북으로 길게 자리잡고 대부분의 전각이 위치해 있기 때문에 송광사는 산지가람이면서도 평지가람의 구조를 지녔다는데 하나의 특성이 있다.

이제 송광사 가람의 의미와 그 정신을 살펴보기 위해 각 전각을 하나하나 살펴보고자 한다. 가람은 지리적 조건과 신앙의 성격상 크게 셋으로 구분된다.

첫째는 大雄寶殿을 중심으로 한 佛寶의 세계로 중단부가 여기에 해당하고, 둘째는 상단부인 國師殿 구역과 대웅보전 좌우의 僧寶의 세계이며, 끝으로 셋째는 하단부인 天王門과 解脫門 등의 外護의 세계이다.

대웅보전

1) 佛寶의 세계

佛寶의 세계라 함은 다름이 아니라 佛殿과 여러 菩薩殿을 말한다. 절에서 여기에 해당하는 전각은 大雄寶殿·觀音殿·地藏殿·藥師殿·靈山殿, 그리고 凝香閣 등이다.

대웅보전은 송광사 가람배치의 중심이고 또 여러 전각 중에서 가장 웅대하다. 원래는 대웅전이라 하여 신라 때부터 있어 왔으나, 1842년 완전히 소실되었다가 그 이듬해에 복구하였다. 그 후로도 수차례의 중건을 거쳐 1988년에 그 규모를 대폭 확장하면서 명칭도 대웅보전으로 격상시켰다. 1951년 화재가 있기 전까지 안에는 비로자나불을 주존으로 문수·보현보살상을 모셨으나 협시보살은 화재로 소실되었고 1961년 이후 주존만을 단독으로 봉안하고 있었다. 현재는 과거불인 燃燈佛과 현재불인 석가여래, 미래불인 미륵불의 三世佛을 주존으로 모셔 과거·현재·미래가 緣起的으로 윤회한다는 불교의 세계관을 나타냈다. 또한 문수·보현·관음·지장의 四大菩薩을 협시로 봉안하여 지혜와 信行, 자비와 지옥구제라는 중생의 염원을 잘 표현하였다. 관음전은 사방 3칸의 팔작지붕 건물로 1846년에 중창되었고 지금 건물은 1903년에 건립되었다. 안에는 觀音塑像과 후불탱화를 모셨고, 佛粮記가 현판으로 걸려 있어 관음전의 내력을 전한다.

지장전은 원래 冥府殿으로 지장보살과 시왕을 봉안했다가 제8차 중창 때 정면 5칸, 측면 4칸의 맞배지붕으로 증축하였다. 명부세계의 주인공인 지장보살에 대한 신앙은 선·교에 구별없이 淨土信仰의 대표적 귀의처로서 우리나라 사찰 대부분에 자리하고 있다.

약사전은 송광사 전각 중에서 규모가 가장 작지만, 1631년(仁祖 9)과 1751년(英祖 27)에 각각 중창한 유서 깊은 법당이다. 사방 1칸으로 안에는 대들보가 없고 공포와 도리만으로 架構한 독특한 양식을 지녀 보물 제302호로 지정되었다. 안에는 중생의 질병과 고통을 치유하는 약사불과 후불탱화를 봉안하였다.

영산전은 약사전과 나란히 서 있는 조선 후기의 건물로 보물 제303호이다. 정면 3칸, 측면 2칸의 팔작지붕 건물로서 전체적으로 약사전과 비슷한 모습이다. 안에는 釋迦如來塑像을 모셨고, 영축산에서 설법하는 장면의 영산회상도를 후불탱화로 배치하였다. 또한 삼면 벽에는 부처님의 일대기를 여덟 장면으로 묘사한 팔상탱화가 가득 들어차 있다. 영산회상도와 함께 1725년에 조성된 우수한 작품들이다.

응향각은 대웅보전 왼쪽의 정면 5칸, 측면 3칸의 맞배지붕 건물이다. 보통 爐殿이라고도 하는 불전의 부속건물로 일상예불과 법회를 준비하는 爐殿僧의 거처로 사용된다.

이상에서 살펴본 대웅보전 구역은 모두 불·보살을 모신 전각들이다. 그런데 여기서 주목되는 점은 이 대웅전 구역의 전각들이 回廊으로 연결되어 있었다는 사실이다. 오랜 세월이 흐르면서 지금은 회랑의 흔적조차 찾아볼 수 없지만, 조선 초기의 가람배치도를 보면[4] 大雄殿·凝香閣·齋食堂·外香閣·鐘鼓樓·彌勒殿·僧堂·冥府殿이 장방형의 사각형을 이룬 채 처마를 맞댈듯이 연이어 있었다. 각 전각과 전각 사이의 개방공간을 이어주는 회랑이 연결되고 있었다. 이러한 배치는 1609년 제4차 중창이 끝난 뒤에도 계속 이어졌다가, 1842년 화재로 대부분의 전각이 소실되면서 사라지게 되었다. 즉 15년 간에 걸친 복구가 1856년에 마무리되었지만 옛모습대로 완전히 중창되지는 못한 것 같다. 복구 직후에 작성된 〈順天松廣寺事蹟〉의 가람배치도를 보면 中庭 남북의 승당을 잇는 회랑은 복구되었지만, 대웅전 좌우의 회랑은 보이지 않는다.[5]

회랑이란 전각과 전각을 잇는 복도로서 실용적 기능을 지니지만, 그 의미로 본다면 열린공간을 차단시키는 공간분할의 뜻도 포함된다. 열린공간이란 승과 속이 한데 모여 법회와 의식을 거행하는 개방된 곳이다. 그러나 전각들을 회랑으로 연결하였다는 것은 많은 사람이 모이는 대중집회나 법회보다는 공간을 구획하여 고요한 적정 속에 수행공간을 두고, 참선에 전념하기 위한 배치라고 생각된다.

한편 이러한 가람배치는 문헌에서도 그 증거를 찾아볼 수 있다. 〈國師殿重刱上樑銘幷序〉에서 절을 法界圖의 모양에 따라 배치하였다[6]고 하였고, 〈海淸堂重修記〉에서는 요사의 이름을 법계도의 내용에서 따왔다[7]고 하였다.

법계도는 義湘이 화엄경의 요체를 210자로 간추려 54개의 각이 있

---

4) 《송광사》, 빛깔있는 책들 150, 대원사, 1994, p. 46.
5) 주 3) 참조.
6) "高峯末孫宏刱寺宇法界圖之體形……", 〈國師殿重刱上樑銘幷序〉《曹溪山松廣寺史庫》, 韓國寺誌叢書 2집, 아세아문화사, 1977, pp. 164~169.
7) 〈海淸堂重修記〉《曹溪山松廣寺史庫》, 韓國寺誌叢書 2집, 아세아문화사, 1977, p. 278.

는 圖印에 합쳐 만든 〈華嚴一乘法界圖〉를 말한다. 그 형태는 처음과 끝이 단절없이 연결된 정방형이다. 이처럼 송광사의 가람배치는 치밀한 계획 아래 이루어졌다. 또한 법계도에 따른 의궤는 禪에 기반을 두고 화엄사상을 익혔던 보조국사의 사상과도 상통하는 것으로 송광사 가람의 특성을 단적으로 이 대웅보전 구역에서 발견하게 된다.

2) 僧寶의 세계

절의 가람배치에서 전각의 비중을 언급할 때는 역사성과 사상성을 먼저 헤아린다. 송광사를 승보사찰이라 이름짓는 까닭은 바로 이 승보의 세계가 일찍부터 절의 역사 그 자체였고 선사상을 계승해 온 가람의 핵심역할을 해왔기 때문이다. 보조국사 이래 열다섯 분의 국사가 이곳에서 주장자를 들었고, 그 외에도 한국불교사를 빛낸 많은 고승대덕이 배출된 곳이다.

지금 언급하고자 하는 僧堂과 寮舍의 이 승보의 세계는 대체로 國師殿 구역과 海淸堂 구역, 그리고 道成堂 구역의 셋으로 나뉜다.

(1) 國師殿 구역

가람배치에서 가장 높은 상단부에 위치하는 說法殿・修禪社・國師殿・祖師影閣이 여기에 해당한다.

설법전은 대웅보전 뒤편 높은 석축 위에 자리한 정면 4칸, 측면 3칸의 팔작지붕 건물이다. 보조국사 당시에는 善法堂이라 하였고, 조선 후기에는 無說堂이라고도 하였다. 안에는 보조국사의 說法床이 있었다고 전하므로[8] 원래는 그 전각 이름과 같이 설법장소였을 것이다. 그

---

8) 〈八萬藏經閣丹艧記〉《曹溪山松廣寺史庫》, 韓國寺誌叢書 2집, 아세아문화사, 1977, p. 338.

런데 1899년에 나라에서 海印寺의 팔만대장경 4부를 勅印하여 1부는 전국의 사찰에 分藏하고, 3부는 송광사·해인사·통도사에 각각 봉안하였다. 이때부터 전각 이름을 八萬藏經閣이라 바꿔 불렀다. 그러나 1951년의 화재로 대장경은 모두 소실되었지만 이 대장경의 봉안은 절로 하여금 僧寶寺刹이면서 佛寶寺刹로서의 본연의 의미도 아울러 지녔었음을 의미한다. 지금의 건물은 1968년에 중건한 것으로 법회 때 강당으로 사용하고 있다.

수선사는 설법전 오른쪽에 위치하는 정면 6칸, 측면 4칸의 맞배지붕 건물이다. 수선사라는 이름은 보조국사가 길상사를 중창하면서 새로 바꾼 절이름이다. 고려 때는 方丈이라 하여 보조국사의 처소였고 지금은 선방으로 사용하고 있으니, 한국불교 선종의 흐름이 세월을 초월하면서 변하지 않고 이어짐을 보게 된다.

국사전은 승보종찰 송광사의 모든 것을 상징하는 대표적 전각이다.

국사전

일명 慈蔭堂이라고도 하는데 정면 4칸, 측면 2칸의 맞배지붕으로 국보 제56호이다. 안에는 고려시대 15분의 국사와 후에 국사로 추봉한 조선시대의 고봉화상을 합해 모두 16분의 국사 진영을 모셨다.

1951년 화재로 대부분의 전각이 불에 타고 이웃한 설법전과 수선사도 火魔를 피하지 못했는데 유독 국사전만은 피해를 입지 않았다. 진화에 나선 승려들이 국사전을 무엇보다 소중히 여겨 힘을 다해 보전하였겠지만, 한편으로는 16국사의 영험을 되새겨 보지 않을 수 없다.

조사영각은 眞影堂이라고도 하며 현판에는 '楓巖影閣'이라 하였다. 정면 3칸, 측면 2칸의 맞배지붕으로 아담한 분위기를 지녔다. 풍암영각이라는 이름은 조선시대 절에 머물렀던 대부분의 승려가 楓巖 世察(1688~1767)의 문하들이었으므로 그들을 모셨기 때문에 붙여졌다.

이상에서 살펴보았듯이 국사전 구역의 전각에서는 불보살을 찾아볼 수 없다. 모두가 선방이거나 진영각들이다. 禪宗에서는 무엇보다도 참선과 祖師信仰을 중시한다. 그러기에 명실공히 절의 선방으로서 수선사가 있고, 그와 병행하여 스승을 모신 국사전과 조사영각이 함께 위치하였다. 더욱이 주존을 모신 대웅보전의 상단에 별개의 구역을 설정하고 선방과 국사전 등이 자리잡았다는 것은 송광사에서만 볼 수 있는 독특한 구조이다.

여러 차례의 중창을 통해 지금은 옛모습을 살필 수 없는 형편이지만 이곳 국사전 구역만은 별다른 변동없이 제자리를 지켜왔다. 그래서 이곳은 송광사의 살아있는 역사요, 정신이라 할 만하다.

(2) 海淸堂 구역

해청당 구역은 지장전을 경계로 남쪽에 운집해 있는 僧堂을 가리킨다. 行解堂・遮眼堂・牧牛軒・海淸堂・法性寮・선열당 등이다.

이들 승당 중에서 법성료와 행해당, 해청당은 조선 후기부터 있어 온 유서 깊은 건물들이다. 먼저 법성료는 1791년(正祖 15)에 처음 세웠고 정면 7칸, 측면 2칸의 'ㄱ'형 건물이다. 115칸에 달하는 큰 규모로 해방전에는 講堂으로 썼고,[9] 이후 6·25전까지 佛敎講院으로 사용하였다. 행해당은 1951년에 소실되었다가 1968년 그 자리에 차안당이 이전, 복구되었고 1988년에 다시 복원하였다. 원래는 80칸의 규모였으나 지금은 대폭 축소한 모습이다.

해청당은 현재 절의 대중이 가장 많이 거주하는 곳이다. 1640년(仁祖 18)에 175칸으로 건립되어 절의 건물 중 가장 대규모였고, 지금은 공양처로 쓰는 大房과 부속의 客室이 있다. 〈海淸堂重修記〉가 남아 있는데 이에 따르면 해청당이라는 이름은 法界圖의 문구에서 따왔다고 한다.[10] 이로써 대웅전을 중심으로 법계도의 형상에 따라 가람이 구획되고 전각 명칭도 그에 준하여 이루어졌음을 알 수 있다. 이처럼 송광사의 가람배치는 화엄사상과 깊은 관련을 맺고 전개되었다.

(3) 道成堂 구역

대웅보전을 중심축으로 中庭 남쪽에 서 있는 법성료·행해당·해청당과 북쪽의 臨鏡堂·文殊殿·普濟堂을 가리켜 송광사의 六房이라 불러왔다. 그러나 북쪽의 三房 중에서 보제당은 소실되었고, 여러 차례의 중수를 거듭하면서 도성당과 僧寶殿, 曉峰影閣 등이 이 구역에 새롭게 들어섰다. 이 과정에서 전각의 성격은 조금 달라졌지만 이곳도 승보의 세계이다.

임경당은 다른 승당이 대웅보전 좌우에 들어선 것과는 달리 입구 羽化閣 옆에 자리한다. 1543년(中宗 38)에 처음 건립하여 1797년(正祖

---

9) 林錫珍 編,《大乘禪宗曹溪山 松廣寺誌》, 불일출판사, 1987, p. 53.
10) "日若海淸而名者何耶卽法界圖中圓融無碍法性堂上藥師光佛靈山法門海會淸衆常住說聽之謂耶……",〈海淸堂重修記〉《曹溪山松廣寺史庫》, 韓國寺誌叢書 2집, 아세아문화사, 1977, p. 278.

21)에 80칸으로 중수된 정면 5칸, 측면 5칸의 'ㅁ'형 건물이다. 일명 六鑑亭이라고도 하며 건물의 서쪽에 궁궐의 누각처럼 일부를 돌출시켜 우화각과 멋진 조화를 보인다.

문수전은 조선초에 大智殿이라 불렀다가 임경당과 같은 해에 중수되었고, 역시 승당으로 사용한다. 문수전이라는 이름은 요사로서는 합당하게 생각되지는 않으나, 지혜제일의 보살이 문수이므로 아마도 지혜를 닦는 곳이라는 뜻에서 붙인 것이라 추측된다.

보제당은 원래 지금의 승보전 서쪽에 있던 'ㅁ'형의 건물로 조선 초기 이래 승방으로 사용되어 왔었다. 근대에는 萬日會의 念佛堂으로 사용되었다가 화재로 소실된 후 아직까지 복구되지 않았다.

도성당은 지금은 종무소가 들어서 있지만 조선 초기부터 있어온 승방이었다. 오랜 역사를 통해 여러 차례 중창이 있었으나 지금은 1938년에 중수한 모습이다. 효봉영각은 근대불교의 커다란 스승이었던 효봉스님의 진영을 모신 전각이고, 승보전은 1957년에 건립한 박물관을 종고루 북쪽으로 이전·증축하면서 세웠다.

도성당 구역에는 고려시대 수선사가 중창되면서 여러 채의 승당이 들어서 조선 중기 무렵까지 번성하였다. 앞에서 언급한 임경당, 보제당, 문수전과 함께 지금은 사라진 拔雲寮, 落霞堂 등의 승당을 기록에서 찾을 수 있다.[11]

조선 중기에는 대방만도 10여 개에 달했고 1609년(光海君 원년) 제4차 중창을 마친 그해 겨울, 대웅보전의 남쪽 승당과 이곳 북쪽 승당에는 무려 600여 명의 대중이 운집하여 동안거를 지냈다고 한다. 모름지기 승보종찰의 전통은 이러한 여러 승당에서부터 출발했던 것이라 생각된다.

---

11) 徐致祥, 〈順天 松廣寺의 復原에 關한 硏究〉, 圖-6. 조선중기의 가람배치 상황추정도, 부산대 석사, 1983, p. 57.

3) 外護의 세계

外護의 세계는 전체 사역중에서 외부공간에 해당한다. 절 입구인 淸凉閣과 一柱門, 滌珠閣·洗月閣·羽化閣·天王門·枕溪樓·鐘鼓樓 등이 들어선 서쪽 공간이다. 한편 이 지역에는 승당인 임경당과 최근에 건립한 聖寶閣도 들어서 있다. 넓은 의미에서 외호의 세계에는 대웅보전과 각종 불보살의 전각을 외부의 雜神들로부터 보호하는 山神閣·仁王門, 재래의 칠성신앙을 수용한 七星閣 등도 포함되지만, 송광사에는 독립전각으로서 산신각이나 칠성각은 남아 있지 않다.[12]

먼저 청량각은 절에 이르는 溪流 위에 놓인 누각이다. 계곡에 虹橋를 쌓고 그 위에 정면 1칸, 측면 4칸의 팔작지붕 건물을 세웠다. 다리를 건너는 누각으로 문이나 벽체가 없이 기둥만을 나타냈는데 조선 후기에 세워졌다가 1921년과 1972년에 각각 중수하였다. 절에 오르는 중생이 속된 먼지를 불법의 淸凉水로 말끔히 씻어내라는 뜻에서 청량각이라 한 것 같다.

청량각을 지나 500미터쯤 오르면 절의 입구인 일주문이 나타난다. 다포계 맞배지붕의 일주문은 曹溪門이라고도 하는데 경내와 많이 떨어져 있어 몇 차례의 화재를 모두 피해간 듯 조선 후기의 양식을 잘 간직하고 있다. 창방과 나란히 '僧寶宗刹曹溪叢林'의 편액이 걸렸고, 창방에 덧대어 '大乘禪宗曹溪山松廣寺'의 편액도 올렸다. '大乘禪宗'이 '曹溪山松廣寺'의 글씨보다 크고 또 중앙에 위치시켜 송광사의 성격을 강조하는 것처럼 보인다.

---

12) 송광사에는 조선 후기 이래로 산신탱화를 봉안한 1칸짜리 山神閣과 산신과 칠성을 탱화로 모셨던 星山閣이 있었다. 또한 1923년에 건립한 七星閣도 화엄전 서쪽에 있었으나 1951년의 화재로 모두 소실되었다.

송광사의 가람배치와 불교적 세계관 367

척주각과 세월각

　척주각과 세월각은 사방 1칸씩의 자그마한 맞배지붕 건물로 유례를 찾을 수 없는 송광사만의 독특한 건물이다. 산 사람은 물론이거니와 죽은 자도 신성한 부처님 곁에 이르고자 하면 속세의 때를 남김없이 닦아야 한다. 재를 올리기 위해 절에 오르는 死者의 靈駕가 지닌 때를 닦는 곳이 바로 척주각과 세월각이다. 이름에서 알 수 있듯이 남자의 영가는 척주각에서, 여자의 영가는 세월각에서 속세의 때를 씻는다. 남녀가 유별하고 不淨한 영혼으로는 경내에 들이지 않겠다는 선조의 지혜와 정신에 머리가 숙여진다.

　우화각은 대웅보전 앞마당으로 가는 연못 위에 홍교를 가설하고 그 위에 세운 누각이다. 기록에 의하면 1700년 초에 조성했고 1774년(英祖 50)에 중수하였다. 일명 凌虛橋라고도 하는데 입구쪽은 팔작, 출구쪽은 맞배지붕 양식을 지녔다. 이곳에서는 맑은 물소리와 바람소리가 스치고, 물속에 어리는 고목의 나뭇가지가 펼치는 아취를 맛볼 수 있다. 문장에 서투른 이라도 절로 시가 나올 듯하다. 사람의 감정은 古今이 다르지 않은지 누각안에는 예로부터 이곳을 거쳐간 시인 묵객들의 문장이 가득 걸려 있다. 누각 이름은 蘇東坡의 赤壁賦에 나오는 '羽化而登仙'에서 유래한 듯하다.[13]

천왕문은 1609년(光海君 원년)에 처음 건립되어 1718년(肅宗 44)에 중수한 정면 4칸, 측면 2칸의 건물이다. 안에는 불법을 수호하는 사천왕상을 목각상으로 모셨는데 1806년(純祖 6)에 중수하고 改彩한 모습이다.

침계루는 정면 7칸, 측면 4칸의 2층 누각이다. 원래는 절에 재가 있을 때 영가의 대기장소 등으로 쓰였고, 근대에는 승려들이 이곳에서 日蓮劇이나 八相劇을 연습하기도 했다. 일명 獅子樓라고도 하는 이 누각은 천왕문을 사이에 두고 임경당과 함께 가람의 운치를 더해주는 건물이다.

종고루는 정면 3칸, 측면 2칸의 2층 누각이다. 원래는 解脫門이 있던 곳이었으나, 누각으로 중수하면서 범종·운판·목어·법고의 四物을 두었다.

이 밖에 지금은 사라졌지만 이 지역에는 法王門·解脫門·大藏殿 등도 있었다. 법왕문은 사방 3칸으로 대웅전에 법회가 있을 때 式場으로 사용했던 곳이고, 대장전은 아미타삼존과 후불탱화를 봉안했던 전각이었다. 1951년 화재로 대장전 안에 있었던 보조국사의 長衫도 함께 소실되었다고 한다.

4) 僧寶宗刹의 가람배치와 그 세계관

불교신앙의 대상은 佛·法·僧 三寶이다. 이 같은 삼보에 접할 수

---

13) 崔完秀, 《名刹巡禮》1, 松廣寺, 대원사, 1994, p. 19.

있는 곳이 바로 사원이다. 불교 본연의 입장에서 볼 때 삼보는 신앙의 본질이 아니라 하나의 假像에 머물지만, 일반민중의 종교적 성향은 보다 구체적인 具象性을 희구하므로 절을 찾아 삼보에 귀의하는 것이다. 이처럼 삼보에 대한 신앙의 경향이 가람의 형성과 신앙행위에 중요한 조건을 제시하게 된다. 그러므로 초기의 가람은 승려의 수행처로서만 기능하였으나, 대승불교 이후 가람은 민중의 신앙심을 보다 효과적으로 고취시키는 경향으로 발전해왔다.[14]

송광사의 가람도 이러한 역사적 발전과정을 거치며 변화해 왔다. 앞에서 살펴보았듯이 송광사는 한국의 사찰 중에서 유례를 찾기 힘든 대규모의 산지가람으로서 그 외형적 규모와 함께 역사적, 사상적 중요성을 지니고 있다.

신라 때 창건되어 보조국사가 중창하면서 형성된 가람의 골격은 조선 중기까지 잘 유지되어 왔었다. 그러나 잦은 화재로 조선 후기부터 하나 둘 변화하기 시작하여 오늘에 이르렀다. 많은 전각이 사라졌고, 또 그만큼의 새로운 전각이 들어서면서도 송광사의 가람이 지닌 핵심 줄기는 그대로 살아있으니 바로 승보종찰로서의 선종가람이 그것이다.

보조국사가 '선을 닦는 절'로서 修禪社를 세우면서 가장 중시했던 것은 佛殿이 아니라 禪房이었던 것 같다.

> 우리들이 날다마 하는 소행을 돌이켜보면 어떠한가. 佛法을 빙자하여 나와 남을 구별하며 利養의 길에서 허덕이고, 風塵 속의 일에 골몰하여 도를 닦지 않고 衣食만 허비하니, 비록 출가하였다 하나 무슨 덕이 있겠는가.[15]

---

14) 洪潤植,《한국의 불교미술》, 대원정사, 1986, p. 84.
15) 知訥,〈勸修定慧結社文〉, 金呑虛 述,《高麗普照禪師語錄》, 回想社, 1973.

라고 고려불교의 현실을 통탄하면서 스님은 正法修行을 위해 마음 닦는 일을 무엇보다 우선하였다. 그 실천방안이 定慧結社였고 송광사는 이렇게 해서 태어난 것이다.

절을 중창하면서 修心處로서 지금의 修禪社를 대웅전 상단에 지었다. 일반적으로 가람의 형성은 佛寶信仰을 중심으로 형성된다. 우리나라의 사찰이 대개 그러하지만 佛寶寺刹인 通度寺와 法寶寺刹인 海印寺, 그리고 송광사는 예외에 속한다. 각각 金剛戒壇과 藏經閣, 修禪社를 불전보다 중시하였기 때문이다. 수선사는 대웅보전 상단에 높은 석축을 쌓고 별도의 공간으로 구획되어 있다. 그만큼 '修禪'을 중시하였고, 또 이 공간에는 설법전과 국사전, 조사영각이 함께 있다. 설법전은 보조국사가 上座에 올라 '호랑이의 눈'[16]으로 칼날 같은 법문을 펼치던 곳이다. 또 국사전과 조사영각은 보조국사 이래로 한국의 선종을 이끌어왔던 고승대덕의 살아 있는 숨결을 느끼는 곳이다.

송광사의 많은 전각은 잦은 중창을 통해 이전·신축이 빈번하였지만 이 대웅보전 상단 승보의 세계만은 변함없이 제자리를 지켜왔다. 그래서 이곳은 송광사 가람의 실질적인 중심구역이요, 오늘날까지 승보종찰로서의 위용을 간직한 곳이다.

송광사 가람의 역사에 있어서 이채를 띠는 것은 淨土思想을 지니는 願堂이 들어서기도 했었다는 점이다. 1756년(英祖 32) 英祖의 생모였던 尙宮 淑嬪 崔氏의 원당을 지금의 지장전 남쪽에 세웠던 것이다. 워낙 유학이 극성하던 시절이라 사찰의 재정은 빈약해질 수밖에 없었고, 이 원당의 건립으로 말미암아 절의 사정은 많이 나아졌던 것 같다. 그후 오래지 않아 1803년(純祖 3)에 원당은 담양의 龍興寺로 옮겨갔다. 1887년(高宗 24)에도 국가의 안녕과 국왕의 장수를 기원하는 祝聖殿

---

16) 보조국사의 풍모를 '牛行虎視'라 표현하였다. 〈松廣寺普照國師甘露塔碑〉《朝鮮金石總覽》, pp. 949~953.

1920년대의 송광사

이 세워졌다가 1909년 자취를 감췄다. 또한 이보다 앞선 조선 초에는 水陸社가 설치되어 25년 간 존속하기도 하였다. 이와 같은 願堂, 水陸社 등은 정토사상이나 호국불교 등의 성격을 지닌 건물들이므로 선종 사찰로서의 송광사의 전통에는 부합되지 않는다. 그러나 절의 오랜 역사속에서 이들 건물이 존속했던 기간은 무척 짧았고, 또 당시의 寺勢를 진작시키기 위한 일시적 방편이라 보인다.

한편 송광사 가람의 특색은 그 배치구도가 法界圖의 형상에 의거했다는 점이다. 처음과 끝이 오로지 '法' 한 자에 귀결되는 210자의 법계도는 화엄경의 정수를 정방형 구도로 완성한 것이다. 절의 가람이 자연지리상 산줄기의 경사면이기 때문에 모든 전각이 정방형의 구도에 포함된 것은 아니지만 대웅보전을 중심으로 남·북의 여섯 개 승당, 그리고 대웅보전 정면으로 늘어선 法王門·鐘鼓樓·大藏殿·解脫

門・天王門 등의 배치는 법계도와 같은 정방형의 구도를 지녔다. 더욱이 이들 中庭의 전각들은 모두 行廊으로 연결되어 있어 일단 경내에 들어서면 비를 맞지 않고 다닐 수 있었다고 한다.[17] 1842년(憲宗 8) 화재 때 152칸의 東行廊과 171칸의 西行廊 그리고 59칸의 空樓[18]가 소실되었음을 볼 때 화재 전까지 이 행랑들이 전각과 전각을 잇는 복도 역할을 했었고, 이를 통해 가람구조가 법계도의 정방형 모양과 일치했었음을 알 수 있다.

또한 모든 전각과 행랑들은 대웅전을 향한 중심지향적 성격을 지녔다. 좌우의 승당과 정면의 각종 門・樓・殿이 한결같이 대웅보전을 향하는 모습에서 '하나는 만물에 이르고 만물은 다시 하나로 모인다'[19]는 화엄사상이 이와 같이 가람에 그대로 반영되었던 것이다.

가람의 배치를 법계도에 따랐다는 기록에서 또 한 가지 주목되는 점이 있다. 즉 송광사의 선사상은 화엄사상과 밀접한 연관을 지닌다는 사실이다. 이는 송광사의 前身인 길상사가 화엄종 승려인 慧璘大師에 의해 창건된 화엄사찰이었다는 데서도 발견된다. 또한 보조국사가 禪을 바탕으로 화엄사상을 수용한 직후에 이른 곳이 이곳 송광사였다는 점에서도 시사하는 바가 크다.

이상에서 송광사의 가람은 선사상과 화엄사상이 복합된 중층적 구조를 지녔다고 하겠다. 대웅보전 상단에 위치한 수선사와 국사전 등의 승보의 세계는 선사상에 기반을 두었고, 대웅보전을 중심으로 좌우 중앙에 즐비했던 전각들은 법계도로 상징되는 화엄사상을 토대로 마련되었다. 그러면서도 華嚴과 禪이 둘이 아니듯, 조화와 균형을 지니며

---

17)《松廣寺》, 한국의 사찰 6, 한국불교연구원, 1975, p. 41.
18) 空樓는 대규모의 房舍 내외에 조성되었던 일종의 통로나 외곽을 형성하는 樓閣型의 附舍로 추정된다. 徐致祥, 앞의 글, p. 46.
19)〈華嚴一乘法界圖〉, '一中一切 多中一 一卽一切 多卽一.'

한국선불교의 흐름을 이끌어 왔다. 일찍이 보조국사가 '禪은 부처님의 마음이요, 敎는 부처님의 말씀'이라며 선과 교의 일치를 깨달았듯 승보종찰 송광사의 가람이 지닌 불교적 세계관은 바로 선과 화엄의 조화라는 사실에 있다.

4. 맺음말

송광사는 창건 이래 꾸준히 한국불교 선종의 중심도량으로 법등을 밝혀왔다. 8차례의 대규모 중창과 수 차례의 보수・개축이 이루어지면서도 고려 초 중창 당시의 구조를 기본골격으로 유지시켜왔다는 사실은 가람의 성격을 이해하는데 무척 다행스러운 일이다.

사찰의 목조건축물에는 '殿', '閣', '堂', '舍' 등의 명칭이 붙는다. 殿은 대웅전, 무량수전, 비로전, 미륵전, 영산전 등의 경우에서 보듯이 불보살을 모신 곳이고, 閣은 삼성각, 칠성각, 산신각, 독성각 등으로 불법을 보호하는 외래신들을 봉안하거나 祖師閣, 眞影閣이라 하여 고승들의 영정을 모신다. 堂은 적묵당, 심검당 등 禪房이나 고승의 號를 붙인 僧房의 건물에 주로 사용되고,[20] 舍는 그 밖의 승당이나 요사 등 승려들의 거처를 가리키는 말이다. 이상과 같은 용례들은 우리나라 사찰에서 공통적으로 사용된다.

그런데 송광사의 경우에는 불보살을 모시지 않았으면서도 殿이라는 명칭을 붙인 건물이 있다. 즉 國師殿은 16국사의 진영만을 봉안하면서도 閣이 아닌 殿이라고 하였다. 관례에 따른다면 閣이나 堂이어야 하

---

20) 한편 眞影을 봉안한 건물에 堂의 명칭을 사용하는 경우도 있다. 경기도 여주 神勒寺의 祖師堂, 경북 김천 直指寺의 眞影堂, 전남 구례 泉隱寺의 眞影堂이 여기에 해당된다.

나 殿이라고 한 것은 16국사를 한 차원 높은 불보살의 경지로 끌어올렸기 때문이다. 바로 여기서 송광사 가람이 지닌 세계관이 그대로 드러난다. 즉 불보살에 대한 신앙보다는 선종사찰로서 祖師信仰에 역점을 두고 가람의 배치가 이루어졌다고 할 수 있다. 앞에서 살펴보았듯이 절의 가람은 외형상 분명하게 3개의 공간으로 구분된다. 僧寶의 세계가 가장 상단에 위치하고, 佛寶의 세계가 중단에, 그리고 外護의 세계가 전체 가람을 둘러싸고 있다. 또한 이 3개의 공간은 가람구조의 성격에서 보면 다시 둘로 나뉘는데 禪에 바탕을 둔 승보의 세계와 華嚴을 표방한 불보의 세계가 그것이다. 승보의 세계는 오늘의 송광사를 있게 한 국사전과 수선사가 대표적으로 다른 전각들과는 달리 별도의 석축을 쌓고 외부를 차단한 祖師信仰 공간이다. 말 그대로 大乘禪宗의 기풍을 여실히 보여주는 핵심구역이다. 불보의 세계는 가람의 中庭區域에 해당하고 대웅보전을 중심으로 〈華嚴一乘法界圖〉의 정방형 구도에 따라 배치하여 화엄사상을 표현하였다.

　이처럼 송광사의 가람은 선과 화엄이 복합된 중층적 구조를 지니면서도 서로 대립되지 않고 조화와 균형을 통해 圓融의 불교적 세계관을 지녔다는 데서 커다란 의미를 발견하게 된다.

興天寺 가람의 성격고찰

1. 머리말

　興天寺는 승려의 도성출입과 도성 내의 사찰경영이 금지되고 있던 배불의 조선사회에서 도성 내에 경영된 사찰이라는 데 우선 주목할 필요가 있다. 그리고 이 같은 흥천사는 왕실과의 깊은 관계 속에 경영되고 있었다는 데도 깊은 주의를 필요로 한다.[1]

　이상과 같은 사실들은 조선 초기의 實錄記事와 《陽村集》등에서 어느 정도 알 수 있게 되지만 新興寺로 개칭되어 오늘에 이르고 있는 興天寺는 장소의 이전, 명칭의 개칭 등의 변천을 거치면서 오늘에 그 가람의 모습을 전하고 있다. 그리하여 여기서는 주로 오늘에 전하는

---

1) 創建이 王宮에 의한 것이었고 그 경영도 대대로 왕궁이 크게 관여하고 있었다.
　① 《朝鮮王朝實錄》太祖 5·6·7년 기사 등에 계속 興天寺 관계기사가 보인다.
　② 오늘에 전하는 興天寺 佛像, 佛畵 등에 尙宮名의 施主秩이 보이는 것 등이 그것이다.

가람의 구체적 모습에서 흥천사 가람에 대한 성격고찰을 하고자 하지만 그 역사적 연원을 필요로 하는 부분은 문헌자료에 의거 오늘의 가람이 지니는 역사적 성격을 밝히는 데 첨언하고자 한다.

흥천사의 연혁에 대해서는 따로 기술된 바 있으므로 중복을 피하나 오늘날 가람의 성격을 밝히는데 필요한 부분만은 연혁에서 원용하도록 하겠다.

요컨대 흥천사의 가람구조는 어떤 성격의 것이며 그와 같은 성격의 가람구조를 지니는 흥천사의 경영은 왜 배불의 조선사회에서도 필요하였던가를 밝혀 흥천사 가람이 지니는 역사적 의미와 성격이 보다 분명히 밝혀질 것이라 생각한다.

2. 가람의 구조와 성격

여기서 말하는 가람의 성격이란 각 전각의 건축기법 등에서 살필 수 있는 것이 아니라 가람의 배치가 지니는 신앙적 구조, 전각명이나 전각명에 따라 봉안되고 있는 불상, 불화 등의 신앙대상에 대한 종합고찰에 의하여 가람이 지니는 역사적, 신앙적 성격을 규명하고자 하는 것이다. 이를 보다 정확히 규명하기 위해서는 각 전각의 가람양식이 지니는 의미도 아울러 뒷받침되어야 하지만 이 부분도 별도 기술이 있어 생략하기로 한다.

흥천사가 지니는 불교신앙적 성격이 어떤 것이었던가를 문헌자료에 의하여 보면 흥천사는 원래 선종사찰이었다. 즉 조선 초기 도성 내에 경영된 興天寺와 興德寺의 양대 사찰은 흥천사는 선종의 都會所, 흥덕사는 敎宗都會所였음이 그것을 말해 주고 있다.[2)] 그러나 이와 같이 당시의 조정이 흥천사의 사격을 선종사찰로 규정하고 있음에도 불구

극락보전

하고 신앙적인 면에서는 선종사찰보다는 정토신앙 위주의 사찰이었음을 알 수 있다. 즉 홍천사의 창건동기가 조선 초기에 태조비 신덕왕후 康氏의 능을 수호하고 왕비의 명복을 빌기 위한 데 있었음이 그것을 말해 주고 있으며[3] 다른 한편 역사적으로 홍천사에서 행한 각종 불교행사가 사후의 명복을 비는 천도재 위주로 행해지고 있었음에서도 홍천사 불교신앙의 정토신앙적 요소를 강하게 느낄 수 있기 때문이다.[4]

이상과 같은 홍천사의 정토신앙 위주의 사찰성격은 오늘의 가람구조가 더욱 분명히 말해주고 있지만 앞에서 말한 문헌자료에 의한 홍천

---

2) 《朝鮮王朝實錄》 世宗 6년 4月條.
3) 《朝鮮王朝實錄》 太祖 5·6·7年條.
4) 《朝鮮王朝實錄》 定宗 元年, 太宗 6年, 世宗 2年, 31年, 32年條 등의 기사에 이 같은 사실이 자주 보인다.

사의 정토신앙자료는 홍천사의 신앙전통이 정토신앙에 의하여 유지되어 왔음을 일러주고 있는 것이다.

요컨대 홍천사는 창건 당시에 있어서나 오늘에 이르기까지 신앙적으로는 계속 정토신앙사찰로 유지되어 왔다는 것이다. 이 같은 사실은 사격을 禪宗都會所로 하면서도 신앙의 내용은 정토신앙 위주가 되지 않을 수 없었던 배불사회에서의 불교신앙의 존재양상이었던 것이라 생각되며, 다른 한편 이는 오늘의 홍천사의 역사적 전통을 일러주고 있는 것이라 생각되어 간과할 수 없는 것이라 하겠다.

그러면 이제 오늘의 홍천사 가람이 전하고 있는 각종 자료에 의하여 가람의 역사적, 신앙적 성격을 살펴보기로 하겠다.

어떤 가람이든 그 가람이 지니는 불교신앙적 성격을 단적으로 전해 주고 있는 것은 그 가람의 주불과 주불이 봉안된 殿閣名이라 할 수 있다. 왜냐하면 불교가람의 형성은 主佛을 어떤 형식에 의하여 봉안하느냐 하는 것이 근본문제가 되고 있기 때문이다.[5]

홍천사의 주불은 아미타여래상이며 그 脇侍佛은 관음보살상과 세지보살상이다. 따라서 이 같은 삼존불을 봉안한 전각이기에 그 전각명을 극락보전이라 하고 있다. 이 같은 사실은 홍천사 가람이 정토신앙도량임을 단적으로 나타내고 있는 것이라 할 수 있다.

가람의 구조는 주불을 모신 주전각과 깊은 관계를 갖고 형성되어 있다. 따라서 홍천사의 가람구조를 통하여 그 성격을 파악하고자 한다면 주전각을 중심한 다른 전각과의 상호 연관성을 밝혀야만 한다. 그리하여 아래에서 홍천사 각 전각과 그 전각 내에 봉안된 각종 신앙대상들을 종합적으로 고찰함에 의하여 가람의 성격을 규명하고자 한다.

---

5) 殿閣名은 대체로 어떤 主佛을 봉안하였느냐에 따라 그 명칭이 정해진다. 예컨대 釋迦牟尼佛=大雄殿, 毘盧遮那佛=大寂光殿, 藥師如來=藥師殿, 觀音菩薩=觀音殿.

1) 극락보전

극락전을 더욱 격을 높여서 극락보전이라 편액을 붙이고 있다. 극락전은 아미타여래를 주존으로 봉안한 전각에 붙여지는 전각명이나 달리 미타전, 무량수전이라 하기도 한다.[6]

홍천사에서의 극락보전은 주전각으로서의 성격을 지니기 때문에 가람의 중심부에 위치하고 건축의 양식도 다른 전각에 비하여 그 격을 높여 多包系의 양식을 취하고 있다. 즉 가람에 있어 극락보전이 중심 건물이란 의미를 그 위치와 多包系 건물로 나타내고 있다는 것이다. 단청의 문양과 別畵도 극락보전을 장식함에 알맞게 되어 있다. 내부에도 극락보전으로서 갖추어야 할 아미타삼존불을 봉안하고 있다.

이 삼존불은 주존인 아미타여래상에 비하여 脇侍로서의 관음보살상과 대세지보살상이 너무 불신이 장대하여 격이 맞지 않게 보이지만 우선 아미타삼존불로서의 법식을 갖추고 있다.

삼존불이 주존과 협시의 균형이 맞지 않는 것은 처음부터 삼존불로 조성한 것이 아니라 각각 따로 조성하거나 移安하면서 아미타여래와 관음·세지라고 하는 아미타삼존불의 법식을 맞추는데만 뜻을 두었지 상형의 조화미 등에는 전연 관심을 두지 않았던데 기인된 것 같다.

아미타여래상은 中品中印을 한 일반적인 아미타상이며 조성년대는 미상이나 대체로 양호한 상호를 지닌 불상이다.

관음상은 아미타의 협시로서의 정토삼부경 등에 의한 관음상이 아니라[7] 밀교에 의한 42手觀音像이다. 이 관음상은 구한말 敬心萃라는

---

6) 淨土寺에는 아미타여래상을 봉안하였으나 無量壽殿이라 하고 있음이 그 같은 예이고 이는 아미타여래를 무량수전이라고도 하여 붙여진 이름이다.

7) 淨土三部經에 의한 觀音像은 한 얼굴, 두 손의 佛身을 지니며 寶冠에 아미타여래의 小像을 나타내고 있어 쉽게 구분된다.

佛名을 가진 상궁 등에 의하여 따로 시주되어진 것임을 알 수 있으나 아미타삼존불이 갖는 교리적 근거를 단순히 아미타·관음·세지라는 삼존형식만 생각하였지 관음상의 像形까지 생각하지 못하였던데서 밀교적 42手觀音이 삼존불의 협시로 봉안된 것으로 생각된다.

대세지보살은 일반적인 대세지보살상이나 주존과의 균형이 맞지 않아 처음부터 삼존불로 봉안된 것이 아니라 이후에 삼존불로 봉안된 것이 아닌가 생각된다.

여기서 홍천사 극락보전의 주존불은 원래는 아미타여래상 獨尊만을 봉안하였다가 이후에 관음·세지보살상을 다른 곳으로부터 이안하여 삼존상형식을 갖게 하였던 것이 아닌가 한다.[8]

극락보전에는 극락보전으로서의 불전의 의미를 지니기 위하여 아미타삼존불의 불상 이외에 다음과 같은 불화를 극락보전 내부 벽면에 걸어 놓고 있다.

① 阿彌陀會上圖 : 아미타삼존불 뒤편에 걸어 놓고 있어 아미타후불탱화라고도 한다. 이 불화는 앞의 삼존불이 아미타의 극락정토에서 설법하는 상임을 나타내고 있는 불화이다.

② 極樂九品圖 : 이 극락구품도는 정토신앙에 의하여 극락정토에 왕생하게 되는 극락의 모습이 왕생인의 평소 쌓은 인연이 어떤 것인가에 따라서 다르게 나타나는 것임을 나타낸 극락도의 하나이다.

③ 甘露幀畵 : 밀교적인 성격을 지니는 불화이나 6도에 윤회하는 중생도 천도재 등을 올려 공덕을 쌓음에 의하여 극락왕생할 수 있게 된다는 주제를 지닌 불화로서 극락전의 교리에 알맞는 불화이다.

④ 地藏幀畵 : 지장탱화는 일반적으로 冥府殿이 있을 경우 명부전에 봉안되는 불화이나 지장탱화의 주존인 지장보살의 서원이 지옥중

---

8) 極樂殿에는 浮石寺의 無量壽殿에서와 같이 삼존불이 아닌 無量壽佛獨尊을 봉안하는 예도 있기 때문이다.

극락보전 내 탱화

생의 구제에 있으므로 정토신앙과 상관관계를 갖고 극락보전에 봉안되고 있다.

⑤ 現王幀畵 : 冥府十王圖와 같이 冥府殿에 봉안되는 불화이나 시장탱화와 더불어 지옥중생 등의 사후세계를 주제로 하고 있어 정토신앙과 무관하지 않다.

⑥ 神衆幀畵 : 호법선신들을 도설화한 불화로서 어느 불당이나 호법의 신앙적 기능을 다하기 위하여 봉안되고 있는 불화이다.

⑦ 道場神圖 : 신중탱화와 같이 호법의 신앙적 기능을 갖는 불화이나 이 도량신도는 홍천사를 수호하는 홍천사 수호신이란 의미를 지닌다.

이상에서 극락보전은 건물의 양식이나 위치에서 중심건물의 의미를 나타내고 있으며 그와 같은 주전각이 홍천사가 정토신앙도량임을 나타내기 위하여 불당내부의 아미타삼존불과 그에 관계되는 불화를 내부 벽면에 걸어놓고 있다.

2) 冥府殿

명부전은 지장보살상 및 명부시왕상과 명부의 사자상 등을 봉안하고 있는 전각이며 이 같은 전각은 정토전문도량이 아닌 일반도량에서도 흔히 찾아볼 수 있는 전각이나 정토전문도량과 같은 연관을 갖는다. 그것은 정토신앙이 사후의 왕생신앙과 깊은 관계를 갖고 있는 것과 같이 명부전의 신앙도 사후의 문제와 관련성을 지니고 있기 때문이다.

명부전에는 중앙 불단에 지장보살이 봉안되고 그 좌우에 명부시왕상이 각각 5위씩 봉안된다. 그리고 또 그 좌우에 명부사자상이 각각 2위씩 봉안되어 있다. 이와 같은 명부전에서의 각종 상형의 봉안 양상에서 명부신앙과 지장신앙의 습합양상을 살필 수 있게 된다. 즉 冥府十王에 대한 신앙은 원래 도교적 요소를 지니는 신앙형태로서 사람이 죽으면 1王에서 7王까지는 7일에 한 번씩, 그리고 8王은 100일만에 9王은 1년만에 10王은 2년 만에 각각 한 번씩 명부에 있으면서 사자를 심판한다는 것인데, 이 같은 명부시왕에게 생전에 지은 죄를 미리 갚아두면 사후의 심판때 지옥에 떨어지지 않는다는 신앙내용을 지닌다.[9]

그런데 이와 같은 명부신앙과 지장신앙이 결부되는 것은 冥王의 심판에 의하여 지옥에 떨어진 중생을 모두 구제하겠다는 서원을 지닌 보살이 지장보살이기 때문에 명부신앙과 쉽게 습합이 될 수 있는 것이다. 그리고 이와 같은 명부신앙, 지장신앙이 다 같이 우리들의 사후의 문제와 깊은 연관을 갖는다는데서 사후의 왕생이 신앙의 주제가 되는 정토신앙과도 자연 깊은 관련을 갖게 되어 정토도량으로서의 흥천사

---

9) 살아 생전에 사후 冥府의 十王에게 좋은 심판을 받기 위해 生前豫修齋 등을 행하게 됨이 그것이다.《梵音集》生前豫修齋篇.

에 명부전이 자리하게 된 것이라 생각된다.

그러나 이와 같은 명부전신앙은 다 같이 사후의 고뇌를 주제로 한 신앙의 내용이라 할지라도 정통불교사상에서 파생된 것이거나 아니면 불교가 재래신앙양상을 수용한 것이라는데서 주전각보다는 격을 낮추어 주전각 아래쪽 측면에 위치하게 하고 있다.

명부전의 중심 불단에 봉안된 지장보살상 뒤에 걸어놓고 있는 지장탱화는 결국 명부전의 지장상과 十王像들을 함께 도설하고 있는 것이라 하겠으나 그 구도가 갖는 의미는 지장신앙에 의하여 冥府十王 신앙이 수용되어진 것임을 나타내고 있는 것이라 할 수 있다.

한편 명부시왕의 각 상의 후면에는 冥府各王이 死者를 심판하는 광경과 심판에 의하여 지옥에 떨어진 지옥중생의 모습을 도설하고 있으며 그 지옥중생을 구제하겠다는 모습을 한 지장보살이 지옥도 옆에 도설되고 있다. 이와 같은 불화도 사후의 문제를 주제로 하고 있다는 데

명부전

서 정토신앙과 깊은 연관성을 갖게 된다.

3) 爐殿

爐殿이란 불전의 부속건물이라 할 수 있다. 따라서 불전이 많은 본사격의 사찰에는 노전이 불전마다 부설되어 있기도 하나 홍천사에는 한 노전이 있을 따름이다.

노전의 기능은 불전에 있어 일상예불과 중요 불교신앙행사의 모든 준비를 이곳에서 행하며 노전승은 일상예불을 담당한다.

예불과 중요신앙행사에 있어 준비 사항이란 불전에 올릴 摩旨(부처님께 올리는 밥)를 짓거나 茶器물을 올리는 일을 말한다. 기타의 제물도 이곳에서 준비된다. 즉 불전에 올릴 모든 공양물은 신성한 것이어야하므로 대중들이 먹는 음식과는 구별하여 이곳에서 만든다.

노전에는 약사여래삼존불이 봉안되어 있고 그 후면에 약사여래후불탱화가 걸려 있다. 이 불단은 일반 대중들의 신앙의 처소가 아니라 爐殿僧 자신의 수행심을 기르는데 필요한 불단이 된다. 말하자면 일단 이 불전에서 일상적으로 수행된 몸으로 불전으로 행한다는 것이다.

노전에는 禁口 하나가 禁口臺에 걸려 있다. 이는 예불이나 불교의 식행사의 시작을 알리는 뜻으로 치는 梵鐘과 같은 역할을 한다.

노전의 위치는 극락보전 왼쪽 바로 옆에 위치한다. 이는 극락보전의 격을 높이는데 필요한 불전의 하나이다. 왜냐하면 제대로 법식을 갖추지 못하고 있는 사원의 가람구조에서는 노전을 갖추지 못하고 있기 때문이다.

4) 인법당채(大房채, 큰방)

인법당은 대개의 경우 主佛殿의 아래쪽 건너편에 대칭적으로 위치한다. 홍천사의 인법당도 그와 같은 일반적인 양식의 위치를 지니고 있다.

인법당의 기능은 사찰대중이 공동수행생활을 하는 장소이다. 공동으로 看經, 坐禪 등도 행하고 공양(食事)을 행하는 곳이다. 또는 사찰의 중요사항을 공동논의하는 곳이기도 하다. 따라서 사원에서 공동생활을 함에 있어 필요한 제반규칙사항 등이 이곳에 마련되어 있다. 즉 사찰대중이 맡아서 행하여야 될 소임을 일일이 적은 龍象榜을 벽면에 써 붙이고 그를 매일매일 확인한다. 맡은 소임과 수행기간에 따라 정해지는 법랍 등을 기준으로 마련된 서열에 따라 앉게 되는 공동생활을 함에 있어 좌석의 배열표시 등이 그와 같은 것이라 할 수 있다.

대개의 경우 사찰명을 적은 寺額은 이 인법당 정면에 붙이게 된다. 主佛殿과의 관계에서 보면 주불전 쪽이 안쪽이 되고 그 반대편이 바깥편이 된다. 홍천사의 寺額은 바깥편에 두 군데나 걸어 두고 있다.

인법당채에는 큰방이 있고 또 부속 방사가 여럿 있다. 大房(큰방)은 인법당의 기능을 다하는 공동의 수행장이고 부속방사는 종무소 등 기타 사원의 사무적인 일을 맡아보는 데 쓰이거나 개인적인 숙소로 쓰이기도 한다.

따라서 인법당채는 승방의 기능(理判)과 사찰행정(事判)의 기능을 다하고 있는 전각이라 할 수 있다.

홍천사 인법당채의 큰방 중심부에 아미타여래상을 봉안한 佛壇이 있고 그 우측 벽면에 또한 7여래불단을 마련해 놓고 있다. 이 불단은 靈壇이라 하는 것으로 일반적으로는 亡人의 위패를 안치하고 그 뒤에 南無大聖引路王菩薩의 幡旗 혹은 甘露幀畵를 걸어서 佛壇을 마련한다. 여기서의 7如來像은 감로탱화에 있어 7여래상을 各尊으로 하여 도설하고 있다.

이 靈壇도 정토신앙의 일단으로 設壇되는 것이다.

중심부의 불단에도 아미타여래상을 봉안하고 그에 합당한 아미타후불탱화를 걸어 놓았다. 이는 염불도량에 합당한 염불수행을 절의 大衆僧이 행하는 데 필요한 불단이다.

5) 其他 佛殿

이상의 極樂殿, 爐殿, 인법당, 冥府殿 등이 이 가람의 핵심부를 이루는 것이라면 기타의 北極殿, 獨聖閣, 山神閣은 외각을 이룬다. 따라서 전각의 이름도 殿이란 명칭보다는 閣이란 명칭을 쓰고 그 규모도 훨씬 작을 뿐 아니라 별다른 장식미를 갖지 않는다.

北極殿은 원래 七星閣이었는데 근래에 와서 北極殿이라 하여 격을 높이고 칸수도 3칸으로 늘리고 있으나 이는 원래의 모습이 아니다. 龍華殿은 근래에 와서 신축하였으나 이도 원래의 모습이 아니다. 용화전 원래의 모습은 미륵불을 봉안한 불전에 붙여지는 전각이나 여기서는 재래의 용신각을 수용하여 그 격을 높여 龍華殿이라 하고 있다.

이상과 같은 기타의 佛殿은 主佛을 어떤 여래상을 봉안하더라도, 예컨대 정토도량, 화엄도량, 관음도량, 미륵도량, 약사도량 등을 이룬다고 할지라도 그 외각신앙으로서 어떤 가람에서도 찾아볼 수 있는 일반적인 형상이다. 말하자면 홍천사도 전통적으로 정토신앙도량이나 한국불교가 재래신앙을 수용하는 모습은 다른 가람에서와 같이 찾아볼 수 있게 된다는 것이다.

그 밖에 홍천사 입구에는 산문을 세우고 있다. 산문은 일반적으로 일주문이라고도 하나 이는 양쪽에 기둥 하나씩 세워 지은 건물이라는 데서 붙여진 이름이고 그 기능적인 면은 산문에 해당한다. 즉 이 문을 경계로 바깥은 俗界이고 그 안은 성스러운 수도도량이거나 아니면 예배의 대상을 모신 신앙처임을 나타낸다. 따라서 山門은 산문의 내부가 모두 俗界와는 다른 聖所임을 상징화한다는 의미를 지닌다.

3. 역사적 위치

　1397년 조선왕조를 일으킨 태조가 그의 비 神德王后 康氏의 명복을 빌기 위하여 홍천사를 오늘날의 貞洞(문화방송자리 추정)에 창건하게 되었고 이후 神德王后의 능이 오늘의 정릉으로 옮겨지게 되자[10] 홍천사도 오늘의 위치로 옮겨지게 되었고 그 寺名도 홍천사에서 신홍사라 하게 되었다고 한다.
　처음의 홍천사에서 오늘의 홍천사로 옮기는 과정에서는 여러 가지로 어려움이 따르게 되었으나 그래도 신덕왕후의 명복을 비는데 주된 목적을 둔 홍천사의 경영에는 별다른 이의가 없었다. 이와 같은 사정은 오늘의 홍천사가 정토신앙의 도량으로서 자리를 잡게 되는데 크게 기여하게 되었던 것이다. 그리하여 오늘의 사세에서 보면 홍천사는 정토도량으로서의 손색없는 면모를 갖추고 있다.
　앞에서 살핀 바와 같이 홍천사도량의 구조는 우선 산문을 설치하여 그 내부가 神聖한 정토노량임을 나타내고 있으며, 그 내부의 도량은 極樂殿을 중심으로 한 핵심부와 七星閣 등의 외각부로 이루어지고 있다. 핵심부는 극락전을 위시하여 冥府殿, 인법당 등에서의 佛菩薩像 및 각종 불화 등은 모두가 정토신앙의 예배의 대상이 되거나 아니면 정토신앙의 교화적 의미를 지니는 불화들로 메워져 있다. 그뿐 아니라 오늘의 홍천사에는 이상과 같은 전각, 불보살상 등이 모두 淨土信仰道場으로서의 면모를 갖추고 있을 뿐 아니라 이들 신앙의 대상들에게 신앙행위를 함에 있어 필요한 각종 염불의례용 불구 등도 모두 갖추고 있다. 또한 이 절에는 전통적으로 염불의례가 성행하여 왔으며 오늘에도 그 전통을 유지하고 있다.

---

10)《朝鮮王朝實錄》太祖 6年 2月, 7年 5月條 등.

극락보전 극락구품도

위에서 살핀 바에 따르면 홍천사는 창건목적에서부터 비롯하여 가람의 구조, 가람에서의 신앙행위 또는 신앙용구 등에 이르기까지 모두가 정토신앙과 깊은 연관을 지니고 있음을 알게 되었다. 그뿐 아니라 이 절에 주거하는 상주승도 전통적으로 염불승이었다면[11] 홍천사는 전국의 어느 사찰보다도 염불도량 즉, 정토신앙도량으로서의 강한 성격을 지니는 것임을 쉽게 짐작하게 된다.

그러면 배불의 사회에서 그것도 王宮의 발원과 보호를 받으면서 이

---

11) 興天寺의 常住僧은 靈山齋 등의 천도재를 행함에 있어 필요한 梵唄僧 등이 많이 있었고 또한 齋儀式을 행함에 있어 필요한 의식용구 등이 많이 구비되어 있었던 것 등이 그것이다.
   無形文化財指定調查報告《梵唄》문화재관리국.

처럼 홍천사가 계속 정토도량으로서 면모를 지켜올 수 있었던 연유는 어디에 있었던 것일까. 그것은 다름 아닌 유교적 가치로서는 사후세계를 다루는 종교적 영역이 결여되어 있어 이를 정토신앙에 의하여 보충하려 하였던 것이라 하겠다. 즉 홍천사의 역사적 위치는 바로 여기서 찾아볼 수 있는 것이다.

정토교에 대한 사상적인 측면은 역사적으로 많은 논의가 있었으나 신앙적인 측면은 염불하면 누구나 쉽게 극락정토에 왕생할 수 있게 된다는 것이다.[12] 그리하여 그 많은 불교의 교설 중에서도 정토교의 교설이야말로 상하를 막론하고 시대를 초월하여 누구에게나 큰 감명을 느낄 수 있게 하였고 따라서 그 신앙 또한 어떤 불교신앙보다도 언제나 盛行相을 보여왔다.[13] 배불의 사회하에서도 이 같은 사정은 예외가 될 수 없었다. 즉 도성 내외에서 홍천사가 계속 경영될 수 있었던 것은 정토신앙이 지니는 이상과 같은 종교적 기능 때문이었던 것이다. 홍천사 경영의 역사적 위치도 바로 이 같은 데서 찾아볼 수 있다.

4. 맺음말

홍천사는 정토신앙도량이다. 그것은 창건동기가 정토신앙에 있었고 역사적으로 이 절의 주된 경영방침이 정토신앙에 있었기 때문에 그러하였던 것이다.

따라서 오늘에 전하는 興天寺는 伽藍의 구조에 있어서나 신앙구조에 있어 모두가 정토신앙도량으로서의 성격을 강하게 지니고 있다.

한편 이 같은 홍천사의 성격에서 배불의 사회에서도 불교신앙의 전

---

12) 홍윤식, 《淨土思想》, 경서원.
13) 앞의 주 1) 참조.

통이 유지될 수 있었던 것은 정토신앙에 큰 비중을 두었기 때문에 가능하였던 것임을 알 수 있고, 정토도량으로서의 興天寺가 지니는 역사적 위치도 여기서 찾을 수 있다.

華溪寺 가람의 변천과 그 성격

1. 머리말

 조선왕조 사회에서는 도성 안에서의 사원경영이나 승려의 도성출입은 금지되고 있었으나 도성 밖에서의 사원경영은 활발한 양상을 보이고 있었다. 즉 도성 밖에서의 사원경영은 王室의 保護를 받으며 이룩되었으며, 따라서 그들 사원들은 왕실의 보호와 先王들의 명복을 비는 신앙적 성격을 지니고 발전되고 있음이 이를 일러주는 셈이다.[1]
 오늘의 서울시 교외에 전하는 興國寺, 慶國寺, 奉國寺, 興天寺 등을 그 대표적인 예로 들 수 있으나 華溪寺도 이들 사원과 마찬가지로 배불의 조선사회의 도성 밖에서 왕실의 보호를 받으며 창건, 중창을 거듭하면서 오늘에 이르렀던 것이다.[2] 다만 화계사는 앞에서 말한 왕실의 보호를 받으며 발전한 도성 밖의 조선시대 사원들이 홍국사, 봉국사, 경국사 등의 호국적 사원명을 붙이지 않고 이 절이 위치한 산세가

---

1) 《朝鮮王朝實錄》에 실린 興天寺기록 慶國寺沿革 등 참조.
2) 앞의 주 참조.

수려함에서 화계사라 하였다는 점이 다르다. 즉 오늘에 전하는 《華溪寺誌》에서 "畿內名刹의 其數가 甚多하야 屈地難勝이나 深山之美와 洞府之深이 未嘗有若華溪寺者하니 本寺는 名實이 相符하여 以華溪之美로 爲莊嚴故也로다" 하고 있음이 그를 잘 일러주고 있다. 그런데 이와 같은 寺名性格의 相異가 이 절이 신앙적 성격도 달리하게 하고 있었던 것이 아닌가 생각된다. 즉 다 같이 왕실의 보호를 받으면서 조선시대에 발전한 사원이지만 여타의 서울 교외 왕실보호 사찰과는 다소 다른 성격을 지니고 있었던 것이 아닌가 한다.

2. 가람의 변천

寺誌에 전하는 화계사의 가람과 오늘에 전하는 화계사의 가람은 다소의 상이점을 나타내고 있어, 무엇인가의 이유에 의하여 화계사 가람이 변천되어 오늘에 이르고 있는 것임을 살필 수 있게 한다. 사지에 전하는 가람과 오늘의 가람모습을 비교 고찰하여 화계사 가람이 지니는 역사적 의미가 어떤 것인가를 밝혀 보고자 한다.

1937년에 편찬된 三角山 華溪寺略誌에 의하면 당시의 가람 내용은 다음과 같다.

① 建造物 : 大雄殿, 冥府殿, 觀音殿, 羅漢殿, 聖母閣, 香爐殿, 大房, 下庫房, 涅槃堂 등을 오늘의 건조물과 비교하면 대웅전, 명부전, 대방은 그대로 전하나 나한전은 千佛五百聖殿으로 개칭되어 있으며 聖母閣도 三聖閣으로 개칭되어 있는 것을 알 수 있게 된다. 그리고 나머지 觀音殿과 涅槃堂, 下庫房은 전하지 않고 있다.

② 佛像 : 寺誌에 의하면 1937년까지는 大雄殿에 阿彌陀如來像, 觀世音菩薩像, 大勢至菩薩像의 阿彌陀三尊이 봉안되고 있었으나 현재

화계사 전경

는 이들 삼존은 전하지 아니하고 석가여래상, 문수보살상, 보현보살상의 석가삼존상으로 바뀌었다. 이 절에 10여 년 상주하였다고 하는 玄岩師에 의하면 그 전 불상은 10년 전에 파불이 되어 오늘의 불상으로 바뀌었다 하며[3] 이 밖에 명부전의 지장보살상은 그대로 전하고 있다.

③ 佛畵(幀畵) : 寺誌에 의하면 1937년까지 대웅전에는 後佛幀畵, 神衆幀畵, 現王幀畵, 地藏幀畵, 七星幀畵, 甘露幀畵 등이 있었으나 오늘에는 후불탱화와 신중탱화만 전한다. 이중 칠성탱화는 聖母閣을 三聖閣으로 개칭하여 현 삼성각으로 이전하였을 가능성을 생각할 수 있다.[4]

---

3) 玄岩師는 부전승 즉 대웅전의 조석예불을 담당했던 승려로 그간의 사정을 잘 알고 있었다. 그러나 破佛이 되어 바꾸었다는 사실은 불상대체의 신앙적, 사상적 배경을 잘 모르는 듯하다.

명부전에는 上壇幀(地藏幀)과 十王各部幀과 使者幀이 있다고 하며 오늘날에도 이들 모두가 전하고 있다. 관음전에는 관음탱화 2점과 신중탱화, 地藏及十王幀, 極樂九品圖 등이 있었다고 하나 오늘에는 하나도 전하지 않는데 관음전의 소실 당시 없어진 것으로 생각된다. 山祭閣內에 八相幀, 山神幀이 있었다고 하는데 산신탱은 오늘의 삼성각에 이전되어 있는 것 같고 팔상탱은 없다. 爐殿內에 염불당탱이 있었다고 하나 노전과 더불어 이들 모두가 오늘에 전하지 않고 또 大房에는 후불탱화와 신중탱화가 있었다고 하나 오늘에는 후불탱화가 전하지만 그 후대의 것이다.

이상에서 1937년 당시의 가람의 양상과 오늘의 가람의 모습을 살펴본 결과 많은 상이점을 발견할 수 있게 되었다. 이를 一見해 보면 많은 전각이 없어지고 가람의 내용이 보다 간략화되고 있음을 살펴볼 수 있다. 그러나 이 같은 사실은 단순한 외부적 가람의 변화만이 아닌 불교사상 내지 신앙상의 변화를 일러주고 있다는 데 주목하지 않으면 안 된다.

이상에서 살핀 화계사 가람의 변천을 보면 정토도량에서 禪道場으로 바뀌어지고 있는 것임을 쉽게 짐작할 수 있게 된다. 즉 1937년 이전의 화계사도량이 정토도량이었다고 할 수 있는 것은 대웅전에 정토교의 주불인 阿彌陀如來三尊을 봉안하고 있었기 때문이다. 그뿐 아니라 대웅전의 조석예불을 담당하는 爐殿에 念佛堂幀을 봉안하고 있었다는 사실은 화계사에서 행하는 신앙의례가 정토신앙을 중심으로 이룩되고 있었던 것이라 믿어지기 때문이기도 하다. 이 외에도 화계사의 종전 모습이 정토도량이었음을 일러주는 자료로서는 極樂九品圖가 전

---

4) 오늘의 三聖閣에 山神幀畵를 비롯 七星 獨聖幀畵를 봉안하고 있는 것은 이들 모두가 古佛畵이기 때문이다. 한편 寺誌에는 三聖閣이란 殿閣名은 보이지 않고 山神閣 聖母閣만 보이므로 종래의 산신각을 삼성각으로 개칭하고 여기에 칠성, 독성 등의 불화를 옮긴 것으로 생각된다.

화계사 가람의 변천과 그 성격 395

화계사의 전각

하고 있었다는 점으로도 알 수 있다. 일반 사원이 거의 지니고 있는 일반적인 현상이며 또한 이차적인 의미를 지니는 것이지만 冥府殿을 갖추고 있었다는 사실도 화계사가 정토도량으로서의 의미를 더욱 강하게 지니게 하고 있었던 것이라 믿어진다. 한편 오늘의 화계사 가람이 禪宗道場으로서의 가람의 성격을 지니게 되었다고 함은 다음과 같은 몇 가지 사실을 지적할 수 있게 되기 때문이다.

첫째, 화계사의 主佛이 阿彌陀三尊에서 釋迦三尊으로 바뀌었다는 사실이다. 이는 아미타삼존이 정토교의 주불인데 비하여 석가삼존은 일반적으로 선종사찰에서 봉안하는 주불이기 때문이다.

둘째, 羅漢殿을 重修하여 千佛五百聖殿이라 하여 羅漢숭배신앙이 더욱 강조되고 있다는 사실이다. 이는 "敎外別傳 不立文字 直指人心 見性成佛"을 숭상하는 데서 유래하고 있기 때문이다.[5]

---

5) 羅漢이란 아라한의 준말로 소승불교에서 이상으로 생각하는 수행상이나 나한이 갖는 수행자상으로서의 의미가 禪宗에서 수용하고 있기 때문이다.

셋째, 신앙의 대상이 되는 많은 불화가 없어진 것으로 되어 있으나 그 없어진 이유는 여러 가지 이유에서 말할 수 있지만 선종사찰이 지니는 간략화로 그 특질을 잘 나타내고 있는 것이라 보인다.[6] 그리하여 오늘의 화계사 가람은 釋迦三尊을 주불로 봉안한 대웅전을 중심으로 羅漢殿으로서의 千佛五百聖殿, 大房 등이 주축이 되어 禪道場을 형성하고 있으며 부수적으로 冥府殿, 三聖閣 등을 두어 일반대중신앙의 신앙적 요청에 응하고 있는 것이라 할 수 있다. 그러나 오늘의 화계사 가람이 선도량으로서의 성격을 지니게 된 것에 대해서는 좀더 구체적으로 역사적 연원을 밝히지 않으면 안 된다.

3. 절의 연혁과 신앙

화계사 가람의 변천사를 살피기 위해서는 화계사의 연혁을 살피지 않을 수 없다.
《華溪寺略誌》에서 화계사 연혁을 살펴보면[7]

① 조선 中宗 17년(1522)에 信月長老가 西平君李公의 협조를 얻어 인근 소재 普德庵을 華溪洞으로 移建하고 華溪寺라 하였다.
② 光海君 10년(1618)에 실화로 佛宇僧舍가 일시에 燒盡하여 寺僧道月이 宣祖의 朝御父인 興德大君의 淨施를 받아 절을 중건하다.
③ 英祖 41년(1765)에 寺僧이 冥府殿 金鼓를 鑄成하다.
④ 高宗 3년(1866)에 龍船, 梵雲兩禪師가 當寺를 三創하다.

---

6) 禪宗의 특징은 번잡한 신앙의례를 모두 생략한다는 것이다. 韓龍雲의 《佛教維新論》도 그와 같은 맥락에서 서술되고 있다.
7) 《三角山 華溪寺略誌》.

⑤ 高宗 7년(1870)에 龍船, 梵雲兩禪師가 大雄殿을 중건하다.
⑥ 高宗 12년(1875년)에 觀音繡像을 이전하고 이 이듬해인 1876년 草庵和尙이 觀音殿을 중창하다.
⑦ 高宗 14년(1877)에 黃海道 百川郡 江西寺에서 十王像을 移奉하고 다음해인 1878년에 시왕전을 중수, 개칭하다(冥府殿). 이때의 〈華溪寺冥府殿佛粮序〉에 의하면[8] "華溪寺創建已久 左右無他法堂惟一大雄殿 巋然獨立 去乙亥年 繡成觀音聖像 以百寶莊嚴 仍以 建閣奉安 東方諸刹之未曾有也 歲丁丑 自黃海道白川郡江西寺 移運地藏菩薩 及十王尊像 越戊寅重修改彩而 又建閣奉安 儼然是活閻羅界也 瞻禮者利益無量 布施者福德難思 三殿法堂 森羅列立 依俙如靈鷲道場 彷佛如祇園精舍"하고 있어 대웅전과 그 좌우에 관음전 명부전을 건립하여 가람의 이상형인 靈鷲道場으로서의 면모를 갖추게 되었는데 이는 최초의 佛伽藍인 祇園精舍를 방불케 하는 것이라 하고 있다. 한편 이 重修記는 이 佛事에 大王大妃殿下戊辰生趙氏의 大施主가 있었음을 밝히고 그로써 聖德具偏하였다 한다.
⑧ 高宗 20년(1883)에 錦山和尙이 觀音殿佛粮契를 설립하였다. 이때에도 大王大妃趙氏와 大王妃洪氏 및 尙宮 등의 시주가 있었음을 施主秩에서 밝히고 있다. 같은 해 3월에 錦山和尙이 山神閣을 창건하다.
⑨ 高宗 光武 9년(1905)에 斗欽, 抱宣 등이 成道稧를 조직하다. 이는 成佛을 목적으로 정진하는 禪宗的 信行齋儀이다.
⑩ 純宗 4년(1910)에는 大功德主 越溟和尙이 임종을 맞이하게 됨에 자기 소유의 토지를 헌납함으로써 萬日念佛會를 설립하다.

이상에서 보면 화계사 전래의 중요 신앙형태는 다음과 같은 것이었다고 할 수 있다.

---

8) 앞의 주 참조.

첫째, 왕생정토를 목적으로 하는 정토신앙이 성행하고 있었던 것이라 믿어지는데 주불이 아미타삼존이라는 점이 그것이다. 한편 萬日念佛會 등을 조직하고 있었음이 그와 같은 것이라 하겠으며 다른 한편 그와 관련하여 冥府殿에서의 十王信仰 등도 같은 맥락에서 이해될 수 있는 신앙형태인 것이다.

둘째, 現世成佛을 목적으로 하는 선종신앙이 끊임없이 유지되고 있었던 것이라 믿어진다. 그 이유는 대웅전에 아미타삼존을 봉안하고 있음에서 그를 알 수 있다. 즉 아미타삼존을 봉안한 佛殿은 彌陀殿 혹은 極樂殿이어야 하고 대웅전에는 釋迦三尊을 봉안하여야 되는 것이 원칙적인 것으로 이해되어 얼핏 보면 화계사는 종래의 대웅전에 아미타존을 봉안하고 있어 모순되고 있는 것이 틀림없으나 오히려 역설적으로 대웅전이 중심이 되고 아미타의 염불신앙은 종적인 것임을 나타내고 있다는 데서 화계사 가람의 禪宗的 이해를 필요로 하게 된다. 이 같은 사실은 화계사를 중창한 龍船, 梵雲의 兩大禪師가 그 重創誌에서[9] 念佛精進不已則 極樂卽此地云이라 하며 염불수행과 극락왕생을 唯心淨土 自性彌陀 등의 禪宗的 성격으로 이해시키려 하고 있음에서도 알 수 있으며[10] 한편 1905년에 조직한 成道稧도 이 같은 맥락에서 이해되는 것이기 때문이다.

셋째, 현세신앙으로서의 관음신앙이 성행하고 있었고 한편 재래전통적인 山神신앙도 현세신앙의 입장에서 수용되고 있었다.

다른 한편 전술한 華溪寺의 연혁이 전하는 자료에 의하면 화계사는 창건에서부터 몇 차례의 중건을 함에 있어 왕실의 많은 시주에 의지하고 있었음을 살필 수 있게 된다. 그런데 이 같은 사정을 화계사로 하여금 정토신앙적 성격이 강한 사찰이 되게 하였던 것이 아닌가 생각된

---

9) 앞의 주7) 참조.
10) 앞의 주7) 참조.

삼성각

다. 왜냐하면 다른 여타의 서울 근교의 왕실 보호사찰이 대체로 그와 같은 성격을 지니고 있었기 때문이다. 즉 이들 사찰들은 대체로 主法堂을 극락전으로 하고 아미타삼존을 봉안하고 있을 뿐 아니라 주된 신앙형태가 왕실의 보호와 왕손의 명복을 기원하는 극락왕생의 정토신앙이 주류를 이루고 있는 것 등이 그것이다.

오늘의 화계사 대웅전에는 석가삼존을 봉안하고 있으나 사지에서 대웅전에는 아미타삼존을 봉안하고 있었다고 전한다. 또한 석가삼존을 봉안하고 있는 오늘의 대웅전 후불탱화가 아미타존상도란 사실은 더욱 이 같은 사실을 뒷받침하고 있는 것이다. 즉 10여 년 전 대웅전의 불상을 석가삼존으로 대체하면서도 그 후불탱화는 아미타삼존을 봉안하였던 때의 후불탱화를 그대로 봉안하고 있다는 것이다.

4. 맺음말

　이상의 화계사의 가람은 禪宗寺院과 淨土敎寺院의 두 형태를 지닌 사원이라 할 수 있다. 그런데 여기 사상적인 주류는 禪思想에 두고 신앙적인 주류는 정토교에 두었던 것이라 생각되어 주목을 끌게 한다. 그 이유는 이 같은 사원경영은 조선조 이래 나타나는 한국불교의 특징적 요소로 지적될 수 있기 때문이다.

　한편 오늘의 화계사가 禪中心의 가람으로 변천되어온 사실은 대웅전의 주불을 아미타삼존에서 석가삼존으로 바뀌게 한 것과 羅漢殿을 중수하는 데 크게 심혈을 기울이고 있었던 사실에서 알 수 있는 일이지만 이 같은 변천을 가져오게 한 역사적 배경에는 8·15해방 이후의 한국불교교단이 비구, 대처승의 대립을 거치면서 오늘의 曹溪宗이 曹溪禪脈의 전통을 계승 발전시키는 데 목적을 두고 재확립에 관심을 기울여야만 한다. 그 이유는 불교교단의 사건 이후 조계종에서는 불교정화를 하고 있으며 정화 이후의 불교사원은 선종사찰의 성격을 지니게 하고 있었기 때문이다.

奉元寺 가람과 불화

1. 가람의 성격

오늘의 奉元寺 가람의 구성은 大雄殿, 冥府殿, 極樂殿, 滿月殿, 彌勒殿, 念佛堂, 七星閣, 梵鐘閣, 雲水閣, 影閣, 靈晏閣 등으로 되어 있다. 이들 중 미륵전은 양식건물로 되어 있어 古伽藍의 구조에 포함시킬 수 없으므로 결국 대웅전지역과 극락전지역의 양대지역이 奉元寺 가람의 성격을 이루는 양대 요소가 된다. 그리고 이들 양대 신앙지역의 신앙생활을 종합하여 소위 大房으로 지칭되는 일명 念佛堂을 이룩하고 있다는데 봉원사 가람의 특징을 살필 수 있게 된다.

1) 대웅전지역

대웅전지역은 대웅전을 중심으로 冥府殿, 七星閣, 靈晏閣, 雲水閣, 影閣 등으로 구성되어 있으나 명부전, 칠성각은 대웅전 신앙에서 분리 전개된 성격을 지니고 영안각, 영각은 명부전에서 분리, 전개된 성격을 지닌다. 운수각은 이들 신앙의 노전으로 이해된다.

대웅전

　대웅전은 정면, 측면이 각각 3칸의 아담한 법당이나 내부의 신앙 대상은 다양한 전개를 보이고 있어 보다 종합적인 신앙구조를 지니고 있다.
　대웅전 내부의 불단은 중앙의 上壇과 오른쪽의 中壇, 왼쪽의 下壇으로 구분된다. 중앙의 상단에는 석가삼존불을 봉안하였으나 左右脇侍는 觀音과 地藏이다. 그러나 그 후불탱화는 아미타회상도이다. 여기서 보면 이 대웅전 상단의 주불은 석가모니불을 봉안하되 아미타정토신앙을 주된 신앙형태로 삼고 있었음을 알 수 있다.
　中壇에는 앞쪽에 신중탱화, 뒤쪽에 삼장탱화를 봉안하여 중단이 신중단임을 나타내고 있으나 삼장탱화를 뒤쪽에 봉안하고 있음은 삼장탱화가 현재에는 호법선신의 신앙적 기능을 신중탱화에 넘겨주고 역사적 유물로 남아 전하는 것임을 나타내고 있다.
　下壇에는 甘露幀畵를 봉안하여 靈壇으로서의 신앙형태를 지니고 있으나 그와 관련된 신앙형태로서 現王幀畵와 極樂九品圖를 뒤쪽에 봉안하고 있다. 현왕탱화는 사람이 죽은 지 3일 만에 심판을 받게 된다는 신앙형태를 도설한 것이며, 극락구품도는 사람이 죽어서 극락에 왕생하되 살아서 쌓는 공덕이 어떤 것이냐에 따라 다른 왕생을 하게 되는 것임을 나타낸 불화이다.

이상에서 보면 靈壇으로서의 下壇信仰은 甘露幀畵(密敎) 現王幀畵(道敎) 九品圖(淨土敎) 등의 종합적인 성격을 지니는 것임을 알 수 있다.

靈壇 앞쪽의 伽藍神은 하단과 직접 관계가 있는 것은 아니지만 봉원사 도량 수호신의 기능을 맡고 있다. 전술한 바에 의하면 대웅전의 신앙형태는 석가모니불을 주불로 한 선종 중심의 법당이나 신앙적인 면에서는 아미타신앙이 강조되고 있음을 알 수 있다.

명부전에는 중앙의 佛壇에 지장보살과 그 협시로서의 道明尊者와 無毒鬼王을 봉안하고 그 좌우에 冥府의 各十王像과 判官, 錄事, 童子像 등을 봉안하였으며 한편 각각 그 후불탱화를 봉안하여 十王信仰의 형태를 더욱 상세히 圖說하고 있다.

이상과 같은 명부전신앙은 도교의 冥府十王信仰과 불교의 지장신앙이 습합되어 불교의 정토신앙에 접근되고 있는 신앙형태임을 알 수 있다. 봉원사 가람구조에서 본 이 같은 신앙형태의 근원은 대웅전의 다음과 같은 신앙요소에서 살필 수 있게 된다.

첫째, 석가삼존불을 봉안하되 그 脇侍를 觀音, 地藏으로 하고 있음에서 지장신앙을 포함한 정토신앙적 요소를 살필 수 있게 됨이 그것이다.

둘째, 現王信仰은 도교에서 파생된 신앙형태이나 불교의 정토신앙과 융합되어 있음이 그와 같은 것이다.

그런데 이상과 같은 신앙형태가 강조되어 대웅전 신앙의 한 형태가 분리 독립되어 명부전 신앙형태를 이룩하게 되었다는 것이다. 따라서 명부전의 신앙형태는 도교의 명부신앙과 불교의 지장신앙이 융합되어 이룩된 것이라 할 수 있다. 그것은 명부전 중앙불단의 후불탱화가 지장보살과 명부시왕에 의해 구성되어 있음에서도 알게 된다. 靈輿閣과 影閣은 대웅전의 靈壇신앙이 지니는 조상의 영혼을 극락왕생케 한다는 신앙형태에서 조상숭배신앙이 강조됨에 따라 그와 같은 조상숭배가 독립 분화되어 나타나는 가람구조의 한 형태라 할 수 있다.

七星閣은 수명장수의 신앙을 위한 전각이라 할 수 있으나 불교적 의미는 일차적으로는 신중으로서의 칠성이 있고 이차적으로는 신중신앙에 수용된 칠성이 다시 그 원래적 기능인 수명장수 신앙이 강조됨에 따라 불교적 의미를 지니고 다시 분리된 신앙형태를 지니게 된 것을 말한다. 그리하여 이는 대웅전의 신중신앙에서 분리 독립된 형태를 지닌 것이라 할 수 있다.

2) 극락전지역

극락전지역은 極樂殿과 滿月殿으로 구성되고 그 주된 신앙형태는 아미타정토신앙이다.

극락전의 신앙구조는 대웅전과 마찬가지로 상단, 중단, 하단의 삼단 구조로 되어 있으나 상단에는 아미타삼존불과 그 후불탱화, 그리고 중단에는 신중탱화와 산신탱화, 하단에는 영혼천도를 위한 망인의 위패만 봉안되고 있어 이곳은 순수한 아미타정토 신앙을 위한 법당임을 알 수 있다.

다만 신중탱화에서 분화된 하단으로서의 산신탱화가 있으나 이것은 극락전 신앙과는 별개의 신앙형태로서 장소를 이곳으로 택하고 있는데 지나지 않는 것이 아닌가 한다.

滿月殿 또한 아미타정토신앙의 전개에서 나타난 가람구조의 한 형태라 할 수 있다. 즉 滿月殿에서도 아미타삼존불을 봉안하고 그에 귀

의하는 신앙행위를 하고 있기 때문이다. 다만 극락전과 다른 것이 있다면 극락전이 주를 이루고 그것이 확대되어 극락전에 대한 종적인 의미를 지니고 구성된 정토신앙도량이 滿月殿이라 할 수 있다.

이상에서 보면 극락전지역의 신앙은 대웅전의 신앙에서 아미타정토신앙 부분이 강조됨에 따라 그를 분리 독립하여 가람을 확대해 나간 데서 이룩된 것이라 할 수 있다.

3) 念佛堂(大房)

원래의 명칭은 大房이나 대방의 기능은 念佛堂의 기능이 강조되고 있어 염불당이라 하게 된 것이다.

대체로 우리나라 전통사찰의 大房은 禪道場이거나 염불도량으로서의 두 기능을 지니고 있으나 어느쪽이 더 강조되느냐에 따라 선도량 혹은 염불당의 별칭이 붙게 된다.

극락전

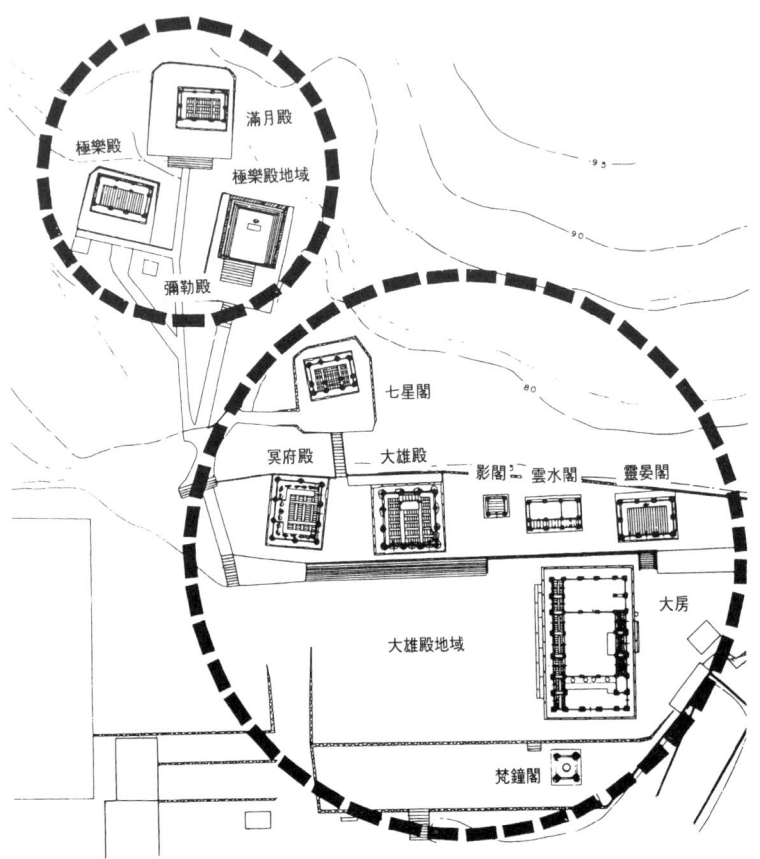

봉원사 가람배치 평면도

　大房은 그 절의 수도대중이 수행생활을 하는 생활공간이다. 따라서 그 절 대중이 좌선과 염불 중 어느쪽을 더 중시하느냐에 따라 염불당이 되기도 하고 禪房이 되기도 한다.

봉원사의 대방에는 아미타불과 그 후불탱화가 봉안되어 있고 한편 신중탱화와 靈魂施食 때 신앙의 대상이 되는 7如來圖와 관음 지장을 포함한 10폭의 불화로 된 병풍이 보존되어 있다.

大房에 아미타여래상이 봉안되어 있다는 것은 대방이 곧 염불당으로서의 성격을 지니는 것임을 나타내고 신중탱화는 수호신의 기능을 다한다는 일반적 의미를 나타내고 있는 것이라 할 수 있다. 다만 영혼시식 때 신앙의 대상이 되는 7여래도를 이곳에 봉안하고 있음은 대방이 수도도량이기는 하나 염불신앙과 관계있는 영혼천도를 아울러 이곳에서 하고 있다는 것을 말해준다.

4) 종합고찰

봉원사의 가람은 한국불교의 전통적인 신앙구조로서의 禪과 念佛을 융합하는 성격을 지닌 가람구조를 지니는 것임을 대웅전의 신앙형태에서 알 수 있다. 그러나 여타의 다른 전각에서의 신앙적 전개를 보면 정토신앙이 더욱 강조되고 있음을 알 수 있어 전체적인 가람의 성격을 아미타신앙을 위한 도량이라 할 수 있다.

이상과 같은 아미타도량으로서의 가람구조는 배불하의 조선시대에 상궁 등의 왕실의 보호를 받고 경영된 서울 교외에서의 대부분의 사원이 지니는 공통점이라 할 수 있어 주목된다.

2. 佛畵

1) 大雄殿의 佛畵

대웅전에 봉안된 불화들은 모두 상궁 金氏 등이 시주하여 漢谷, 頓

法, 慧果, 奉鑑, 慧庵 그리고 肯法 등의 畵僧에 의해 光武 9년(1905)에 일괄 조성된 것들이다. 따라서 필치, 색감, 相好 등의 표현에서 거의 유사한 양식을 보여주고 있다.

의습선을 비롯한 描線들은 매우 양식화된 모습이고, 옷깃 등에 표현된 문양이나 구름 등의 표현도 도안화되어 보인다. 색감은 대부분의 조선조 말기 불화에서 볼 수 있듯이 적색과 암녹색 그리고 코발트 및 청색 등의 주류를 이루고 있다. 또한 九品圖의 樹木, 바위, 연꽃 그리고 동물 등의 표현이나 山神圖에 그려진 나무, 호랑이 등의 표현은 民畵에서 보이는 양식과 같은 묘사법을 보이고 있다.

(1) 神衆幀

神衆은 원래 上壇信仰에서 佛法守護의 역할을 담당하던 존재이다. 이것이 시간이 지남에 따라 그 기능이 더 강조되어 독립된 신앙체계를 갖게 되어 중단신앙의 불화로서 조성된다.

神衆圖는 불법을 수호하는 護法神들을 묘사한 그림이다. 여기에 표현된 신중은 불교에 습합된 인도의 토속신들 뿐만 아니라 十王, 七星, 山神 등 중국과 우리나라의 토속신까지 포함되기도 한다.

우리나라의 신중탱화는 39위가 표현되기도 하고 104위가 표현되기도 하며 또는 이들 중 일부분만을 적당한 位目으로 안배하여 구성되기도 한다. 신중도는 그 표현되는 위목에 따라 여러 종류로 나뉘는데, 이것은 帝釋天・梵天과 童眞菩薩을 중심으로 한 신중도이다.

가로로 긴 화면의 좌상부에는 寶冠을 쓰고 光背가 표현된 보살형의 帝釋天과 梵天이 합장한 모습으로 나란히 그려져 있다. 이들 좌우에는 칠성탱에 등장하는 輔弼星이 侍立하고 그 아래에는 여러 신장이 무장의 모습으로 묘사되어 있다. 중앙 부분에는 갑옷을 입고 투구를 쓴 동진보살이 창을 땅에 댄 모습으로 묘사되어 있다. 이 주위를 奏樂童子 및 무기를 든 신장들이 에워싼 듯이 배치된 구도이다.

옷주름이나 구름문양 등의 매우 도식적인 모습으로 보이고 채색도 탁하고 변화 없는 것이지만, 화면의 하반부에 배치된 신중들의 표정이나 악귀, 동자들의 모습이 생동감 있게 묘사되었다.

(2) 山神幀

우리나라의 토속신앙인 山神信仰은 불교토착화의 과정에서 불교호법신으로 습합되어 독립된 불교신앙의 하나로 자리잡게 되었다. 그래서 으레 절마다 산신각을 따로 짓고 산신도를 봉안하곤 한다.

우리나라의 산신은 바로 호랑이를 신격화한 것이다. 그러므로 산신도에는 인격신인 山神과 그 화신인 호랑이가 등장하는데 흔히 심산유곡을 배경으로 호랑이 등에 몸을 기대고 앉은 모습으로 묘사된다.

이 산신도 역시 깊은 산속의 나무를 배경으로 道人風의 산신이 그려져 있는데 손에 연꽃송이 같은 부채를 들고 정면을 향한 모습이다. 그 곁에 호랑이가 엎드린 모습으로 그려져 있다.

(3) 三藏幀

三藏은 天藏, 地持, 地藏菩薩을 일컫는다. 삼장보살신앙은 中壇信仰에 속하는 것으로 천장보살은 상계, 天界의 교주이고 그 권속은 모두 天部衆이다. 지지보살은 음부 즉 地上界의 교주이고 그 권속은 지상의 여러 神衆이며, 지장보살은 冥界의 교주이고 그 권속은 모두 명계의 신중으로 天界, 地上界, 冥界의 3계 신앙의 구조를 지니고 있다.

이 삼장불화는 우리나라에만 있는 독특한 圖像으로 중앙의 천장보살을 중심으로 왼쪽에 지지보살, 오른쪽에 지장보살이 배치된다.

대부분의 삼장탱화에서는 삼장 각 보살의 무릎 아래에 좌우협시가 侍立하고 그 주위와 삼장보살 주위에 天衆, 菩薩, 神衆들의 권속이 배치되는데, 이 그림에는 천장보살을 제외한 지장과 지지보살의 협시의 구분이 불분명하다.

삼장탱화

천장과 지지보살은 寶冠을 쓴 모습임에 반해 지장보살은 조선시대 지장보살의 일반형인 보관을 쓰지 않은 聲聞比丘形의 모습으로 표현되어 있다.

(4) 極樂九品圖

極樂九品圖는 《無量壽經》과 《觀無量壽經》의 내용이 혼합되어 도설된 極樂淨土圖라 할 수 있다. 즉 阿彌陀會上圖와 極樂九品往生圖가 결합된 도상인데 9품이란 上品上生, 上品中生, 上品下生, 中品上生, 中品中生, 中品下生, 下品上生, 下品中生, 下品下生을 말한다. 아미타여래는 중생을 그 근기에 따라 9등급, 즉 9품으로 나누어 설법한다고 한다. 구품왕생도는 이들이 극락으로 왕생할 때에도 역시 9품으

극락구품도

로 나누어 여래와 보살들에게 授記받는 모습을 그린 것이다.

　조선조의 극락구품도는 고려의 觀經變相圖의 도상을 계승한 것으로 보이는데, 고려의 관경변상도에서는 극락의 모습과 아미타회상을 크게 부각시키고 왕생의 모습은 작게 좌우에 묘사하고 있으나, 조선시대의 구품도에서는 이들의 비례가 바뀌거나 비슷한 입장으로 그려졌다.

　극락구품도의 구도는 화면을 상하좌우 각 3부분으로 나누어 9칸의 구획을 마련한다. 중앙의 상단에는 아미타여래의 설법을 그린 아미타회상, 그 아래에는 극락정토의 모습이 묘사되고, 나머지에는 극락왕생의 모습이 그려졌는데 그 내용을 아래와 같은 순서대로 살펴보면 다음과 같다.

①他方菩薩極樂淨土參詣圖
②阿彌陀會上圖
③聖衆極樂淨土參詣圖
④阿彌陀授記圖(上品 또는 中上品, 中中品)
⑤極樂淨土의 莊嚴
⑥菩薩授記圖(中品下生人 또는 下品往生人)
⑦菩薩授記圖(中品下生人 또는 下品往生人)
⑧阿彌陀授記圖(上品人 또는 中品上生 中品中生人)
⑨極樂淨土의 莊嚴

 이상에서 볼 때 극락구품도는 아미타회상과 극락의 장엄한 모습, 그리고 아미타불 및 보살들의 往生人授記 등이 그려진 것으로 고려관경변상도의 도상을 계승하였으나 많은 부분이 생략되고 도식화된 경향을 보이고 있다. 또한 구품왕생도가 모두 도설된 것이 아니라 5품만 도설되었을 뿐이다.
 이와 똑같은 도상의 구품도가 興天寺와 경기도 高陽郡 興國寺에도 전해지고 있어 주목된다.

(5) 現王幀
 미혹한 세계에 사는 중생들이 깨닫지 못하면 그 업에 따라 六道를 전전하며 끝없는 輪廻를 되풀이한다고 한다. 중생이 죽으면 명부의 염라대왕 앞에 나아가 자기의 죄악에 대한 심판을 받게 되는데 이 심판에 따라 사후세계가 결정된다.
 이러한 중생의 죄를 심판하는 염라대왕신앙은 중국에서 더욱 발전하여 十大王 등으로 확대되어 염라대왕은 그 중 제5대왕에 속하게 된다. 그런데 이들 十王에게 심판받기에 앞서 죽은 지 3일 만에 재판하는 것이 바로 現王이다.
 화면의 중앙에는 현왕이 책상 위에 한쪽 팔을 기대고 비스듬히 앉아 있는데 그가 쓴 冠 위에는 경책을 말아 얹고 있어 특이한 모습을 보이고 있다.

현왕의 좌우에는 侍女, 童子, 判官 등이 둘러서 있고 아래에는 죄과를 적어 현왕에게 바치는 使者, 鬼神, 判官 등이 배치된 전형적인 현왕도의 도상을 갖추고 있다.

⑹ 甘露幀

甘露幀은 盂蘭盆經의 내용을 도해한 盂蘭盆經變相圖라고도 하는데 지옥에 빠진 중생을 극락으로 인도해 주는 장면을 그린 그림이다. 우란분경은 부처님의 수제자인 目連尊者가 돌아가신 어머니가 餓鬼道에 빠져 먹지 못하는 고통을 당하는 것을 보고 부처님께 사정하자 부처님이 그의 간절한 발원을 들어 참회의 날에 과거, 현세 七世의 죽은 부모를 위해 十方의 부처님과 스님에게 百味, 飯食, 五果 등을 공양하면 亡母를 天人의 세계에서 복락을 누리게 한다는 뜻을 설한 경전이다. 이러한 우란분경을 배경으로 이루어지는 의식이 盂蘭盆齋인데, 중국과 우리나라에서는 일찍부터 조상숭배의식과 결부되어 널리 행해졌다. 따라서 감로도가 많이 그려져 왔다.

감로탱화의 구성을 보면 화면의 상단 중앙에는 7여래상이 도설되고 그 좌우에는 지옥의 중생을 극락으로 맞이하기 위해 지장보살과 引路王菩薩 등의 來迎장면을 그린다. 7여래 아래에는 이들에게 공양하는 盛飯을 그리고 그 하단에는 儀式僧의 祭儀장면과 餓鬼가 그려지고 나머지 화면의 좌우에는 六途圖로 속세의 여러 가지 생활상이 묘사된다. 여기에는 농사를 짓고, 공부하며, 싸우기도 하고 가무를 즐기다가 굿을 하는 장면 등 다양한 생활상이 묘사되어 당시의 생활풍속을 살펴볼 수 있다.

이러한 도설내용의 감로탱화는 생전에 지은 죄과에 따라 冥府의 十王들에게 심판을 받아 지옥에 떨어지는 것을 예견하고 죄를 짓지 않음으로써 그 고통에서 구제된다는 신앙에서 성립된 것이다.

(7) 伽藍神圖

伽藍神이란 가람, 즉 절의 수호신을 일컫는 것이다. 현재 우리나라에는 金剛力士나 四天王 같은 불법 수호신이 탱화나 조각으로 많이 남아 있으나 가람신의 예는 흔치 않으므로 그 도상은 확실하게 알려지지 않는다.

이 가람신도의 도상은 十王 중 五導轉輪大王과 유사한 것으로 보이는데 투구를 쓰고 갑옷을 입은 무장의 모습으로 묘사되어 있다. 병풍을 뒤로 하고 책상에 책을 놓고 손에 붓을 쥔 자세도 일반적인 五導轉輪大王과 같은 모습이다.

畵記가 없어 정확한 연대는 알 수 없지만 대웅전 내의 다른 불화들과 유사한 필치를 보이고 있다.

2) 滿月殿의 佛畵

(1) 山王幀

대웅전 내의 산신도와 같이 한 손으로 수염을 쓰다듬고 다른 손에 부채를 쥔 山神이 깊은 산중에 호랑이와 童子들을 거느리고 앉아 있는 모습으로 그려졌다. 산신 곁에 웅크리고 앉아 있는 호랑이의 모습은 民畵에서 흔히 볼 수 있는 호랑이처럼 묘사되어 있다.

같은 畵僧의 작품이지만 두 명의 동자들의 정감어린 모습과 폭포가 쏟아지는 배경의 묘사 등 대웅전의 산신도보다 더 설화적으로 그렸다.

(2) 獨聖圖

獨聖은 賓頭盧頗羅隨라는 부처님의 제자로 석가의 수기를 받아 남인도의 天台山에서 수도하면서 부처님이 열반한 후의 모든 중생들을 제도하고자 하는 阿羅漢이다.

  이는 나한도와 같은 도상으로 그려지는데 즉 천태산 속에서 눈썹이 하얀 老比丘가 錫杖을 짚고 앉아 있는 모습으로 묘사된다.

⑶ 掛佛

  掛佛은 야외에서 행하는 큰 법회나 의식 때 내거는 대형 불화이다.
  봉원사의 괘불은 아미타삼존도라 할 수 있는데, 화면 가득히 아미타삼존의 입상이 그려지고 그 아래에 阿難과 迦葉 그리고 사자와 코끼리에 탄 文殊와 普賢이 童子形으로 묘사되어 있다. 대개 老比丘로 묘사되는 迦葉과 젊은 비구의 모습인 阿難, 그리고 문수와 보현은 석가모니불화에 나타나는 존상들이다. 그러나 중앙의 여래 좌우에 그려진 협시보살은 阿彌陀佛이 새겨진 보관을 쓴 관음보살과 정병이 표현된 보관을 쓴 세지보살이어서 이들은 阿彌陀三尊임을 알 수 있다. 따라서 이 불화는 아미타삼존도에 두 제자와 문수・보현이 혼합된 독특한 양상을 이루고 있다.

3) 大房內의 金庫 보관 佛畵

  道場淸淨 莊嚴用佛畵는 寺刹內의 야외에서 靈山祭 등의 큰 의식행사를 행할 때 의식도량을 청정하게 하고 한편 장엄하게 하기 위한 불화로 다음과 같은 것이 전한다.
  八金剛圖 : 八金剛은 104位神衆 가운데 上壇神衆에 속하며 금강과 같은 강한 힘으로 온갖 재앙을 물리친다고 한다. ① 靑除災金剛圖, ② 諸毒碧毒金剛圖, ③ 黃隨求金剛圖, ④ 白淨水金剛圖, ⑤ 赤聲火金剛圖, ⑥ 定除災金剛圖, ⑦ 紫照身金剛圖, ⑧ 成就大神力金剛圖
  十二支神圖 : 12支神은 원래 도교적인 것이나 불교에서 이를 受容하여 神將과 같은 신앙적 기능을 갖게 되면서 주로 道場守護의 기능

을 지니고 野外法會時 莊嚴用을 겸하여 밖에 내건다.

　四菩薩圖 : 4보살은 104위신중도에서 상단신중에 속하며 보살의 기능으로 온갖 재앙을 물리치고 도량을 청정히 한다고 한다. ① 參禮衆會方便警物眷菩薩圖, ② 智達定境福修定業索菩薩圖, ③ 隨諸衆生現身調伏愛菩薩圖, ④ 淸淨雲音普警群迷語菩薩圖

　五如來圖 : 5如來는 甘露幀畵에도 圖說되어 영혼천도시 신앙의 대상이 되기도 하지만 이들 5如來를 각각 圖說할 경우에는 護道場의 기능을 갖게 된다. ① 多寶如來, ② 妙色身如來, ③ 廣博身如來, ④ 離怖畏如來, ⑤ 甘露王如來

　여타의 불화 : 이상 8金剛 4菩薩 5如來圖가 각각 중복되어 있다. 이 같은 현상은 보다 넓은 도량을 장엄하고자 할 때 많은 장엄용 불화가 필요한데 기인되는 것이라 생각된다.

안성 雙彌勒寺 佛蹟의 성격

1. 머리말

경기도 安城郡 三竹面 基率里의 뒷산 산록에 상하 두 곳의 石佛群이 위치한다. 이 불상들은 주민들에 의하여 오랫동안 미륵님으로 신봉되어 왔고 그 조형의 기법 등은 고려시대 불상양식으로 파악되어져 下部의 石佛像二尊은 경기도 지방유형문화재로 지정되어 있다. 한편 이 이상의 佛蹟은 오랫동안 사찰경영과는 관계없이 방치되어 왔으나, 오늘날에는 대한불교 법상종이 복원사업을 추진하여 경내의 정비작업과 아울러 불전 복원 등을 이룩하여 下部의 불적을 중심으로 雙彌勒寺, 상부의 불적을 중심으로 國師庵이라는 寺名을 붙이고 있다.

이상 쌍미륵사의 석불에 대하여 학문적인 주목은 金三龍 교수 등에 의하여 이룩되어 왔으나[1] 이들 연구는 석불 자체를 주목한 데 머물고 석불을 중심으로 한 종합적인 연구에는 이르지 못하고 있다. 따라서 필자는 선학들의 연구성과를 바탕으로 하여 이들 불적을 둘러싼 여러

---

1) 金三龍, 《韓國彌勒信仰의 硏究》, 同和出版公社, 1983, 彌勒像畵報 참조.

쌍미륵사 전경

가지 문제를 종합적으로 구명하여 이들 불적이 갖는 성격이 어떠한 것인가를 밝혀 보려 한다.

2. 佛蹟의 현황

먼저 이들 佛蹟이 위치한 지명인 基率里에 대한 재해석이 필요하다고 생각한다. 왜냐하면 이들 지명은 오랫동안 미륵님으로 인식되어 온 石佛과 관계하여 붙여진 이름으로 생각하기 때문이다. 만약 그렇다고 한다면 이 기솔리는 기솔리가 아니라 도솔리가 되어야 옳은 것이라 생각한다. 그것은 兜率里가 基率里로 되었다는 다음과 같은 몇 가지 이유가 생각나기 때문이다.

첫째, 원래는 도솔로 불리워 왔으나 이를 漢字化하면서 도를 基字

의 訓인 '터'로 오인한 데 기인한다. 즉 도솔리를 터솔리로 발음하게 된 데서 基率里가 되었다고 생각된다.

둘째, 이 지역에 위치한 石佛을 오랫동안 미륵님으로 신봉하여 왔다면 기솔리의 어원은 도솔리에 있었다고 생각함이 합당하다.

이상과 같은 이유로 오늘의 지명인 基率里는 '기솔'이라는 音讀이 있음에도 불구하고 도솔리로 읽혀지거나 아니면 兜率里로 원래의 이름을 되찾아야 되리라 생각한다. 그것은 이상의 石佛群의 역사적 종합적 의미를 구명하는 일과 밀접한 관계를 지니고 있다고 생각하기 때문에 더욱 그러한 생각이 간절해진다.[2]

한편 이들 佛蹟이 전하는 山名도 원래는 普溪山이었으나 基率山이라 하게 되었다고 한다. 그리고 佛蹟이 위치한 뒷산 봉우리는 國師峰이라 하였다고 한다. 이 山名도 원래는 도솔산이며 국사봉은 도솔산과 관계된 봉우리 이름으로 보아야 옳은 것으로 생각된다.

이상의 佛蹟이 전하는 도솔산 입구에는 舞仙臺란 바위가 위치한다. 이 바위에는 하늘에서 내려온 神仙들이 춤추었다는 지방주민의 전설이 선한다. 이는 도솔천 天衆들이 미륵보살의 설법을 듣고 환희하며 춤추었다는 經說을 뒷받침하고 있는 것 같아 더욱 흥미를 끌게 한다.[3]

이 舞仙臺를 지나 100여 미터 上方에 좌우로 石造立佛 2基가 위치한다. 이 불상은 그 장대함에도 불구하고 모두 한 돌로 조각하고 있다. 方形의 얼굴, 우뚝솟은 코, V자로 전개되는 通肩의 法衣, 與願印·施無畏印 등의 手印을 하고 있으며 그 표현기법 등이 고려시대의 불상으로 알려져 있다. 머리에 갓을 쓰고 있음은 미륵석불의 공통적 특징

---

2) 지명의 解明은 역사적 사실을 밝히는 일과 밀접한 관계를 지닌다고 생각하기 때문이다.
柳在泳,《傳來地名의 研究》, 원광대학교 출판국.
3) 도솔천에서 현재 수행중인 미륵보살은 天人들께 둘러싸여 있다고 함이 그와 같은 것이다.《佛說彌勒菩薩上生兜率天經》《대정장》 14.

쌍미륵불(왼쪽)

으로 전해진다.

  주위환경은 안성군에서 일단 정비를 하여 石佛壇을 이루어 놓고 있으나 주변에서 발견되는 加工石 등에 의하여 또 하나의 불상이 더 있었을 가능성을 배제할 수 없게 된다.

  미륵불 근처의 환경은 2단佛壇으로 석축을 쌓아 정비하고 있는데 1단석축에는 예배장소로 정비되어 제단석이 마련되어 있고, 2단석축에는 佛壇이 되어 있다. 이들 정비는 7~8년 전 안성군에서 하였다고 하

쌍미륵불(오른쪽)

는데 佛足 부분이 매몰되어 있어 그 노출의 필요성을 느끼게 한다.

　이 石佛 주변에서 石塔 基壇石 1片이 발견되어 현존하고 있으며 주민들에 의하면 부도도 있었으나 주민들의 無知로 지하에 매몰되었다고 한다. 한편 이 石佛 뒤편에 五百羅漢殿이 있었다고 하는데 瓦片들이 발견되고 있다.

　이상에서 보면 이 石佛을 중심한 이 지역에는 석불 이외에 다른 가람이 형성되어 있었던 것이라 보아지나 발굴조사를 해보지 않는 한 현재로서는 그 규모나 성격을 파악할 수 없다. 그러나 다만 주민들의 말을 빌자면 가람에 대한 기억은 없지만 석불을 중심으로 그 주위에 막을 치고 계속 오랫동안 미륵님에 대한 신앙행위를 해왔다고 하고 있어 이들 석불에 대한 미륵신앙의 끈질긴 저력을 전하고 있다.

한편 이상과 같은 끈질긴 미륵신앙의 전통을 계승 발전시킨다는 강한 의지가 대한불교 법상종에서 발현되어 몇 년 전 다음과 같은 殿閣을 石佛 좌우에 건립하고 있다.[4]

大雄殿・龍華殿・千佛殿・山神閣・寮舍 등이 그것이다. 이들 불전들은 아무 계획없이 지어 원래의 佛蹟의 의미를 되살리는 데 별다른 기여를 못하고 있다.

어떻든 이상 兩石佛과 그 좌우의 殿閣을 포함하여 오늘날에 하나의 가람을 형성하고 있으며 兩石佛의 이름을 따서 이들 가람을 雙彌勒寺라 하고 있다.

이 쌍미륵사에서 도보로 15분 거리 上方에 3존석불이 위치한다. 중앙의 석불은 여래상으로 通肩의 法衣에 與願印・施無畏印을 結하고 있다. 좌우의 석불은 보살상으로 보이는데 가운데 여래상보다 조금 작으며 왼쪽의 像은 香盒과 같은 것을 오른손에 들고 있으며 오른쪽의 像은 錫丈을 양손에 들고 있다. 3존이 다 같이 짧은 목과 동그란 얼굴 등에서 쌍미륵사의 석불과는 달리 그 표현기법 등이 고려시대가 아닌 조선시대 것으로 추정된다.

이들 3존석불의 보존상태는 모두 양호하다. 3존이 모두 머리에 갓을 쓰고 있음은 쌍미륵사의 石佛과 같으나 3존의 갓이 그 규모가 훨씬 커

---

4) 法相宗은《唯伽師地論》의 著者인 無着이 도솔천의 미륵보살에게 감명을 받아 著書를 남길 수 있었다고 하며 미륵신앙을 하게 된다. 우리나라의 法相宗은 신라시대에 그 연원이 있으며 고려시대에는 상당한 세력을 지니고 있었다. 오늘의 법상종은 그와 같은 우리나라 법상종의 전통을 계승한다는 의미로 창종되었다.

천불전

서 석불의 보존에 많은 영향을 미치고 있는 것 같다. 한편 이들 갓은 3중구조를 지닌다는 것도 한 특징으로 지적된다. 얼굴부분은 3존이 모두 마멸이 심한데 이는 민간신앙에 의한 한 병폐로 생각된다.

이상의 석불은 石佛三尊을 나타내고 있으나 兜率天宮의 彌勒三尊을 나타낸 것으로 생각된다. 즉 下方 雙彌勒寺의 석불이 미륵하생신앙에 의한 미륵이라면 上方의 이 미륵삼존불은 미륵상생신앙에 의한 도솔천궁의 미륵으로 조성하였다고 생각됨이 그와 같은 것이다.

이 미륵삼존석불의 주위환경은 잘 정비되어 있으나 정비 당시 쌓은 석축 중에는 몇 개의 加工石이 발견되어 3존석불 이외에 다른 유적이 있었을 가능성이 엿보인다.

三尊石佛 뒤의 산봉우리를 國師峰이라 하고 국사봉에는 봉수대가 있어 관악산과 교신하였다고 한다.

三尊石佛의 오른쪽에 大雄殿과 오른쪽 아래에 寮舍를 새로 건립하

국사암 삼존불

고 오늘의 가람을 형성하며 國師庵이라 이름하고 있다. 국사암이란 명칭은 뒷산봉우리가 국사봉이라 한 데 기인하는 것이라 하나 도솔천궁으로 하여야 옳은 것으로 생각된다.

쌍미륵사의 관계에서 보면 쌍미륵사가 본사, 국사암이 산내암자의 관계로 되어 있으나 석불의 관계에서 보면 국사암은 미륵상생신앙처 쌍미륵사는 미륵하생신앙처로서 오랜 전통을 지녀온 것이라 믿어져 이곳이 주목된다.

쌍미륵사가 하방의 평지에 위치하고 국사암이 상방의 산봉우리에 위치한다는 것도 우리나라 미륵상하생신앙의 가람구조의 전통을 따르고 있는 것 같아 흥미를 끌게 한다.

3. 佛蹟의 성격

　쌍미륵사 지역의 석불은 오늘에 2基만이 전하나 주위에서 발견되는 파편 加工石과 국사암 석불과의 상호관계 등에서 보면 이들 석불은 2基가 아니라 3基가 있었을 것으로 추정된다. 왜냐하면 이들 석불은 여래상을 나타내고 있으므로 미륵하생신앙과 관계된 이 지상의 龍華樹 下에서 설법하는 龍華三會의 미륵여래상을 나타내고 있는 것으로 생각되기 때문이다.
　《彌勒上生經》·《成佛經》 등에 의하여 龍華三會의 미륵불에 대하여 살펴보면[5]

　　舍利弗이 釋尊께 말하기를, "世存이시여 미륵은 참으로 도솔천에서 내려와서 성불하게 됩니까. 원컨대 미륵의 功德神力 國土莊嚴의 모습을 듣고 싶습니다. 또한 중생은 무슨 布施 무슨 戒에 의하여 미륵을 만날 수 있습니까"

하고 청문하니 佛은 여기에 답하여 미륵하생이 가까워진 때의 세계의 상태에서부터 다음과 같이 설하게 된다.[6]

　　四大海의 물은 모두 3천 유순을 減하고 염부제의 땅은 평탄하여 거울과 같고 꽃이 아름답게 피고 높이 30리의 大木이 무성하게 된다. 인간의 수명은 8만4천 세, 身長은 16丈, 智慧福德을 갖추어 快樂安穩하게 지내고 있다. 다만 음식과 排便과 老衰의 3가지만 문제가 된다.

---

5) 《대정장》 14, 《彌勒下生成佛經》.
6) 앞의 책.

여기에 翅頭末이라는 큰 城이 있는데 대단히 아름답고 복덕의 사람들이 城中에 가득 차 있다. 성 가까이의 연못에는 龍王이 살고 밤마다 細雨를 내리게 하여 길에는 먼지가 없다. 地面에는 砂金이 깔려 있다. 이 나라는 轉輪王이란 왕이 다스리고 있다. 이 성중의 妙梵과 梵摩波提라는 波羅門의 부부에 彌勒은 生을 託하여 태어난다. 성장한 미륵은 세상의 五欲의 患을 크게 느껴 出家修行하여 龍華菩提樹 아래에 앉았다. 그때에 諸天은 龍神은 香華의 비를 내리고 三千大千世界는 모두 진동하였다.

먼저 轉輪王이 龍華樹下의 彌勒佛 앞에 나아가 출가하기를 발원하여 예배하면 아직 머리가 올라오기 전에 왕의 머리카락은 떨어지고 袈裟가 몸에 입혀져 沙門의 모습이 된다. 그리하여 미륵은 왕과 더불어 8만 4천의 장관 비구 등에게 둘러싸여 翅頭末城에 들어간다. 이때 미륵의 발이 城門을 밟으면 사바세계는 6種으로 진동하고 염부제는 화하여 金色이 되었다. 미륵은 城 중앙의 金寶座에 앉아 大慈心으로 大衆에게 다음과 같이 설하게 된다.

'일찍이 석가모니 부처님께서 汚濁의 세상에 出世하여 너희들을 위하여 설법하였으나 너희들을 구제할 수 없었다. 그러나 너희들은 衣食을 布施하고 지식·지혜 등 여러 가지 공덕을 쌓았으므로 나의 처소에 來生하게 되었다. 나는 이들 여러 사람들을 攝取하게 될 것이다.'

이상과 같이 하여 첫회의 설법에서 96억인, 제2회의 설법에서 94억인, 제3회의 설법에서 92억인이 각각 阿羅漢의 位를 얻을 수 있었다.

이어서 미륵이 鷄足山에 이르면 여기에 석가의 제자 迦葉이 入定하고 있으며 석가모니로부터 전해 받은 大衣를 미륵에게 올리며 다음과 같이 전한다.

'大師 석가모니불은 涅槃에 드실 적에 이 法衣를 나에게 付囑하고 미륵님에게 전하게 하셨다'고

이렇게 하여 彌勒은 이 세상에 살기를 6만세, 중생은 모두 法眼을 얻었다. 너희들은 잘 정진하여 청정심을 발하여 여러 가지 善業을 행하여야 된다. 그러면 世間의 燈明인 미륵을 만날 수 있게 될 것이다.

이상이 《彌勒成佛經》과 《下生經》에 의한 미륵하생신앙의 대체적인 요지이다. 여기서 보면 미륵하생신앙의 요체는 미륵이 사바세계의 地上 龍華樹下에서 3번에 걸친 법회를 열 때에 그에 참여하여 구제를 받겠다는 것이다. 그리하여 지난날의 역사는 이상과 같은 彌勒三會의 설법도량을 마련하여 미륵의 하생을 기다리겠다는 신앙형태를 남긴다. 예컨대 백제시대의 익산 彌勒寺의 조영이 그와 같은 것이며 金山寺 彌勒殿의 조영이 그와 같은 것이라 할 수 있다. 즉 彌勒寺의 가람형태는 三塔 三金堂樣式을 지니는데 이들 三塔 三金堂은 각각 회랑으로 둘러싸여 別個의 佛院을 형성하고 있다. 그리하여 이 같은 가람의 양식을 三院伽藍이라 하게 되었다.[7] 그런데 이같이 미륵사의 가람이 三塔 三金堂을 지니게 되었다는 것은 龍華三會의 설법도량을 마련하는데 신행동기가 있었고 그 같은 신행동기가 미륵사 창건의 배경이 되고 있다는데 주목하게 된다.[8] 사람들은 백제땅이야말로 미륵이 하생할 수 있는 因緣功德을 많이 쌓아 미륵이 하생할 것이라는 확신을 갖게 되었고 그 결과 미륵사를 창건할 수 있게 되었다는 것이다.

한편 金山寺의 미륵전도 그와 같은 신행동기를 살필 수 있어 흥미를 끈다. 우선 금산사의 미륵전은 3층으로 되어 있다는데 주목해 볼 필요가 있다.

국보 62호인 미륵전은 선조 30년(1597) 丁酉再亂의 병화로 소실되었던 것을 守文大師가 다시 재건하였다고 한다. 그 이후에도 영조 24년(1748)에 金波大師가 중수하였고, 고종 때인 1897년에 龍溟大師에 의하여 중수되고, 그 후에도 1926년과 1938년에 金湖大師, 成烈大師 등에 의하여 중수되어 오늘에 이르게 되었다고 한다.[9]

---

7) 《彌勒寺》, 문화재관리국 문화재연구소, 1989.
8) 洪潤植, 〈彌勒寺創建背景을 통해 본 百濟文化의 性格〉, 《마한·백제문화》 6, 원광대학교 마한·백제문화연구소, 1983.

이상과 같이 오늘에 전하는 미륵전은 1635년에 건립되어 몇 차례의 중수를 거치게 되었으나 재건 당시의 모습을 그대로 지니고 있는 것으로 믿어진다. 그 이전의 미륵전이 어떤 모습의 전각이었던가를 살필 수 있는 구체적인 자료는 아직 발견되지 않고 있지만 《金山寺》에서 밝히고 있는 3층장육전은 오늘의 미륵전을 지칭하고 있는 것이 아닌가 생각되어 3층으로 된 미륵전의 모습은 오랜 전통을 지니고 있는 것으로 믿어진다. 더욱 금산사가 신라 이래의 대표적인 미륵도량으로 이름 높은 가람이었고, 한편 현존하는 거대한 塑造彌勒像의 臺座 아래에 있는 鐵須彌臺座 등의 형태로 보아 임란 이전의 소실된 미륵전에도 巨像의 미륵상을 봉안할 만큼 높은 건물 혹은 3층의 건물이었을 것이 예상된다.

오늘에 전하는 금산사의 3층건물과 그 높은 건물 안에 우뚝 높이 3층건물을 꿰뚫고 서 있는 미륵삼존불은 오랜 전통에 의한 것이며 또한 무엇인가 우리들에게 깊은 뜻을 전해주고 있는 것이라 믿어진다.

금산사의 미륵전은 왜 3층으로 되었을까. 3층으로 된 불전은 和順 雙峰寺의 경우에도 찾아볼 수 있다. 이 같은 3층전각은 法住寺의 捌相殿과 같이 木塔型에서 유래된 것이지만 금산사의 미륵전이 3층으로 되어 있다는 것은 의미를 달리하고 있다는 데 주목하지 않으면 안 된다. 왜냐하면 미륵전에는 여타의 다른 불전과는 달리 3층건물의 각 층마다 편액을 내걸고 있다. 즉 1층에는 大慈寶殿, 2층에는 龍華之會, 3층에는 彌勒殿이라 하고 있음이 그것이다. 이들 세 가지 扁額이 지니는 의미는 모두가 미륵건물임을 나타내고 있다는 데서는 공통적인 의미를 지니지만 이 3가지 편액 중 3층의 미륵전의 참뜻을 가장 잘 또는 직접적으로 나타내고 있는 것은 龍華之會가 아닌가 생각된다.

大慈寶殿이란 미륵을 일컫는 말로 범어로는 Maitreya인데 이를 번

---

9) 洪潤植,〈金山寺의 伽藍과 彌勒信仰〉《金山寺》, 문화재관리국, 1987.

쌍미륵사 용화전

역하여 慈氏라 한다. 이는 석가의 殿閣을 大雄寶殿이라 하고 있음과 비교가 되는 것이라 할 수 있다. 龍華之會란 미륵이 波羅捺國 劫波利村의 大婆羅門 집에서 태어난 12년 뒤의 2월 15일에 沒하니 도솔천에 이른다. 그곳에서 天人들을 위하여 설법하다가 염부제의 세수 56억만세에 염부제에 하생하고 이때에 3회의 설법을 하게 되는데 이를 龍華三會의 설법이라 한다.[10] 그리하여 龍華之會란 곧 龍華三會의 설법모임을 가리키는 것임을 알 수 있다. 따라서 금산사의 미륵전은 미륵하생신앙에 의한 용화삼회의 설법건물을 상징하고 있는 것임을 알 수 있다. 즉 미륵전이 3층건물로 되어 있음은 3회의 설법장임을 상징하는 것이며 그 3층의 설법장은 그 편액이 말하여 주고 있는 바와 같이 미륵이 하생하여 설법한다는 용화삼회의 설법장임을 일러주고 있음이

---

10) 《대정장》 권14.

그것이다.

익산의 彌勒寺도 용화삼회의 설법장임을 상징하여 미륵삼존을 봉안하고 會殿·塔·廊廡를 각각 세우게 되었다고 함은 전술한 바이다.[11] 즉 미륵사는 용화삼회의 설법장임을 상징하여 가람을 형성함에 있어 三院伽藍을 형식하게 되었던 것이라면 금산사는 三院伽藍의 형성을 종적으로 구성하여 3층의 건물을 짓게 된 것이라 믿어진다. 즉 미륵사는 용화삼회의 설법장을 횡적으로 평면상에 구성하였다면 금산사의 미륵전은 종적으로 구성한 것이라 생각된다. 그런데 여기 미륵사의 경우에는 용화삼회의 설법건물을 횡적으로 평면상에 구성하게 됨으로써 미륵삼존의 불상을 각각의 會殿에 미륵 1상씩을 봉안하여야 되었지만 금산사의 경우에는 미륵상을 크게 조성하여 3층에 관통하여 우뚝 서게 함으로써 3층설법장에서 3회에 걸친 설법을 하는 상임을 상징하고 있음이 다르다고 하겠다.

다른 한편 안성 쌍미륵사의 불적이 미륵하생신앙(쌍미륵사)과 상생신앙처(국사암)를 동시에 나타내고 있는 것이라 함은 전술한 바이나 이같은 신앙형태는 미륵하생신앙을 주축으로 하여 건립된 금산사와 미륵사의 경우에도 같은 신앙구조를 지니고 있는 것이라 생각되어 이점이 주목된다.

금산사의 미륵전이 하생신앙을 표방하여 건립된 것이라면 그 위에 위치하는 方等戒壇은 상생신앙을 표방하여 건립되었다고 하는 것이 그와 같은 것이다.[12]

금산사의 미륵전 왼쪽 높은 臺上에 松臺라 부르는 곳이 있고 이곳 일대를 寺中에서는 方等戒壇이라 하고 있다. 이 계단의 중심부에는 石鐘形 부도양식의 석조물이 있어 이를 속칭 石鐘이라 하여 보물 제

---

11) 《三國遺事》 武王條.
12) 앞의 주 9).

26호로 지정하여 보존하고 있다.[13]

 이 戒壇은 석종부도형식을 지니고 있으므로 墓塔으로 오인되는 경우가 있지만 이는 통도사의 경우와 마찬가지로 戒壇으로 보아야 옳을 것이다. 그런데 통도사의 戒壇을 金剛戒壇이라 하는데 반하여 금산사의 계단을 方等戒壇이라 하게 됨은 통도사의 계단이 출가자들을 위한 계단이라면, 금산사의 계단은 사부대중을 위한 계단으로 건립된 것이라 생각된다. 그리고 다른 한편 금산사의 방등계단이 지니는 의미는 계단이 있는 위치에서 찾지 않으면 안 된다고 생각한다. 즉 그 아래에 미륵전이 있고 미륵전 위의 높은 곳에 계단을 설치하고 있다는 것이다. 이 같은 형식은 익산의 미륵사에서도 살필 수 있어 주목된다. 즉 하생신앙에 근거한 龍華三會의 설법장을 상징한 미륵사가 있고 그 위에 상생신앙을 표방하여 경영되어진 師子寺가 있었던 것과 같은 패턴에서 이해됨이 그것이다.[14]

 여기 금산사의 계단을 상생신앙과 굳이 결부시키게 됨은 미륵상생신앙이 持戒위주의 신앙이라는 데 근거하고 금산사의 경우에는 미륵전과 짝하여 있고 또한 그 계단을 굳이 미륵전보다 높은 곳에 위치하게 함은 미륵상생신앙과 하생신앙을 대비시킨 데 연유한 것이라 생각한다. 즉 상생신앙처는 도솔천이라는 천상이요 하생신앙처는 염부제의 지상에 있는 것이기 때문이다.

 이상과 같은 미륵신앙의 이중구조를 이해하기 위해서는 상생신앙의 특징이 어떤 것인가를 알아야 한다.

 《彌勒成佛經》·《下生經》 등에 의하여 미륵의 하생이 있을 것이라 기대하고 있었으나 좀처럼 상생의 기미가 보이지 않고 또한 그 하생의 시기는 너무나 먼 미래의 일로 생각되어 상생신앙이 있게 되는 것임을

---

13) 《지정문화재해설》, 국보 보물편, 문화재관리국, 1975.
14) 앞의 주8).

《미륵상생경》에 의하여 알 수 있게 된다.[15]

즉 우리들의 생존중에는 미륵이 이 지상에 하생하리라 믿기 어려우므로 우리들이 죽은 뒤에 미륵이 있는 도솔천에 왕생하여 미륵의 곁에 있다가 미륵이 언젠가 하생할 때에 같이 하생하여 三會의 설법장에 참여한다는 것이 상생신앙이다. 그런데 상생신앙은 우선 도솔천의 왕생을 목표로 하고 도솔천의 왕생을 위해서는 계를 지켜야 된다는 특징을 지닌다. 《미륵상생경》에 의하면

> 도솔천에 왕래하기를 원하는 자는 이 觀을 行하여야 된다고 하고 이 觀을 行하는 者는 五戒・八戒・具足戒를 수지하고 身心을 정진하여 十善法을 닦고 일일이 도솔천상의 上妙快樂을 사유하여야만 된다.

하고 있는 것 등이 그와 같은 것이다.[16]

이상에서 보면 우리나라의 미륵신앙은 상생신앙과 하생신앙을 짝하여 있는 이중구조를 지닌 신앙형태를 지니는 것임을 알았다. 그것은 모르기는 하지만 우리나라 미륵신앙의 소의경전이 上生經이었거나[17] 아니면 하생신앙의 미래가 너무 먼 것이므로 상생신앙을 겸하게 되었던 것이라 믿어진다. 안성 쌍미륵사의 불적도 익산의 미륵사, 금산사의 미륵도량 등과 같이 우리나라 미륵신앙의 한 형태를 전하여 주고 있어 중요한 유적으로 생각된다.

---

15) 《대정장》 14.
16) 앞의 책.
17) 《彌勒下生經》은 下生信仰에 대해서만 설하지만 上生經은 上生信仰을 동시에 설하고 있기 때문이다. 한편 上生經에서는 下生經을 인용하고 있어 하생경보다 늦게 성립된 것을 의미한다.

국사암 삼존불(오른쪽)

4. 맺음말

안성 쌍미륵사의 불전은 상방에 도솔천을 상징한 국사암(도솔천궁)이 있고 下方에 龍華三會의 설법건물을 상징한 彌勒如來三尊(현재에는 2基밖에 없으나 원래는 三尊으로 생각됨)이 있는 현재의 쌍미륵사가 있어 이들 불적은 彌勒上下生信仰의 二重構造를 지닌 백제시대 미륵사의 가람구조와 같고 또한 신라 미륵신앙의 전통을 이어 받고 있는 것이라 생각되는 금산사 미륵도량의 가람구조와도 같은 생각이 되어 주목된다. 즉 안성의 미륵신앙의 불적은 우리나라 미륵신앙의 형태를 살피는 데 중요한 자료가 된다는 것이다.

국사암 삼존불(가운데)

    이상 우리나라 미륵신앙 관계 불적에서 보면 상하생신앙의 이중구조를 지닌다는 면에서는 공통적인 기반을 지니나 가람구조에서 보면 각각 차이점을 지녀 전통에 바탕한 시대적 변천을 살필 수 있어 이런 측면에서도 안성 쌍미륵사의 불적은 중요시된다.
    백제 미륵신앙의 형태를 대변하고 있는 것이라 할 수 있는 미륵사는 상생신앙처의 師子寺를 별도로 경영하고 하생신앙처의 미륵사는 삼회설법장을 상징한 삼원을 평면상에 배치하였다는 특징을 지니는데 이는 미륵신앙에 의하여 백제가 삼국통일을 이룩하려 하였다는 문화적 의미도 엿보인다. 이에 비하여 통일신라시대 미륵신앙의 전통을 계승하고 있는 것이라 생각되는 금산사의 미륵도량은 상생신앙처는 별

국사암 삼존불(왼쪽)

도의 가람을 경영하지 아니하고 戒壇으로 상징적 의미를 지니게 하였다는 특징을 지니며, 또한 하생신앙처인 미륵전을 3층으로 하며 종적으로 3회의 설법건물임을 나타내고 있다는 것은 신라가 삼국을 통일하였음을 상징하고 있는 것이 아닌가 하여 주목된다.

한편 안성 미륵불적을 상하생신앙의 처소를 별도로 형성하고 있다는 면에서 보면 백제의 전통을 따르고 있는 것 같으나 야외 石佛群으로 상하생신앙처를 나타내려 하였다는 것은 조선시대에 이르러 미륵신앙의 끈질긴 전통이 민간신앙적 형태로 나타나게 되었던 것이 아닌가 생각된다. 미륵불의 양식이 고려시대 양식으로 알려져 있으나 이같은 양식은 조선 초기 것으로 믿어진다.

끝으로 부언하고 싶은 것은 쌍미륵사는 미륵하생처를 상징한다는 의미에서 龍華寺란 명칭이 합당하고, 상생신앙처를 상징하고 있는 國師庵은 兜率庵으로 함이 옳은 것이라 생각된다. 모르기는 하여도 基率里란 지명이 도솔리였다면 원래의 寺名은 도솔암 내지 도솔사였는지 모르기 때문이다. 그리고 上下의 절을 통칭해서 말할 때는 미륵사라 하여도 무방하리라 생각된다. 또한 도솔암을 쌍미륵사의 山內庵子로 생각한다면 쌍미륵사는 용화사로 하여도 무방하지만 미륵사로 하여도 무리하지 않다고 생각된다.

圓覺寺 가람구조와 10층석탑

1. 머리말

오늘에 전하는 圓覺寺의 가람구조는 알 수가 없다. 그러나 다행히 원각사의 10층석탑과 事蹟碑가 전하고 있어 원각사의 건립경위를 알 수 있고, 특히 원각사의 10층석탑은 원각사의 가람을, 또는 당시 한국 사원의 가람구조를 그대로 석탑으로 조형화하고 있다는 데서 주목된다.

그리하여 오늘의 원각사지는 시민의 공원이 되어 있지만 그곳에 전하는 10층석탑은 당시 원각사의 가람의 모습을 그대로 전하고 있는 것으로 생각되어 그 가람적 의미를 살펴볼까 한다.

서울 종로구 탑골공원 내에 위치한 원각사지의 10층석탑은 경복궁 내에 자리하고 있는 敬天寺 10층석탑과 더불어 우리나라의 일반적인 석탑양식과는 그 궤를 달리하는 것으로 주목의 대상이 된다.

즉 그것은 석탑구조의 형식과 양식이 다를 뿐 아니라 석탑의 기단과 탑신부분의 각면에 다양한 설화와 變相을 조각하여 석탑이 조성될 당시의 불교사상적 배경을 잘 반영하고 있기 때문이다.

다른 한편 이상과 같은 석탑에 조각된 설화와 변상은 조직적 체계를 갖추고 석탑의 구조적 의미를 나타내고 있는 것이라 생각되어 이를 규명함에 의하여 이 석탑이 갖는 양식적 특성이 밝혀지리라 기대되기 때문이다.

또한 원각사지의 10층석탑은 敬天寺址의 10층석탑과 같은 양식과 성격을 지니는 것으로 이해되지만 경천사지의 석탑은 일제에 의하여 일단 해체되었다가 다시 조립되었다고 하는 바[1] 원각사지 석탑의 구조를 밝히는 일은 경천사지 석탑의 원래의 모습을 찾는 일과도 깊은 관련이 있는 것이라 믿어 더욱 관심의 대상이 된다.

이상 원각사지 10층석탑에 대한 사상적 연구는 일찍이 禹貞相 교수에 의하여 이룩된 바 있고[2] 양식에 대한 고찰은 鄭永鎬 교수에 의하여 이루어져 왔다.[3] 그러나 이들 연구는 양자를 접목시킴에 의하여 얻을 수 있는 원각사지 10층석탑의 종합적 의미를 해명하는데 이르지 못하고 있다. 그것은 이 거대한 석탑을 자세히 관찰할 수 있는 기회를 얻지 못하는데 연유하는 것이라 생각되나 다행히 이번 문화재관리국에 의한 탑에 대한 전면적인 실측조사 사업은 이 탑을 구체적으로 살필 수 있는 기회가 주어져 본 연구를 할 수 있게 되었음을 밝혀둔다.

---

1) ① 關野貞, 〈敬天寺石塔〉편 《朝鮮美術史》.
   ② 《朝鮮佛敎通史》下, p. 738. 豊德敬天寺 在扶蘇山 寺有石塔十三層 刻十二會相 人物聳動 形容森爽其制作時巧天下無雙 諺傳元脫脫丞相八以爲願刹 晉寧君姜融 募元朝工匠 造此塔 至今有脫脫姜融畵像 輿地勝覽(前韓光武 9년 日本使臣田中光顯移去本塔)寺今廢.
   ③ 高裕燮, 《松都古蹟》, p. 184.
2) 禹貞相, 〈圓覺寺塔婆의 思想史的 硏究〉《朝鮮前期佛敎思想史硏究》, 동국대학교 출판부.
3) 《韓國美術全集》〈石塔〉篇, 동화출판공사. 《石塔》韓國의 美 9. 중앙일보사.

원각사 전경

2. 석탑조성의 경위와 연대

원각사는 배불의 조선시대에 흥불의 군주 世祖에 의하여 건립되었다.
따라서 원각사지에 전하는 석탑도 세조대에 건립되었음은 말할 나위가 없는 것이라 하겠으나 원각사가 세워지고 원각사탑이 세워진 경위를 먼저 살피는 일은 원각사탑의 구조적 의미와 성격을 파악하는데 도 도움이 될 것이라 생각한다.

세조는 그의 흥불정책을 통해 사원의 중흥불사에 진력하였을 뿐 아니라[4] 佛敎典籍을 간행하여 국내외로 불교사상의 홍포를 위하여 크게 노력하였다.

즉 세조 2년 대장경의 印出을 하였을 뿐 아니라 刊經都監을 설치하여 黃守身 등을 都提로 삼고 훈민정음으로 國譯한 법화경, 永嘉集, 金

---

4) 白雲山內院寺重創(白雲山內院寺事蹟), 月精寺(上院寺重創勸善文) 참조

剛經, 阿彌陀經, 般若心經, 圓覺經 등을 간행하여 널리 보급하였으며 華嚴經, 楞嚴經 등을 印出하게 되었던 것이 그와 같은 것이다.[5]

그런데 이상과 같은 세조의 흥불정책은 원각경에 의한 원각사상으로 국민정신을 통일해 나가고자 하는 데 목적이 있었음을 알 수 있고 원각사의 건립도 그와 같은 데서 역사적 의의를 살필 수 있어 주목되는 바이다.

《世祖實錄》10년條에 의하면,

> 鄭永順君溥 傳于承政院曰 近日 孝寧大君 於檜巖寺 設圓覺法會 如來現相甘露降 黃袈裟僧 三繞塔精勤 其光如電

이라 하여 조선 초기에는 일찍부터 원각법회가 성행하고 있었음을 알 수 있고[6] 다른 한편 탑파를 중심한 精勤이 성행하고 있었음을 알 수 있다. 뿐만 아니라 孝寧大君이 佛舍利를 檜岩寺 東崗石鐘에 奉藏하고 圓覺經을 강설할 때에 기이한 瑞像과 分身舍利의 신비성에 감동한 세조는 불교중흥의 중심사상을 원각사상에 의거하고 국민사상의 통일기관으로 원각사를 창건하게 된 것임을 살필 수 있게 된다.[7]

그리하여 이러한 뜻으로 세조의 圓覺經口訣이 있게 되고 圓覺經國譯本의 간행이 있게 되었으며 원각사를 창건하고 탑파를 건립하여 사리와 國譯圓覺經을 봉안하게 되었던 것이다.[8]

이 외에도 원각사의 창건은 세조의 특별한 관심 속에서 진행된 것임을 다음과 같은 기록에 의하여 좀더 자세히 알 수 있다.[9]

---

5)《李祖實錄佛敎抄傳》권5.
6)《朝鮮王朝實錄》世祖 10年條.
7) 앞의 책.
8) 앞의 주6).

세조 10년 6월 19일 : 圓覺寺上天 雨四花異香滿空
세조 10년 8월 25일 : 圓覺寺有瑞氣陣賀
세조 10년 8월 30일 : 進圓覺寺新造佛像分身舍利
세조 10년 10월 1일 : 又進圓覺寺舍利有五色瑞氣
세조 10년 12월 23일 : 圓覺寺有異香瑞氣陳賀
세조 11년 3월 1일 : 圓覺寺進羅漢分身舍利
세조 11년 5월 6일 : 圓覺寺有舍利瑞氣雨花
세조 11년 12월 24일 : 圓覺寺有瑞氣祥雲舍利分身
세조 12년 4월 12일 : 有甘露雨花舍利分身之異
세조 12년 10월 6일 : 圓覺寺舍利分身五彩瑞氣
세조 13년 4월 11일 : 圓覺寺舍利瑞氣之異陣賀

이상의 기록들은 세조가 分身舍利의 신비성에 감동한 사실들을 전하고 있는 것이라 하겠으나 다른 한편 이 같은 기연이 大塔 圓覺寺塔을 세우게 된 동기가 되었던 것임을 알게 된다.

이상에서 원각사와 원각사탑이 건립된 경위에 대하여 살펴보았다. 다음에는 원각사탑이 세워진 연대를 밝혀 보면 세조실록은 원각사탑 세조 13년 4월 8일 成이라 하고 있다.[10]

여기서 원각사지 10층석탑의 연대를 서기 1467년이라 하고 있으나 다른 한편 세조실록 13년 3월 8일조에는,

道闇等拜辭因啓曰 僧遍覽中原寺刹 聞圓覺寺塔爲天下最 願今日觀賞 上曰師今飮酒日旦暮 可於明日往觀 卽傳于禮曹曰 日本僧欲於明日觀圓覺寺 其往供之

---

9) 앞의 주6).
10) 《세조실록》13년 4월 8일조, "圓覺寺塔成 設燃燈會以落之."

라 하고 있으므로 이에 의하면 원각사탑은 세조 13년(1467) 4월 8일에 낙성을 보기 전에 이미 완공이 되어 있었음을 알 수 있다.

3. 석탑의 구성과 變相

1) 석탑의 구성

본 석탑은 기단이 3층, 탑신이 10층으로 된 대리석의 10층大塔이다. 오늘의 석탑의 개념으로는 10층탑이나 속칭 13층탑이라고도 한다.[11] 그것은 탑신부에 조각된 변상이 13회로 되어 있어 붙여진 말이라고도 하고 다른 한편 기단부와 탑신부를 합쳐 칭한 것으로도 생각된다.

이 석탑을 구성하는 핵심이 되는 13회의 變相에 대해서는 화엄사상에서 말하는 13천대천세계의 우주관을 나타낸 것이라고도 하고[12] 밀교에서 말하는 胎藏界曼茶羅의 13院을 말한 것이라고도 한다.[13]

그러나 이들 변상에서 보면 화엄사상뿐 아니라 보다 폭넓은 불교사상이 종합적으로 표현되어 있고 또한 밀교의 태장계만다라는 13院이 아니라 12院으로 되어 있어 의문이 제기된다.

그리하여 이에 대한 고찰은 이 塔婆의 조각 내용을 좀더 구체적으로 살핀 다음으로 미루고 우선 이 탑파의 기단부나 탑신부에 조각된 설화 및 변상의 내용이 무엇을 나타내고 있는 것인가를 살펴보기로 한다.

그런데 우선 기단부나 탑신부의 조각 내용이 변상으로 되어 있다는

---

11) 李能和의 《朝鮮佛教通史》하, p. 738. "寺有石塔十三層 刻十二會相."
12) 앞의 주 참조.
13) 高裕燮, 《松都古蹟》, p. 181.

원각사탑

데 주목을 끌게 한다. 그러므로 먼저 변상이란 어떤 의미를 지니는 것인가를 살펴보기로 한다.

2) 變相과 석탑의 구조

(1) 변상의 뜻

變相이란 變文에 대칭되는 개념이다. 즉 불경 중의 한 설화를 회화에 의하여 공간적으로 표현하면 변상이 되고, 口頭 혹은 文章에 의하여 시간적으로 전개하면 變文이 된다.[14] 따라서 變이라는 것이 佛敎故事의 조형적 표현이라면 변문과 변상의 관계에서 다음의 문제를 생각해 볼 수 있다.

첫째, 불교경전을 알기 쉽게 풀이한 것이 變文이고 변문을 더 사실적으로 표현하여 회화화한 것이 변상이다. 둘째, 불교경전의 내용을 먼저 회화화한 것이 변상이고 이 변상을 알기 쉽게 풀이하기 위한 것이 변문이다.[15]

한편 불교에 대한 대중적 이해를 위하여 俗諸僧이 출현하여 변상도 등의 그림을 앞에 놓고 그 그림을 설명하게 되었던 것이 변문이다.

이상에서 보면 변상과 변문은 어느 것이 먼저 성립되었는가 하는데 여러 문제가 따를 것이라 생각되나 변상이란 불교경전 내용을 쉽게 풀이하여 회화화한 것이라는 데는 이론이 있을 수 없다. 그런데 문제는 경전의 어떤 내용을 그림으로 그렸을 때 변상이라고 하느냐 하는 점을 생각하지 않을 수 없다. 왜냐하면 단순히 불보살의 형상만을 나타낸 그림을 變相圖라 하지 않고 있기 때문이다.

여기서 우선 변상과 변문이 갖는 變의 의미가 무엇인가를 살피지 않으면 안 되리라 생각한다.

變相의 變에 대해서는 變更의 의미로 파악하기도 하고[16] 한편 神變, 變怪 등으로 해석하기도 한다.[17] 그런가 하면 《望月佛敎大辭典》에서는 변이란 말은 범어 parinama로 轉變의 뜻, 또는 變理의 執變의 뜻이라 한다. 그리고 唯識家에서는 種子識이 7識 등을 낳고 또 제8識이

---

14) 洪潤植, 《高麗佛畵의 硏究》, 동화출판공사, pp. 67~73.
15) 앞의 주 참조.
16) 앞의 주 참조.
17) 앞의 주 참조.

影像相分을 변현함과 같은 것이라고 불교철학적인 해석을 하기도 하고[18] 한편 변에 대한 보다 오래된 문헌이라 할 수 있는 《法顯傳》에서는 本生談 등을 변이라 칭하는데 여기서 나타난 변이야말로 변상의 변에 통하는 바가 있다.[19]

즉 여기에서의 변은 변현의 뜻을 포함함을 분명히 하였을 뿐 아니라 여기서 말하는 변이란 題材的으로는 줄거리를 갖는 本生話라는데 주목할 필요가 있다.

唐 義淨이 번역한 《根本說一切有部奈耶雜事》17권에 大神通變 地獄變 등의 명목이 있고[20] 張彦遠이 《歷代名畵記》 兩京寺觀畵壁에 표현한 維摩詰本行變 등 거의 모두가 變이고 變相이라 하였음은 滅道變相뿐이다. 여기서 변은 변상의 약칭이거나 아니면 변이 변상 혹은 변상도로 변칭된 것이 아닌가 한다.

아무튼 변이든 변상이든 이들 변의 題材는 구체적으로 觀經變, 藥師變, 華嚴經變 등 각종의 변상에서 보면 그 연변에는 반드시 중앙의 佛像에 관계 있는 說話畵가 그려져 있다는 사실에 주목할 필요가 있다. 그리하여 變, 혹은 變相이란 설화적인 내용을 갖는 회화라 말할 수 있다. 그리고 그 始源을 말한다면 인도불교미술의 시원에서 조각이 불상을 표현하지 않았던 本生談 佛傳圖의 浮彫에서 비롯된 것이 아닌가 생각된다.

이상을 요약하면 變이란 용어는 본래가 佛敎用語이며 이는 무엇인가의 說話的인 줄거리를 갖는 내용을 회화화 혹은 造形化한 것임을 알 수 있다. 다시 말하면 變, 혹은 變相이란 中導的인 것이 中臺를 점

---

18) 앞의 주 참조.
19) 足立喜六, 《法顯傳》 校訂本, p. 203.
20) 《대정장》 24, p. 283에 給孤長者精舍莊嚴의 일을 기술하는 중에 大神通變, 地獄變 등의 기사가 보인다.

령하고 설화적인 요소가 연변에 그려지는 것을 칭하는데 相應되는 것으로 생각된다.

이를 다시 불교미술사적으로 살핀다면 변의 題材는 역사적으로 변천 발전되어 本生談 佛傳 내지 비유화 등의 소위 本緣說話의 畵題는 초기적인 것이며 淨土變相과 같이 話譚的인 내용이 연변에 깔리게 된 것은 후기적인 것으로 생각할 수 있다.

한편 이렇게 생각한다면 변과 변상과의 관계도 이 같은 관계에서 이해될지 모른다. 왜냐하면 변이 話譚的 내용을 갖는다는 것은 敦煌에서의 세속적인 화담 등에 대하여 변이라 하였음에서도 알 수 있게 되기 때문이다.[21]

(2) 변상의 유형

松本榮一의 《敦煌畵の硏究》에는 많은 변상도를 소개하고 있어 참고되는 바가 많다. 이에 의하여 변상의 유형을 분류해 보면 다음과 같다.[22]

    本生經變 : ① 須闍提太子本生變   ② 鹿母夫人本生變
              ③ 善反太子本生變   ④ 堅誓獅子本生變
               ⑤ 善慧童子本生變   ⑥ 須大拏本生變
               ⑦ 獅猴本生變   ⑧ 摩訶薩埵本生變
               ⑨ 尸毘王本生變   ⑩ 鹿王本生變
    佛傳變 : 佛傳變相은 幡繪 중에만 발견되고, 벽화는 발견되지 않고 있다고 한다.
    經變 : ① 觀經變相   ② 藥師淨土變相 ③ 彌勒淨土變 ④ 報恩經變
          ⑤父母恩重經變 ⑥ 法華經變   ⑦ 華嚴經變   ⑧ 維摩經變

---

21) 秋山光和,〈敦煌本降魔變畵卷について〉《美術硏究》189호, 미술연구소.
22) 松本榮一,《敦煌畵の硏究》.

이상을 원각사지 10층석탑의 변상에 대응해 보면 기단부의 조각은 본생경이나 佛傳變에 해당되는 것이라 하겠고 탑신부의 變相은 經變에 해당하는 것이라 하겠는데 탑신부의 經變은 松本榮一이 지적하고 있는 敦煌畵에서의 변상보다 더욱 다양하게 나타나고 있어 주목되는 바라 하겠다.[23]

이상에서 보면 圓覺寺塔의 조각은 기단부는 본생변과 불전변으로 되어 있고 탑신부는 經變으로 되어 있다는 사실을 알게 된다.

4. 石塔에 있어 變相의 내용

석탑의 조각 내용은 기단부와 탑신부가 그 유형을 달리하고 있다고 함은 전술한 바이나 이하에서 그 구체적 내용에 대해 살펴보기로 한다.

1) 基壇部

기단부의 평면은 20角을 이루고 각 층은 20면의 面石으로 구성하여 3층을 이루고 있다. 이와 같은 平面 20각의 구성은 불국사의 다보탑에서도 볼 수 있고, 인도의 古代 塔婆에서도 흔히 볼 수 있는 양식이다.[24] 왜 하필 20角일까 함은 불교의 인연법과 연관시켜 볼 수도 있겠으나 이 문제 또한 다음으로 미루기로 한다.

20각으로 된 평면은 亞字形이라고도 하며 이 탑의 기단은 20면이 모두 面石과 甲石으로 이루어졌다. 面石에는 각층 說話形의 圖像이 조각되어 있고 갑석 상하에는 仰蓮과 伏蓮紋을 각각 조각하고 있으며

---

23) 消災會, 梅檀瑞像會 등은 敦煌畵의 變相에서는 찾아 볼 수 없기 때문이다.
24) 逸見梅榮,〈阿育王塔と伽賦色迦塔〉《夢殿》제10책.

중앙부는 돌출시켜 唐草紋을 조각하고 있다. 다만 기단의 3층갑석 상단은 복련문이 아닌 난간을 장식하여 그 위에 塔身部를 받도록 하여 기단부와 탑신부를 구분하고 있다.[25]

기단의 지반에는 地臺石을 시설하여 상부에는 연화문, 하부에는 당초문을 조각하고 있다.

면석의 조각은 각 층이 각기 다른 패턴을 지니고 있는 것 같아 주목된다.

(1) 初層 基壇

초층 기단의 각 면에는 龍紋, 獅子紋, 蓮花紋 등으로 장식되어 있는데 이는 이 초층 기단 위의 제반 시설을 받들어 모신다는 의미를 지닌다. 즉 獅子座나 龍床 등과 같은 것이라 생각된다.[26]

(2) 2層 基壇

2층 기단의 면석에는 복잡한 설화형식의 圖像이 조각되어 있는데 우선 여기서 주목되는 것은 이 설화의 주인공격으로 생각되는 다음과 같은 도상들이다.

첫째, 삭발머리에 道師形의 모습을 한 인물상이다. 錫杖을 짚고 승복을 입고 있다.

둘째, 머리는 원숭이 모습을 하고 신체는 사람의 모습을 하고 있다.

셋째, 머리는 돼지 모습을 하고 신체는 사람의 모습을 하고 있다.

넷째, 머리는 짐승 모습을 하고 신체는 사람의 모습을 하고 있다.

---

25) 洪潤植, 《高麗佛畵의 硏究》, p. 94. 불교에서는 境界를 나타내고자 할 때에는 난간을 둘러 표시하는 作例(觀經變相에서 淨土의 區分)와 정토적 관계 경전에서 그와 같은 根據를 살필 수 있다.

26) 獅子座는 佛像의 臺座로 많이 표현하고 宮殿에서 왕이 앉는 자리를 龍床이라 하고 있음이 그와 같은 것이라 하겠다.

원각사탑 기단부

이상의 네 상은 서유기의 주인공인 현장법사, 손오공, 저팔계, 사오정을 나타낸 것임을 쉽게 알 수 있다. 즉 7세기경의 唐代에 현장법사가 取經을 위하여 인도에 여행한 사실이 唐末에 설화화되고 송대에는 大唐三藏取經詩話 등의 설화가 민간에 유포되어 있어 이를 집대성하여 明代의 吳承恩이 장편구어소설 《西遊記》를 지었다. 이에 의하면 72가지의 變化術을 會得한 손오공이 저팔계, 사오정과 더불어 현장법사를 수호하며 印度에 갔다가 돌아오는 도중에 만난 여러 가지 법난을 극복하고 무사히 목적지에 도착하여, 그 공덕에 의하여 모두 성불한다는 줄거리를 지니는 서유기의 주인공들과 같은 것임을 알게 되어 무척 주목되는 바라 하겠다.

다만 서유기의 창작연대가 16세기로 되어 있고[27] 원각사탑의 건립연

---

27) 《西遊記》는 淸나라 吳承恩 作으로 알려져 있으나 玄奘法師가 인도에서

대는 1467년으로 알려지고 있어 이 탑의 설화가 직접 서유기를 저본으로 하고 있지 않는 것임은 당연하다. 그러나 서유기 자체가 순수 창작물이 아니고 唐代부터 전해오는 현장법사의 인도로의 구법여정이 설화화 되어 있었던 것이므로 이 탑의 설화는 서유기가 집대성되기 전에 현장법사, 손오공, 저팔계, 사오정을 주인공으로 한 설화가 있었음을 전하여 주는 것임과 동시에, 이 탑 2층 기단 면석의 설화적 도상은 서유기의 모태가 된 玄奘求法의 설화를 저본으로 하고 있는 것임을 전하고 있다.

이상에서 보면 2층 기단의 면석에 조각된 설화적 내용은 현장법사가 인도에서 불교경전을 구하여 돌아온 과정을 나타내고 있는 것이라 하겠다. 즉 불교가 인도에서 중국에 어떻게 전해졌으며 그와 같은 불교가 한국에 어떻게 전해진 것인가를 나타내려 하였던 것이라 하겠다.

이상의 2층 기단 면석에 조각된 圖像을 보면 현장법사, 손오공, 저팔계, 사오정의 네 상이 한 조가 되어 불경을 실어오는 장면묘사가 주류를 이루는데 오는 도중에 때로는 諸國의 국왕들의 환영을 받고 때로는 도적을 만나 고난을 당하는 장면들을 잘 묘사하고 있다.

《大唐西域記》에 의하면 현장은 26세(626) 때에 인도로 출발하고 14년간 인도에 체재한 후 40세(640)에 당으로의 귀국을 위하여 인도를 출발하였다고 한다. 그리고 중국에 도착한 것은 정관 18년(644) 현장의 나이 44세 때였다고 한다.[28]

전술한 원각사탑 2층 기단의 조각 내용이 현장법사가 경전을 싣고 중국으로 돌아오는 과정을 설화적으로 묘사하고 있는 것이라 믿어지

求法해온 사실은 《大唐西域記》이래 俗文學의 題材가 되어 왔는데 이른 것은 11, 12세기경으로 추정되며 현재 최고의 것은 《大唐三奘取經詩話》를 들 수 있다.
28) 前嶋信次, 〈玄奘三藏〉《史實西遊記》, 岩波新書.

므로 먼저 현장이 인도에서 돌아오는 旅程이 어떠한 것이었는가를 《대당서역기》에 의하여 그 개요를 살피고 이어 이 탑의 2층 기단에 묘사된 설화내용을 대응하여 살펴보기로 하겠다.

현장은 전 인도의 18개국의 국왕이 참가한 曲女城의 법회에 참가한 이후 귀국길에 오르게 되는데 출발하는 날 많은 경전과 불상들은 곡녀성의 법회에 참가한 북인도의 왕 烏地多의 호위군에 의뢰하여 말로 운반하게 되어 있었으나 이를 알게 된 현장과 더욱 정분을 두텁게 한 戒日王이 烏地多王에게 코끼리 一頭, 금전 삼천 매, 은전 일만 매를 주어 현장의 여비로 쓰게 한다. 한편 계일왕, 구마라왕, 도우루밧드왕 등은 특사 4인에게 白木綿에 쓴 서면을 갖고 현장을 따르도록 하였는데 그 내용은 현장이 돌아가는 연도의 諸國의 國王들에게 보내진 것으로 현장이 지나가면 乘物을 제공하여 국경까지 배웅하도록 당부한 것이었다.

한편 현장이 지나가는 길은 평탄한 곳도 있어 연도의 국왕들의 환영과 호위속에 지나가는 곳도 있었으나, 깊은 산길을 지나가면서 도적떼를 만나는 일도 많았다. 여기서 현장은 이 같은 위험한 길을 지나가는 한 방도를 생각해냈다.

그것은 언제나 한 사람의 승려를 먼저 보내어 도적을 만나게 한 다음 그들 도적들에게 다음에 오는 일행의 持物은 모두가 경전, 불상, 사리 등이므로 무사히 통과시켜 달라고 부탁하여 도적떼의 위해를 면할 수 있었다고 한다.

그리하여 현장이 돌아오는 길에는 북인도의 여러 나라로 돌아오는 승려 100여 인이 경전과 불상 등을 갖고 현장을 동행하여 무사히 통과할 수 있었다고 한다.

한편 현장은 연도의 諸國 국왕들의 환영을 받고 머물면서 법회를 베풀어 주기도 하였으나 다른 한편 도적떼를 만나 고난을 당하고 경전과 불상 등을 싣고 온 말이나 코끼리 등을 잃고 어려움을 당하는 일도

수없이 많았다.

　이상은 서유기에 의하여 현장이 인도에 가서 구법하고 돌아오는 과정을 개략적으로 살펴본 것이나 탑의 基壇部의 2층에 이 같은 현장일행의 여정이 조각되어 있어 무척 흥미를 끌게 한다. 아래에서 그를 살펴보면 다음과 같다.

　편의상 남쪽 정면에서 왼쪽으로 돌아가면서 설명하기로 한다.

　① 왼쪽에는 승려형의 인물상이 앞에 서고 그 뒤에 돼지머리형, 원숭이형 등의 인물상과 말이 묘사되어 있다. 승려형은 현장법사, 원숭이형은 손오공, 돼지머리형은 저팔계, 다른 하나의 인물상은 사오정으로 생각된다. 즉 현장법사의 일행인 것이다.

　오른쪽에는 현장법사 일행과 대칭적으로 표현되어 있는데 제일 앞에 관을 쓴 귀인상이 묘사되고 그 뒤에 傘을 받쳐든 동자상과 귀인상 3인이 서 있다.

　그리고 그 오른쪽에는 건조물이 묘사되어 있다. 앞의 관을 쓴 귀인은 왕으로 보이고 건조물은 왕궁을 나타낸 것으로 보인다. 따라서 이상의 조각 내용은 국왕이 현장법사 일행을 환송하는 장면인 듯하다.

　② 이상과 같은 삼장법사와 손오공, 저팔계, 사오정의 일행과 말을 묘사하였다. 여기 사오정은 행낭을 메고 있고 왼쪽에는 산길을 묘사하고 산짐승과 산새들을 묘사하고 있다. 따라서 여기서는 삼장법사 일행이 산길을 가고 있음을 나타낸 듯하다.

　③ 왼쪽에는 관을 쓴 귀인상이 꿇어 앉아 있고 그 뒤에서 한 인물상이 방망이를 들고 앞의 귀인상을 위협하는 모습을 취하고 있다. 이들 뒤에는 祭壇 같은 것이 묘사되어 있다. 꿇어 앉은 귀인상과 대칭적으로 刑吏로 보이는 인물상이 刑具를 들고 서 있다. 이는 모르기는 하여도 현장이 가는 연도에 이교도들에 의한 압박이 있었음을 나타낸 듯하다.

　④ 왼쪽에는 몽둥이를 든 인물상과 삼장법사가 묘사되고 오른쪽에

는 손오공, 저팔계, 사오정을 묘사하였다. 여기 손오공은 몽둥이로 무엇인가를 물리치는 듯한 자세를 취하고 있고, 사오정은 말 뒤에서 행낭을 메고 있다. 현장법사는 왼손을 들어 무엇인가 주장하는 듯한 모습을 나타내고 있다. 이는 현장 일행이 무엇인가의 방해를 물리치는 모습을 나타낸 것인 듯하다.

⑤ 오른편에 사자를 탄 인물상이 묘사되어 있고 왼편에 시종인 듯한 인물상이 3인 묘사되어 있으며 뒷면에는 건조물이 새겨져 있다. 현장이 인도로 가는 도중에 어떤 왕가나 귀인의 집단을 묘사한 것 같다.

⑥ 오른쪽에는 석장을 든 현장법사인 듯한 승려상과 변장한 손오공인 듯한 상이 있고 왼쪽에는 왕궁의 귀인상이 묘사되어 있다. 이는 현장법사 일행이 연도의 어느 왕궁에서 환영을 받고 있는 광경을 묘사하고 있는 것 같다.

⑦ 왼편에는 火炎紋이 새겨져 있고 그 앞에 파초선을 들어 불을 끄려 하는 손오공, 그 뒤에 손을 들어 무엇인가 행동을 취하는 현장법사, 그 뒤에 저팔계가 말고삐를 잡고 있으며 사오정은 여느 때처럼 행낭을 메고 있다. 이는 현장 일행이 연도에서 어려움을 만나 그를 퇴치하려는 모습을 묘사한 것이다.

⑧ 탁자를 가운데 놓고 그 위에 시주물인 듯한 물건이 놓여 있다. 오른쪽에는 현장 일행을 왼쪽에는 왕궁이나 貴人家의 귀인상을 묘사하고 있다. 현장 일행의 2상은 머리에 무엇인가를 둘러 쓰고 있는데 그것은 손오공과 저팔계의 獸面像을 감추려 한 듯하다. 이는 현장 일행이 연도의 왕궁이나 귀인가에서 시주를 받고 있는 모습인 듯하다.

⑨ 왼쪽에는 무릎을 꿇거나 머리를 숙이고 있는 귀인상을 묘사하고 오른쪽에는 귀인상을 공격하려는 저팔계의 모습과 이를 저지하려는 현장법사의 모습이 묘사되어 있다. 귀인상과 현장의 수행원 사이에 무엇인가 오해가 생겼던 일들을 묘사하고 있는 듯하다.

⑩ 왼편에는 錫杖을 든 현장과 그 수행원들이 말과 함께 묘사되어

있으며 그와 대칭적으로 오른쪽에는 현장 일행을 맞이하려는 僧侶像(석장을 짚고 있음)과 그 侍者像이 묘사되어 있다. 이는 현장 일행이 연도 어느 사원의 승려들에게 환영을 받고 있는 모습을 묘사한 듯하다. 여기 손오공과 저팔계 등은 승려상으로 변화를 일으키고 있는 듯 승려상을 취하고 있다.

이상 正南에서 시작하여 正北에 이르는 10면은 인도로 현장 일행이 가는 여정을 묘사하고 있으며 正北面에서 10面은 돌아오는 여정을 묘사하고 있는 것으로 생각된다.

⑪ 왼편에는 무엇인가를 등에 실은 말이 두 마리 묘사되고 현장 일행을 나타내고 있다. 왼쪽에는 侍者에 의하여 傘을 받친 君王像이 2개소, 그리고 그 왼쪽에 왕궁을 호위하는 듯한 武人像이 보인다. 이는 取經하여 귀국길에 오른 현장 일행을 왕들이 환송하고 있는 장면을 묘사한 듯하다.

⑫ 왼쪽에는 僧侶像의 인물이 관을 쓴 貴人像에게 붙들려 있고 왼쪽에는 손오공, 저팔계, 사오정 등과 말이 묘사되어 있는데 손오공, 저팔계 등은 붙들린 현장법사를 구하려 위협하고 있는 자세를 취하고 있다. 이는 귀국길에 현장이 붙들리자 그를 구하려는 손오공 등의 호위하는 모습을 나타낸 것이다.

⑬ 오른편에는 현장 일행과 경전을 실은 말을 묘사하고 있는데 여기 현장은 불경의 일부를 왼쪽 승려상에게 건네주고 있는 모습을 취하고 있다. 이는 돌아오는 연도에서 현장 일행이 불법을 전하는 모습을 나타내고 있는 것이다.

⑭ 오른편 중앙에는 寶座에 앉은 君王像이 묘사되고 그 좌우에 文人像이 侍立하거나 앉아 있다. 왼쪽에는 武人像이 侍立하거나 앉아 있는 모습이다. 이는 중국의 황제가 현장 일행을 기다리고 있는 모습을 묘사하고 있다.

⑮ 왼편에는 나무 밑에(보리수) 앉아서 수행하고 있는 修行人像을

묘사하고 현장 일행과 말을 묘사하고 있다. 여기 현장은 錫杖을 짚고 오른손을 들어 무엇인가 주장하려는 자세를 취하고 있다. 이는 귀국길에 현장 일행이 수행인을 만나 불법을 전하고 있는 모습을 나타낸 것이다.

⑯ 오른쪽에는 건물이 묘사되고 그 안에 용상에 앉은 군왕상(君王像)과 그 앞에 꿇어 앉은 승려상(玄奘)이 표현되어 있다. 건물 밖에는 현장의 侍者로서의 童僧像이 그리고 그 뒤에는 文武百官像으로 보이는 인물상이 묘사되고 있다. 이는 현장이 연도에서 어느 국왕을 만나고 있는 광경을 나타낸 듯하다.

⑰ 왼쪽에는 불탑이 묘사되고 그 앞에서 저팔계가 몽둥이를 들고 탑을 타도하려는 자세를 취하고 있다. 그 뒤에서 현장법사가 그를 말리는 듯 오른손을 들어 무엇인가 주장하고 있다. 이는 저팔계의 불교를 모독하는 난폭한 행동을 무마하고 있는 모습이다.

⑱ 왼편 상부에 광명을 상징하는 태양이 묘사되고 그 쪽을 향하여 현장법사가 앞장서고 그 뒤를 손오공, 저팔계, 사오정 등이 말을 몰고 걸음을 재촉하고 있는 모습을 나타내고 있다. 이는 현장법사가 손오공, 저팔계, 사오정 등을 재촉하여 귀국길을 재촉하고 있는 듯하다.

⑲ 오른쪽에는 천인상이 묘사되고 그와 대칭하여 현장 일행이 마주하고 있다. 이는 현장 일행에게 天人 등 수호신의 가호가 있게 되는 것임을 나타내고 있는 것 같다.

⑳ 왼쪽에는 불단으로 보이는 것이 묘사되어 있고 그 앞에는 석장을 짚은 현장을 가운데 두고 손오공, 저팔계, 사오정 등은 각기 다른 행동을 하고 있음을 나타내고 있다. 현장은 오른손을 들어 무엇인가 주장하는 모습을 취하고 있는데 이는 손오공 등의 수행원들을 佛法을 통해 교화하고 있는 것이라 할 수 있다.

이상은 正南에서 시작하여 오른쪽으로 돌아도 이야기의 줄거리는 맞게 될 것이라 생각되는데 그것은 현장이 손오공, 저팔계, 사오정 등

일행의 호위를 받으면서 인도에서 取經하여 오면서 때로는 환대를 받고 때로는 고난을 당하게 되었던 경로를 표현하고 있는 것이라 하겠다.

(3) 3층 기단

기단부 3층에는 本生經變이나 佛傳變으로 보이는 내용들이 조각되어 있는데 여기 본생경변이란 佛이 전생에 행한 6도의 행업을 설화적으로 표현한 변상을 말한다. 즉 佛의 因行說話를 회화화한 것인데 그 기원은 석존을 초인격화함이 점차 진행됨에 따라 이루어진 것이라 생각된다. 그 최초의 성립은 당시 민간에 유포되어 있던 많은 우화중에서 그 주인공이 讚仰할 만한 행위자로 추앙되어 비록 그것이 인간이나 동물 또는 신이라 할지라도 그들의 행동이 모두 석존의 전생이었다고 생각하여 이루어진 것이다.[29] 그런데 이와 같은 本生經變은 일찍이 불상 출현 이전 아육왕 때부터 건조물 등에 浮彫로 나타내는 경향이 있었다.

이는 석존은 이미 그 전생에 불타가 될 만한 공덕업을 쌓아 인연을 맺고 있었음을 나타내는 것이라 하겠는데 이 같은 본생경의 성립은 다른 한편 보살사상을 홍기하게 하고 따라서 대승불교사상을 일으키는 데 大淵遠이 되었다고 믿어져 주목되는 것이다.

佛傳이란 석가의 일생을 8가지 상으로 나누어 나타내는 것으로 한편 八相이라고도 한다. 이들 8상에 대해서는 여러 가지 설이 있으나 대체로 다음과 같은 것이 전해진다.

① 兜率來儀相, 毘藍降生相, 四門遊觀相, 踰城出家相, 雪山修道相, 樹下降魔相, 鹿苑轉法相, 雙林涅槃相.
② 降兜率相, 託胎相, 出生相, 出家相, 降魔相, 成道相, 轉法輪相, 入

---

29) 松本榮一,〈ジャヤタカ〉概論《敦煌畵の硏究》.

涅槃相

　이외에도 다른 설이 있으나 대체로 강도솔, 탁태, 강탄, 출가, 항마, 성도, 설법, 열반 등이 그 주류를 이룬다.
　이상에서 보면 석가의 일생은 天, 人, 佛의 三相에 의하여 성립되고 있음을 알 수 있는데 이중 佛相은 成道相, 說法相, 涅槃相이라 할 수 있고 나머지 5상은 전술한 본생경에 통하는 佛이 되기 전의 因行相인 것임을 알 수 있다.
　이상과 같은 佛傳은 本生變과 같이 불상출현 이전 佛傳描寫를 위한 佛傳變의 浮彫가 일찍부터 있어 왔음은 널리 알려진 사실이다.[30]
　우리나라에서의 불전변은 조각품으로서도 별로 찾아볼 수 없고 팔상도라 하여 불화로서는 많이 그려져 오늘날의 중요 사원에서는 거의 대부분이 봉안하고 있다.
　이상과 같은 本生變 佛傳變을 기단부에 조각하고 있다는 것은 이들이 탑신부에 조각하고 경변의 바탕이 되었음을 나타내고 있음과 동시에 석탑이라고 하는 건조물의 기단의 의미도 동시에 나타내고 있어 주목된다.
　아래에서 기단부 3층에 20면으로 나누어 조각하고 있는 조각품의 내용이 무엇인가를 살펴보기로 한다.
　① 남쪽 정면에는 貴人像과 修行者像이 조각되어 있다. 즉 오른쪽에는 삭발머리에 頭光을 표시한 좌상의 수행자상이 정면상으로 표현되고 왼쪽에는 수행자상을 행하여 합장하고 꿇어 앉은 貴人像(王者像)과 그 뒤의 말과 侍從像이 묘사되고 있다. 수행자상의 주변에는 동굴

---

[30] 佛像出現 以前에서는 주로 佛傳을 통하여 釋迦像을 묘사하고 있었음이 그와 같은 것이다. 山本智敎,《佛敎美術의 源流》참조. 동경미술 ; 高田 修,《佛像の起源》참조.

을 표현하여 동굴수행자상을 나타내고 있다. 중앙 귀인상과 수행자상 사이에 새 한 마리가 수행자상을 향하고 있다. 귀인상은 싯달태자 일행인 듯한데 이는 싯달태자가 四門遊觀 중 修行者를 만나 존경의 뜻을 나타내고 있는 장면을 나타낸 듯하다. 즉 佛傳의 한 장면이다.

② 남쪽 정면에서 왼쪽 측면에는 중앙에 오른손을 들어 꽃바구니를 받치고 왼손은 무릎 위에 항마인을 하고 있으며, 오른쪽 발은 結하고 왼쪽 발은 내려뜨려 半跏像을 하고 있다. 머리에는 頭光을 표현하였다. 왼쪽에는 중앙의 반가상을 향하여 立像의 小貴人像을 나타내고 있다. 소귀인상은 머리에 관을 쓰고 왼손을 들어 꽃바구니를 들고 있다. 오른쪽 상부에는 구름과 용무늬를 나타내고 있으며 왼쪽에는 지상의 모습을 묘사하고 있다. 이는 석가가 天上天下唯我獨尊한 佛傳 중 降生像을 나타내고 있는 것으로 생각된다.

③ 다시 그 왼쪽 면에서는 수행자상(僧侶像) 3인을 좌상으로 나타내고 있다. 모두 두광을 나타내고 있으며 가운데 상은 염주를 오른손에 들고 있다. 주변 공간은 동굴을 묘사하여 토굴수행자상을 나타내고 있다. 이는 佛은 수행의 결과 이룩되었다는 因行을 나타낸 本生變의 하나로 생각된다.

④ 다시 그 왼쪽 측면에는 2인의 수행자상을 나타내고 있는데 오른쪽상은 사자를 타고 있는 모습이다. 주변 공간은 토굴을 나타내어 수행상을 나타낸 것으로 생각된다. 즉 佛의 因行을 나타낸 本生變의 하나인 것으로 생각된다.

⑤ 그 왼쪽 정면에는 중앙에 머리에 冠을 쓴 귀인상(王者像)이 휘몰아치는 강풍에 고난을 겪고 있는 모습을 나타내고 있다. 옷자락이 바람에 휘날리는 모습을 나타내고 그 주변도 비바람에 휘날리는 모습을 나타내고 있다. 본생변의 하나로 생각된다.

⑥ 그 왼쪽 서면에는 좌우에 동굴 속의 좌상의 수행자상을 나타내고 그 좌우에는 동굴 밖을 묘사하여 立像의 供養者像이 공양물을 들

어 좌우의 수행자상에게 올리는 모습을 나타내고 있다. 因行을 나타낸 본생변의 하나로 생각된다.

⑦ 그 왼쪽 면에는 오른쪽에 입상의 수행자상을 頭光을 나타내어 표현하고 그 왼쪽에 삭발머리의 상이 꿇어 앉아 합장하고 수행상을 향하고 있다. 그 뒤에는 말과 시종상을 나타내고 있다. 이는 佛傳變에서 出家像을 나타내고 있는 것 같다. 뒷배경에는 山勢를 표현하고 있다.

⑧ 그 왼쪽 면에서는 중앙에 1인의 수행자상을 나타내고 있다. 주변은 험한 산세를 나타내고 있는 것으로 생각되는데 이는 佛傳變에 있어 고행상을 나타내고 있는 것으로 생각된다.

⑨ 그 왼쪽 면에는 오른쪽에 좌상의 수행자상을 나타내고 중앙의 수행자상은 두 마리의 동물과 같이 표현하였다. 왼쪽에는 두 수행자상을 향하여 합장하고 있는 모습을 입상으로 나타내고 있다. 本生變의 因行을 나타낸 것 같다.

⑩ 그 왼쪽 북면에는 두 사람의 수행자상을 입상으로 표현하였다. 上方에는 구름을 나타내고 수행자상은 錫杖 등의 持物을 각각 지니고 있다. 이는 구도행각을 나타내고 있는 本生變의 한 장면으로 보인다.

⑪ 그 왼쪽 면에는 중앙에 錫杖을 는 수행사싱을 옷지락ㅇ l 바람에 휘날리도록 표현하였고 오른쪽에는 사자를 탄 수행자상, 왼쪽에도 무엇인가 동물을 탄 수행자상을 나타내고 있다. 본생변의 因行說話를 나타내고 있는 것으로 생각된다.

⑫ 그 왼쪽 면에는 왼쪽에 좌상의 수행자상을 나타내고 그 앞 오른쪽에 춤추는 여인상을 나타내고 있다. 수행자상의 臺座 아래쪽에 난맥상을 나타낸 듯한 표현을 하고 있는데 이는 불전변에 있어 降魔相으로 보인다.

⑬ 그 왼쪽 면에는 3인의 수행자상을 입상으로 나타내고 있는데 중앙의 상은 錫杖을 짚고 있고, 왼쪽 상은 오른쪽 손을 들어 손바닥을 위로 향하게 하고 있다. 본생변의 하나로 생각된다.

⑭ 그 왼쪽 면에는 여인상 2상을 입상으로 표현하였다. 왼쪽 상은 꽃봉오리를 두 손으로 들고 있으며 옷자락을 바람에 휘날리게 표현하였다. 오른쪽 여인상은 합장하고 있는 것 같다.

⑮ 그 왼쪽에 수행자상 2인을 표현하였다. 두 상이 모두 옷자락이 바람에 휘날리는 모습으로 표현하고 있어 고행상이나 구도행각상을 나타내고 있는 것 같다.

⑯ 그 왼쪽 동면에는 하단에 貴人像과 그 侍從像 상단 좌우에 獸人像을 묘사하고 있다. 이들 像은 모두가 讚嘆의 뜻을 나타내고 있는 것으로 생각되며 본생변으로 이해된다.

⑰ 그 왼쪽 면에는 토굴 속의 두 수행자상을 좌상으로 나타내고 있다. 본생변의 한 장면을 나타내고 있는 것으로 생각된다.

⑱ 그 왼쪽 면에는 두 사람의 수행자상을 나타내고 있는데 왼쪽 상은 禪定印을 오른쪽 상은 오른손은 무릎 위에 왼손은 땅을 짚고 있다. 이는 因行說話를 나타내고 있는 것으로 생각된다.

⑲ 그 왼쪽 면에서는 두 수행자상을 좌상으로 나타내고 있는데 왼쪽 상은 왼손에 꽃봉오리를 오른쪽 상은 왼손에 염주를 들고 있다.

⑳ 그 왼쪽 면에도 두 수행자상을 나타내고 있는데 오른쪽 상은 오른손에 무엇인가를 받쳐 들고 있고 왼쪽 상은 반가상을 취하고 있다.

2) 塔身部

(1) 탑신부의 구조

10층으로 된 탑신부는 2중 구조를 이룬다. 즉 1층에서 3층까지 기단부와 마찬가지로 평면이 20角을 이루고 20면의 면석으로 구성되어 있으나 4층에서 10층까지는 4각 4면으로 탑신을 구성하고 있음이 그와 같은 것이다. 각 층의 탑신에는 上方에 屋蓋를 목조, 瓦家 구조물의 양식을 빌려 표현하였고 下方에는 난간석을 둘러 하층 탑신과의 경계를 나타내고 있다.

한편 1층에서 3층까지 20면의 면석은 ㄱㄷ 의 5면씩으로 나누어져 5면이 한 주제를 이루고 있다.

따라서 이들 각 층은 한 주제를 다섯면으로 표현한 4주제의 20면을 나타내고 있어, 3층까지 12주제를 표현하고 있는 셈이다. 즉 탑신에 표현되어진 三世佛會, 靈山會 등의 會相名이 그것을 일러주고 있다.

한 주제가 좌측 그림 형식을 이룬 이들 5면은 1면이 上壇, 2면과 3면이 中壇, 4면과 5면이 下壇을 이루고 있다는 데 주목을 끌게 한다. 왜냐하면 상, 중, 하단의 3단으로 구분되는 신앙형태는 우리나라 불교 신앙형태의 변천을 이해하는데 중요한 의미를 지닐 뿐 아니라[31] 오늘날의 각 사원의 주요 법당은 모두가 상, 중, 하단의 3佛壇을 지니고 있기 때문이다.[32] 만약 그렇다고 한다면 탑에 조각된 이들 3단의 중요 내용과 그 구분법에 대한 설명은 다음 각 층의 會相 설명에서 하게 되겠지만 우선 이 탑은 12법당을 나타내고 있는 셈이 된다.

다만 4층에서 圓覺會를 나타내고 있어 탑신에 새겨진 銘文相에서 보면 13법당을 나타내고 있는 편이 되지만 전술한 바와 같이 4층은 탑신의 구조가 다를 뿐 아니라 4면 조각의 내용에서 보아도 3층까지의 12會와는 구분되는 것으로 이해된다. 그리하여 여기서 더욱 주목을 끌게 되는 것은 3층까지의 12會는 혹 밀교에서 말하는 태장계만다라의 12院의 구성과 대비가 되는 것이 아닌가 하는 것이다.[33]

---

31) 洪潤植, 〈韓國佛畵에 있어 三壇分壇法〉《韓國佛畵의 硏究》, 1980, 원광대학교 출판국.
32) 앞의 주 참조.
33) 洪潤植, 《만다라》, 대원사, 1992. 태장계만다라의 12院이란 中臺八葉院, 遍知院, 持明院, 觀音院, 金剛手院, 釋迦院, 文殊院, 虛空藏院, 蘇悉地院, 地藏院, 除蓋障院, 外金剛院 등의 12院인데 이는 중앙 八葉院에서의 大日如來의 德性이 밀교의 敎義를 쫓아 외부로 遠心的으로 전개됨과 동시에 주

원각사탑 탑신부

우선 同塔의 12원의 구성을 銘文 내용에 따라 살펴보면 1층에는 남쪽에 三世佛會, 동쪽에 彌陀會, 서쪽에는 靈山會, 북쪽에 龍華會로 되어 있고, 2층에는 남쪽에 華嚴會, 동쪽에 多寶會, 서쪽에 圓覺會, 북쪽에 法華會로 되어 있다. 3층에는 남쪽에 消災會, 동쪽에 藥師會, 서쪽에 栴檀瑞像會, 북쪽에 楞嚴會로 되어 있다. 이상을 도시해 보면

	동	서	남	북
1층 탑신	彌陀會	靈山會	三世佛會	龍華會
2층 탑신	多寶會	圓覺會	華嚴會	法華會
3층 탑신	藥師會	栴檀瑞像會	消災會	楞嚴會

이상 1·2·3층의 佛會構成이 어떤 의미를 지니는가는 확실하지 않으나 1층의 佛會는 우리나라 불교신앙 형태의 대표적인 불회로 이해되고[34] 2층 불회는 우리나라 불교사상의 대표적인 불회로 이해된다.[35]

변의 것들이 본존을 향하여 귀의한다고 하는 회귀의 구조를 지닌다.

한편 3층 불회는 우리나라 밀교신앙의 대표적인 불회로 이해되어 주목을 끌게 한다.

1·2·3층의 상호관계가 태장계만다라에서의 12원의 상호관계와 상통하는 것인지는 다음에 다시 살펴보기로 하겠으나 이 탑의 조각 내용은 당시의 우리나라 불교사상의 총람이며 그 圖錄이라 하여도 무방하리라 생각한다.

4층 이상은 탑신의 구조는 같으나 조각 내용은 4층과 5층 이상의 다른 층은 상이점을 나타내고 있다. 즉 4층은 남면에 원통회란 佛會名을 지닌 單面의 조각이 있고[36] 나머지 동·서·북의 3면에는 불회명은 남기지 않고 있으나 각각 열반도 등의 다른 佛會를 나타내고 있다.

5층 이상의 탑신부는 佛會名도 남기지 않았을 뿐 아니라 변상도로서의 구성이 아닌 단순히 여래상을 나열한 구도의 조각뿐이라는 데 3층 이하의 조각 내용과 다르고 4층의 조각 내용과도 다른 의미를 지니는 것임을 알 수 있다.

---

34) 한국불교의 전통은 여러 신앙형태를 종합적으로 포괄하는 통불교로서의 성격을 지니는 바 本山格의 대사찰의 불전은 여러 불전으로 되어 있는데 석가를 본존으로 한 대웅전, 아미타를 본존으로 한 아미타전, 미륵을 본존으로 한 용화전 등이 주류를 이루고, 대웅보전에는 석가, 아미타, 약사의 삼세불을 봉안하고 있는 것 등이 그와 같은 것이다.
35) 李智冠,《韓國佛敎所依經典硏究》에 의하면 한국불교사상의 중심과제는 화엄, 법화, 원각경에 있었다고 함이 그와 같은 것이다.
36) 3층까지의 佛會는 5면마다 상·중·하단의 3壇 구조에 의한 경변의 표현을 하고 있는데 4층에서는 그와 같은 구조 없이 단면에 한 佛會를 나타내고 있음이 그와 같은 것이다.

⑵ 탑신부의 변상

① 1층 탑신부의 經變
1층 탑신부의 조각은 전술한 대로 三世佛會, 靈山會, 彌陀會, 龍華會 등의 4불회를 각각 5면에다 상단, 중단, 하단의 3단구조에 의하여 나타내고 있다. 아래에서 이들 각각의 불회 내용과 그 삼단분단의 형식은 어떤 것인가를 살펴보기로 하겠다.

가. 三世佛會
탑신 1층의 남방 정면을 상단으로 하고 그 측면의 양면을 중단, 중단 양면의 좌우 양면에 정면으로 하단을 표현하고 있다.
상단, 중단, 하단 면석의 저변 비율은 상단 2 : 9, 중단 1 : 69, 하단이 1 : 69로 상단의 넓이에 큰 비중을 두었고 중단과 하단은 같은 비율로 하고 있어 3단 중에서 상단이 중심이 되는 것임을 나타내고 있다.
㉠ 상단
삼세불을 나타낸 3여래상을 연화좌 위에 좌상으로 나타내고 中尊의 좌우에는 立像의 比丘形을 나타내고 있는데 가섭과 아난으로 보인다. 좌우의 여래상의 좌우에는 연화좌 위의 坐像의 脇侍菩薩을 나타내고 있는데 오른쪽이 관세음보살, 왼쪽이 대세지보살이 아니면 허공장보살이다. 三如來像의 光背는 모두 二重光背를 나타내고 있는데 火炎紋을 刻하고 각각 5位의 化佛을 표현하고 있다. 그 상부에는 寶雲紋이 있고 최상방 좌우에는 天人像을 각각 6위씩 刻하고 있다.
3여래상 하방에는 聽聞衆을 나타내고 있는데 중앙의 보살형이 청문하는 보살로 보이며 이 보살 좌우에 헌공하는 2위의 비구형을 입상으로 나타내고 있다.
그리고 그 좌우에 각각 5위씩의 보살상을 나타내고 있다. 이상에서 보면 이 상단변상은 설법장면을 나타낸 것임을 알 수 있다.

三世佛은 보통 과거, 현재, 미래불을 일컬어 말하는 것이고 과거불은 비파시불 등이며 현재불은 석가불, 미래불은 미륵불로 알려져 있으나[37] 과거불을 아미타불로 하는 경우도 있다.[38]
　중존은 우견편단의 결가부좌상이며 手印은 금강합장으로 석가여래를 나타내고 있다. 右側尊像은 通肩으로 右安慰印, 左正覺印으로 아미타상을 나타내고 있으며 左側佛은 왼손이 항마인이며 오른손이 安慰印으로 되어 있다. 이는 미륵불이라 하겠으나 諸佛로 생각하는 경우도 있다.[39]
　ⓛ 중단
　上壇의 아미타불과 미륵불을 각각 독립시켜 좌측 측면에 阿彌陀變相을 우측 측면에 彌勒變相을 分化하여 중단을 형성하고 있다.
　아미타변상은 상단과 같은 양식의 아미타불을 중존으로 하고 합장한 比丘形을 좌우에 侍立하게 하고 있다(가섭과 아난으로 생각됨). 하단에는 보살형의 聽聞衆 8위를 나타내어 이 변상도는 아미타불의 설법하는 광경을 나타내고 있다.
　彌勒變相은 상단의 우측불과는 手印이 바꾸어졌다. 그리하여 미륵이 아닌 諸佛의 가능성도 생각하게 한다. 이 변상도 중존 좌우의 2比丘形을 侍立하게 하고, 하단에 청문중으로서의 8위의 보살형을 나타내고 있는 것으로 보아 설법도를 나타내고 있는 것이라 생각된다.
　ⓒ 하단
　좌우의 하단에는 神將像을 나타내어 상단과 중단의 설법도량을 수

---

37) 雲井昭善,《未來のほとけ》, 創敎出版, pp. 31~35.
38) ① 禹貞相,〈圓覺寺塔婆의 思想的 硏究〉《朝鮮前期 佛敎思想史 硏究》, 동국대학교 출판부.
　② 菩薩戒本에도 三世佛을 釋迦・阿彌陀・彌勒이라 하며 과거불을 阿彌陀佛로 하고 있다.
39) 앞의 주 참조.

호한다는 의미를 나타내고 있다. 좌우에 각각 1위의 神將을 나타내고 있으며 배경에 火炎紋을 나타내어 劍을 묘사하며 守護의 기능을 나타내고 있다. 한편 상방에는 비천상을 나타내어 찬탄과 수호의 뜻을 나타내고 있다.

나. 彌陀會

탑신 1층의 동방 정면을 상단으로 하고 그 측면의 양면을 중단, 그리고 중단 양면의 좌우측면에 정면으로 하단을 다음과 같이 표현하고 있다. 여기 상, 중, 하단의 저변비율은 三世佛會와 같다.

㉠ 상단

중앙에 아미타삼존을 좌상으로 표현하고 중존 아미타불과 양 脇侍 사이에 두 비구형을 표현하였는데 가섭과 아난상으로 생각된다. 중존은 이중광배를 지니고 있으며 광배의 火炎紋 사이에 5위의 化佛을 나타내고 있다. 최상방의 좌우에도 5위씩 10위의 化佛을 나타내고 있으나 이는 아미타관계 경전에서 말하는 他方佛로 이해된다.[40]

한편 三尊의 光背 外方에는 연화문으로 장식하였고 남은 공간은 瑞雲을 묘사하고 있다. 下方에는 누각형을 표현하고 그 아래에 극락의 蓮池를 표현하였다. 樓閣은 극락세계의 寶樓閣을 나타낸 것 같고 연지에는 연꽃을 묘사하고 비구형, 보살형 등을 9位 나타내고 있는데 이는 극락세계에의 往生人을 나타내고 있는 것이라 생각된다.[41] 이상 상단의 변상은 아미타불이 극락정토에서 설법하는 모습을 나타낸 것이라 생각된다.

㉡ 중단

중앙에 아미타불의 獨尊像을 坐像으로 나타내고 脇侍로서 比丘形

---

40) 《觀無量壽經》《淨土三部經》 "三千大千世界 圓光中 有百萬億 那由他 恒河沙化佛亦有衆多."
41) 洪潤植, 《高麗佛畵의 硏究》, 1984, pp. 120~122.

兩位를 나타내고 있다. 아미타불의 光背는 二重의 擧身光을 나타내고 있으며 그 위의 비구형은 頭光만 나타내고 있다.

下方에는 보살형의 4위를 나타내고 있는데 이는 往生人이 아니면 他方菩薩을 나타내고 있는 것으로 보인다.[42] 양면의 中壇變相은 같은 구도를 지니나 왼편 것은 상단에 비천상을 나타내고 있는 것이 다르고 나머지 공간은 양면이 모두 구름을 나타내고 있다. 이들 중단은 아미타여래가 往生人에게 授記하는 장면을 나타내거나 설법의 장면을 나타내고 있는 것으로 생각된다.[43]

ⓒ 하단

좌우의 하단에는 각각 神將像 1위씩을 나타내어 상단, 중단의 佛菩薩壇을 수호한다는 뜻을 나타내고 있다. 이들 神將은 火炎紋과 강인한 표정으로 수호의 의미를 효과적으로 나타내고 있다.

다. 靈山會

탑신 1층의 서방 정면을 上壇 그 측면의 양면을 중단, 그리고 중단 양면의 좌우양면에 정면으로 하단을 다음과 같이 표현하고 있다.

㉠ 상단

중앙에 석가삼존을 연화좌 위에 좌상으로 표현하였다. 왼쪽의 보살상은 코끼리를 타고 있어 보현보살로 보이며 왼쪽 보살은 獅子를 타고 있어 문수보살로 보인다. 中尊의 좌우에는 比丘形의 상이 侍立하고 있는데 이는 迦葉과 阿難像으로 보인다. 문수, 보현 양 협시의 좌우에는 2위씩 4위의 사천왕상을 표현하고 있다.

삼존은 모두 二重의 擧身光을 지니고 있으며 第二重의 光背는 火炎紋으로 표현하였고 中尊의 二重光에는 5위의 化佛을 나타내고 있

---

42) 《無量壽經》住定供佛의 願篇, "設我得佛 他方國土 諸菩薩衆 聞我名字至于得."
43) 앞의 주 41)의 p. 98.

원각사탑 탑신부

다. 上方 좌우에는 각 5위씩의 化佛 10위를 구름 위에 나타내고 있다.

하방에는 中尊 바로 아래에 중존을 향하여 꿇어 앉은 比丘形을 나타내고 있는데 이는 聽聞하는 像으로 보이며 그 좌우에 香供을 받들고 있는 보살상이 표현되고 있다. 그리고 그 좌우에 보살형과 비구형이 각각 6위씩 12위의 像을 합장하고 있는 모습으로 나타내고 있다. 이는 설법도량의 청문중이다.

이상은 석가모니불이 靈山會相에서 설법하는 모습을 나타내고 있는 것이라 생각된다.

ⓒ 중단

양면의 중단에는 각각 석가모니불의 獨尊像을 연화대 위에 좌상으로 나타내고 있다. 이는 상단의 삼존불형식에서 독존형식으로 분화되어 중단을 이룬 것임을 나타내고 있다.

다만 이들 양면의 석가상은 상단에서 보아 오른쪽 것은 禪定印을 하고 왼쪽 것은 降魔印을 하고 있어 같은 석가상이라도 그 신앙적 기능이 다른 것임을 나타내고 있다.[44]

ⓒ 하단

양면의 하단에는 각각 1위씩의 사천왕상을 나타내고 있다. 이는 상단의 사천왕상을 분화시켜 수호의 의미를 강조하고 있는 것이라 할 수 있다.

이상 영산회의 經變은 영산회상에서 석가가 설법하는 광경을 나타낸 것이나 說法場에 참여한 說者, 聽者, 호법선신의 신앙적 기능을 상단에서는 종합적으로 나타내고, 중단·하단에서는 분화하여 나타내고 있다.

라. 龍華會

1층 탑신 북쪽에는 상단을 나타내고 그 측면의 양면에는 중단을, 그리고 중단 좌우의 정면에는 양면의 하단을 다음과 같이 나타내고 있다.

ⓐ 상단

중앙에는 미륵삼존을 나타내고 있다. 중앙의 중존은 미륵불을 나타내고 있는 것 같으나 좌우협시의 보살형은 무슨 보살인지 알 수가 없다. 중존 좌우에는 比丘形의 像이 侍立하고 있는데 가섭과 아난으로 보인다. 중존의 光背에는 5위의 化佛을 나타내고 最上方 좌우에도 각각 5위씩 10위의 化佛을 나타내고 있다.

下方에는 中尊 바로 아래에 중존을 향하여 꿇어 앉아 있는 像이 있는데 聽聞者像으로 보이며 그 좌우에 비구 보살형의 상이 각각 3위씩 6위를 나타내고 있다. 여기 聽聞者像 좌우의 2위는 공양물을 받쳐 들고 있으며 나머지 4위상은 모두 가운데를 향하여 합장하고 있다.

이는 용화회상에서 미륵불이 설법하는 모습을 나타내고 있는 것이

---

44) 석가불은 說法像, 成道像, 降魔像 등의 기능에 따라 여러 양식의 如來像으로 分化된다.

라 생각되나 영산회상의 구도와 별로 다르지 않다. 그리하여 이 經變은 미륵이 용화회상에서 설법하는 광경이라 하기보다 석가여래가 장래 출현할 미륵불의 명호를 설하고 있는 변상이라 하기도 한다.[45]

ⓒ 중단

상단으로부터 우측 측면의 중단에는 중존은 좌상의 보살상으로 좌우협시로는 비구형이 侍立하고 있다. 그 하방에는 비구형과 보살형을 5위 聽聞衆으로 나타내고 있다. 이는 도솔천궁에서 미륵보살이 설법하는 모습을 나타내고 있는 것이라 생각된다.

한편 좌측 측면의 중단에는 중앙에 여래상, 좌우협시의 비구형으로 삼존형식을 취하고 있음은 우측 측면의 중단변상과 같으나 중존이 여기서는 여래상이란 점이 다르고 한편 여래상은 獅子座에 앉아 있음도 다르다.

따라서 이는 미륵불이 용화회상에서 설법하는 모습을 다른 의미로 나타낸 것이라 생각된다.

ⓒ 하단

양면의 下壇에는 다 같이 1위씩의 사천왕상을 나타내어 도량수호의 뜻을 나타내고 있다.

② 1층 탑신부 經變의 구조적 의미

1층 탑신부의 경변은 三身佛會, 阿彌陀會, 靈山會, 龍華會로 구성되어 있다. 여기 삼신불회는 과거, 현재, 미래의 삼세불회를 말하는 것이겠으나 그 구성은 과거 연등불, 현재 석가모니불, 미래 미륵불로 생각함이 통례로 되어 있으나 다른 한편 과거불 아미타, 현재불 석가, 미래불 미륵으로 하는 경우도 있으며[46] 또한 석가, 아미타, 약사의 삼여

---

45) 앞의 주2), 38) 참조.
46) 앞의 주38) 참조.

래를 삼세불로 하는 경우도 있다.[47] 그런데 오늘에 전하는 삼세불은 석가, 아미타, 약사의 삼세불을 대웅전에 봉안하는 경우가 많다.

이상을 해당 불상을 모신 佛殿名에서 보면 삼세불회 대웅전, 미타회 극락전, 미타전, 무량수전, 영산회 대웅전 영산전, 용화회 용화전, 미륵전 등이라 할 수 있겠는데 이상의 불전은 조선 후기 이래 한국사찰에서의 중요 불전으로 지목되어 왔던 것이라 하겠으나[48] 이와 같은 신앙구조가 원각사 건립당시에도 있었던 것임을 전하고 있어 주목된다. 왜냐하면 이상의 佛殿이 한국불교 신앙의 중심적인 역할을 하여 왔던 것이라 믿기 때문이다. 따라서 1층 탑신부의 經變은 당시 한국불교신앙의 핵심이 되는 위치를 나타내려 하였던 것이다.

③ 2층 탑신부의 경변

2층 탑신부의 경변은 화엄회, 원각회, 법화회, 다보회로 구성된다. 2층 탑신부의 경변도 1층과 같이 4회로 구성되고 各會가 상단, 중단, 하단의 3단으로 되어 있음은 같은 것이라 하겠으나 다만 하단의 변상이 1층에서는 神將像, 사천왕상 등의 수호 신중상을 배치하고 있었는데 2층에서는 보살상을 배열하고 있음이 다르다. 아래에서 이들 각 會相의 변상내용을 살펴보기로 한다.

가. 華嚴會

화엄회는 탑신 2층 정남향에 상단, 중단, 하단으로 나타내고 있다. 상단은 전면의 정면에, 상단의 측면에는 양면의 중단, 중단 좌우에 양면의 하단을 나타내고 있다.

---

47) 앞의 주35) 참조.
48) 앞의 주.

㉠ 상단

중앙에는 2위의 여래상을 표현하였다. 좌측의 여래상은 與願印 施無畏印을 하고 있어 석가모니불임에 틀림 없고 우측의 여래상도 降魔印을 하고 있어 석가상으로 보이나 이 양위의 여래상은 석가모니불과 비로자나불을 나타낸 것으로 보인다. 비로자나불은 智拳印을 結하고 있음이 일반적인 예이나 석가는 비로자나와 일치한다는 근거에 따라 석가상으로 비로자나불을 나타내고 있는 것으로 보인다.[49] 2여래상 좌우에는 비구형 2위가 시립하고 있는데 가섭, 아난으로 이해되고 또한 그 좌우에는 협시보살 2위가 시립하고 있다. 우측 보살은 보관을 쓰고 연화를 오른손으로 들고 왼손으로 받치고 있는데 관음보살로 보인다.

한편 좌측의 보살은 여의주가 있는 開敷蓮華를 들고 있는데 이는 허공장보살로 이해된다. 아래에는 보살형 5위가 꿇어 앉아 있는 상을 나타내고 있는데 이는 초전법륜의 5비구를 표현하고 있는 것이라 이해된다.[50] 이중 중앙의 1위는 여래쪽을 향하여 聽聞하는 모습을 나타내고 있다.

한편 중앙의 2위의 여래상 二重光背에는 각각 5위씩 10위의 化佛을 표현하고 최상방 좌우에도 연화 위에 각각 5위씩의 화불 10위를 나타내고 있다. 이상은 화엄경을 설하는 법회내용을 나타낸 變相이라 생각된다.

㉡ 중단

중단 양면에는 각각 좌상의 여래상 1위씩을 사자좌 위에 나타내고 있다. 이는 상단에서의 양위의 여래상을 1위씩 분화하여 중단을 형성하고 있는 것이라 할 수 있다. 手印을 상단의 여래상과 다르게 하고

---

49) 洪潤植, 앞의 글, 〈고려시대 雲住寺 佛蹟의 성격〉 참조.
50) 釋迦가 鹿野苑에서 처음 설법할 때에 5비구가 참석하였다는 설이 그와 같은 것이다(《雜阿含經》).

있음은 중단으로 분화하면서 상단의 여래상과 다른 신앙적 기능의 여래상을 나타내고 있는 것으로 이해된다.

　ⓒ 하단

　양면의 하단에는 각각 1위의 보살상을 입상으로 나타내고 있다. 상단에서 양위의 여래상이 분화하여 중단을 형성하였다면 상단에서 양위 보살상을 분화하여 하단을 형성하고 있는 것이라 할 수 있다. 手印과 持物이 상단의 보살상과 달라 같은 보살상을 나타낸 것은 아니나 구조상의 의미가 그와 같은 것이다.

　나. 圓覺會

　원각경을 설하는 법회 내용을 나타낸 것이나 다른 會와 같이 상단 1면, 중단 2면, 하단 2면으로 나누어 5면을 이루고 있다.

　㉠ 상단

　영산회상의 經變과 거의 같은 구도로 표현하여 아무런 특징을 찾아볼 수 없다. 중앙에는 석가모니불의 좌상, 그 좌우에 比丘形의 두상을, 그 좌우에 협시로서의 양위의 보살상을 나타내고 있음이 그와 같은 것이다. 다만 영산회에서는 사천왕상을 나타내고 있으나 여기시는 이를 나타내지 않고 있다. 양위의 비구형도 가섭과 아난의 모습은 아니다. 하방에는 중앙의 청문의 비구상을 중심으로 좌우에 각각 5위씩 합장하고 중앙상을 향하고 있다. 좌측의 5위는 비구상이고 우측은 1위의 비구형과 4위의 보살형으로 되어 있다.

　중존의 二重光背에는 化佛 5위를 나타내고 최상방 좌우에도 각각 5위씩의 化佛을 나타내고 그 주변의 공간은 瑞雲으로 처리하고 있다.

　ⓒ 중단

　양면의 중단에는 여래상 1위씩을 사자좌에 좌상으로 나타내고 있다. 우측의 여래상은 禪定印을 하고 있으며 좌측의 여래상은 合掌印을 하고 있음이 다르다. 이는 상단의 삼존형식에서 여래상만을 분화하여 중단을 형성하고 있는 것이라 생각된다.
　ⓒ 하단
　양면의 하단에는 입상의 보살상을 각각 1위씩 나타내고 있다. 우측의 보살은 錫杖을 들고 삭발형을 한 지장보살이며 좌측 보살은 관세음보살로 생각된다. 이들 하단의 보살상은 상단에서 보살신앙이 分化되어 하단을 이루고 있는 것이라 생각된다.

　다. **法華會**
　법화회도 상단 1면, 중단 2면, 하단 2면으로 구성되고 상, 중, 하단의 배치는 전술한 會相과 같고 탑신 2층의 北面에 위치한다.
　㉠ 상단
　석가삼존과 아난, 가섭의 비구형 2위로 중심부를 이룬다. 중존은 연화좌 위에 좌상을 취하고 있으며 手印은 與願印과 施無畏印을 하고 있다. 양 협시보살은 각각 연화를 들고 있으며 역시 연화좌 위에 좌상을 취하고 있다.
　한편 중존의 이중광배에는 5위의 化佛을 나타내고 최상방 좌우에도 5위씩 10위의 화불을 나타내고 있다.
　하방에는 좌우에 5위씩 합장하고 꿇어 앉아 중앙을 향하고 있는 비구형을 나타내고 있는데 이는 聽聞衆으로 보인다. 다른 會에서의 청문상은 비구형과 보살형을 같이 표현하고 있으나 여기서는 비구형만 나타내고 있음이 다르다.
　이는 석가모니불이 법화경을 설하는 법회 내용을 일반적으로 표현한 經變으로 보인다.
　㉡ 중단
　2면의 중단에는 다같이 사자좌 위에 좌상의 여래상을 각각 1위씩 표현하고 있다. 二重光背, 通肩, 手印 양식은 거의 같으나 상단의 삼존형식에서 여래신앙만이 강조되어 분화를 이룬데서 형성된 것이라 생각 된다.

　ⓒ 하단

　양면의 하단에는 이중광배의 보살입상을 다 같이 1위씩 나타내고 있으나 좌측의 보살상은 허리를 오른쪽으로 구부린 상을 나타내고 왼쪽 보살상은 바른 자세로 두손을 가슴에 모아 붙이고 있음이 다르다. 이는 상단에서 보살신앙이 강조되어 분화된 것으로 생각된다.

　라. 多寶會

　상단 1면, 중단 2면, 하단 2면의 5면으로 다보회를 이루고 탑신 2층의 동쪽에 위치한다.

　㉠ 상단

　중앙에 중존의 여래상을 좌상으로 나타내고 그 좌우에 가섭, 아난상으로 보이는 比丘形 2위를 나타내었다. 그 주위 좌우에 5위씩 10위의 보살상을 나타내었는데 양 비구형의 좌우에 나란히 위치한 보살상은 양 비구형과 같이 광배를 지녔으나 다른 보살상은 광배를 지니지 않았다. 중존 대좌 앞에는 땅 속으로부터 용출하는 7층석탑을 나타내고 있다. 탑의 기단부분은 아직 땅에서 다 솟지 않은 형태를 나타내고 탑의 주변은 땅에서 용출함을 나타내는 주변 모습을 묘사하고 있다. 중존 臺座 좌우의 보살은 柄香爐를 들고 있어 법회에 참가한 보살임을 나타내고 있다.

　중존의 二重光背에는 5위의 化佛을 나타내고 상방 좌우에도 구름과 함께 5위씩 10위의 화불을 나타내고 있다.

　이는 용출하는 탑을 나타내고 있는 것으로 보아 법화경 見寶塔品의 經變으로 생각되나 그 경우에는 보탑출현과 多寶 釋迦 二佛의 竝坐상이 그 전형적인 것이다. 그러나 여기서는 단신불로 되어 있어 여기 주불은 회의 명칭으로 보면 다보불로 생각할 수 있으나 다른 한편 다보불의 竝坐에까지 이르지 않는 湧出 즉시의 釋迦如來가 塔中의 다

보여래의 誓願 등에 대하여 설하고 있는 법회의 모습을 나타낸 經變이라고도 생각된다.[51]

이 經變의 특징을 最下方에 구름 등을 묘사하여 허공에 뜬 듯한 느낌을 갖게 하는 것이라 할 수 있다.

ⓒ 중단

다보회의 중단은 각각 1위의 여래상을 사자좌 위에 좌상으로 나타내고 있다. 이들 여래상은 手印을 각각 다르게 하고 있어 다른 여래상을 나타내고 있는 것으로 생각되는데 어쩌면 다보여래와 석가여래의 竝坐佛을 나타내고 있는지 모를 일이다.

ⓒ 하단

양면의 하단에는 이중광배에 입상의 보살상을 각각 1위씩 나타내고 있음은 2층 탑신의 다른 會相의 하단구조와 같다. 보살의 手印은 각각 다르게 하고 있어 성격이 다른 보살상을 나타내고 있는 것이라 생각된다.

④ 2층 탑신부 經變의 구조적 의미

이상에서 살핀 바와 같이 2층의 탑신부는 화엄회, 원각회, 법화회, 다보회의 4회로 되어 있다. 그런데 이들 4회는 변상의 구조가 1층 탑신의 변상과 차이점을 나타내고 있다는데 주목을 끌게 한다.

즉 2층 탑신의 經變도 상단, 중단, 하단의 삼단구조에 의하여 이룩되어 있으나 하단을 신중단으로 하지 않고 菩薩壇으로 하고 있다는데 차이점을 발견할 수 있다.

이와 같은 1·2층 經變의 상이점이 무엇을 나타내고 있는지 분명하지 않으나 우선 화엄회, 법화회, 원각회, 다보회 등의 불교는 전통적으로 한국불교사상의 주류를 이루어 왔다는데서 주목할 필요가 있다. 즉

---

51) 앞의 주2) 참조.

화엄사상은 신라 이래로 한국불교의 핵심적 위치에 있어 왔고[52] 多寶思想을 포함한 법화사상도 신라 고려시대를 거치는 동안 한국불교사상사에서 중요한 위치에 있어 왔다.[53]

원각사상은 청정의 覺相을 圓照한다는 것으로 宗密禪師는 원각경에 대하여 大乘圓頓의 교리를 개시하고 주로 觀行을 설한 것이므로 頓敎라 판단하였으나 주로 선종에서 크게 성행하여 소의경전으로 숭상되어 왔다.

따라서 우리나라 불교가 선종적 성격을 강하게 지니고 있었다면 圓覺思想 또한 우리 불교사상사에서 간과할 수 없는 비중을 생각하지 않을 수 없을 것이다. 세조 때 국역경전을 간행하면서 원각경을 포함시키고 있으며[54] 원각사란 寺名이 붙여진 것도 圓覺思想의 중요성을 인식하는데 무관한 것이 아니라 생각하기 때문이다.

이상과 같은 생각이 틀린 것이 아니라면 1층 탑신의 經變은 한국불교의 대표적인 신앙형태를 나타낸 것이고 2층의 經變은 한국불교의 대표적인 사상체계를 나타내고 있는 것이라 생각된다.

⑤ 3층 탑신부의 경변

3층 탑신은 消災會 栴壇瑞像會, 藥師會, 楞嚴會의 4회로 구성된다. 각 회는 1, 2층과 같이 상, 중, 하단 5면으로 되어 있다.

가. 消災會

소재회는 3층 탑신부의 정남에 상단을 그 양측면에 중단, 중단의 좌

---

52) 앞의 주 35) 참조.

53) 앞의 주 참조.

54) 《朝鮮佛敎通史》 p. 698. 《李朝實錄佛敎抄存》 권5. 世祖10年 乙酉 刊經都監 雕印御譯 圓覺經.

우 양면에 하단을 나타내고 있다.

㉠ 상단

중앙에 삼존불을 나타냈는데 중존은 金輪의 寶珠를 들고 있어 熾盛光如來를 나타내고 있는 것이라 생각되고[55] 그 협시보살은 삼면 六臂의 상을 나타내고 있으나 日光菩薩과 月光菩薩을 나타낸 것이라 생각된다. 하방에는 중존의 연화대좌 밑에 牛像을 나타내고 있는데 牽牛를 나타내고 있는 것으로 보인다. 그 좌우에는 7위의 七元星君을 나타내고 있다. 상방에는 中尊左右에 협시로서 2위의 星君像을 나타내었는데 左右輔弼星으로 보이며 그 좌우에 1위의 성군상과 6위의 侍立像이 보인다. 여기 성군상은 하방에 7위, 상방에 3위 모두 10위를 나타내고 그 형상이 명부시왕상과 비슷하여 명부시왕상으로 볼 수도 있겠으나 중존이 金輪을 든 치성광여래이고 칠원성군의 형상도 시왕상과 비슷하게 나타내고 있어[56] 상방의 3성군상은 三太星을, 그 외의 6위의 상은 6성, 하방의 星君像은 북두칠성을 나타내고 있는 것이라 생각된다.

따라서 이 經變은 칠성탱화의 經變을 나타내고 있는 것이라 하겠다.

消災會의 소재란 범어 Santika의 음역으로 寂災, 息災의 뜻을 나타낸다. 즉 여러 재난에서 벗어나게 한다는 뜻이다.

《고려대장경》밀교부에는 북두칠성 護摩法 등의 칠성신앙 관계 경전이 많이 전한다.[57] 이는 칠성신앙이 고려시대부터 여러 재난에서 벗어나게 하려는 신앙으로 성행하고 있었음을 전하여 주는 것이라 하겠고 이 같은 칠성관계 경전의 經變을 소재회에서 나타내고 있는 것이라 생각된다.

---

55) 洪潤植,《韓國佛畵의 硏究》, 1980, 七星幀畵篇, 원광대학교 출판국.
56) 앞의 주 참조.
    車載善,《朝鮮朝七星佛畵의 硏究》, 동국대학교 대학원.
57)《高麗大藏經》密敎部, 동국대학교 역경원.

칠성신앙은 산신신앙, 독성신앙과 더불어 三聖信仰이라 하여 오늘의 한국불교에 이르기까지 오랫동안 소재신앙의 형태로 중요한 위치를 지녀왔음을 이 經變이 전해 주고 있는 것이라 하겠다.

ⓒ 중단

상단 좌우의 측면에 양면으로 중단을 나타내고 있는데 여기서는 각각 좌상의 여래상을 나타내고 있다. 수인으로 보아서는 무슨 여래상인지 확실한 구분이 되지 않고 대좌도 일반적인 연화대를 나타내고 있어 사자상이나 코끼리상을 나타내고 있는 경우와 달라 확실하게 단정할 수 없지만 상단의 소재회가 七星經變이라면 여기서 분화된 중단의 여래상은 칠여래상의 하나로 짐작된다. 왜냐하면 七星經變에서 칠성상을 여래상으로 나타내고 있기 때문이다.[58]

ⓒ 하단

중단 좌우의 정면에 양면의 하단을 나타내고 있다. 하단에는 笏을 든 칠원성군상을 각각 1위씩 입상으로 나타내고 있다. 이 경우의 칠원성군은 도교신앙적 요소를 나타내는 것이기도 하고 신중신앙적 기능을 나타내는 것이기도 하다. 우측의 칠원성군상은 홀 대신 합장하고 있으며 자세를 왼쪽으로 약간 튼 모습을 표현하고 星君을 바라보고 합장하고 있는 동자상을 나타내고 있다. 여기서의 성군상은 상단 하방의 칠원성군상과 같은 양식으로 나타내고 있어 이들 성군상을 나타낸 것으로 생각된다.

나. 栴檀瑞像會

3층 탑신의 서쪽에 전술한 각 회의 구조와 같이 상, 중, 하단의 삼단 구조에 의하여 전단서상회를 나타내고 있다. 이 회상은 유사한 예를 찾아볼 수 없는 특성을 지니고 있어 주목되는 바라 하겠다.

---

58) 앞의 주 56) 참조.

㉠ 상단

　삼존불양식으로 경변을 나타내고 있으나 중존은 龕만 나타내고 있을 뿐 주존불을 나타내지 않고 있다. 협시불은 좌우에 각각 양대보살상을 立像으로 나타내어 삼존형식을 취하고 있다.

　전단서상이란 《증일아함경》과 《佛昇忉利天爲母說法經》에 설해진 불상이다. 즉 이에 의하면 석존은 그 어머니인 마야부인을 위하여 도리천에서 설법할 때에 인간계에서는 석존이 보이지 않으므로 크게 소동을 일으켜 이 때에 우전왕이란 왕이 있어 牛頭栴檀으로 석존의 상을 조성하고 파사익왕은 紫磨黃金으로 여래상을 조성하였다는 것이 인간의 여래상의 시초인 것이라 하고 있는데 여기서 말하는 전단서상회도 여기 기인하는 것이라 생각된다.

　法顯의 佛國記나 西域記 등에 栴檀像을 소개하고 있어 이와 같은 전단상에 대한 신앙이 우리나라에 전해져 그 經變이 형성된 것이라 믿어진다.

　이 經變에서 중존상을 龕만으로 표현한 것은 석존이 그 어머니를 위하여 도리천에 올라간 이후 인간계에 석존이 있지 아니한 사실을 공간으로 표현한 것이라 생각된다.

　이 經變은 삼존형식으로만 구성하여 다른 권속을 나타내지 않고 단순화시키고 있는 점이 한 특성으로 지적된다.

㉡ 중단

　상단 좌우의 측면에 양면의 중단을 나타내고 있는데 한 면에 각각 좌상의 여래상을 禪定印의 상으로 표현하고 있다. 상단에서의 여래상은 有無一相, 生卽無生 등의 사상적 배경에 의하여 구체적 상을 나타내지 않고 있음에 구체적 상을 나타내어 중단을 구성하고 있다는 특징을 지닌다.[59]

---

59) 佛敎敎理에서 보면 본질에 가까울수록 추상적 표현을 하고 현상계에 가까

ⓒ 하단

중단의 좌우 정면에 양면의 하단을 나타내고 있는데 각 면에 입상의 보살형상을 나타내고 있다. 우측상은 바른자세를 취하고 있으나 좌측상은 오른쪽으로 몸을 약간 틀고 있다. 오른쪽 상은 光背를 표현하였으나 왼쪽 상은 공간을 모두 구름으로 묘사하고 있다. 이를 수인의 모습 등과 아울러 생각하면 보살상이 아닌 제석천, 대범천 등의 천상으로 생각된다.

다. 楞嚴會

능엄회는 3층 탑신 북쪽에 위치한다. 그 구성은 다른 회와 같이 상, 중, 하단의 삼단구조에 의하여 나타내고 있다.

㉠ 상단

중앙에 삼존불을 좌상으로 나타내고 중존 좌우에는 가섭, 아난으로 보이는 비구형 2위를 시립하게 하고 있다. 중앙의 중존은 與願印, 施無畏印을 하고 있어 釋迦牟尼佛로 보이며 脇侍菩薩像은 문수, 보현보살로 생각된다. 하방에는 중앙의 청문하는 비구상을 중심으로 그 좌우에 각각 5위씩 보살형과 비구형을 나타내고 있는데 이는 청문중으로 보인다. 따라서 이 經變은 석가가 능엄경을 설하고 있는 법회의 모습을 나타낸 것이라 하겠다.

이 經變의 특징은 중존의 광배 묘사의 기법이 특이한 데서 찾을 수 있다. 즉 협시보살상은 火炎紋의 舟形二重光背를 나타내고 있으나 중존은 배후의 모든 공간이 광배를 나타내고 있는 것임을 화염문과 그에 연결된 화불 5위를 표현함으로써 광배의 기능을 다하는 묘사법을 쓰고 있음이 그와 같은 것이다.

울수록 구상적 표현법을 쓰고 있음과 상통하는 것이라 하겠다.

ⓛ 중단

상단의 좌우 측면에 양면으로 나타낸 중단은 禪定印에 좌상의 여래상을 각각 1위씩 표현하고 있다. 모두 火炎紋의 擧身二重光背를 지닌다. 상단에서 여래의 신앙적 기능이 분화된 것임을 나타내고 있는 것이라 생각된다.

ⓒ 하단

중단 좌우의 양면에 하단을 나타내고 있는데 오른쪽에는 입상의 보살형을 왼쪽에는 홀을 들고 머리에 갓을 쓴 염라대왕상을 나타내고 있다. 여기 염라대왕상은 명부시왕의 신앙적 기능보다는 신중상의 기능을 지닌 것으로 이해된다.

왜냐하면 염라대왕의 불교적 수용은 호법선신으로서의 신중신앙에서 비롯되기 때문이다.[60] 만약 그렇다고 한다면 오른쪽 하단의 보살형상도 보살상이 아닌 제석, 大梵 등의 호법선신으로서의 신중상으로 이해된다.[61]

라. 藥師會

약사회는 3층 탑신 동쪽에 위치한다. 그 구성은 전술한 經變과 마찬가지로 5면에 상, 중, 하단의 삼중구조법을 따르고 있다.

㉠ 상단

중앙에 삼존불을 좌상으로 나타내고 있는데 중존은 오른손에 錫杖을, 왼손에 藥壺를 들고 있어 약사여래상임이 틀림 없고, 좌우의 협시보살은 일광과 월광을 분명히 묘사하고 있지 않으나 日光菩薩과 月光菩薩로 생각된다. 중존 좌우에는 다시 가섭 아난으로 보이는 비구형 2위를 侍立하게 하고 있다. 삼존이 모두 火炎紋 二重光背를 나타내고

---

60) 洪潤植, 《韓國佛畵의 硏究》, 1980, 神衆幀畵篇, 원광대학교 출판국.
61) 앞의 주 참조.

있으며 중존의 광배에는 화불 5위를 나타내고 있다.

하방에는 중앙의 청문하는 비구형을 중심으로 그 좌우에 4위색 보살형과 비구형을 나타내었는데 이들은 설법장에서의 청문중으로 보인다. 따라서 이 經變은 약사여래가 그의 東方瑠璃光淨土에서 설법하는 광경을 나타낸 것이라 생각된다.

이 經變에서 특징적 요소는 찾을 수 없고 일반적인 설법도의 형식을 따르고 있는 것이라 하겠다.

ⓛ 중단

상단 좌우의 측면에는 양면으로 중단을 나타내고 있는데 각각 좌상의 여래상을 사자좌 위에 표현하고 있다. 상단에서의 여래의 기능이 분화된 것임을 나타내고 있다는 의미 외에 별다른 뜻을 살필 수 없다.

ⓒ 하단

중단 좌우의 양면에 하단을 나타내고 있다. 오른쪽에는 劍을 쥔 신장상을 1위, 왼쪽에는 오른손에 부채를 쥔 天像 1위를 나타내고 있어 이들은 모두가 법회도량을 수호하는 신중상을 나타낸 것이라 하겠으나 오른쪽의 신장상은 약사 12신장 중 하나가 아닌가 한다.

⑥ 3층 탑신부 經變의 구조적 의미

3층 탑신부는 消災會, 栴檀瑞像會, 藥師會, 楞嚴會 등으로 구성되는데 이들 4회는 모두가 밀교적 성격을 지닌다는 특징을 지닌다. 밀교 신앙의 특징은 모든 息災에서 구제받음을 목적으로 하고 있을 뿐 아니라 그 본존이 재래신앙적 요소를 다분히 지니고 다라니신앙을 곁들이고 있다.[62]

이상 3층 탑신부의 經變은 모두가 그와 같은 밀교적 특질을 지니고

---

62) 밀교의 성립은 불교가 재래신앙을 수용하여 불교적 전개를 함에 비롯되었기 때문에 재래신앙적 요소가 바탕에 깔려 있다.

원각사탑 탑신부

있어 여기서는 밀교부를 나타내고 있는 것이라 생각된다. 그런데 여기서 특히 주목되는 것은 전단서상회이다. 왜냐하면 그것은 고려 후기 몽고불교의 영향이 한국불교에 미치고 있었다는 사실을 전하고 있는 것이라 믿기 때문이다.

라마교에서는 종교적인 신비성을 지니고 있는 전단수를 신성시한다. 그것은 대비십일면관음보살상이 梅檀樹의 나무뿌리 안에서 출현하였다고 믿기 때문이다.[63]

《蒙古源流》에 의하면 과거불인 구류손불 때, 즉 인간의 수명이 6만 세였던 과거세에 천상세계에서 내려온 십일면관음보살이 전단나무의 뿌리 속으로 들어갔는데 그후 그 전단나무는 성장하여 큰 나무가 되고 석가모니 재세시에 와서 결실하다가 마침내 석존의 열반과 더불어 柱到하였은즉 지금 그 뿌리를 캐내면 십일면관음이 있을 것이란 것이다.[64]

---

63) 《蒙古源流》 권2, p. 9.

그리하여 전단수가 라마교에서는 종교적인 신비성을 지니어 靈的인 상징물이 되어 왔다. 이 때문에 元의 世祖도 萬安寺에 栴檀瑞像을 모시고 라마승으로 하여금 크게 불사를 일으키게 하는 한편 萬安寺 등의 주지를 壇主라 하며 존숭하였다.[65]

고려 충렬왕 16년에 1백 명의 寫經僧을 거느리고 원나라에 갔었던 고려승 惠永이 원나라에 묵으면서 인왕경을 강의하였던 곳이 萬安寺였다.[66] 따라서 이와 같은 萬安寺에서의 전단서상에 대한 신앙이 고려에 수용되었을 가능성은 충분히 추찰된다.

한편 이상과 같이 전단서상신앙 등의 몽고밀교가 고려불교에 수용되면서 한국불교가 밀교적 색채를 더욱 강하게 지니게 되어서 3층 탑신부에 밀교부를 설정하게 되었던 것이 아닌가 생각된다. 그것은 1층 탑신부가 한국불교의 顯敎的 신앙형태를 대표하고 있는 것이라면 3층 탑신부는 밀교적 신앙형태를 대표하고 있는 것이라 생각하기 때문이다.

1층 탑신부의 經變과 3층 탑신부의 經變 구조에서 공통성을 지니는 것은 하단을 모두 신중단으로 하고 있다는 것이다. 그것은 2층 탑신부의 경변 구조에서 하단이 보살단으로 되어 있는 것과 비교가 되어 주목된다.

⑦ 4층 탑신부의 經變

3층까지의 탑신은 20각, 20면으로 되어 있었으나 4층부터는 4각 4면으로 면수가 줄어든다. 탑의 건조물적 구조에서 보면 3층과 4층 사이에는 虛層을 두어 구조적 변화에 대응하고 있으며 4면으로 줄어든 4

---

64) 앞의 주 참조.
65) 《元史》世祖本記.
66) 許興植 篇, 〈桐華寺弘眞國師眞應塔碑文〉《韓國金石全文》.

층 이상의 탑신에는 經變의 조각도 단순화시키고 있다. 즉 3단 구조가 아닌 單一壇의 經變을 4주제로 하여 한 면에 하나씩 나타내고 있다.

4층 탑신에는 원통회란 銘文만 남기고 있어 4면의 經變을 총칭하는 것으로 오해하기 쉬우나 여기서 圓通會란 남면에 위치한 관음회만을 지칭하는 것이고 나머지 3면은 서쪽에 석가회 또는 영산회, 북쪽에 열반회, 동쪽에 지장회 등의 4회를 나타내고 있는 것이라 하겠다.

가. 圓通會

중앙에 관음보살을 좌상으로 나타내고 그 좌우에 보타락가정토를 나타내고 南巡童子와 海上龍王을 표현하고 있다. 보타락가정토의 표현에는 楊柳, 淨甁 등을 묘사하고 있으며 한편 그 좌우에는 神將形像을 각각 2위씩 4위를 묘사하고 있는데 이들은 관음보살이 중생을 구제하기 위하여 32신의 變化身을 나타낸 상으로 보인다. 이 회를 관음회라 하지 않고 圓通會라 하였음은 관음보살의 耳根圓通으로 諸聖의 圓通을 섭한 까닭에 관음보살을 圓通敎主라 하게 된데 기인한 것이라 생각된다. 따라서 이 變相은 관음의 정토인 보타락가정토에서의 관음을 나타낸 것이라 생각된다.

나. 釋迦會

석가회는 중앙에 항마촉지인을 한 석가상을 좌상으로 나타내고 그 좌우에 가섭, 아난상이 시립하고 있으며 그들 앞에 각각 1위씩의 동자상을 나타내고 있어 이채롭다. 그 좌우에는 협시보살을 좌상으로 나타내었는데 사자와 코끼리를 타고 있어 문수, 보현상으로 보인다. 그리고 그 좌우에는 사천왕상 2위를 나타내고 있다. 이는 일반적인 석가삼존상을 설법도로 나타낸 것이라 보인다.

다. 涅槃會
　중앙의 대좌 위에 누워 있는 석가열반상이 있고 그 좌우와 후면에 10대 弟子像을 10위 나타내고 그 좌우에는 신장상 2위를 나타내고 있다. 좌측 상방에는 구름 위에 천인상을 2위 묘사하여 석가 열반도를 간략하게 나타내고 있다.

라. 地藏會
　중앙에 좌상의 지장보살을 나타내고 좌우에 3위씩 6위의 보살을 나타내고 있는데 이는 六光菩薩로 보이며 그 좌우에 홀을 든 冥府의 十王을 5위씩 10위 나타내고 있다.
　이상은 고려시대부터 오늘에 전하는 地藏十王圖와 같은 구도의 經變이라 생각된다.

⑧ 4층 탑신부의 經變 구조
　4층 탑신부의 경변은 석가와 관계되는 경변이 2개소, 보살신앙과 관계되는 경변이 2개소 있다. 석가관계 경변에서 설법도 형식의 석가회는 일반적인 경변과 다를 바 없는 것이라 하겠으나 열반회논 팔상도 중의 열반도로서는 그 作例가 흔히 있으나 조각품으로서 그것도 팔상도중의 열반도가 아닌 독립적인 변상으로서는 처음 있는 일이다. 그것은 열반경에 대한 신앙이 강조된데 기인하고 있는 것이라 생각되어 주목된다.
　한편 4층 탑신부의 경변에서 주목되는 것은 관음, 지장 등의 우리나라 보살신앙에 대한 대표적인 신앙형태를 나타내고 있는 것이라 하겠다.
　또한 4층 탑신부의 경변에 각각의 會名을 붙이지 않고 관음보살의 원통회에만 붙이고 있음은 이들 4회는 관세음보살의 耳根圓通으로서 諸聖의 원통을 섭한다는 의미를 나타내고 있는지 모를 일이다.

⑨ 5층 이상 탑신부의 經變 구조

　5층 이상의 탑신에는 같은 여래상을 좌상으로 나열하고 있을 따름이다. 모두가 연화 위에 通肩의 상을 하고 있으나 수인은 각기 다르게 나타내고 있어 같은 여래상을 나타낸 것은 아니고 多佛을 표현하고 있는 것 같다.

　5층에는 한 면에 5여래씩 20여래상을 나타내고 6층 이상에는 한 면에 3여래상씩 각 층에 12여래상을 표현하며 도합 80여래상을 나타내고 있다.

　이상의 여래상들이 어떤 여래를 무슨 뜻으로 나타내고 있는지 확실하게 알 수는 없으나 과거불을 나타내려 하였던 것으로 생각된다. 그것은 오늘에 전하는 과거불의 도상과의 비교에서 짐작할 수 있으며[67] 한편 4층을 경계로 경변의 내용과 탑신의 구조를 달리하게 하고 있음에서도 살필 수 있게 되기 때문이다.

5. 石塔에 있어 變相의 구조적 의미

1) 석탑의 구조와 변상

　석탑의 구조는 기단부와 탑신부로 되어 있으나 탑신부는 다시 3층까지의 탑신부와 4층 이상의 탑신부로 구분된다.

　즉 3층까지의 탑신부는 20면을 이루고 있음에 반하여 4층 이상의 탑신부는 4면으로 되어 있음이 그와 같은 것이다. 그런데 이와 같이 석탑을 구성하는 구조가 다름에 따라 변상의 내용의 차이를 나타내고 있어 이 점이 주목된다.

---

67) 松廣寺 華嚴殿 53佛幀畵.

기단부는 3층으로 되어 있으나 그 변상은 불교가 어떻게 전해지고 그렇게 전해진 불교는 어떻게 일어날 수 있었던 것인가 하는 내용을 담고 있는데 이는 우리가 수용한 불교의 기본 토대로서 기단부에 변상을 조각하고 있는 것이라 생각되어 기단부의 변상으로서는 합당한 이치를 나타내고 있는 것이라 생각되기 때문이다.
　2층 기단부에서는 玄奘이 인도에서 구법해온 과정을 설화화한 서유기를[68] (여기서는 서유기의 저본이 된 大唐三藏取經詩話 등을 대본으로 하였던 것이 아닌가 한다) 대본으로 한 변상을 조각하고 있는데 이는 불교가 인도에서 전래되었음을 나타내고자 하였던 것이라 생각된다.
　한편 3층의 기단부는 佛傳과 本生談의 내용을 조각하고 있는데 이는 모두가 불교가 일어날 수 있었던 因行談이었다는데 기단부의 變相으로서는 그 의미부여가 합당하게 되어 있는 것이라 생각된다.
　즉 이상의 2·3층의 기단부에는 불교의 토대적인 요소를 나타내어 불탑기단의 의미를 보다 효과적으로 부여하고 있기 때문이다. 그리고 다시 初層의 기단부에서는 용무늬와 사자무늬만을 나타내어 그 위의 불교적 토대를 받들고 있어 佛塔基壇의 불교적 의미를 더욱 돋보이게 하고 있다.
　다른 한편 탑신부의 변상은 기단부의 변상 내용을 근본토대로 하여 일어나고 우리나라에 전해진 불교는 어떤 내용의 불교인가를 나타내고 있는 것이라 할 수 있다.
　탑신부에서 불교의 내용을 표현함에 있어서는 각층을 四方佛思想에 의거하여 四方淨土를 나타내고자 하였으나[69] 3층까지의 탑신에는 동서남북의 한 정토를 상, 중, 하단의 삼단구조로 전개시켜 모두가 20면

---

68) 앞의 주 27) 참조.
69) 《金光明經》《觀佛三昧經》 등에서 四方淨土를 설하고 있음이 그와 같은 것이다.

이 되게 하고 있는데 이는 밀교적 영향으로 생각되어 더욱 주목을 끌게 한다.[70]

3층까지의 탑신부는 모두가 3단구조에 의하며 사방정토를 나타내고자 하였으나 각 층이 그 성격을 달리하고 있다는데 또한 깊은 관심의 대상이 된다.

즉 1층의 사방에는 三世佛會, 靈山會, 龍華會, 彌陀會의 4회를 표현하였는데 이는 한국불교의 전통적인 신앙형태를 나타내고 있다는데 주목되고[71] 2층 탑신에는 화엄회, 원각회, 법화회, 다보회의 4회를 표현하였는데 이는 한국불교사상의 대표적인 유형을 나타내고 있는 것이라 생각되어 흥미롭다.[72] 한편 3층의 탑신부에는 消災會, 栴檀瑞像會, 楞嚴會, 藥師會의 4회를 표현하고 있는데 이는 전통적인 한국밀교신앙의 형태를 전하고 있는 것이라 생각되어 주목된다.

1층과 3층이 다른 점은 3층이 밀교신앙의 형태를 전하고 있는 것이라면 1층은 顯敎的 신앙형태를 나타내고 있는 것이라 할 수 있다.

이상 1, 2, 3층 12회의 변상내용을 전체적 구조에서 보면 2층의 불교사상부를 중심으로 아래로는 顯敎的 신앙형태를 위로는 밀교적 신앙형태를 전개시킨 구조를 지니고 있다는데 놀라게 된다. 왜냐하면 그것은 밀교에서 말하는 태장계만다라의 구조와 잘 비교가 되기 때문이다.[73] 따라서 3층까지의 탑신부 변상은 1층 변상이 현교적 신앙형태를 나타낸 것이라 하였으나 전체적 구조에서 보면 밀교적 성격이 강한 것

---

70) 三壇構造法에 의하면 상단에서 중단을 분화시키고 또한 중단에서 하단을 분화시키나 역으로 하단은 중단에 또한 중단은 상단에 수용되어 遠心的 기능과 求心的 기능을 동시에 다하고 있음은 밀교에서 말하는 양계만다라의 구조와 같은 것이라 생각하기 때문이다.
71) 앞의 주 34) 참조.
72) 앞의 주 35) 참조.
73) 앞의 주 33) 참조.

이라 할 수 있다.

4층의 탑신부는 5층 이상의 탑신부 구조와 3층 이하의 구조와의 사이에서 교량적 기능을 다하고 있는 것으로 생각된다. 4층 탑신부에 남긴 銘文에 의하면 원통회라 하고 있어 관음정토를 나타낸 것이라 하겠으나 실지조사에서 보면 관음정토를 나타낸 것이라 하겠으나 실지조사에서 보면 관음정토뿐 아니라 지장회도 나타내고 있어 여기서는 우리나라에서의 전통적인 보살신앙의 형태를 나타내고 있는 것이라 생각된다.

이를 만다라의 유형에서 보면 태장계만다라 등의 양계만다라에 대한 別尊曼陀羅로서의 성격을 지니는 것이라 할 수 있으나 탑신부의 조형적 구조에서 보면 5층 이상을 4면으로 나타내기 위해서는 4층과 같은 교량적 기능을 나타낼 필요가 있었던 것이라 생각된다.

우선 3층과 4층 사이의 조형적 구조를 보면 虛層을 한 층 두고 그 위의 4층에 사면으로 탑신을 축조하고 있다. 이와 같은 허층은 多面의 탑신에서 4면의 탑신으로 변형하고자 할 때에 건축기법상 필요한 것인지 모르겠으나 교리적인 근거에서 보면 여래의 정토와 보살의 정토를 구분 하고자 한 데 근거를 두고 있는 것이 아닌가 한다. 왜냐하면 虛層의 의미는 여래의 정토와 보살의 정토와의 구획적 의미를 지니는 것이라 생각하기 때문이다.[74] 한편 탑신의 面數를 20면에서 4면으로 줄이게 되는 것도 보살의 정토를 표현함에 있어서는 상, 중, 하의 3단구조에 의한 표현법을 쓸 필요가 없었거나 아니면 5층 이상의 變相에서는 3단구조법에 의한 표현이 불가능하여 4면으로 줄이게 된 것이 아닌가 한다.

5층 이상 탑신부에는 여래상을 나타내고 있을 따름인데 이는 과거

---

74) 欄干은 欄楯이라고도 하는데 이에 의하여 경계가 밝혀진다고 한다. 난간의 欄頭에는 연화형의 露盤 등이 있다고 하고 있다. 《無量壽經》.

불을 나타내고 있다는 것은 전술한 바이나 과거불을 나타냄에 있어서는 여래상만을 나타내고 그 권속과 더불어 淨土相을 나타낸 作例는 아직 찾아볼 수 없게 된다.

따라서 그것은 3단구조법에 의한 표현이 불가능한 것임을 일러준다. 그리하여 5층 이상은 多面을 필요로 하지 않았던 것이라 생각되나 다른 한편 탑의 조형적 기법에 있어서도 점차 상층부는 좁게 나타내어야 한다는 기술적인 면과 여기에 과거불을 표현하여 상층부를 먼 시간적 관념으로 이해하려 하였던 것으로 믿어진다. 그리고 3층 이하의 현세불의 세계와 5층 이상의 과거불의 세계를 菩薩層으로 하고 있음도 흥미롭다. 왜냐하면 과거불에서 현재불로의 移行은 보살의 세계를 거쳐야 되는 것으로 전해 오고 있기 때문이다.[75]

이상 기단부, 탑신부의 변상이 지닌 구조적 의미를 요약해 보면 기단부는 불교가 어떻게 전래되고 어떻게 흥기하였느냐 하는 불교의 토대를 표현하려 하였고 탑신부의 1, 2, 3층에서는 그렇게 일어나고 전해진 불교의 내용은 어떤 것이냐 함을 나타내려 하였던 것이라 하겠다. 그리고 5층 이상의 탑신부에서는 그와 같은 불교는 석가모니불에 의하여 일어나기 전에도 과거불에 의한 불교도 있었음을 나타냄과 동시에 4층에서는 현세불과 과거불의 세계를 매개하는 의미를 나타내고 있는 것이라 생각된다. 그리고 이와 같은 교리적 의미가 石塔의 건조물적 기능에 잘 부합되도록 적절한 배열을 하고 있음은 놀라움을 금치 못하는 것이라 아니할 수 없다

---

75) 석가여래도 그 因行으로 보살시대를 거쳐야만 되었고 아미타여래의 法藏菩薩, 彌勒如來의 彌勒菩薩 등 그 因行으로서의 보살시대가 있게 됨이 그와 같은 것이다.

2) 密敎的 구조와 蒙古의 영향

원각사 10층석탑에 새겨진 변상의 내용과 그 구조적 의미가 밀교적 성격을 지닌다고 함은 전술한 바이나 특히 여기에는 몽고 라마교의 영향이 推察되어 주목을 끈다. 즉 3층 탑신부에 梅檀瑞像를 두고 있음이 그와 같은 것이다.

전단서상의 교리적인 근거는 전술한 대로 소승불교시대부터 있어 왔던 것이라 생각되나[76] 그것이 우리나라 불교사상 신앙형태로 소개되고 있음은 원각사 석탑에서의 전단서상회가 처음 있는 일일 뿐 아니라 그 이후에도 찾아볼 수 없는 신앙형태이기 때문이다. 그런데 이와 같은 전단서상에 대한 신앙은 몽고의 라마교에서 성행하고 있었다는데 원각사탑의 몽고적 영향을 추찰할 수 있게 된다.

우리나라 석탑에 라마교의 영향이 있었음은 마곡사 석탑의 예에서도 말해지고 있지만[77] 원각사 석탑이 라마교의 영향이 있었다고 함은 우선 원가사 석탑은 그 양식적 기법이 같은 계통이라 생각되는 경천사 석탑에서 유래한다고 함은 주지의 사실이고, 한편 경천사 석탑이 고려시대에 축조된 것이라면 이들 석탑에 조각된 전단서상회는 라마교 영향이라 믿어지기 때문이다.

라마교에서는 종교적인 신비성을 지니고 있는 전단수를 소중하게 생각한다. 즉 대비십일면관음보살상이 梅檀樹木 뿌리 안에서 출현하였다고 믿고 있음이 그와 같은 것이다.[78]

---

76) 《增一阿含經》 28. 《대정장》 및 《佛昇忉利天爲母說法經》.
77) 麻谷寺 5층석탑의 相輪部가 라마교의 영향임이 지적되어 오고 있다. 《문화재대관》 보물편, 문화재관리국.
78) 朴相圭 篇, 《蒙古源流》, 梅檀樹根內 於拘那含佛時發芽 於迦葉佛時長成樹 至今釋迦牟尼佛時 花葉盛開果實成結 自佛涅槃時 又復倒枯爲 塵土所蒙

《蒙古源流》에 의하면 과거불인 구류손불 때에 즉 인간의 수명이 6만세였던 과거세에 천상세계에서 내려온 십일면관음보살이 전단수의 뿌리 속으로 들어갔는데 그 후 그 전단수는 성장하여 큰 나무가 되고 석가모니불 재세시에 와서 결실하다가 마침내 석가의 열반과 더불어 枉到하였음은 즉 지금 그 뿌리를 캐내면 십일면관음이 있을 것이라는 것이다.[79]

그리하여 栴檀樹가 라마교에서는 종교적인 신비성을 지니어 靈的인 상징물로까지 승화되었다. 그리하여 원나라 世祖는 萬安寺에 전단서상을 모시고 라마승으로 하여금 크게 불사를 일으키게 하는 한편 만안사의 주지를 壇柱라 높이 받들기까지 하였다고 한다.

한편 고려 충렬왕 16년에 1백여 명의 寫經僧을 거느리고 원나라에 갔던 고려승 惠永이 그곳 원나라에 머물면서 인왕경을 강했던 곳이 바로 萬安寺였다.[80]

그렇다면 고려승에 의한 전단서상에 대한 신앙형태가 고려에 전래되었을 가능성은 충분히 추찰된다. 따라서 敬天寺와 원각사의 10층석탑에 조각되어진 전단서상회는 이와 같은 경로를 통한 몽고적 영향이었다고 할 수 있다는 것이다.

다른 한편 이상과 같은 전단수를 신성시하는 경향은 고려시대에 단군신화를 재인식하게 한 계기를 마련하여 주었다는 주장도 있고 보면[81] 고려 후기에 와서 전단서상에 대한 신앙이 얼마나 성행하고 있었는가를 짐작할 수 있게 되는 것이라 하겠다. 그리고 이와 같은 전단서상에 대한 신앙의 형태가 단군신화를 인식하는 한 계기를 마련하였다

今欲取出 渭北 十一面觀世音菩薩.
79) 앞의 주 참조.
80) 앞의 주 60) 참조.
81) 安啓賢, 〈韓國의 神話와 佛敎〉《韓國佛敎史硏究》, 동화출판공사.

고 한다면 이 석탑에서의 몽고적 영향은 설득력을 지니는 것이라 할 수 있다.[82]

3) 石塔浮彫의 기원과 그 변천

원각사의 석탑은 경천사의 석탑과 더불어 기단부는 말할 것도 없고 全塔身에 이르기까지 다양한 변상을 부조로 나타내고 있다는데 그 특징적 요소를 살필 수 있다. 그런데 석탑에 이와 같이 많은 변상을 부조한다는 것은 석탑의 의미를 어떻게 변화시켰으며 또한 석탑의 양식을 어떻게 변화시키고 있는가를 살피지 않으면 안 된다고 생각한다. 왜냐하면 인도에서 석가의 묘탑으로 발생한 탑의 양식이 중국에 오면 탑의 의미가 달라짐과 동시에 양식도 달라지고 있기 때문이다.[83]

우리나라 석탑은 목조탑에서 석탑으로 移行되었다고 함이 정설로 되어 있다.[84]

그런데 그렇게 하여 석탑으로서 양식이 자리를 잡게 되었으나 원각사의 석탑에서 보면 석탑에 다양한 부조를 하게 되면 다시 석탑의 양

---

82) 李承休의 《帝王韻記》에서는 桓雄의 손녀가 神檀樹와 交婚하여 檀君이 탄생한 것으로 되어 있다. 그런데 神檀樹를 夫君으로 하는 단군과 라마교의 壇主와도 서로 관련이 있음직하다는 것이다. 그것은 神壇樹로 하여야 제대로 의미가 통하는데도 《三國遺事》에 神檀樹로 하고 또 檀君을 壇君으로 하는 등 檀字를 壇字로 한 것은 모두가 栴檀瑞像을 받드는 壇主의 명칭에 구애되어 일어난 誤字일 가능성이 있기 때문이다. 앞의 주81) 참조.
83) 인도에서 墓塔의 의미로서의 佛塔이 중국에 오면 墓塔의 의미는 상실되고 가람배치상의 문제로 전환되자 불탑의 양식도 건조물의 양식으로 변화하여 간 것이 그것을 의미한다.
洪潤植, 《한국의 불교미술》 石塔의 변천편 참조.
84) 金正基, 〈韓國石塔樣式의 分析的研究〉 《韓國美術史의 現況》, 藝耕출판사.

식이 목탑의 양식으로 이행하고 있는 것으로 생각되어 주목을 끌게 한다. 즉 원각사 석탑의 탑신부의 屋蓋 부분을 보면 기와지붕을 표현하고 목조건축에서 볼 수 있는 栱包 등을 나타내고 있음이 그와 같은 것이라 하겠는데 그것은 탑신에 조각된 변상의 내용이 불당에 봉안된 佛壇의 불보살상이나 상, 중, 하단의 불화 등과 같은 성격의 것으로 이해된다. 따라서 이와 같은 변상을 조각한 석탑은 불당의 의미를 강하게 지니게 됨으로서 자연 그 양식이 목조건물의 양식으로 변천되어 간 것이라 생각된다. 그것은 탑에 대한 신앙보다 불상에 대한 신앙이 강조된데 기인하는 것이라 하겠으나 탑에 대한 신앙형태도 변화되어 온 것이라 보아진다.

그것은 원각사탑에서 갑자기 변화된 것이 아니라 석탑의 기단부나 탑신부에 보살상이나 신중상을 조각하게 되면서 서서히 변화되어 왔던 것이라 보인다.

우리나라 석탑에 각종 상을 조각하게 된 시기는 확실하지 않으나 대체로 9세기 전후로 짐작되며[85] 그것은 밀교적 영향에서 비롯되었던 것이 아닌가 한다. 왜냐하면 초창기의 석탑에서의 浮彫는 팔부신장, 사천왕상, 천인상 등이 대부분을 차지하기 때문이다.[86]

신라시대 이후 고려시대에 걸쳐 석탑에 浮彫되어진 각종 상의 作例를 보면 대체로 다음과 같이 나타난다.

기단부엔 12지상, 8부신장상, 인왕상 등이 주류를 이루고 탑신부에는 사천왕상, 보살상, 비천상, 門扉 등이 주류를 이룬다. 간혹 탑신에 여래상이 발견되는 경우도 있고[87] 기단부에 龍紋이 새겨지는 예는 신

---

85) 《韓國美術全集》石塔篇. 동화출판공사 ; 《石塔》韓國의 美 9, 중앙일보사.
86) 사천왕상 8부신장상 천인상이 불교에 수용되는 것은 밀교 성립 이후의 일이기 때문이다.
87) 앞의 주 85) 참조.

륵사의 다층석탑에서 발견된다.

　여기서 보면 탑신부에는 보살상이나 여래상이 浮彫되는 경우는 없고 주로 8부신장 등의 신중상이고 탑신부에는 사천왕상, 天像 등이 새겨지는 경우는 있어도 8부중이나 12지상 등이 새겨지는 경우는 없다. 보살상이나 여래상이 새겨지고 있다는 것은 기단부와 탑신부를 무엇인가에 의하여 다른 의미를 부여하려 하였던 것이라 생각된다. 탑신부에 보살상이나 여래상이 조각된다는 것은 불탑의 의미가 점차 불상의 의미로 전환하고 있음을 나타내고 있는 것이 아닌가 하여 주목된다.

　즉 탑신에 여래상이나 보살상을 부조함은 탑신을 佛龕으로 의미부여를 한 데서 비롯된 것이 아닌가 한다. 탑신에는 門扉를 새기고 있는 예도 간혹 살필 수 있는데 이는 바로 그를 뜻하는 것이 아닌가 하며 사천왕상의 부조도 그와 같은 것이라 생각된다.

　이상에서 보면 석탑의 탑신에 보살상이나 여래상을 새기고 탑신부를 佛龕이나 佛堂의 의미로 상징화하고 있었음은 신라 말에서 고려시대에 걸쳐 간혹 있었던 일이라 생각되나 경천사와 원각사 석탑에 이르면 탑신부를 본격적인 불당으로 상징화하고 있다는 데 주목을 끌게 한다. 그것은 무엇인가의 새로운 문화적 계기를 만나 이루어진 것이라 생각되나 그렇다고 하더라도 신라 이래 탑신부에 보살상이나 여래상을 조각하는 전통이 없었다고 한다면 갑자기 그와 같은 양식의 전환을 이루기는 어려웠을 것이다.

　즉 경천사와 원각사 석탑에서 볼 수 있는 불당식 석탑은 신라 이래 석탑의 탑신부에 보살상이나 여래상을 부조하는 전통을 바탕으로 하여 새로운 전개를 보게 된 것이며 새로운 전개의 계기는 몽고를 통하여 수용된 밀교적 영향이 아니었던가 생각된다.

6. 맺음말

　원각사 10층석탑은 경천사 석탑과 더불어 우리나라 석탑 양식의 변천사에 새로운 획을 긋는 중요한 문화재이다.
　그것은 석탑에 대한 의미가 종래의 석탑에 비하여 달라졌을 뿐 아니라 의미가 달라짐에 따라 양식적 전환도 있게 되었다고 생각되기 때문이다.
　이들 석탑에서 우선 주목되는 것은 기단부와 탑신부를 변상으로 꽉 채우고 있다는 것이다. 이는 티베트 사원이 벽화로 꽉 채워져 있는 것을 방불케 하고, 한편 오늘의 우리 사원의 불당에 상단, 중단, 하단의 불화를 걸고 불단을 이루고 있는 것과 그 구조적 의미가 같은 것으로 이해된다. 그리하여 이 같은 양식의 석탑은 불당식 석탑이라 함직하다.
　탑신부에 조각된 변상은 전통적인 한국불교의 신앙형태를 나타내고 있으며 한편 한국불교 사상의 기본구조가 어떤 것인가를 나타내고 있다. 그리고 이와 같은 한국불교의 종합적인 내용을 구조적 의미를 갖고 표현함에 있어 양계만다라에서 볼 수 있는 태장계의 12院 구조를 수용하였으나 그를 조직하는 各院은 한국불교를 바탕으로 하고 있어 결국 한국적 만다라의 구조를 지니게 하고 있다.
　즉 2층 탑신부에 화엄회를 두고 그를 중심으로 1층과 3층의 변상으로 전개시키는 구조는 신라 이래의 우리나라 전통적인 화엄만다라의 구조와 같은 것이라 생각됨이 그와 같은 것이다.
　다른 한편 전단서상회와 같은 몽고 라마교적인 영향도 배제할 수 없으나 결국 그와 같은 요소도 화엄만다라의 구조에 수용되고 마는 것임을 알게 된다. 그런가 하면 5층 이상의 탑신부에는 과거불을 나타내어 4층 이하의 불교적 내용이 삼세에 걸쳐 보편성을 지니는 것임을 나타낸다.

요컨대 이 10층석탑에는 불교의 흥기과정과 전래과정이 자세히 담겨져 있을 뿐 아니라 8만 4천의 法門을 모두 담으려 하였던 것이라 할 수 있다. 여기 8만 4천의 법문을 나타냄에 있어서는 변상의 형식을 빌리지 않을 수 없었고 변상의 구조를 상, 중, 하의 우리나라 전통적인 불단의 삼단구조법을 따르게 함으로써 석탑의 양식이 불당식으로 되지 않을 수 없었던 것이라 생각된다.

우리나라의 탑파의 양식이 목탑에서 석탑으로 변천하였으나 다시 그 석탑이 목조형 석탑으로 되돌아가고 있는 모습을 살필 수 있어 흥미롭다. 이는 분명히 한국불교문화의 새로운 장으로 설정하여 마땅하리라 생각한다.

부 록

朝鮮寺刹三十一本山 寫眞帖

奉恩寺

龍珠寺

奉先寺

傳燈寺

法住寺

麻谷寺

寶石寺

大興寺

白羊寺

松廣寺

仙巖寺

華嚴寺

桐華寺

銀海寺

孤雲寺

金龍寺

祇林寺

海印寺

通度寺

梵魚寺

月精寺

乾鳳寺

楡岾寺

釋王寺

歸州寺

普賢寺

永明寺

法興寺

貝葉寺

成佛寺

威鳳寺

한국의 가람

1997년 7월 3일 초판 1쇄 발행
2000년 3월 30일 초판 2쇄 발행

지은이 · 홍윤식
펴낸이 · 윤재승
펴낸곳 · 도서출판 민족사
등록 · 1980년 5월 9일 제1-149호

주소 · 110-130
　　　 서울특별시 종로구 청진동 208-1
전화 · (02) 732-2403, 2404
팩스 · (02) 739-7565

ⓒ 홍윤식, 1997

ISBN 89-7009-333-8 03610

✤ 잘못된 책은 바꾸어 드립니다.
✤ 필자와의 협의하에 인지는 생략합니다.